国家出版基金项目

NATIONAL PUBLICATION FOUNDATION

尚珩 程长进 关琪 著

明清以来蔚县庄堡寺庙调查与研究

第一册 调查编

上海古籍出版社

图书在版编目(CIP)数据

明清以来蔚县庄堡寺庙调查与研究/尚珩,程长进,
关琪著.--上海:上海古籍出版社,2023.12
ISBN 978-7-5732-0575-9

Ⅰ.①明… Ⅱ.①尚… ②程… ③关… Ⅲ.①寺庙-
调查研究-蔚县-明清时代 Ⅳ.①K928.75

中国国家版本馆 CIP 数据核字(2023)第 013106 号

明清以来蔚县庄堡寺庙调查与研究

(全八册)

尚珩　程长进　关琪　著

上海古籍出版社出版发行

(上海市闵行区号景路 159 弄 1-5 号 A 座 5F　邮政编码 201101)

(1)网址:www.guji.com.cn

(2)E-mail:guji1@guji.com.cn

(3)易文网网址:www.ewen.co

上海雅昌艺术印刷有限公司印刷

开本 787×1092　1/16　印张 173　插页 45　字数 3,366,000

2023 年 12 月第 1 版　2023 年 12 月第 1 次印刷

ISBN 978-7-5732-0575-9

K·3307　定价:1,500.00 元

如有质量问题,请与承印公司联系

"十三五"国家重点图书出版规划项目

国家出版基金项目

序　一

　　《明清以来蔚县庄堡寺庙调查与研究》由北京市考古研究院尚珩,北京市文物保护协会程长进、关琪三位合作完成。该项目启动于 2007 年,经过 16 年艰苦、全面、细致的调查和整理,三位作者向学界交付了这部由超百万字文字记录、700 余张线图和拓片、千余张彩色照片组成的 8 册巨著。

　　蔚县古称蔚州,位于河北省张家口市,地处太行山、恒山、燕山之交的蔚县盆地,桑干河的重要支流壶流河横贯西东。这里是连接华北平原、雁北大同盆地和张北高原的"锁钥重地"和交通要道,历史上就是中原农耕民族和北方游牧民族交往、交流、交融和多民族文化融合的地区。蔚县历史古迹丰富,是全国著名的文物大县,全县仅登记在册的文物遗址就有 1 610 多处,其中全国重点文物保护单位 22 处,省级文物保护单位 23 处,县级文物保护单位 89 处。明代初期,逃亡北方蒙古高原的北元与朱明王朝处于敌对状态,蔚县恰处于两道长城之间,以及大同府、宣府之间,被视为"京师之肘腋,宣大之喉襟"。随着屯军和边防居民的增加,蔚县境内修建了许多"军堡"和大量"民堡"。这些城堡兼具防御和居住的功能。因此,蔚县有"村村皆堡""八百城堡"之说,这些村落集"古民居、古寺庙、古戏楼、古城堡"于一体,构成了蔚县独特的古堡文化景观,也记录着明清以来蔚县社会、历史、文化演变的方方面面。

　　本书的作者,从考古学、历史学、古建筑学的专业视角出发,全面系统地对蔚县行政区的堡寨、寺庙(戏楼)、民居建筑进行了考察和记录。本书以 2007 至 2019 年的调查研究为主体,将每一个村落(行政村、自然村)作为一个独立的聚落单元,考证该村落的历史沿革、发展历史和现状;记录该村落保存至今的堡寨、寺庙、民居的建筑形制、结构和空间布局;绘制村落的整体平面图和堡寨、重要寺庙、民居建筑的单体平面图,力求反映该聚落的军事防御结构、建筑特点,以及民间信仰和民众的精神世界。书中除记录现存古建筑外,还根据残留的遗迹尽可能复原历史上消失的部分,或记录那些现今已荡然无迹的古建筑。作者还走访当地年长的村民,以口述史和社会调查的方式,记录今天与过往的居民数量、姓氏、人口来源等信息，调查和抄录散落在乡野间的碑刻、题壁、匾额、族谱等文字材料，以重构每一个村落的历史与发展脉络。最后，作者根据实地调查资料，并结合地方志文献和相关文字资料，对蔚县古堡的历史演变、结构分布和以真武庙、关帝庙、观音殿、三官庙等为代表的民间信仰进行综合研究，提出了不少真知灼见。

总之，《明清以来蔚县庄堡寺庙调查与研究》是一部极具学术价值和历史价值的大作。让我们感动的是，三位作者完全凭着自己的兴趣和守护文化遗产的信念，利用业余时间，自掏腰包，坚持了十多年，完成了这项艰巨的工程，其耗费的心血当为常人难以体会，或许就是这种执念和精神追求铸就了这部大作的价值。

宋新潮

国家文物局原党组成员、副局长
中国古迹遗址保护协会理事长
2023 年 10 月 23 日

序 二

河北蔚县历史悠久，地域文化特点突出，仰韶文化、红山文化和河套文化在此碰撞，农耕文化、游牧文化在此交融。蔚县境内现存数量庞大的明清时期的堡寨、寺庙、民居等文物建筑，曾引起国内学者的关注，我国古建筑学家罗哲文感慨道："在世界的东方，存在着人类的一个奇迹，这是中国的万里长城。在长城脚下，还存在着另一个奇迹，那是河北蔚县的古城堡。"明长城防御系统层级严谨、设施完备，并与生产、生活相结合，是中国长城发展的最高形态。

蔚县古堡群是明长城防御系统的组成部分，堡墙夯土垒筑，城门、戏楼、庙宇等建筑大多尚存，单体建筑保存较好，民居多保留原建制，布局井然有序，是深化明长城研究的重要实物资料。近些年，已有学者开始关注蔚县古堡群，并发表了一些研究成果，但缺乏全面、系统、科学的田野调查资料、分析数据和深入的综合研究。历时十多年的《明清以来蔚县庄堡寺庙调查与研究》，提供了科学、全面、系统的一手资料，填补了明长城防御系统重点区域资料缺乏的空白，其以调查资料为基础的综合研究尚属首次，是明长城研究的力作，为长城保护和活化利用提供了科学依据。

本书的研究团队来自不同的工作岗位、有着不同的专业背景，他们都是保护中国传统文化遗产的志愿者、弘扬中国传统文化的践行者、脚踏实地的科研工作者。他们怀着强烈的社会责任感在蔚县境内开展了长达十多年的科研实践，采用了田野考古、建筑测绘、资料收集、社会调查等多学科的理论和方法，全面系统地获得了蔚县境内文物建筑的真实资料和科学数据。他们在调查明清文物建筑的基础上，还围绕长城防御体系的构成及特点进行了深入的综合研究。其成果对深入研究明长城体系的构成及其历史作用，研究明长城沿线聚落变迁的历史都具有积极的作用，也为长城保护项目提供了科学依据。

1. 资料全面、数据科学

本书分为根据实地调查资料整理而成的"调查编"、综合分析的"研究编"和由古建壁画照片组成的"彩版编"三部分。调查资料集成是该著作的亮点之一，实地调查学术目标清晰,基础工作扎实,调查方法多样合理。团队走遍了蔚县的 22 个乡镇 796 个村(含自然村),以古建筑和社会史材料的调查为重点,以村作为独立单元,以历史沿革、发展轨迹和现状为线索,系统调查了堡寨、寺庙、民居等建筑的形制和结构,堡寨的分布和布局,记录了散落于乡野的碑刻、题壁、匾额、族谱等文字材料,以期构建区域史、聚落史和文化史的研究范式。

这支具有多学科背景的团队,充分利用了考古学、历史学、建筑学、社会学的方法,开展了多学科、多角度、全方位的系统调查。采用考古学和建筑学的方法,记录堡寨村落的特点和布局、文物建筑的形制和结构,实测村落建筑分布图和建筑结构图;以历史研究方法搜集包括地方志、族谱、碑刻和题壁在内的文字资料,通过拍照、拓印、抄录等方式留取散落乡野间的各种文字资料;以社会学调查方法,记录了村民数量、姓氏和人口来源等信息,留取了诸多难得的资料。

通过实地调查,团队获得了蔚县文物建筑,居民生产、生活及其文化活动的一手资料,保证了蔚县史料的完整性和真实性,数据的科学性和系统性,成果的唯一性和创新性。引用几个数字:历时十多年、走遍 796 个堡寨村落、完成上百万字的调查记录,拍摄了数十万张照片,测绘线图和拓片等资料 700 多份。就如此详尽的资料而言,其重要性显而易见。当很多文物古迹已经消失或正在消失,本书记录的唯一性和在文物保护中的重要性不言而喻。同时本书对研究蔚县聚落的历史及发展脉络、民间信仰与风俗,探索蔚县堡寨与明长城防御体系的关系及其作用提供了重要的研究依据和数据支撑。

2. 解剖局部、诠释体系

蔚县境内明清时代文物建筑遗存类型多样、内容丰富,基本完好保存至今,为系统全面地研究明长城防御体系的构成、社会、历史特点和长城文化内涵提供了重要的实物资料。这些文物古迹大多没有保护级别,也未能引起足够的重视,更谈不上对其有深刻的认知和科学的保护措施,随时间推移,这些文物建筑正面临逐渐消失的危险。

明朝时卫所制(军事系统)与州县制(民政系统)并行,沿线修建的堡寨大多作为村落延续下来。清代时,蔚县地区维持了长期和平稳定的局面,人口生息日繁,财富积累日盛,为了应对来自土匪和盗贼的威胁,沿边地区居民继续采取筑堡自卫的方式保护生命财产安全。

因而作者通过从单一村落到总体空间布局,从物质文化遗存到精神文化遗存的构建,从区域史、聚落史和文化史的研究范式,重构村史发展脉络,分析民间信仰及其与长城军事防御体系的关系。以村落为独立单元展现聚落群的物质文化特性,然后进行全面系统研究是本书的另一亮点,在众多的长城研究中也尚属首例。

在具体研究方法上,作者从解剖单个村落入手,全面分析该村的自然环境、人文历史、城堡与寺庙、堡内道路、功能分区等。站在庄堡群的高度,探讨庄堡兴建的历史环境、庄堡分布、选址、建制等特点,探讨庄堡聚落演变的轨迹,并在庄堡属性的讨论中得出军堡与民堡共存、相互转化和军修民用等认识。作者还从社会史角度探讨了古堡居民的生产、生活、文化、民间信仰和经济状况。

总之,蔚县庄堡群也是明长城防御系统的组成部分,明长城防御系统在北方农耕经济与草原游牧经济的交往与文化交融过程中同样发挥着保障和促进作用。

3. 因热爱而坚持、因坚持而有成果

本书是北京市考古研究院尚珩、北京市文物保护协会程长进和关琪共同的科研成果,他们来自不同单位,分别具有考古学和古建筑学的专业背景,热爱中国优秀传统文化、热爱中国长城是他们的共同点。2007 年他们在考察长城的路上,发现蔚县境内的堡寨、寺庙和民居等文物建筑保存完好,整建制、成体系,强烈的文化遗产保护意识和社会责任感,坚定了他们要完整记录这批文化遗产、开展系统研究的决心。十多年来,他们几乎利用了全部的周末和节假日,对蔚县零散分布的文物建筑遗存进行了系统调查。研究成果的出版,不仅为文化遗产保护提供了丰富的资料,也推进了明长城的相关研究。他们的行动提示我们要关注散落在乡野间,濒临破坏和消失的文物,要加强对这些文化遗产保护的重视,这对提高全社会文物保护意识具有积极意义。

《明清以来蔚县庄堡寺庙调查与研究》可谓十多年磨一剑,其科学资料价值、学术研究价值和文物保护应用价值显而易见,以上是出版之际的感悟之言,是为序。

吴加安

中国文化遗产研究院原院长、研究员

2023 年 10 月

追梦的人(序三)

　　人,能为了坚守,在无数个日日夜夜,做一件自己感兴趣的事,不留神却后惠千秋,也许是偶然,也许是必然。这是我看到《明清以来蔚县庄堡寺庙调查与研究》书稿后首先涌出的感慨。

　　这需要一种近乎疯狂的痴迷,艰辛、毅力都不在话下,言语中的回答,永远是轻描淡写——喜欢! 为什么喜欢,还说不出多少理由,也没有精准的答案,就是去做而已。

　　这部著作的三位作者,是我的熟人,都是那种疯狂的痴迷者。认识尚珩稍早,记得是二十多年前,山西大学考古系要做长城调查,我和山西大学王银田教授说,我想参加。他对我说,我校有个刚入学一年的学生,叫尚珩,喜欢爬长城,是北京人。当年的暑假,尚珩就来到了我家,还带着电脑。我给他看了大量我爬过的长城的照片。然后,他打开了电脑,给我看他爬过的长城,令我大吃一惊,那是大量的照片,小小的年纪,怎么可能去过那么多地方! 而且有些地方十分险峻。他告诉我,十几岁上初中时就开始和爷爷爬长城,后来和驴友一起爬长城,原来如此。如今他进入大学,开始科班学考古了。

　　尚珩硕士毕业后,去到了北京市文物研究所(现北京市考古研究院)工作,爬长城仍是他的业余爱好。不过随着对长城理解的加深,他还关注到长城附近的军堡、民堡。科班毕业就是不同,他记录、拍照、绘图很专业。

　　喜欢、爱好的动力不可思议。记得有一年春节,人们都在家过年,我俩约好去了蔚县考察,没想到大年初一,吃、住的地方都关门了,风很大,天特冷,好在我的大包里总是装有户外徒步用的炉头、气罐,两个人找了一处野外避风的地方吃了一包方便面,当时很快乐,快乐自己的傻,自己的憨,虽说自作自受,但痛并快乐着。就是那次,我知道了他经常跑蔚县,似乎有了明确的计划,一起的还有两人,是程长进和关琪。程长进是个猛男,当年户外爬山太狠,膝盖出了问题,改跑蔚县了,登高不大行,被调侃为"残疾人",却依旧很猛。关琪长相很淑女,其实是个狠人、女汉子,翻墙登高从不含糊。三个人专业不同,走着三条平行线,但志趣相投,凑在了一起。这一碰撞对接,汇成了一股力量,产生了共振,如同组建了一个小乐队，在快乐中奔向了诗和远方。

三个人一致行动，不再是演奏梦幻曲和追逐空想，他们的目的更明确，理想很大，要走遍蔚县的每个村庄，进行地毯式的调查记录。稍稍了解蔚县的人就会知道，那里有密密麻麻的古城堡，数不清的重要古迹，这可不是件容易的事，仅仅有激情是远远不够的，就凭他们三个人的"扫荡"？但我理解什么叫追求。

追求会爆发出火一样的热情，而人生了不起之处，又在于持之以恒。就这样，月复一月、年复一年地坚持着。

我不认为他们做这件事的起因是高尚的情操和宏大的志向，而是出自一种朴素的信念和激情，想把蔚县地面的历史遗迹现状记录下来，让记忆延续，让历史永存。我亲眼看过他们精神和体力的投入，心怀对传统文化的崇敬，为被破坏的古迹而愤怒，为新发现而欢呼。

现在，他们终于完成了很难完成的计划，一部由上百万字、近 2 000 幅线图、拓片、照片图像组成的专著呈现出来，令人唏嘘，可叹可赞。为什么说很难完成，又可叹可赞呢？这部大书，不是工作要求，不是国家项目，没有任何资助，纯属自觉自愿，是历时十多年才完成的！

花这么大力气，耗费那么多时间，写这书有什么意义呢？这令我想起了中国传统的地方史志。在中国早就有《尚书·禹贡》和《山海经》，据说是地方史志的鼻祖。后来又有东汉会稽人袁康撰《越绝记》、晋常璩撰《华阳国志》等。为什么古人做这个事情？早在《周礼·地官·诵训》中就给出了理由："掌道方志，以诏观事。"就是说要把所见的久远之事告诉人们，给君主、地方官提供资政辅治的参考材料。史志的编撰在隋唐以后发生了变化，主要是开始配图，叫"图经"或"图记"，即图、文结合。唐代有《元和郡县图志》，后因图亡，改名为《元和郡县志》，敦煌卷子中有唐代的《沙州图经》。以后各代编写史志的传统从未间断。

"治天下者以史为鉴，治郡国者以志为鉴"，史志不仅算"官书"，也是"百姓"生活之书。历史上焚书不少，对方志却不烧或不敢烧，因此，浩如烟海的历史文献中，各地的地方志约占 10%。

为什么要说起方志？因为这本书似可归类于"方志"，由于作者们虽学养丰厚，严谨科学，但术业专攻不同，最初又是凭着兴趣和喜欢开始的，没有，也没必要遵循方志的传统去做，专写庄堡寺庙，而这些是如今看得见、摸得着的遗迹，就使得这本著作有了独到之处。

历史上许多方志都已亡佚了，每隔一段时间，一般就要进行重修、续修，大部分内容抄录前代方志，修方志者也很少去全部实地考察。而这部书绝大多数都是原创，所记录的都是一步一个脚印踏查出来的。另外，如今各地也在编写方志，不隐晦地说，很多都带有浓厚的宣传色彩,空话套话很多。当然古人编志也有"资治、教化、存史"三大功能。然而古人编志还有"凡无考者不书,物产无用与泛者不书,仙释无稽者不书",尊重客观的"三不书"原则。这部书是客观、翔实、准确的记录,"存史"没问题,也有"资治、教化"的功能。无论当作历史资料、地方年鉴、乡土教材,或者是旅游指南,都极具价值。可贵的是文字之外,配有大量的实测图、照片,坐标准确,是"活地图"。如果你拿着这本书去走蔚县,也许会发现有些古建筑或已重修或不复存在,却会庆幸书中的记录会让你怀古思幽。

需要特别指出,书中的实测图必须要走遍整个遗址,照片也要一张张拍照,可以想象,偌大的蔚县,有无数城堡、寺庙,这是多么大的工程,来之不易。

我曾经随他们去过几次蔚县。

记得有一次是冬季,天气出奇地冷,我即便戴着厚厚的手套手指也几乎冻僵,哆嗦地看着他们借着太阳的余晖,抓紧时间快速拍照测绘,为的是半夜赶回家,第二天照常上班。

又记得有一次在一个破坏严重的老城堡,程长进指着一处断垣说那里肯定有老庙遗址,我将信将疑,走近一看果然如此,问其缘由,他说明清城堡北部都有真武庙,看来他们真是了解、理解极深,进入境界了,调查找到了"航标",进而形成了"蔚县调查模式"。让我这个"老考古"不得不佩服。

还记得在一处早已被用作堆放柴草的古戏楼,在他们的指点下,看到一些清末民国时的墨书、涂鸦,甚至有某戏班子上演曲目的价格,显示出当年生动的原生态民俗生活。

这三人组在蔚县不间断地实地考察,正是蔚县快速发展时期,他们亲眼目睹了村村通公路建设、旧村改造、房屋改造、旅游的升温,书中那些乡野间的"无保户"文物有不少已经消失了。也有一些城堡、寺庙和戏楼得到修缮,但同时也造成了一定程度的破坏。从某种意义上说,这部书中有不少古迹,以后再也写不出来了。

应该说,这是一部用时漫长、写作艰苦的书,但过程充满了情怀、毅力,还有快乐和故事。书的背后有热心老人的讲述,有提供线索、带路找寻的村民,有旅馆的老板,还有卖干豆腐的小贩。也有遇到迷茫、不解的眼神,甚至拿起相机拍照,细心打听村子里的"事"被当成"敌特分子",而接受了当地政府盘查询问……

我还是要强调,这部费时十多年的著作,完全是作者们利用节假日自费完成的,程长进的首辆私家车,底盘不知被蹭坏了几次。后来换的SUV,在一次一侧是长满灌木的土坎,一侧是笔直陡崖的窄路上,为了不车毁人亡,在开车进村方向的路上使劲向右侧靠,结果路边的灌木将车右侧车门全部蹭破,返回时又将左侧车门全部蹭破。尚珩的车也不知大修过几次。

没有一部书是完美的,这部书收官后,我总觉得有些遗憾,真希望他们再出一本,把调查中的经历、工作细节故事、搞笑照片公布出来,那也是一部展现当代民情风俗、社会变化和人性的佳作。

尚珩、程长进和关琪三人组之外，常常也会有不同的人跟着一起去玩，属于"打酱油的"，比如我。按规矩，参与者的饭费、住宿费、过路费、油钱都要各自掏腰包 AA 制，我有幸 A 过几次，所以要我写序，责无旁贷。最后我想说，十多年前我不认为他们高大上，但现在我觉得他们是真正的高大上了。

齐东方

北京大学考古文博学院教授、博士生导师

2023 年 10 月

序　四

我把尚珩、程长进、关琪三位老师称为蔚县文化的"三剑客"，打开他们传给我的《明清以来蔚县庄堡寺庙调查与研究》书稿的校样，简单翻阅后，有三个词语第一时间冲入大脑：感动、汗颜和感谢。

近年来，来蔚县寻找文化的"驴友"不少，有的也曾来单位和我进行历史文化方面的探讨，但他们大多是做一些简单的、表面的了解，拍一些照片、视频，是一些比较肤浅、简单、短暂的文化行为。来乡村体验一下朴素的民俗风情，稀释一下紧张、繁忙的都市生活，是一种减压、消遣的方式。十几年前我第一次见"三剑客"的时候，也以为他们是众多"驴友"组合中平常的一个。却没想到，十几年下来，他们用非专业的热情、执着，加上自己的学识、能力、认知，做成了一件专业的事情。十多年间，他们几乎每月驱车从北京来到蔚县，走遍了蔚县的 22 个乡镇、大小 561 个村庄（行政村），形成了上百万字的调查资料，涉及村庄的古建筑、历史变迁、民俗、饮食等等，简直是一部蔚县古村堡的"全景图"。如此庞大的工作量，是由三个外地人自掏腰包、在没有任何经费的情况下，自发、自愿完成的。说实话，即便是世代生活在蔚县的本地人，能把全县 22 个乡镇 561 个村都走到的也没有几个。更别说把每个村的古文化都进行调查并留存资料的，更是几乎没有。而"三剑客"从北京来，从都市来，之前他们和蔚县并没有渊源，只是凭着对历史、对文化、对乡土遗存的"真爱"，就做了这样一项伟大的工作，让人看后禁不住热泪盈眶。

"三剑客"都有各自的工作，尤其是程长进、关琪两位老师不是文物专业和历史专业出身。但在调查中，他们需要依靠考古学、历史学、古建筑学、社会史学等多学科手段，进行多学科、多角度的系统调查。以一个村庄为例，他们要考证它的历史沿革、发展轨迹和现状；记录它现存的堡寨、寺庙、民居的建筑形制、结构和空间布局；绘制它的整体平面图和堡寨、重要寺庙、民居建筑的单体平面图；记录历史上曾经存在的建筑；询问当地长者记忆中的村史；抄录散落于乡野间的碑刻、题壁、匾额、族谱等文字；调查现今与过去的居民数量、姓氏、人口来源等。这是一项多么系统、专业、复杂又高标准的工作。这么多年，我一直在关注他们的朋友圈,看他们在数九寒天、塞外奇冷中,依然行走在乡村的大街小巷;在夏日高温酷暑中,也没有间断他们的考察。书中的每一个数字都是用脚步丈量出来的。这些年也陆陆续续和他们见过几次面,短暂地坐下来聊一聊蔚县的古村堡。知道他们在做古村堡调查,但当他们把如此厚重、翔实的资料呈现在我面前的时候,还是着实吃惊不小。作为一名蔚县的文物工作者,我们应该做到的事情,让"三剑客"先做到了,我们没有做到的事情,"三剑客"也做到了。看着厚厚的调查成果,令人心生惭愧,汗颜不已。

得知本书将由上海古籍出版社出版,在欣喜和祝贺的同时,也深深认识到这个成果的重要意义。这无疑是对蔚县古村堡保护、研究的巨大贡献。当前乡村振兴正在全面推进、全域旅游特别是乡村旅游如火如荼,这样一本翔实、全面、高品质图书的出版,恰逢时机、正当其时,相当于给蔚县的村庄"画像"。多年来,蔚县的古村堡"藏在深山人不识","三剑客"用外部的视角对蔚县古村堡做了翔实的纪录,并正式出版,必然会让蔚县古村堡的名气、保护、研究更上一层楼。这对蔚县和蔚县古村堡是求之不得的好事。"三剑客"的行为,体现了对蔚县的热爱、对历史的尊重、对文物和文化遗产的责任,是一种"大爱"。这种大爱,是我们文物工作者最应该学习和具备的品质。作为一名文物战线的老兵,我从心底向三位老师表示诚挚的感谢。

习近平总书记说:"要把老祖宗留下的文化遗产精心守护好,让历史文脉更好地传承下去。"蔚县是一座历史文化的富矿,是国家历史文化名城、全国文化先进县、全国文物工作先进县。现在拥有国家历史文化名城 1 处,中国历史文化名镇 2 处,省级历史文化名镇 1 处,中国历史文化名村 8 个,省级历史文化名村 42 个,中国传统村落 47 个。全县已登记的各类文物遗存点 1 610 多处,现有全国重点文物保护单位 22 处,省级重点文物保护单位 23 处,县级重点文物保护单位 89 处,被誉为"河北省古建筑艺术博物馆"。

古村堡是蔚县独特而鲜明的文化符号,历史上就有"八百庄堡"之说,蔚县大地、山川之中,随处可见一座座古老雄浑的城堡。堡连堡、堡套堡,城中有堡、堡中有城,连堡成乡、连堡成镇,磅礴大气、巍巍壮观。古堡中集聚了古城堡、古寺庙、古戏楼、古民居四大奇观,是中国北方最美的古建筑群。迄今保存下来的古堡仍有 350 多座,享有"南有闽南土楼,北有蔚州古堡"的盛誉。这些高大的城堡为了防御北方游牧民族的侵扰而修建,也是长城防御体系的重要组成部分。被著名建筑学家罗哲文先生称为世界东方万里长城脚下的"另一个奇迹"。多年来,蔚县古村堡的保护与挖掘工作一直在摸索和思考中前行,并取得了一定成果。

一是全县上下形成了古村堡保护的思想认同。首先是县委县政府将蔚县古村堡保护工作纳入重要议事日程,成立了"蔚县古村堡保护领导小组",组建办公室,编制了《蔚县古村堡保护名录》,2012 年 3 月蔚县第十四届人大常委会第二次会议审议通过了《蔚州古村

（堡）落保护办法》，印发了《蔚县古村（堡）落保护名录的通知》，制定了《蔚州古村（堡）落保护工程实施方案》，以法规和制度的形式规定了保护工作。编制了《中国河北蔚州古村（堡）落保护性总体规划》，将中国蔚州古村（堡）落群保护纳入蔚县社会经济发展总体规划。其次是广大群众和村民的认同。近年来通过学习国家政策、受潜移默化的影响和春风化雨的教育引导，蔚县的老百姓已经能完全认同古堡的保护工作。他们不仅自己不去破坏，还会主动去保护和维修，涌现出了众多民间维修古建筑的典型村落和典型人物。

二是古村堡拯救行动全面铺开。2017年中国文化遗产日之际，河北省文物局、张家口市人民政府、蔚县人民政府共同发起"蔚县古堡拯救行动"。其目标是全面采集整理蔚县古堡数据信息，发掘古堡综合价值，保护古堡历史遗存、遗迹，以及相关历史环境与非遗资源，形成保护古堡文物安全，保持古堡布局和完整历史风韵的机制。加大资金投入，注入时代活力，焕发古堡生机，营造多元协同、开放发展的格局，造福百姓。近年来，分别和天津大学建筑学院、浙江省古建筑研究院等合作，借鉴浙江松阳、安徽潜山等地"保护老屋行动"的经验，在古堡保护中实施保护利用精品示范项目。四年来，实施蔚县古堡保护修缮项目38个，投入保护资金3 800多万元，并着眼于整体保护与后续利用相结合，推出古堡利用项目，引进生态民宿、精品客栈、遗产酒店等适应新时尚、满足新需求的文化遗产利用模式，目前蔚县古堡民宿业发展迅速，已经建成南山小院、昔古回院、三合泰、铭悦觉醒城等20余家精品民宿，其中南山小院、昔古回院已经被国家文旅部公布为国家甲级民宿。

三是多学科古村堡研究走向深入。2009年我馆和中国人民大学合作出版了《蔚县碑铭辑录》，2013年出版了《千年古韵蔚州城》，2013年出版了《蔚县寺庙壁画》，2014年出版了《蔚县古戏楼》，2017年出版了《河北省传统村落图典——蔚县卷》，2018年出版了《活着的古堡》。当前《蔚县的村堡、民居和庙宇》上、中、下三卷，《蔚州古邑——蔚县历史文化名城名镇名村》也正在编写当中。这些研究成果和古村堡保护维修同步推进，成为助推蔚县文物保护利用工作的"双翼"。

中国五千年的历史文明是一部乡村的文化史和文明史。乡村历史文化承载着整个乡村的精神物质财富，是中国传统文化的重要组成部分。党的二十大报告提出"加快建设农业强国，扎实推动乡村产业、人才、文化、生态、组织振兴"。乡村振兴，既要塑形，也要铸魂。乡村文化振兴是乡村振兴的重要内容和有力支撑。在全面推进乡村振兴战略背景下，乡村文化自信为乡村振兴提供持久的精神力量。保护开发好乡村历史文化，不仅是对历史的传承，也是促进社会发展的强劲动力。

蔚县古村堡是祖先留给我们的宝贵文化遗产，作为古代农耕社会的缩影，留下了千百年的文明积淀，凝聚着先人的生活向往、智慧创造、审美追求，承载着一代又一代人的精神寄托和记忆。堡墙堡门、院落街巷、庙宇戏楼、一砖一石、一梁一柱，都真真切切、触手可及，是活着的历史。其蕴含的精神价值，跨越时空、超越国度，富有永恒的魅力。这是蔚县的财富，也是国家的财富。保护和利用好这些文化遗产，是我们的责任所在。今天蔚县文化"三剑客"的名字和他们所做的工作，必将在蔚县古村落保护研究和乡村振兴的宏图伟业中留下浓墨重彩的一笔，以见证他们对蔚县古村堡保护、研究和发展所做的贡献。

当前社会已进入工业化、城镇化快速发展阶段，古村堡保护工作形势艰巨、任重道远。也希望蔚县文化"三剑客"的精神能发扬光大，引领更多有识之士加入进来，和我们一起保护这一珍贵的文化遗产。用实际行动践行习近平总书记提出的"让一切文明的精华造福当今、造福人类"目标。深怀敬畏之心、担当历史之责，让这一项功在当代、利在千秋的崇高事业惠及更多的人民群众，真正"让古堡活起来，让百姓富起来"，让中华历史文化遗产的光芒穿越历史、照进现实、点亮未来。

蔚县文物事业管理所所长、蔚县博物馆馆长

2023 年 10 月

总 目 录

调查编(第一册至第五册)

研究编（第六、七册）

彩版编

第八册

第一册目录

插 图 目 录

拓 片 目 录

第一章 概　述

第一节　自然人文环境与历史沿革

一、自然人文环境

蔚县地处河北省西北部,张家口市境内最南端,坝下蔚县—阳原浅山盆地东南部,太行山西北麓;东接涿鹿县,南连涞源县,西邻山西省广灵县,北依阳原县、宣化县,东南、西南分别与涞水县、山西省灵丘县接界;广71.25公里,袤74.55公里,面积3 220平方公里。1980年前后全县共407 009人,辖1个镇,33个公社。1988年辖10个镇,23个乡,736个行政村。2011年,全县共796座村庄。2021年底全县常住人口共411 824人。其中男性210 377人,女性201 447人。

蔚县属暖温带大陆性季风气候,由于高低悬殊,立体气候明显。其主要气候特点是:夏季凉爽、秋季天气多变。蔚县各地年降水量在380.0~682.7毫米。降水量最多的是东部的小五台山地区,在580~700毫米;最少的是中北部壶流河两岸的河川地区,在380~430毫米;南部山区降水量在530~580毫米。蔚县气温分布的总趋势是随海拔高度的增加而温度递减,年平均气温在6.8~7.6度。壶流河谷地年平均气温最高,南北山区次之,小五台山地区最低。

蔚县地处恒山、太行山、燕山三山交汇之处,属冀西北山间盆地。恒山余脉由晋入蔚,分南北两支环峙四周,壶流河横贯西东,形成了明显的南部深山、中部河川、北部丘陵三个不同的自然区域。

深山区:1 114平方公里,占总面积的34.6%。平均海拔1 500~2 000米,自西南向东北有:石门山—灵仙山—萝山—玉泉山—翠屏山—黑石岭—莲花山—九宫山—马头山—永宁山—松枝山—马蹄山—小五台山,有河北省最高峰——小五台山,高2 882米。

河川区:988平方公里,占总面积的30.7%。平均海拔900米,中部有壶流河及其支流清水河、安定河穿过。该区地势平坦，水源充足，土地肥沃，一直是京西著名的"米粮川"，历史上四大贡米之一的"蔚州贡米"享誉中华。

丘陵区：1 118 平方公里，占总面积的 34.7%。平均海拔 1 000～1 500 米，相对高度在 500 米以下，黄土地貌发育得特别典型。该区宜于发展林果业和种植业。

蔚县境内主要河流为壶流河。它源于山西省广灵县望狐乡望狐村，由暖泉镇入境，东流至西合营北，右纳清水河北流，再纳定安河；北出北马圈，至阳原县小渡口与桑干河汇流。蔚县境内河道长 77 公里，上游建有壶流河水库，库容 8 070 万立方米；建南、北干渠 48.5 公里，自流灌溉总面积 123 036 亩。县域内地下水资源丰富。

经济以农业为主，兼有林、牧、工、副、渔业等。1980 年前后全县耕地面积 1 433 976 亩，其中粮食作物 1 217 612 亩，占耕地面积的 85%；经济作物 156 251 亩，占耕地面积的 11%。1949 年前粮食年总产量 13 093 万斤，平均亩产 85 斤。1980 年粮食总产量 26 646 万斤，平均亩产 218 斤。粮食作物主要有：谷子、黍子、马铃薯、玉米、小麦、水稻、高粱、莜麦、豆类等。经济作物以白麻（学名大麻）、蔬菜、油料、药材为主。1980 年前后全县林地面积 582 300 亩，森林覆盖率 13.9%。经济林有苹果、杏、李子、海棠、梨等。

二、历史沿革与区划疆域

蔚县历史悠久。早在旧石器时代就有古人类在此生息繁衍。2002 年中国科学院古脊椎动物和古人类研究所的卫奇先生，在蔚县北水泉大南沟旧石器时代遗址中发现 7 件距今 200 万年的人工石器。

1979 年河北省文物管理处、吉林大学考古专业、张家口地区博物馆组成的张家口考古队，发掘了壶流河流域的筛子绫罗、庄窠堡、三关等遗址，发现了相当于仰韶文化、龙山文化、早商文化等不同时期的文化遗存。

春秋时为代国（都今代王城）。战国时为赵国代郡地。周赧王十八年（前 297），赵武灵王册封儿子赵章于安阳，号安阳君。安阳是代国的下属，治所在今天的定安县村。

秦时属代郡代县（治今代王城）。

西汉时属并州，辖桑干、代、道人、当城、高柳、马城、班氏、延陵、且如、平邑、阳原、东安阳、参合、平舒、灵丘、广昌、卤城、狋示等县。汉高祖初，曾置代国。东汉时，属幽州代郡。

三国时，属幽州，辖代县、平舒县、当城县、桑干县、马城县。

西晋时，属幽州，辖代县（治今蔚县代王城镇）、当城县（治今蔚县定安县村）、平舒县（治今广灵县平城村）、广昌县（治今涞源县）。

北魏时西南部属恒州，为北灵丘郡，东北部属燕州，为东代郡。

东魏孝静帝天平二年（535）始置蔚州（治今蔚县县城），蔚州自此始。北周宣帝时又置蔚州,大象二年(580)建蔚州城。蔚州属"燕云十六州"之一,州治在灵丘(今山西省灵丘县),今蔚县地属之。

隋大业三年(607),罢蔚州,置雁门郡,为雁门郡灵丘县地。隋末,陷于突厥。

唐武德六年(623)重置蔚州,寄治并州阳曲县。贞观五年(631),唐破突厥,复故地,移治灵丘县,属河东道。开元十二年(724)置安边县(治今蔚县县城)。天宝元年(742),改蔚州为安边郡,并自灵丘移州治于安边城。至德二年(757),改安边郡为兴唐郡,并改安边县为兴唐县。乾元元年(758),置蔚州,并置横野军,辖安边县(今蔚县、广灵县、阳原县)、飞狐县、灵丘县。

五代十国时期,先后属后唐、后晋,为蔚州(治今蔚县县城)。后晋石敬瑭割燕云十六州于契丹,即归辽。

辽时,属西京道,并置忠顺军,辖灵仙县(今蔚县中西部)、定安县(今蔚县东部,涿鹿县小部分、阳原县小部分)、广陵县(今广灵县)、灵丘县、飞狐县(今涞源县)。辽末归宋仅一年,属云中路,辖县不变。

金时,属西京路,并置忠顺军,辖灵仙县、定安县、广灵县、灵丘县、飞狐县。

元时,属中书省上都路顺宁府,至元二年(1265)为灵仙县,隶属宏州,后复改为蔚州,隶属宣德府。至元三年(1266)改宣德府为顺宁府,州治灵仙即蔚州城。至大元年(1308)升蔚州为蔚昌府,隶属上都路。

明时,属山西大同府蔚州。洪武七年(1374)置蔚州卫[1],属山西行都指挥使司,宣德五年(1430)改属万全都指挥使司(万全都司)。州、卫治所同设蔚州城内,并以南北大街划分,东属卫,西属州。

清时,初属山西大同府。康熙三十二年(1693)改蔚州卫为蔚县,属宣化府。雍正六年(1728),改属直隶宣化府,遂不再辖县。乾隆二十二年(1757),并蔚县入蔚州。

民国初期,1912 年蔚州属直隶省口北道,1913 年改为蔚县,隶直隶省口北道。1928 年划归察哈尔省,属察南地区。

1937 年 9 月日军侵占蔚县。1937 年 10 月,八路军收复蔚县,并成立蔚县抗日救国会和蔚县抗日自卫政府,驻地在蔚州城。同年 11 月,日军再次侵入蔚县,县境内抗日民主政权和日伪政权同时并存。其后直到 1948 年 3 月,蔚县第二次解放,蔚县的行政建制和归属多有变迁。蔚县解放后属察哈尔省察南地区,县政府驻地先后迁至西大云疃、西合营。全县划分为 14 个区,蔚州城为一区驻地。

1952 年,察哈尔省被撤销,蔚县划归河北省张家口专区,蔚州城仍为一区驻地。

---

〔1〕 也有洪武十年(1377)设置等说,本书从"洪武七年"设卫之说。

1953 年,蔚州城为县辖镇蔚县县城镇驻地。

1958 年,同阳原县合并,仍为蔚县。1959 年县政府迁至蔚县县城至今。

1961 年 5 月将阳原县划出,蔚县仍旧制。

1992 年蔚州城被列为河北省历史文化名城。

2018 年 5 月 2 日蔚州城被列为国家历史文化名城。县内拥有全国重点文物保护单位 22 处,中国传统村落 47 处,中国历史文化名镇 2 处,中国历史文化名村 8 处,国家 AAAA 级旅游景区 1 处,国家 AAA 级旅游景区 4 处。此外蔚县还拥有世界级非物质文化遗产 1 项,国家级非物质文化遗产 3 项,省级 8 项,市级 27 项,县级 82 项。

第二节　调查概述

一、缘起、背景

已故古建大家罗哲文先生曾经说:"在世界的东方,存在着人类的一个奇迹,这就是中国的万里长城。在长城脚下,还存在着另一个奇迹,那就是河北蔚县的古城堡。"[1]蔚县号称有"八百庄堡",这一数字是蔚县人祖祖辈辈流传下来的。与此同时,还有数量众多的寺庙、民居等古建筑。蔚县拥有 22 处"国保",是全国县级行政区"国保"数量前三名,乡间还散落有数量庞大的古建筑。

自 2007 年元宵节第一次去蔚县,我们便惊奇地发现,蔚县的堡寨、寺庙、民居等古建筑不仅单体建筑保存较好,而且奇迹般逃过了近代破坏,整建制、成体系地保存下来。但是,由于这些古建筑数量庞大且保护级别较低,并未受到足够的重视,当地民众,特别是年轻人对于身边的这些古建筑早已习以为常、不以为贵,以致到目前还没有对其进行过全面、系统、科学的田野调查和研究。同时,由于没有采取足够的保护措施,许多古建筑在逐渐消失;年轻人对家乡历史的冷漠,使得本村历史随着长者的离世而不为后人所知。

出于对文物考古工作的责任,对古建筑的深爱,作为中国传统文化遗产保护志愿者,强烈的社会责任感促使我们利用周末和节假日自发对这些散落在乡间的古建筑进行系统调查。调查工作开始于 2007 年春节,受各自工作等客观因素影响,主要村庄调查集中在 2011～2019 年。由于认知的阶段性和局限性,随着调查和认识的深入,我们意识到早年调查获取的资料缺失严重,因此对部分村庄又进行了复查。

---

[1] 林胜利著:《找寻蔚县古堡》,北京大学出版社,2011 年,第 7 页。

二、调查范围和方法

在调查过程中,我们以蔚县民政局编制,2004 年 6 月出版的《蔚县行政区划图》上的村庄为对象,无论行政村还是自然村皆逐一进行走访调查。个别废弃较早、无人居住的村庄的情况通过询问邻近村庄的村民获取信息。

我们以现存的堡寨、寺庙(戏楼)、民居建筑作为主要调查对象,依靠考古学、历史学、古建筑学、社会史学等多学科手段,进行多学科、跨学科、多角度的系统调查。考察和记录调查对象的形制、布局和结构,绘制分布图和平面结构图,并结合传世文献加以研究。以每一个村落(行政村、自然村)作为一个独立的聚落单元,考证该聚落的历史沿革、发展轨迹和现状;记录该聚落现存堡寨、寺庙、民居的建筑形制、结构和空间布局;绘制该村落的整体平面图和堡寨、重要寺庙、民居建筑的单体平面图;记录历史上曾经存在的建筑;询问当地长者记忆中的村史;抄录散落于乡野间的碑刻、题壁、匾额、族谱等文字材料。从而重建该聚落的历史与发展脉络,展现该聚落的军事防御体系、民间信仰体系和精神世界。在调查过程中,不仅对现存古建筑进行调查,还尽最大可能复原历史上消失的古建筑。同时注意社会史调查,即所在村落情况的调查,以口述史的方式,调查现今与过去的居民数量、姓氏、人口来源等。最后,以城堡和各类寺庙为研究对象,进行综合研究。

第三节　资料整理与编写体例

调查资料的整理工作分两步进行。

首先,每次调查结束后即开始文字记录、照片材料的整理工作,撰写考察记录,对照片重新命名。由于我们走访的村民多为 70 岁以上的老人,蔚县乡音浓重,为了确保调查的质量,现场三人均独立撰写考察笔记、拍摄照片,考察结束后各自整理材料。

其次,自确定要整理出版蔚县调查成果之后,由尚珩负责将三个人的考察文字记录进行整合,程长进、关琪负责审阅、修改。具体编写过程中,尚珩负责城堡部分的原始资料整理和综合研究,程长进负责寺庙部分的原始资料整理——古建筑描述和各类寺庙的综合研究,关琪负责碑刻、题壁的录文和整理,最后由尚珩负责统一全书的体例和统稿工作。

照片选取方面。依据出版所需照片总量要求,在质量优先的原则下,选取三个人拍摄中最具代表性的城堡建筑、寺庙建筑、民居建筑和壁画,特别是未修缮的"原味"古建筑,被破坏前的壁画等。这些照片并非摄影创作的艺术作品,而是以客观记录为主,兼顾艺术性。遗憾的是调查时尚未配备无人机,因此未拍摄城堡、寺庙的全景照片。

图纸绘制工作由尚珩负责。县域、各乡镇区总图以《蔚县行政区划图》上的村庄为底图进行描绘，并专门绘制了村庄、城堡平面图。

碑刻录文和拓片方面。鉴于《佛寺与蔚州传统文化》《蔚县碑铭辑录》两本书中均有大量拓片和录文。为了不重复工作，我们在调查和整理过程中仅将上述两本书中未收录的碑刻进行录文整理，已收录的碑刻则仅列出其名称，以注释方式整理，便于读者检索。同时拓印其中一些重要碑刻（已出版拓片的碑刻不再重复拓印），具体拓印工作由长城小站、河北省传拓学会会员李春宇负责。由于城堡门额拓印不便、周期较长，因此本书所收录的门额拓片全部由时任蔚州博物馆馆长李新威先生提供。

研究发现，现今蔚县行政区内的村庄与明、清时期的蔚县（州）村庄并不一致，特别是县（州）界地区，今蔚县部分边界上的村庄原非属于蔚县（州）。同样，原属蔚县（州）的部分村庄今已改属他县。受时间和精力的限制，我们并未对明、清时期属于蔚县（州），现改属他县的村庄进行调查。由于调查、整理周期超过十年，而这一时期蔚县的经济建设飞速发展，村庄内的城堡、寺庙、民居，或因自然因素，或因人为因素而发生变化，存在资料与现状不一致的情况。因此在整理过程中，以最后一次调查为基础，兼顾之前调查的变化，从而最大限度上展现当地的历史文化遗产。

第二章 蔚 州 镇

第一节 概 述

蔚州镇是蔚县县政府所在地,地处蔚县西部,壶流河南岸。蔚州镇东与代王城镇为邻,南与宋家庄镇相望,西、北隔壶流河与暖泉镇、涌泉庄乡相邻。现今蔚州镇由原蔚县县城镇、城关镇(1984 年由公社改镇)合并(1996 年)组成。分述如下:

蔚县县城镇 1980 年前后共 19 352 人,其中农业人口 9 450 人,非农业人口 9 902 人,辖12 个街道管委会,划分为 43 个生产队。全镇地处平原,水源较丰富。经济以农业为主,工、副业占重要位置。1980 年前后有耕地 10 254 亩,其中粮食作物 8 692 亩,占耕地面积的 84.7%;经济作物 1 570 亩,占耕地面积的 15.3%;建筑面积 2 310 亩,占总面积的8.8%。1948 年粮食总产量 150 万斤,平均亩产 200 斤;1980 年粮食总产量 540 万斤,平均亩产 622 斤。主要农作物是玉米。

城关镇地处蔚县西部,壶流河南岸,各村分布于蔚县县城镇周围,面积 25.4 平方公里。因驻地城关而命名。1980 年前后共 8 785 人,辖 16 个大队,划分 44 个生产队。全镇地处平原,境内地势较平坦,水源充沛。经济以农业为主,兼有工、副业。1980 年前后有耕地 20 987 亩,其中粮食作物 16 923 亩,占耕地面积的 80.6%;经济作物 2 799 亩,占耕地面积的 13.4%。1948 年粮食总产量 246 万斤,平均亩产 111 斤;1980 年粮食总产量809.5 万斤,平均亩产 478 斤。主要农作物有谷子、玉米、黍子。

2013 年,蔚州镇面积 34.2 平方公里,人口 12 万人。全镇有 1 个社区、13 个居民委员会、15 个村民委员会,共 29 座村庄(图 2.1)。

蔚州镇现存古建筑丰富。历史上有庄堡 7 座,现存 6 座;观音殿 12 座,现存 8 座;龙神庙 6 座,现存 1 座;关帝庙 8 座,现存 4 座;真武庙 7 座,现存 4 座;戏楼 7 座,现存 4 座;五道庙 11 座,现存 1 座;泰山庙 2 座,现存 2 座;财神庙 3 座,现存 1 座;魁星楼 2 座,现存2 座;梓潼庙 1 座,现存 1 座;玉皇庙 1 座,现存 1 座;火神庙 2 座,现存 1 座;三官庙 5 座,现存 3 座;城隍庙 2 座,现存 2 座;文昌阁 2 座,现存 2 座;风神庙 1 座,无存;其他 8 座,现存 8 座。

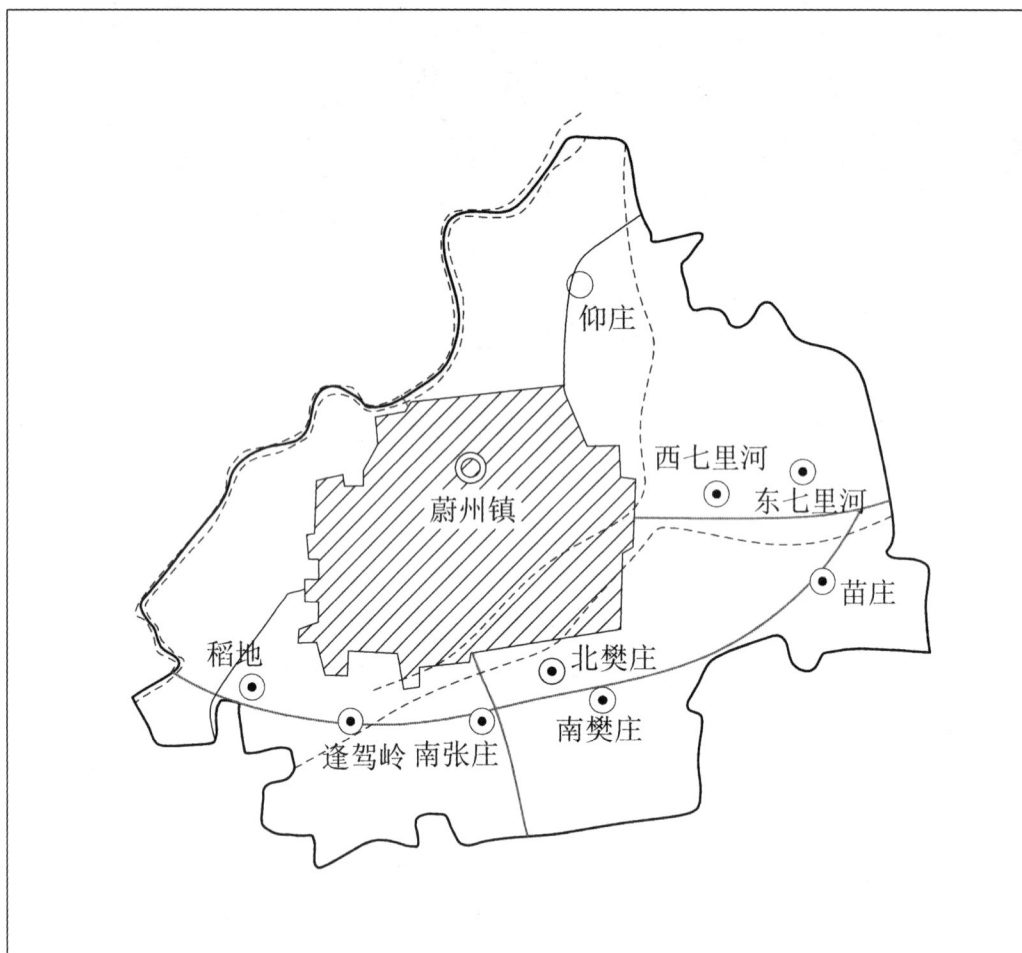

图 2.1 蔚州镇全图

第二节 蔚州古城

一、自然环境与人文历史

蔚州古城位于县域西部,壶流河南岸,地势平坦,面积约 1.6 平方公里,S342 省道经此通过,驻有县政府、城镇政府和城镇一街、二街、三街、四街、五街、六街、七街、八街、东关、西关、南关东街、南关西街街道管理委员会。明嘉靖进士、兵部尚书郝杰,清顺治进士、刑部尚书魏象枢生于此镇。

蔚州古城始建于北周大象二年(580)。唐时为安边县治。五代十国时期为蔚州州治。明洪武四年(1371),置蔚州,隶大同府。七年(1374)设蔚州卫,后筑土城,并甃砖。明清时期,因其行政区级别不同,又作蔚县县城、蔚州城。1913 年改称蔚县,为县治所在地。1949 年后为蔚县政治、经济、文化中心。1979 年建镇,因驻县城,故名蔚县县城镇(图 2.2)。

蔚州镇内划分为城镇一街至八街。分述如下:

城镇一街:为城镇居民区,1980 年前后有 1 262 人,耕地 572 亩,曾为城镇人民政府及城镇一街街道管理委员会驻地。1948 年建政划为一村,1953 年改为一街。

城镇二街:为城镇居民区,1980 年前后有 1 203 人,耕地 816 亩,曾为城镇二街街道管理委员会驻地。1948 年建政划为二村,1953 年改为二街。

城镇三街:为城镇居民区,1980 年前后有 709 人,耕地 594 亩,曾为城镇三街街道管理委员会驻地。1948 年建政划为三村,1953 年改为三街。

城镇四街:为城镇居民区,1980 年前后有 756 人,耕地 463 亩,曾为城镇四街街道管理委员会驻地。1948 年建政划为四村,1953 年改为四街。

城镇五街:为城镇居民区,1980 年前后有 1 099 人,耕地 738 亩,曾为城镇五街街道管理委员会驻地。1948 年建政划为五村,1953 年改为五街。

城镇六街:为城镇居民区,1980 年前后有 1 575 人,耕地 737 亩,曾为蔚县人民政府及城镇六街街道管理委员会驻地。1948 年建政划为六村,1953 年改为六街。

城镇七街:为城镇居民区,1980 年前后有 1 269 人,耕地 639 亩,曾为城镇七街街道管理委员会驻地。1948 年建政划为七村,1953 年改为七街。

城镇八街:为城镇居民区,1980 年前后有 843 人,耕地 315 亩,曾为城镇八街街道管理委员会驻地。1948 年建政划为八村,1953 年改为八街。

二、城堡

(一)城防设施

蔚州古城位于壶流河南岸,其地明人赞曰:"万山环拱,北枕桑干,中带壶流,诸关天险,连上谷而接云中,背腹手足之势备矣。"[1] 城南为横亘的恒山余脉翠屏山。此地有太行八陉之一:飞狐陉。飞狐陉有"飞狐天下险"之称,历代为兵家必争之地与南北通商要

〔1〕 来临:《(崇祯)蔚州志》,《日本藏中国罕见地方志丛刊续编》,国家图书馆出版社,2003 年,第 319 页。

道。蔚州古城便位于飞狐峪北部形成的一块南低北高的沉积台地上,北临壶流河,四周均有水系分布,南为由晋入蔚的恒山余脉,扼天险,控大漠,军事地位十分重要。

有明一代,蔚县(州)城行政属大同府,而军事则属宣府镇。明清以来,蔚州城是名播国内的名城之一,据《万历野获编》记载,当时的北方有"四大奇",即"朔州的营房,宣化的校场,蔚州的城墙,大同的婆娘"[1]。历代均称蔚州城是"雄壮甲于诸边"的"铁城"(图2.2)。

如今,蔚州古城位于蔚州镇镇区的西北部。城池平面大致呈"凸"字形。周长(复原)约4 200余米,开东、南、西三门,北城垣建玉皇阁,城内中部建鼓楼。城墙外有护城河环绕。城内平面布局大致为南北主街结构,街道整齐。

城墙 据《宣大山西三镇图说》载:"本城周大象二年创建,洪武七年砖包,万历十一年地震崩裂重修焉。周七里一十二步,高四丈一尺。"[2]但《(光绪)蔚州志》认为,城建于北周大象二年"未足为依据也"[3]。至于城墙形制,《(光绪)蔚州志》记载:"周长七里十三步,底宽四丈,顶宽二丈五尺,高三丈五尺,上垒雉堞,高六尺。"[4]城墙采用青砖包砌,修建垛口1 100多个,乾隆年间还存有700余个。城墙之上有"门楼三座,角楼四座,俱五檩三级,敌楼二十四座,俱三檩三级;更铺间楼一座"。

清同治六年(1867)拆除了大部分敌楼和角楼。20世纪六七十年代,为进行城市建设将大部分古城墙拆毁。城砖被用作建房等,土地被国家、集体、居民生产生活所占有。现存西北部城墙1 600米,7个残缺不全的马面,墙外立面包砖,高11.5米,底宽13.3米,顶宽8.3米。

东墙 东门以南的墙体无存,现被民宅和道路占据。东门以北的墙体,南段被毁,北段保存较好,并与北墙连为一体(彩版2-1)。

南墙 仅存南门以西的墙体(南墙西段)基础部分,墙体原址上修建有两排民宅(彩版2-2)。近年随着古城整体保护和开发的进行,墙体基址上的民宅已被拆除,露出墙基,高约1米,设有3座马面,原址展示。墙体外侧地名原称为"清远门南",其范围包含南墙西段、西墙南段近西南角附近,被拆除后辟为斜坡绿地。南墙东段拆毁无存,东段墙体位置及外侧地名为"景仙门东三条"。景仙门东三条,位于蔚州古城南墙东段外侧与护城河之间,北侧紧邻城墙,无老宅院遗存。

西墙 仅存部分墙体,以西门为界,分为南北两部分:北段墙体较为连贯,外立面包砖尚存,尚存3座马面;南段墙体仅存断续的2段,墙体包砖无存,仅存夯土墙心(彩版2-3、4)。墙体内外原为倚墙修建的民宅。近年随着古城整体保护和开发的进行,西墙

〔1〕 沈德符:《万历野获编》,中华书局,1959年,第612页。
〔2〕 薄音湖:《明代蒙古汉籍史料汇编(第十二辑)》,内蒙古大学出版社,2015年,第76页。
〔3〕 庆之金撰,王立明点校:《(光绪)蔚州志》,中国言实出版社,2016年,第117页。
〔4〕 庆之金撰,王立明点校:《(光绪)蔚州志》,中国言实出版社,2016年,第117页。

内外侧墙下的民宅逐渐被拆除,数段墙体得以展现。部分墙体仅存夯土心,外立面尚存包砖。

北墙 仅存部分墙体,墙体外立面尚存包砖和条石基础,顶部及内侧包砖已无存,仅存夯土心,墙体高厚、宽大,较为连贯(彩版2-5)。墙体上设3座马面,马面体量较大,包砖尚存。此外,墙体上修建的蔚县造纸厂破坏了部分墙体。邻近东北角开设有小北门,现已修缮一新。

东南角无存,现为蔚县水厂大院,院内建有水塔。西南角角台原为民宅占据,拆除后露出角台基础部分,高不足1米。东北、西北角未设角台,仅为弧形转角。

城墙外环以护城河。护城河由德庆侯廖永忠于明洪武五年(1372)开疏,河深三丈六尺,阔七丈,水流环绕城墙一周,注入城北的壶流河中。至近现代,河两岸为当地居民棚户区,环境脏乱。护城河年久失修,河道淤塞,水量小,水质差。如今,为配合蔚州古城整体保护和开发,护城河已重新疏浚,清除了淤泥和垃圾,两岸棚户区也被拆除,辟为滨河公园绿地。

蔚州古城开设东、西、南3座城门:东门为"安定门",上建"景阳楼";西门为"清远门",上建"广运楼";南门为"景仙门",上建"万山楼"。北城墙上建有1座"靖边楼",又称"玉皇阁"。三门外还各建有"月城",各有城楼1座,俱一间二级。东关月城门名为"迎旭"。城门之外还建有"关城"。如今,东、西城门建筑无存,仅存缺口。西门南北两侧为幼儿园和学校,校园内立有水塔,西门外尚存石桥。现今仅南门尚存。

南门 位于蔚州古城南墙,保存尚好,砖石拱券结构,基础为条石砌筑,砖砌拱券,东西38米,南北16米,高12米。城台收分明显,内外门券均为七伏七券。外侧券门上原镶嵌石质门匾,正题"景仙门"。顶部万山楼于1947年毁于战火,1996年新建的城楼为三重檐歇山顶黄琉璃瓦,钢筋混凝土结构。四周环以垛口。门券内原设有城门二扇,门转为铸铁圆孔式插于铁轴上,上刻"洪武五年"字样。门外西侧为当代商场,东侧为供销宾馆、同济医院。

城门外均建有矩形瓮城。南门外设双重瓮城,东、西门外设单层瓮城,现均无存。

3座城门与护城河之间原均设有吊桥,清光绪时期改建为横水石桥。如今仅西、南石桥尚存,东门石桥为新建。

南关石桥 位于蔚州古城南门外护城河上。石拱券结构,一伏一券式。西侧拱券上方镶嵌石质阳文匾额,正题"吊桥",落款为"光绪十三年四月重修"。桥面宽14米,矢高2.5米,跨度3米,桥面长8米。桥面仅存西侧望柱5根,桥栏板5块。柱为方形抹角。柱头、桥栏为光绪年间所建,桥栏雕古装人物。该桥在明代初建时是连接县城及关城的重要枢纽。清光绪年间拆除吊桥,改建石桥。因2007年护城河治理改造,桥东部被掩埋。桥面已改成沥青硬化路面。

西关石桥 位于蔚州古城西门外的护城河上(彩版 2-6)。石拱券结构,券上镶嵌有光绪时期的石匾,字迹漫漶。桥面宽 14 米,矢高 2.5 米,跨度 3 米,桥面长 8 米。桥面仅存北部望柱 4 根。柱为方形抹角。柱头雕神态各异的石狮 4 尊,下为荷叶包袱须弥座。该桥在明代初建时为吊桥,是连接县城与关城的重要枢纽。光绪年间拆除原吊桥,改建石桥。1996 年南侧栏板坍塌滚落到护城河内,如今桥面已改造成硬化柏油路。桥西为西关所在地,为居民区。

蔚州古城现为全国重点文物保护单位。

(二)街巷与古宅院

蔚州古城城内保存了较为完整的明清市井格局,街巷纵横交错。民宅多已翻修,老宅院数量众多。2010 年当地文物部门为部分老宅院设立了保护标志。

人民路 位于城内南部,大致呈东西向,以南门内南北主街为界,分为东、西两段。东段原名郝家巷,西与南门内南北主街相连,东达县城东南角水厂(泉南街)。街内老宅院为:人民路 24 号院、30 号院、32 号院,此外还有剪纸厂、印刷厂和县委党校。西段为州前街,位于州衙署前,东与南门内南北主街相连,西与小街南相接。街巷内老宅院有人民路 9 号院、17 号院,以及蔚州衙署。西段路北为蔚州衙署,南侧有蔚县供销合作社联合社,其与南门内南北主街交汇口处新修建有牌坊。

蔚州衙署 蔚州衙署位于蔚州古城内西南部,明、清两代一直是蔚州(县)的政治中心。衙署始建于明代,由卫指挥使、安远将军周房筹划,规模宏大。门外有牌坊东西对峙,院内有土地祠、马神祠、寅宾馆、戒谕坊、仪门、大堂、协政室、实政室、中堂、火器库、吏目等建筑,厅堂房舍共 300 余间。1958 年蔚县政府驻地由西合营镇迁往县城,遂将旧衙署全部拆除,改建为县政府驻地。今仅存衙门 1 座,为 1958 年所建仿古建筑,衙门坐北面南,五檩府衙式,单檐硬山顶,面阔三间,门外设"八字"影壁(彩版 2-7)。清同治十年(1871)所立一对石狮子仍立于门前两侧。衙门内为衙署大院。院内曾是县委、县政府驻地,其建筑均为 20 世纪 50 年代所建,其格局仍保持了中间布局及中轴线两边对称风貌。县政府迁走后,成为一些单位的办公场所及居民区。

蔷薇巷 位于城内东南部,人民路北侧,蔚州古城东墙内侧,大致呈南北向,南接人民路,北接书院街。巷内全部是新建的民宅。

祁家大院巷 位于城内东南部,大致呈东西向,东接蔷薇巷,西接公道巷。巷内老宅院众多,有祁家大院巷 6 号院、33 号院、35 号院、38 号院、40 号院、41 号院。

公道巷 位于城内东南部,大致呈南北向,南接人民路,北接书院街。巷内老宅院众多,有公道巷 3 号院、8 号院、10 号院,以及 1 座近代建筑。

东芍药巷 位于城内东南部,大致呈东西向,东接公道巷,西接南门内南北主街。巷内老宅院较多,有东芍药巷1号院、2号院、4号院、5号院。

书院街 位于城内东南部,大致呈东西向,东达县城东墙,西接南门内南北主街。街内老宅院较多,有书院街5号院、38号院,以及魏象枢故居。

魏象枢故居 魏象枢故居是清康熙年间刑部尚书魏象枢的故宅,位于蔚州古城内书院街路北。整体坐北面南,分东、西、中三路,西路为前后两进四合院,前院仅存三间过殿,后院正房三间,单檐硬山顶。两耳房、东西厢房各三间。中路为读书楼,单檐硬山四檩卷棚顶二层楼,面阔三间,高5米。楼下有门无窗,为储物之用,楼上三间门窗俱全,空间较小。魏家祠堂位于读书楼东侧,为前后两进四合院。前院正北建有高大祠堂过庭1座,面阔三间,进深二间。祠堂两侧各建有耳房一间,均为单檐硬山顶。后院已改为现代房舍。因畜产公司占用,属房产租赁房,居民、单位杂乱无序。西路为故居,前庭为库房,堆放杂物。后院租于私人。中院为畜产占用。东祠堂为居民大杂院,后院被私人租用。如今,随着古城的整体保护和开发,已经完成腾退并重新修缮,成为旅游景点。

书院北街 位于城内东南部,大致呈东西向,南接书院街,北接牌楼东街。街内老宅院较多,有书院北街4号院和老宅院1,此外还有蔚县妇幼保健院和魏象枢故居。

万寿宫街 位于城内东南部,平面呈"L"形,西接书院北街,北接牌楼东街。街内有老宅院3座,此外还有蔚县第一幼儿园。

牌楼东街 位于城内中东部,大致呈东西向,东达县城东墙,西连南门内南北主街。街内老宅院有牌楼东街16号院、18号院、44号院、11号院、13号院,此外还有蔚县县医院。县医院所在地旧时为蔚县县衙。

土地祠巷 位于城内中东部,大致呈南北向,南接牌楼东街,北连鼓楼东街。巷内仅有1座近代学校旧址。

石桥南巷 位于城内中东部,大致呈南北向,南接牌楼东街,北连鼓楼东街。巷内老宅院有石桥南巷3号院、5号院、7号院、13号院、18号院、42号院及一所幼儿园。

白家巷 位于城内中东部,石桥南巷内西侧支巷,大致呈东西向,为死胡同。巷内老宅院有白家巷1号院、3号院、5号院、7号院、11号院、13号院。

袁家大院巷 位于城内中东部,石桥南巷内西侧支巷,大致呈东西向,为死胡同。巷内老宅院有袁家大院巷9号院。

鼓楼东街 位于城内中东部,大致呈东西向,东达县城东门,西接南门内南北主街,为东门内东西主街。街内无老宅院分布,北侧设有客运站,此外还有火神庙遗存。

闫家巷 位于城内东北部,大致呈南北向,南接鼓楼东街,北连洞沟巷、马家巷。巷内老宅院有闫家巷2号院、4号院和老宅院1。

马家巷 位于城内东北部,大致呈东西向,东接闫家巷、洞沟巷,西连鼓楼后街。巷内无老宅院,巷内北侧有蔚州法庭,巷西口为吉星楼。

洞沟巷 位于城内东北部,大致呈南北向,南接闫家巷、马家巷,北连后帽铺巷。巷内老宅院有老宅院1座、新建的清真寺,以及蔚州镇派出所。

郭家巷 位于城内东北部,大致呈东西向,为洞沟巷内东侧支巷,为死胡同。巷内老宅院有郭家巷11号院。

后帽铺巷 位于城内东北部,大致呈东西向,东接洞沟巷,西连观音堂东肋。巷内老宅院有后帽铺巷1号院、2号院。

观音堂东肋 位于城内北部,大致呈南北向,北达小北门,南接鼓楼后街,南口西侧为观音殿。巷内老宅院有观音堂东肋20号院、13号院、17号院、11号院。

后井沟巷 位于城内北部,大致呈东西向,为观音堂东肋内东侧支巷,为死胡同。巷内老宅院有后井沟巷1号院。

前帽铺巷 位于城内东北部,大致呈东西向,为观音堂东肋内东侧支巷,为死胡同。巷内老宅院有前帽铺巷3号院,此外还有三街完全小学。

后九宅巷 位于城内北部,大致呈东西向,东连观音堂东肋,西接马神庙街。巷内老宅院有后九宅巷10号院。

前九宅巷 位于城内北部,大致呈东西向,东连观音堂东肋,西接马神庙街。巷内老宅院有前九宅巷2号院、5号院。

马神庙街 位于城内北部,大致呈南北向,平面呈"L"形,北达玉皇阁、小北门,南接财神庙街。街内老宅院有马神庙街4号院、10号院、11号院、13号院、15号院、25号院、27号院,此外还有蔚县二中(已经搬迁)。蔚县二中内有老宅院1和手机信号塔。

易家巷 位于城内北部,平面呈"L"形,北接马神庙街支巷,东接马神庙街主街。街内老宅院有易家巷6号院、7号院。

财神庙街 位于城内西北部,大致呈东西向,并有一南北向支巷,东与鼓楼后街相连,西达真武庙前,与尹士巷、守备街相接,南与仓巷相接。街内老宅院有财神庙街5号院、4号院、于家大院、于家大院西院、37号院、39号院、45号院,此外在街东口路北有印刷厂和特殊教育学校,西口路北有蔚县土产杂品总公司(双松寺旧址),对面为1座影壁。财神庙亦位于该街内西部街北侧。

财神庙巷 位于城内西北部,大致呈南北向,北为死胡同,南与财神庙街相接。巷内老宅院有财神庙巷3号院、4号院,南口西侧为财神庙,北尽头附近为蔚县广播电视台。

尹士巷 位于城内西北部,大致呈南北向,平面呈"L"形,北口为死胡同,东与财神庙街、守备街相连。巷内无老宅院,北尽头附近立有手机信号塔。

鼓楼后街 位于城内北部,大致呈南北向,北与财神庙街、观音堂东肋相接,南达鼓楼。街内老宅院有鼓楼后街 21 号院、22 号院、23 号院,北口为观音殿,其西侧为五街卫生室,南口路东为蔚县农业机械公司,此外还有吉星楼。

吉星楼 位于城内古楼后街,南北主街东侧邻街处。北部邻巷为明宣大总兵马芳故居,东为居民区,南为鼓楼,西邻大街,街西为居民区。吉星楼为砖券中西风格结合式建筑,现存房屋 6 间,坐东面西,邻街。主体建筑吉星楼为二层拱券结构,平面呈方形。西、北两面邻街,均券拱形透窗。顶部置花栏砖墙。面西砖雕楷书"吉星楼",楼南为一排邻街砖式拱券店铺,为民国年间蔚县巨商王朴开设的"聚义隆"绸缎店(现为河北省重点文物保护单位)[1]。此地在历史上为传统的商业街市区域,周围有菜市、鸟市,是古城的繁华闹市之一。日军侵华时,曾将该楼改作"同心圆妓院"。

仓巷 位于城内西北部,大致呈东西向,东与鼓楼后街相连,西与东前寺肋巷相接。街内老宅院有仓巷 5 号院、17 号院等,常平仓位于巷子南部。

鼓楼西街 位于城内中西部,大致呈东西向,东与南门内南北主街相连,西与守备街、小街北、箭道口相接。街北侧有常平仓、蔚州影剧院、灵岩寺,南侧有 1 座近代大门、胜利路 2 号院。

常平仓 常平仓俗称北仓、豫丰仓,位于城内鼓楼西侧(彩版 2-8)。东西宽 70 米,南北长 110 米,四周围墙,占地面积约 7 700 平方米。仓廒高耸雄伟,坐北面南的称仓,其余三面的均称为廒。常平仓原有仓廒单体建筑 11 座,今仅存 5 座,三仓(东仓、西二仓),二廒(东廒、西廒),还有 1 座仓神庙及戏楼。仓神庙戏楼建于院落北部正中央,左右两侧共有正仓 3 座。院落正南倒座廒房 1 座。院内正东有东廒房 1 座。仓房面阔五间 2 座,面阔三间 1 座,梁架结构多为穿斗、台梁二种相结合,前后中柱分心出双步廊,通体八架椽屋用四—六柱,廒房面阔三间,五架梁前出双步廊,六架椽屋前出龟头屋。仓神庙与戏楼连为一体,一殿一卷,五架梁前后廊前为四架卷棚。建筑均为单檐硬山布瓦顶,保存了明初风格。常平仓现有建筑保存较好,20 世纪 80 年代初新建"万得福酒楼"时拆毁 1 座南廒,其他早年已毁的仓廒位置不详。

现为全国重点文物保护单位。

东前寺肋巷 位于城内中西部,大致呈南北向,西侧紧邻灵岩寺,北接仓巷,南连鼓楼西街。巷内无老宅院。

西前寺街 位于城内中西部,大致呈南北向,东侧紧邻灵岩寺,北为死胡同,南连鼓楼

---

〔1〕 李新威:《千年古韵蔚州城》,科学出版社,2013 年,第 160 页。

西街。巷内无老宅院。

守备街 位于城内中西部，大致呈南北向，北起真武庙，与财神庙街相连，南与鼓楼西街、箭道口、小街北相接。街内老宅院有守备街12号院、10号院、6号院、3号院以及电子有限公司。

增寿庵巷 位于城内西北部，大致呈东西向，东起守备街，西达西城墙内侧。巷内无老宅院。

箭道口 位于城内中西部，大致呈东西向，东起鼓楼西街（守备街、小街北），西达箭道正街、箭道二道巷。巷内老宅院有箭道口1号院、5号院、12号院。

箭道头道巷 位于城内西北部，大致呈东西向，东与箭道正街相接，西与箭道后街相连。巷内老宅院有箭道头道巷3号院。

喇家场巷 位于城内西北部，大致呈南北向，为箭道头道巷北侧支巷，北端为死胡同，南与箭道头道巷相连。巷内老宅院有喇家场2号院。

箭道二道巷 位于城内中西部，大致呈东西向，东与箭道正街、箭道口相接，西与箭道后街相连。巷内老宅院有箭道二道巷5号院、8号院。

箭道三道巷 位于城内中西部，大致呈东西向，东与箭道正街相接，西与箭道后街相连。巷内老宅院有箭道三道巷1号院、4号院、6号院。

箭道后街 位于城内中西部，西墙内侧，大致呈南北向，北为死胡同，南与箭桥北相连。巷内老宅院有箭道后街10号院。

箭道正街 位于城内中西部，大致呈南北向，北与增寿庵巷相连，南与祁家房后相接。巷内老宅院有箭道正街27号院、21号院、6号院、7号院、5号院、4号院，老宅院1～3，此外街北口路东还有一排近代房屋。

小街北 位于城内中西部，大致呈南北向，北与鼓楼西街相接，南与牌楼西街相连。街内老宅院有小街北7号院、4号院、2号院。

祁家房后 位于城内中西部，大致呈东西向，东与小街北相连，西与箭桥北相接。巷内老宅院有老宅院1以及一所幼儿园。

箭桥北 位于城内中西部，大致呈南向，北与祁家房后西口相连，南与牌楼西街相接。蔚州中心卫生院位于该街巷内，巷内无老宅院。

牌楼西街 位于城内中西部，大致呈东西向，西起县城西门，东达南门内的南北主街，是西门内东西主街。街内老宅院有牌楼西街29号院、76号院。此外还有工厂、医疗教学中心、蔚州中心卫生院、蔚州一建公司、幼儿园、法院。其中法院所在地原为文庙。

邹家巷 位于城内中西部，牌楼西街北侧支巷，大致呈南北向，北端为死胡同，南与牌楼西街相连。巷内老宅院有邹家巷 5 号院、老宅院 1。

小街南 位于城内西南部,大致呈南北向,北起牌楼西街,南达塔巷(县城南墙)。街巷内老宅院有小街南 7 号院、11 号院、18 号院、14 号院、39 号院、45 号院,和其他老宅院 1 座,此外还有蔚县第一小学印刷厂。

史家巷 位于城内西南部,平面呈十字形,东起小街南,西达箭桥南,北接牌楼西街,南为死胡同。巷内老宅院有史家巷 7 号院、22 号院、25 号院,老宅院 1、史家大院。

史家大院 位于蔚州古城内南大街路西史家巷,今县城六街红旗家电大厅后。该院坐北面南,主要建筑仅存正房、西厢房、西跨院 3 座建筑。正房为二层楼,面阔五间,单檐硬山布瓦顶,进深七架梁出前檐廊,房内置平梁,梁上架木楼板。院西为面阔三间,硬山顶厢房,进深五架梁前出廊。跨院东置砖砌小门楼 1 座,院内有正耳房三间。该宅院被出租给商铺作库房使用。

箭桥南 位于城内西南部,大致呈南北向,北起牌楼西街,南连过七湾。街巷内老宅院有箭桥南 13 号院、老宅院 1。

过七湾 位于城内西南部,大致呈南北向,较为曲折,北起箭桥南,东南连城隍庙巷。街巷内老宅院有过七湾 25 号院、老宅院 1。

城隍庙巷 位于城内西南部,大致呈东西向,东起小街南,西连过七湾,南达大水坑沿。巷内老宅院有城隍庙巷 5 号院、12 号院、15 号院,城隍庙(村委会)。15 号院有石碑,城隍庙内有石刻。

城隍庙巷 5 号院 即李相民宅,清代建筑。民宅整体坐北面南,为一进四合院带西跨院布局。院内地面条砖铺墁。整个民宅布局紧凑,四合院格局完整,细部结构、装饰装修保存良好。大门位于四合院西侧跨院正中,为砖雕门楼。跨院正北为三间厦廊,单坡顶,厦廊东西各有一砖式角门。入东角门为主要建筑四合院。正房面阔三间,单檐卷棚顶,明间退金廊,起边脊,屋顶平缓,外装修完好。南房倒座,四檩卷棚顶,起边脊饰,面阔三间。东西厢房各两间,单檐硬山顶。现为七街居民占用并管理。

大水坑沿 位于城内西南部,大致呈东西向,较不规则,北接城隍庙巷,西达县城西墙,南接娘娘庙巷。街巷内老宅院有大水坑沿 1 号院、10 号院、11 号院。

娘娘庙巷 位于城内西南部,南墙西段内侧,大致呈东西向。此外还有 3 条南北向的支巷,北接大水坑沿,西达县城西南角,东接塔巷、小街南。巷内老宅院有娘娘庙巷 4 号院、30 号院。

塔巷 位于城内西南部,南墙西段内侧,大致呈东西向,东连人民路,西接小街南、娘娘庙巷。巷内老宅院有塔巷 3 号院、5 号院、6 号院、8 号院、10 号院、13 号院、19 号院,老宅院 1,此外还有新建的教堂和南安寺塔。

下巷　位于城内西南部。明时为下巷街,原巷子口立有牌坊,与书院街正对。如今下巷呈"L"形,北端为六街旅馆,南端与珠市巷相接,东与南门内南北主街相接,巷子内有下巷 2 号院、3 号院、6 号院、8 号院、9 号院、11 号院、14 号院、30 号院、32 号院,老宅院 2,巷子南端路西有观音殿旧址(州衙东侧,下巷 20 号院后原有 4 块石碑),东口附近有南街幼儿园,也是由 1 座老宅院改建。据下巷街 3 号院的史作义先生回忆,光绪时期,下巷街共有 4 座大门。

如今下巷内的幼儿园原为第 1 座大门所在地。3 号院为第二座大门。第 3 座大门为社仓,在蔚县第二次解放时被拆除。第 4 座大门即为今下巷街 9 号院,它原为分守藩署,为 4 进院,院内南为卷棚顶过厅,中为悬山顶正房,后为硬山顶正房。分守藩署废弃后,房产被武姓居民购买作为私宅。武姓居民的曾祖为读书人,在县衙当差。

下巷 2 号院　原为段举人的私宅。

下巷 3 号院　在巷内北侧,原为官办用房,共 4 进院,正房面阔五间或七间。3 号院原建有 4 座大门。光绪时该院曾一度作为州署办公地,州署工商所也曾在此地办公,废掉后被康家购买,作为义顺兴商行(义顺兴成立于 19 世纪,为外资企业)所用。现为史姓居民的店铺。邻街的房屋东侧原为凉亭,现已改造。

下巷 6 号院　原为生意人的私宅。

下巷 8 号院　原为生意人的私宅。

下巷 32 号院　原为李聚号做生铁生意之用。

珠市巷　位于城内西南部,大致呈南北向,南端与州前街相连,北端与下巷相连。珠市巷原为买卖琉璃、玻璃制品的集市。巷内老宅院众多,有老宅院 1,珠市巷 1 号院、4 号院、6 号院、11 号院、13 号院、15 号院、16 号院、17 号院、23 号院、27 号院(彩版 2-9)。

州署东街　位于城内西南部,县衙东墙外侧,南北向,街面宽阔。衙内无老宅院。

州署西街　位于城内西南部,县衙西墙外侧,南北向,街面宽阔。衙内无老宅院。

人民后街　位于城内西南部,县衙北墙外侧,东西向,东与下巷相连,西与小街南相接。街内老宅院较多,有人民后街 1 号院、9 号院、13 号院、21 号院、25 号院、29 号院。

西芍药巷　位于城内西南部,东西向,东与南门内南北主街相接,西与下巷相连,街面宽阔。巷内老宅院较少,只有西芍药巷 9 号院。

牌楼南大街　即为南门内南北主街,位于城内东南部,南起古城南门——景仙门,北达古城中心的鼓楼。街道宽阔,两侧为临街的店铺,较大者有路东的蔚州劝业场、路西的红旗宾馆等。街内老宅院较多,路西有牌楼南大街 27 号院、17 号院,路东有文蔚书院。

文蔚书院[1]　位于蔚州古城内南大街路东。该书院为清乾隆四十年(1775)蔚州知州靳荣藩所建,办学长达 126 年。今书院房舍已毁,仅存邻街西门楼 1 座,门楼坐东面西,较残破,五檩分心金柱大门,硬山顶。门内南墙上镶石碑 1 通,刊刻于清光绪十一年(1885)七月,碑文为:"栖康悟铺房与文蔚书院两家合资花费一百八十八千八百零七文钱合建。原巷口无门无栅,未免有匿藏匪类并堆粪撒溺诸弊,于是公议两家均财移盖大门楼。彼此出入通街。"

此外,《(光绪)蔚州志》中还记载了 59 座坊表,有为官人所立,有为进士举人所立,有为贞女所立,现均无存。

三、寺庙

(一)概述

蔚州古城内寺庙众多。据《(光绪)蔚州志》记载,原有社稷坛、风云雷雨山川城隍坛、先农坛、厉坛、关圣大帝庙、文昌帝君祠、龙神祠、旗纛庙、城隍庙、火神庙、马神庙、八蜡庙、刘猛将军庙、名宦祠、乡贤祠、节孝祠、东岳庙、北岳庙、河神庙、三皇庙、药王庙、汉三义庙、岳忠武庙、奎星阁、土地祠、仓神庙、玉皇阁、真武庙、泰山圣母庙、三灵侯庙、三官庙、瘟神庙、四神庙、财神庙、娘娘庙、天齐庙、南安寺、灵严寺、双松寺、释迦寺、地藏寺、弥陀庵、慈义庵、水陆庵、十方院、同慈庵、大士庵、普济庵、水月庵、广育庵、妙音庵、地藏庵、无量庵、广惠庵、观音堂、玉真观、二仙祠、清真寺。

以上各类有记载的祠、庙、观等共有 60 余座,除此之外,城内还可见诸如增寿庵、土地祠巷等街巷名称,以及名不见经传的小庙、神龛等。可见,城内寺庙不仅限于文献记载中的数量,同时也印证了当地居民所云蔚县(州)城内寺、庙、观等建筑有近百座的说法。

如今,保存下来的有玉皇阁、南安寺塔、灵岩寺、真武庙、城隍庙、财神庙、火神庙、鼓楼、观音殿等。

(二)寺庙

玉皇阁　又称靖边楼,位于古城北城垣上(彩版 2-10)。始建于明洪武十年(1377),为蔚州卫使周房所建。历史上,玉皇阁由牌坊(已毁)、龙虎殿(天王殿)、东西配殿、钟鼓楼与玉皇大殿组成。如今,玉皇阁整体坐北面南,总面积为 2 022 平方米,由前、后两进院落组成,依次为龙虎殿(天王殿)、玉皇阁正殿,两者在同一条中轴线上。

龙虎殿(天王殿)建于明万历二十八(1600)年,坐北面南,单檐硬山顶,面阔三间,进深

---

〔1〕 政协蔚县委员会文史资料征集委员会:《蔚县文史资料选辑(第一辑)》,蔚县印刷厂(内部资料),2001 年,第16~18 页。

二间，五架梁承三架梁。天王殿正脊与前后下平槫上各有一条字幅，写明了修缮的具体事宜等内容。正脊为"大明万历贰拾捌年岁次庚子孟冬朔旦元吉创立"。前、后下平槫皆是壬午年重修后所贴。天王殿内新绘四大天王壁画，两侧山尖绘画也是新绘的。

天王殿两侧设有角门，可进入前院，前院东西各设东、西配殿。院内正北设18步石台阶进入后院，正中为二道门，五槫悬山顶，后院院内正北为玉皇阁大殿，东、西为钟、鼓二楼。

大殿位于北城墙之巅，分上中下三层阁楼（面观三层实际两层）。殿高18米，均面阔三间，进深二间，五架梁，三重檐歇山琉璃瓦顶，正脊为琉璃花脊，两端砌琉璃盘龙，脊上有泥塑彩色八仙人，边脊砌大吻跑兽，四角脊梢下装有兽头，悬挂铁铎。一层设一周围廊，置三踩斗拱，廊下立有明、清时期重修碑记8通[1]，其中重修碑7通，年代分别为万历四十二年（1614）、康熙五十八年（1719）、乾隆四十八年（1783）、道光二十五年（1845）、光绪二十二年（1896）、光绪二十三年（1897）（2块）。另有明嘉靖二十二年（1543）山西右参议苏志皋题《天仙子》[1]词碑1通。二层置五架梁，四周游廊，置单昂三踩斗拱。梁上钉有长方形木牌3块，分别为康熙二十二年（1683）、乾隆二十九年（1764）、光绪二十三年（1897）重修记事牌。整个建筑梁架彩绘为"和玺""苏式"图样。

玉皇阁正殿一层殿内北、东、西三壁皆绘有壁画，颜色艳丽，场面宏大。北壁绘制41位人物，壁画长12.8米，高2.5米；东西壁画各长7.4米，高2.5米。明间正中供玉皇大帝，塑像高约4米，两侧后各立1位侍女。北壁东次间、西次间各有三尊主尊，主尊后簇拥着众神，壁画表现的是西王母及五岳大帝。东次间为西王母与2位大帝，西次间为3位大帝。主尊两侧还各立有1位护法。东、西两山墙壁画皆为上下2排，每排9位，共18位，两壁共36位，表现的是三十六雷公，由元帅与天君组成。每一位元帅与天君皆有榜题，上排榜题位于头顶之上方，下排榜题位于每位的左大腿部。

楼前月台东南角建有钟楼，西南角建有鼓楼，均为重檐歇山顶。

现为全国重点文物保护单位。

南安寺塔　位于城南门西侧塔巷内，南侧为民居及南城墙护城河、关城，西北侧为衙署（彩版2-11）。东西邻居民区，北邻人民路。

南安寺塔为八角密檐实心砖塔，塔高35米，共13层，由塔基、塔座、塔身和塔刹4部分组成，塔基高3.5米，用石条砌筑成须弥座式，上置八角形砖砌塔，座东西面雕兽头，另两面刻"福、禄"。塔座上砌有仰莲瓣三周，塔身置于莲座之中。塔身第一层较高，角有塔形柱，东西南北四面置砖券假隔扇门，门券上浮雕二龙戏珠，另四面开小窗刻有花棂，其上置四铺作斗拱，之上为密檐十三层。每层东西南北正四门中间各镶嵌铜镜一面。每层八角挑檐上均悬

---

〔1〕　邓庆平：《蔚县碑铭辑录》，广西师范大学出版社，2009年，第80页。

铁锋。塔刹为铁铸，由一砖雕仰覆莲承托着，由覆钵、相轮、圆光、仰月、宝珠等组成。

塔下现有一塔院。清康熙四十五年(1706)知州柯法新建观音殿1座。山门位于塔西侧，单檐硬山顶。正殿面阔三间，进深二间，单檐硬山顶。院内西南角立有2通石碑，1通为康熙五十七年(1718)《重修古南安寺碑记》[1]，1通为同治九年(1870)石碑，碑文均已漫漶。

1926年，奉军攻城时损坏了塔东三层密檐。1986年由蔚县博物馆对其进行了维修。后该塔被围在蔚县喜花剪纸厂的院内。如今剪纸厂迁出，大殿与配殿在重新修缮后对外开放。2011年，南安寺塔地宫被盗，破案后地宫内文物全部被追回，现藏于蔚州博物馆[2]。

地宫平面呈矩形，边长约1.36米，高约2.77米，四壁叠涩内收，宫顶中部有石板覆盖。四壁保存有壁画，面积约15平方米，北壁中间绘有1座七级密檐式塔，塔东侧有一棵大菩提树，西侧下方有三人朝拜。西壁为《仙人炼丹图》，分上下两部分，上部为一仙人守护在方格纹台面旁，台面上有两排各四只冒着仙气的莲花纹壶；下部有八位仙人。南壁为《吊唁图》。东壁主要画面破坏较严重，画面上部为《花卉图》，中部壁画脱落，具体内容不清，左下角有墨书题记，内容为"天庆辛卯三月二十一日书皇子照口庆赵□□□"。天庆辛卯年，即辽天庆元年(1111)，应为地宫封宫时间，即南安寺塔重建的时间。由于年代久远，地宫墙体挤压，墙砖开裂脱落，壁画损坏较为严重。南安寺塔地宫壁画是蔚县目前发现最早的寺庙壁画，壁画主题突出，人物生动形象，线条流畅，绘画技法娴熟[3]。

现为全国重点文物保护单位。

灵岩寺　俗称前寺，位于城内鼓楼西街内北侧。灵岩寺北为双松禅寺，称后寺，南为州文庙(已毁)，东邻鼓楼、常平仓，寺前为鼓楼西街，东西为两条前寺肋巷，巷外为居民区。

据传说，该寺始建于金代。据《(正德)大同府志》记载："蔚州灵岩寺，元末毁，国朝正统六年敕赐重建。"[4]民国时期，因失去供养，该寺一度归属弥勒院弥勒寺的下院，大藏经等物被全部运走。1958年建一中时，将藏经阁、钟鼓楼等建筑拆除。后为蔚县盐政管理局所占，作为杂物仓库使用。2008年以后开始修缮，2013年春节时修缮结束，现已对外开放。

灵岩寺整体坐北面南，原占地面积6 682平方米。规模宏大。寺院布局从南至北依次有山门、天王殿、大雄宝殿、藏经阁，分布在一条中轴线上，东西为钟鼓楼、配殿、禅房等。原有的藏经阁、钟鼓楼、山门、禅房等已被毁坏，现仅存天王殿、大雄宝殿、东西配殿等建筑。

天王殿，坐北面南，面阔三间，进深三间，七架梁，单檐歇山顶。殿内无金柱，四周有檐

〔1〕　刘国权：《佛寺与蔚州传统文化》，中国文史出版社，2006年，第16～17页。邓庆平：《蔚县碑铭辑录》，广西师范大学出版社，2009年，第176—177页。
〔2〕　蔚县博物馆：《蔚州文物珍藏》，科学出版社，2013年。
〔3〕　蔚县博物馆：《蔚州寺庙壁画》，科学出版社，2013年，第1页。
〔4〕　张钦：《(正德)大同府志》，大同市地方志办公室，1987年，第70页。

柱12根,均置于墙体内。檐柱柱头施额枋与平板枋,枋上施斗拱,斗拱五铺作单下昂,柱头各一攒,补间各两攒,转角铺作与补间铺作瓜子拱与令拱分别成交手鸳鸯拱。

大雄宝殿,位于高大的台明上,坐北面南,单檐庑殿顶,面阔五间,进深四间,五架梁,前后各出双步廊。该殿建筑面积达340平方米,是蔚县境内最大的1座庑殿顶建筑。

前檐下明间与两侧次间辟门,每扇均五抹头,明间格扇棂子为三交六椀,次间格扇棂子为双交四椀。两侧梢间为砖墙砌筑,维修之前西梢间墙体已开始倾斜,采用坡墙支撑。前檐下檐柱头施额枋与平板枋,平板枋上施斗拱,斗拱五铺作双下昂,前后檐下补间各两攒。从昂的形制来看,皆为假昂,皆是华拱削作昂形。斗拱、瓜子拱与令拱侧面皆抹斜。

大雄宝殿内顶部饰平箕天花、藻井,明、次间中部各饰覆斗式藻井(彩版2-12)。每块天花四周支条皆饰绿色,天花中部呈凹形;梢间天花皆绘有一簇三朵鲜艳盛开的牡丹,四周绘红、黄、绿三彩卷云;明、次间藻井内南侧前部天花,每块皆绘有佛教八宝,即轮、罗、伞、盖、花、瓶、鱼、结,周边四周再篆圆形"寿"字,四周环绕变形三彩流云;明、次间藻井后部北侧天花,皆绘有一只展翅的白鹤,口衔灵芝,四周绘卷云。明、次间中后部各饰覆斗式藻井,藻井之间以小天花板相隔,上绘红白二色折枝牡丹;明间藻井呈正方形,中间抹去四角,井心呈圆角方形;次间井心、明镜皆为方形。覆斗式藻井采用斗拱组成井壁,明间外围为五跳,次间外围为四跳;藻井中间明镜皆彩绘蟠龙。据记载,藻井之下原有塑像,中间为释迦牟尼,左右各为药师佛与阿弥陀佛。

东、西配殿,各为单檐悬山顶,面阔三间,五架梁,保存较好。

现为全国重点文物保护单位。

真武庙 又称北极玄帝宫,位于蔚州古城内西北隅,是蔚县境内现存最大、历史最悠久的真武庙。由于北墙正中顶上在建城之时便建有玉皇阁,因此真武庙不像蔚县其他城堡中建于北墙顶部,而是屈尊于城中的西北隅,选址在一片高约3米的夯土包砖台明之上。真武庙曾改作粮站,各殿顶也按粮站要求开有通气窗。真武庙自2008年8月起开始维修,如今修缮结束,焕然一新,并对外开放。

通过对真武庙建筑结构特点的分析,并结合碑文记载推断,真武庙应为明洪武年间建筑。大殿前的歇山卷棚抱厦应为清康熙、雍正时期所重修增建。钟楼的四根卷刹柱为元代遗物,明代时被利用。

真武庙院整体坐北面南,坐落在高约3米的夯土包砖台明上,殿与禅房相连,形成一个封闭式独立院落,占地面积2 944平方米。从南至北依次建有牌坊(毁)、过(前)殿、真武大殿,并分布在一条中轴线上。院内还有东配殿与西配殿,殿前建有钟楼与鼓楼。四面厢房转角垣墉环绕。

庙院四周墙体均为砖砌,墙体收分明显,墙下为历年包砌形成的砖石台明,院落四角的房屋结构较复杂，并置角梁、角柱等，南部转角厢房内亦有残存壁画。

牌坊，位于台地下方，本次修缮时重建，四柱三间歇山顶，檐下饰一排排密集的斗拱。正面枋间写有"紫霄真境"，背面枋间字同前。

过（前）殿，即山门，又称为行宫，坐北面南，单檐悬山卷棚勾连搭式，前为卷棚顶，后为悬山顶（彩版2-13）。面阔三间，进深三间，悬山为正五架分心中柱式，五架梁枋心绘"金龙牡丹"，前卷棚为四架梁，顶置罗锅椽，梁架均经油饰。

真武大殿，即正殿、北极大殿，位于院内正北，坐北面南，单檐歇山卷棚绿琉璃瓦顶，琉璃花脊，后面的歇山顶为明代早期建筑，前面的卷棚抱厦为清康熙年间增建，前抱厦为歇山卷棚绿琉璃瓦顶，面阔三间，进深二间，六架梁，四角置抹角梁，内外檐置重昂五踩鎏金斗拱，卷棚东西墙面上皆绘壁画，壁画内容为《星君捧笏朝拜图》。画中人物高约1.5米，东西各为7位手持笏板、神态各异的星君，老者睿智，长髯飘逸，青年英俊洒脱，均给人以仙风道骨之感。面朝正北的主神玄天大帝徐徐走来。七位星君前面各有三位人物，东壁为金童，西为玉女，手持宝幡作前导，回首引领一位尊者，东男西女，手捧笏板向北朝拜真武大帝。后为侍童，东男西女，各手捧盘，东壁男童盘内托一轮红日，日中站立一只公鸡，西壁女童盘内托一轮黄月，月中卧一只白兔。壁画细腻传神，为上乘之作。

蔚州古城真武庙山墙的《星君捧笏朝拜图》场景宏大，此类题材在蔚县只在蔚州镇蔚州古城真武庙内发现，是一个孤例，还是其他的已被破坏，目前已很难判定，但就蔚州古城内真武庙的历史与地位来看，是其他村堡的真武庙所不可比拟的，所以如此壮观的场景估计也只能在州城才能出现。

厦前砌宽敞的月台，高于院面1.3米，月台前置台阶七步，东西两侧各置小台阶。大殿面阔三间，进深五间，正殿七架梁，歇山顶檐下施斗拱，四铺作，补间各两攒。斗拱分布上，明间平身科、隔架各一攒。内外檐下置单昂五踩斗拱，斗拱分布为转角科四攒，柱头科六攒，平身科前后每间各二攒，檐面每间各一攒。内拱眼壁上绘水墨"梅、兰、竹、菊"等图画。殿内东西墙壁皆绘道教题材壁画。壁画细腻传神，乃上乘之作。大殿东山墙外侧嵌有2块碑，字迹漫漶不清。

大殿月台下东侧有钟楼1座，单檐四柱歇山顶，平面呈方形，四根檐柱柱头均为卷刹柱，柱上置双卷头七踩斗拱。东西配殿各三间，单檐悬山布瓦顶正五架梁，平梁上为人字叉手，面宽三间，进深二间。

钟楼位于院落中央，这种布局在众多古建中是少见的，而且其造型颇似古画中的阁楼。庙宇四面建筑环围，封闭式转角结构，院中天井，颇具匠心、古意。这种实例极为少见，只有在宋、元时期的古画中才可见到这类布局。

现为全国重点文物保护单位。

城隍庙　位于城内州衙署西侧，城隍庙街内北侧。整体坐北面南，占地面积 2 475 平方米。现存前、中、后三进院落，主要建筑为 3 座大殿，分布在南北向的中轴线上。庙前的戏楼、牌楼、山门、钟鼓楼已毁，石狮被挪到玉皇阁前。前殿为单檐硬山顶，面阔三间，进深两间。东西各有砖式角门通往中院。中院布局疏朗，东、西配殿各七间，硬山顶，正中为过殿。坐落在 1.2 米高的砖砌台明上。前出月台，中殿为单檐悬山卷棚勾连搭绿琉璃瓦顶，面阔三间，进深三间，檐下置五踩斗拱。两侧为正耳房各三间。后院由后殿、东、西厢房、正房组成四合院格局，后殿单檐硬山顶，面阔三间，进深二间，六架梁出前檐廊。

寺庙前、中院由七街大队占用管理，后院由蔚州镇管理，房屋大部分闲置。"文革"时期人为损坏严重，中殿斗拱昂被锯掉，精美的彩塑、脊饰吻兽被砸。

现为河北省重点保护单位。

财神庙　位于城内西北部财神庙街北侧，主要建筑分为前后二进院，分布在一条中轴线上，占地面积 901 平方米。庙院位于台明之上，整体坐北面南。前院原为二进院，据东画廊墨书题记所云，清光绪三十二年寺院主持出于风水原因，怕阻隔财运，将二道门拆除，连为一院，从现布局可分为上院与下院。保存的主要建筑有山门、东配殿、西配殿、供厅、五福殿与财神殿，对面建有戏台 1 座（已毁）。

山门，位于台明之上，五檩广亮大门，硬山顶，进深五架梁。山门两侧是高大的院墙，院墙上尚存重修时的壁画。山门内两侧各建门厅 1 座，背靠院墙，坐南面北，厅内墙上残留有墨书题字与壁画，其中一副有"光绪丙□"字样。此外，门内东西两侧尚存钟楼、鼓楼。

院内东配殿、西配殿均为单坡顶，面阔三间。正中有二道门 1 座，出于风水原因光绪年间被拆除，将二院合二为一。

供厅与五福殿为 1 座前后连体的建筑，坐北面南，面阔三间，进深、面宽均 9 米，前卷棚顶联后硬山顶，前后明间辟门。卷棚顶部分即供厅，进深四架梁；硬山顶部分即五福殿，进深七架梁。平梁上用人字叉手，脊檩上绘《八卦图》。殿内地面正铺方砖，东西山墙上绘水墨淡彩，左苍龙，右黑虎。东西山墙后部镶卧碑，东墙 2 块，即乾隆四十三年（1778）《功德布施碑》[1]和嘉庆十五年（1810）《捐办庆云会碑》[2]。西墙上为乾隆四十七年（1782）《立凭证碑》[3]。五福殿内供奉关公。院内东西厢房各三间，单坡顶。正房东西各两间耳房。

〔1〕李新威：《千年古韵蔚州城》，科学出版社，2013 年，第 97 页。邓庆平：《蔚县碑铭辑录》，广西师范大学出版社，2009 年，第 130～131 页。

〔2〕李新威：《千年古韵蔚州城》，科学出版社，2013 年，第 100 页。邓庆平：《蔚县碑铭辑录》，广西师范大学出版社，2009 年，第 142～143 页。

〔3〕李新威：《千年古韵蔚州城》，科学出版社，2013 年，第 97～98 页。邓庆平：《蔚县碑铭辑录》，广西师范大学出版社，2009 年，第 132～133 页。

后院中心为歇山卷棚穿廊,面阔一间,进深三间,直达后殿。穿廊四角置抹角梁、老角梁、雷公柱。廊内地面条砖人字形斜墁。东西为厦廊,各三间,硬山单坡顶。厦廊内现存清代重修碑 5 通[1]。

财神殿,面阔三间,硬山布瓦顶,进深三间,七架梁,前后各出单步廊。殿内供奉文财神比干(中)、赵公明(东)与范蠡。山墙已抹白灰浆,但从露出的局部绘画来看,仍是招财进宝的内容。东壁为《招财图》,背景为大山,可见 3 位人物,头戴缨帽,其中 1 人骑瑞兽。西壁为《进宝图》,主景为宫殿,画中两位男子正在忙碌。两侧各有耳房一间,院东西碑廊各三间,单坡顶。

据财神庙内的《蔚州财神庙祭祀由来》载,这座财神庙是河北省最大的 1 座。明清时期,蔚州作为塞外通向中原的旱码头,商贾云集。四方商贾为祈求生意兴隆,均要在大年正月初一半夜子时祭拜财神并布施。如明末清初,被暖泉人称为"活财神"的董汝翠在生意场上曾一筹莫展。他于清顺治二年(1645)正月初一在庙内点燃了第一炷香,之后心情平静下来,终于来了灵感。他顺应民意将辛孟庄的"集市"买到了暖泉,从此生意兴隆。清乾隆年间,在蔚州任中军守备的孙绳武也是财神庙的虔诚祭拜者。他在任期间,每年初一早晨均要去财神庙亲手上香礼拜,其后他在生意场上越做越红火。他的"绳武钱庄"是蔚州当时最大的一座钱庄,他也被民众称为信得过的"红顶商人"。清道光十八年(1838),蔚州八大商号在义和当、瑞合成的倡导下,出巨资修缮了财神庙。由八大商号举办的蔚州商联会,每年九月十七日定在财神庙举办大型商界交流活动。20 世纪 90 年代前,该庙被土产杂品公司用作仓库,后收归文物部门管理,经维修后开放。

现为河北省重点文物保护单位。

火神庙　位于城内东街路北旧汽车站院内,现被私人占用。火神庙内过殿于 20 世纪 80 年代在建设中被拆除,其他建筑早年因香火不旺而逐渐塌毁。现存大殿 1 座,殿前置卷棚顶供廊(抱厦)1 座。大殿面阔三间,进深三间,单檐歇山顶,殿内脊檩上保存有清康熙年间蔚州中军守备孙绳武督工维修的楷书题记。供廊面阔单间,进深三间,单檐卷棚顶。

现为蔚县重点文物保护单位。

鼓楼(文昌阁)　又称丽谯楼。位于城内中心,坐落于城中轴线上,为城内的标志性建筑。它创建于明洪武七年(1374),由指挥使周房所建。墩基高 14 米,南北 33 米,东西 44 米,墙体收分明显。

1947 年,蔚县第二次解放时鼓楼被纵火焚毁,现为 1996 年重建的水泥仿古建筑。三重檐歇山前后抱厦绿琉璃瓦顶。墩基门洞南、北七伏七券式,券上原镶石匾,刻隶书"初哉首

---

〔1〕 李新威:《千年古韵蔚州城》,科学出版社,2013 年,第 98～106 页。

基",古楼上原悬木匾二十余块,题名有"天开文运""五星聚耀""位高南极""望依京华"等。

历代众多的知州与文人骚客都曾登楼凭栏,并赋有诗篇流传。据《(光绪)蔚州志》载,明知州李宣猷登文昌阁曾赋诗一首:"影入层霄势欲浮,漠南全胜一尊收。桃花旭日峰峦靓,壶水晴云气色秋。桑柘万家新雨露,弦歌十里古风流。德星今夕看重聚,不数当年河朔楼。"[1]

观音殿 位于城内北部,财神庙街、鼓楼后街、观音堂东肋三街交汇处。现存 1 座正殿。整体坐北面南,面阔三间,单檐硬山顶,殿内现为商铺占用。

第三节　城　镇　南　关

一、自然环境与人文历史

城镇南关,位于蔚州古城南门外,现为城镇居民区。1980 年前后分为南关西街、东街两部分。其中南关西街有 923 人,耕地 1 364 亩,为城镇南关西街街道管理委员会驻地;南关东街有 1 034 人,耕地 1 116 亩,为城镇南关东街街道管理委员会驻地。

据《(光绪)蔚州志》记载,南关建于明代,名曰"南关城"。后人为区分"城"与"关",略去"城"字,即为南关。1980 年南关分为 2 个行政村,以正街为界,居东者为南关东街,居西者为南关西街。村名可考的历史最早见于《(光绪)蔚州志》,作"南关",《(民国)察哈尔省通志》作"南关镇"。

二、城堡

(一) 城防设施

据《(光绪)蔚州志》记载,南关城"周三里二百七十步,开三门,东曰'平安',南曰'明庶',北曰'永昌'"。关城的拱门顶上均建有关楼 1 座。

从卫星影像上考察,城镇南关即包含原蔚州古城南关关厢范围。关厢平面大致呈梯形,较东、西关关厢而言,规模最大,开东、南、西、北 4 座门,城内平面布局为十字街结构(见图 2.2)。

南关关厢的东、南、西、北四门均已无存,现存为缺口(彩版 2-14)。其中东门位于老君观巷西口与泉南街交汇处的十字路口,其西侧为凤凰台。南门即今南门环岛北侧。环岛东北角旧有老君观,即关厢南门内主街东侧。西门位于知礼北街与西前巷的交汇处,即为

────────────
〔1〕 庆之金撰,王立明点校:《(光绪)蔚州志》,中国言实出版社,2016 年,第 127 页。

关厢西门门口（便门）。北门即蔚州古城南门外大桥南侧。

关厢墙体均为黄土夯筑，保存较差。东墙无存，现为泉南街街道。南墙无存，其中东段（东南角），即为东升北巷，现为宽阔的街道，巷内全部是新建的民宅，无老宅院。南墙西段即南门环岛西侧的前进路。西墙无存，现知礼北街即为西墙遗址，其中前进路和知礼北街的交汇处应为关厢西南角所在地。北墙长约703米，紧邻护城河南岸修筑，墙体高薄、连贯，高3～6米，夯土中夹杂石子较多，墙体质量较差，保存也较差，墙体不直，在蔚州古城南门附近略向南内凹，墙体内侧为民宅，外侧为顺墙道路。

（二）街巷与古宅院

关厢内街道纵横交错，街巷内老宅院较多。

泉南街　位于蔚州古城东南角外，其位置大概为南关关厢东墙所在之地，整体呈西北—东南走向，北口与人民路相接，南端与东升北巷相连，街面宽阔，老宅院较少。北口附近有圣母宫，即泉南街12号院。

东后巷　位于南关正街东侧，大致呈东西向，其东尽头与凤凰台相连。巷子内老宅院较多，从西至东依次为东后巷6号院、18号院、7号院、24号院。

凤凰台　位于南关正街东侧，范围较大，包含关厢东门及东北角附近的区域，而非一条街道。台内无老宅院，南口与东前巷交汇处的东侧为南关东街村委会大院，西侧为南关东街社区党支部。

东前巷　即为南关关厢十字街东街，东口与凤凰台相连。东前巷内老宅院众多，有49号院、94号院、45号院、37号院、39号院、35号院、13号院、38号院、2号院，老宅院1～3。其中13号院对面，路南侧有1通石碑，即《重修玉真观碑记》，但字迹漫漶，仅见"乾隆五……"等字。此外，家具厂内原有1座大宅院。

东前巷49号院　位于东前巷路北，清代建筑，现存三进院落格局，整体坐北面南，现有居民居住。前院东南角处开1座砖式小门，迎门座墙为砖雕影壁，院内所建东厢房为单坡顶，二门为三檩悬山式。二进院内建有东西厢房各三间，单坡顶，过庭为单檐卷棚顶，四架梁，面阔三间。后院建有正房五间，单檐卷棚顶，东西厢房各三间，单坡顶。

关外南巷　位于东前巷东口南侧，为一条南北向的巷子，北口与东前巷交汇，南口与东升北巷交接。巷内无老宅院。

老君观巷　位于东前巷南侧，关外南巷的西侧，为一条南北向的巷子，北侧与东前巷交接，南侧到南门环岛东侧大街上。巷内只有1座老宅院，即老君观巷93号院。

马神庙巷　位于东前巷北侧，大致为南北向，南端连接东前巷，北端连接东后巷。巷内有老宅院2座，分别为马神庙巷5号、11号院。

马家场巷　位于东前巷南侧，大致为南北向，南端为死胡同。巷内无老宅院。

西前巷 即为南关关厢十字街西街,大致呈东西向。巷内老宅院众多,有西前巷 3 号院、15 号院、17 号院、31 号院、53 号院、59 号院,尽头为关厢西门。

西后巷 位于西前巷北侧,两者之间以一条南北主街相连。巷内老宅院众多,有西后巷 47 号院、37 号院、6 号院、9 号院(彩版 2-15)、3 号院、55 号院、50 号院,老宅院 1、2。

西后巷 47 号院 原为二进院,如今前院改造,后院仍为旧构。后院紧邻关厢北墙而建,其西侧还建有花园。

西后巷 9 号院 清代建筑,位于西后巷路北,北邻关墙,现存大门楼 1 座,迎门影壁 1 座,二门楼 1 座,南房 1 座,正房 1 座(五间),东西厢房各 1 座。整体坐北面南,为一座四合院格局。大门开在院东南角,砖式小门楼,砖挂檐,柁头砖雕草龙、喜上眉梢、单凤等装饰。门内迎面座山影壁 1 座,砖雕华丽精美,寓意深刻,具有较高的艺术价值。影壁上挂砖匾,刻"福、禄、寿"三字。两侧刻楹联一副,影壁心为"天官赐福"。自影壁前向西进入二门,二门柁头砖雕"平升三级"。院内建筑自南向北依次为倒座南房三间,东西厢房各二间,正北正房五间,单坡顶。院内地面用条砖铺墁。整体保存较好,现该院有三户居民居住。

老君观巷 位于泉南街东侧,大致呈东西走向,西面与泉南街相接,东尽头为普度寺(彩版 2-16)。巷内有蔚县气象局,无老宅院,尽头为普度寺(属大泉坡村)。

三、寺庙

圣母宫 位于南关关厢东墙(泉南街)北口附近,即泉南街 12 号院(彩版 2-17、18)。其南侧为一条东西向的巷子,地名清和巷。南侧泉南街路东为蔚州全业公司。寺庙现为一进院建筑。山门外侧为砖砌拱券门,随墙门,门内为倒座房过厅,面阔三间,四架梁,门内两侧设有钟鼓亭。正殿为单檐硬山顶,面阔三间,进深五架梁,上承三架梁,殿内为全新的彩绘、壁画、塑像,顶部脊檩上有彩绘《八卦图》。正殿东西两侧各设东西配殿,面阔三间,硬山顶。

关帝庙 位于蔚州古城南关西南部,释迦寺西侧,始建于元前至元五年(1268),明、清时期均有扩建、修缮,从南至北依次为倒座戏楼、享殿(前殿)、关帝殿(中殿)、诸葛殿、三义殿(后殿)、东西配殿等,南北 180 米,东西 50 米,占地 9 000 平方米,是蔚县境内最大且有记录的最古老的关帝庙。现存建筑主要为明中期所建。庙内的主要建筑分布在一条南北向中轴线上。该庙在 20 世纪 50 年代改作学校使用时,其附属建筑、碑刻遭到了大肆损坏,现仅占地 1 600 平方米。关帝庙现仍被蔚县三中所占,各殿曾改作教室或办公室使用。

前殿,即享殿,坐北面南,单檐卷棚庑殿勾连搭顶,面阔三间,进深三间。单檐庑殿顶,顶上推山极小,正脊较短,保留了早期建筑的风格。殿前出卷棚悬山顶抱厦,与大殿同宽,进深二间,四椽。檐下未见施加斗拱。

中殿,即关帝殿,坐北面南,面阔进深各三间,单檐歇山顶前出单坡悬山顶抱厦,歇山顶的垂脊和博风板与悬山顶抱厦的垂脊和博风板一坡顺下，这种前接抱厦的设计独树一帜，为张家口市内古建筑中所仅见。抱厦前檐柱柱头承栌头，两侧再施额枋与平板枋，枋上施斗拱，补间各为两攒，斗拱为四铺作。歇山顶面阔辟为五间，周边檐下柱头施额枋与平板枋，枋上施斗拱，后檐下明间、次间补间各为两攒，两侧梢间无补间斗拱。斗拱为四铺作。

后殿，即三义殿，坐北面南，面阔三间，进深二间，单檐歇山顶。檐下柱头间施额枋、垫板与平板枋，枋上施斗拱，明间补间三攒，次间补间两攒；山墙补间各为两攒。斗拱为五铺作双下昂。

关帝庙整组建筑形式富于变化，庑殿与卷棚勾连搭式，歇山与卷棚勾连搭式，硬山与卷棚勾连搭式，这三种独特的勾连搭式同时出现，是比较罕见的，是研究明代民间建筑特点的珍贵范例。

现为全国重点文物保护单位。

戏楼 位于蔚县三中院内，东邻释迦寺，南为三中广场主席台，西为三中教职区，坐南面北，北30米处前殿与戏楼相对。戏楼为前歇山卷棚后单檐硬山勾连搭式，前卷棚做成三面观。面阔三间，进深三间，面积74平方米，前后各五架梁。砖石台明高0.75米，前台三面檐柱8根，戏楼卷棚梁架中不用双瓜柱罗锅椽，而是采用三架梁上栌峰架脊檩，用苫背层做出卷棚顶的做法。檐柱下鼓形柱础，雕成兽抱形，做工精细。檐柱漆成红色，额枋及挑檐檩、枋施雅五墨旋子彩绘，色彩艳丽，绘工精美。后硬山部分东、南、西三面青砖到顶，前次间磨砖对缝砌成影壁式看面墙。两山拔檐、博风、排山沟滴砌筑规整，檐头勾头滴水保存齐全。该戏楼曾盛极一时。戏楼台下不分男女场。近年因维护修缮，后台封砌，改作库房，前台已改水磨石地面。

释迦寺 位于南关厢内西部（彩版2-19）。据《（正德）大同府志》记载，寺初建于元代，称"释迦禅寺"，明洪武年间蔚州卫指挥使周房又将其扩建，成为蔚州当时最大的一处佛教活动中心。寺院整体坐北面南，原开辟南门，后因蔚县三中占据关帝庙作为校区，修建校门时将南墙与南门拆毁，而将院门改建于东墙。现存建筑从南向北依次为：天王殿（前殿）、大雄宝殿（中殿）、卧佛殿（后殿），分布在南北向的中轴线上，东西配殿各2座，禅房各六间和东跨院一所。原有的牌楼式山门、钟鼓楼、西禅房跨院已毁。

前殿，即天王殿，位于砖砌台明上，坐北面南，面阔三间，硬山顶，进深五架梁。朝向中殿的后檐出廊，东、西两侧各加二柱，出翼角与中殿的歇山顶相呼应。后墙皆为隔扇木门，出廊檐下施木雕装饰。原殿内供奉大肚弥勒佛、护法韦驮与四大天王，现塑像已全毁。

中殿，即大雄宝殿，坐落于高大的月台上，是一座具有元代遗风的木构建筑。殿前置有两只石狮，但石狮与基座已不是一个年代。中殿坐北面南，面阔三间，进深三间，单檐歇山顶。柱有侧脚，柱头卷刹明显。檐下柱头施阑额与普柏枋，枋上置斗拱，斗拱皆为五铺作,补间各为两攒。殿内采用减柱造,梁架为五椽栿对前搭牵,通体用三柱,后人在五椽栿下加撑一根细柱。五椽栿上承四椽栿,四椽栿上再承平梁。据罗德胤[1]分析,殿内梁架做工精细,原来应是"彻上露明造",明时才添加天花装饰。中殿内原供奉释迦,左右分别为文殊与普贤两菩萨。

殿内天花、藻井做工考究,与灵岩寺殿内天花、藻井风格相近。当心间共有大小5个藻井组成,中间最大,南侧次之,北侧3个并排较小。中间大藻井,有上下两层斗拱,下层斗拱由相连的50攒十三踩斗拱组成,上层斗拱则由相连的24攒二十九踩斗拱组成,藻井当中为3块有云龙彩绘的天花板。南侧的藻井,四周有40攒十七踩斗拱,当中为5块有花卉彩绘的天花板;北侧的3个藻井,当中一个稍大,四周有16攒十七踩斗拱,当中为1块矩形的带云龙彩绘天花板;东西两侧藻井,四周各有12攒十七踩斗拱,当中是1块带花卉彩绘的天花板。两次间的藻井,位于次间的中部,有上下两层斗拱,下层斗拱由54攒三踩斗拱组成,上层斗拱由40攒九踩斗拱组成。藻井当中,布置20块天花板,每块之上都绘有内容不尽相同的花卉图案。藻井南北两侧,各为平棋天花,亦有彩绘图案。

后殿,即卧佛殿,坐落于砖砌台明上。坐北面南,面阔三间,硬山顶,进深七架梁。与前殿相似,朝向中殿的前檐出廊,东西两侧各加二柱,出翼角与中殿的歇山顶相呼应。明间前檐下悬匾,匾中书"释迦兰若"。后殿内原供奉释迦、药师、阿弥陀佛三尊塑像,殿中玻璃佛龛内,供奉释迦牟尼的木质卧像。东西墙两侧置藏经柜,分别藏有珍贵的木版《三藏经》和《大唐西域记》等佛教经典。可惜这些经典毁于"文革"时期。

东西配殿各2座,面阔三间,单檐硬山顶。

释迦寺建筑保存较好。原被一中校办工厂占用,位于一中院内。后为蔚县文物部门(蔚县博物馆)管理占用,现已腾退并对外开放。

现为全国重点文物保护单位。

第四节　城　镇　西　关

一、自然环境与人文历史

城镇西关,位于蔚州古城西门外,现为城镇居民区。1980年前后有769人,耕地980亩,曾为城镇西关街道管理委员会驻地。

---

〔1〕 罗德胤:《蔚县古堡》,清华大学出版社,2007年。

据《(光绪)蔚州志》记载,西关建于明代,名曰"西关城"。村名可考的历史最早见于《(光绪)蔚州志》,作"西关",《(民国)察哈尔省通志》作"西关镇"。

二、城堡

(一)城防设施

据《(光绪)蔚州志》记载,西关城"周一里三百三十四步,开二门,东曰'永安',北曰'镇朔'"。关城的拱门顶上均建有关楼 1 座。

从卫星影像上考察,城镇西关即为原蔚州古城西关关厢范围。关厢平面大致呈矩形,规模较小,开东、南、北 3 座门,城内平面布局为丁字街结构。218 乡道穿村而过(见图 2.2)。

东门建筑无存,现为宽阔的道路,地名"西关街",门内正对关帝庙,门外为蔚州古城西门外的石桥。南门建筑无存,现为道路和民宅占据,地名"南门口",门外为新华附小学校。北门尚存堡门建筑,砖石拱券结构,基础为条石,青砖砌拱门,堡门内侧包砖均无存,仅存砖券门洞(彩版 2-20)。门内为南北向主街,地名"北门口"。

关厢城墙均为黄土夯筑,墙体破坏严重,大部分无存。东墙紧邻护城河西岸而建,尚存邻近东南角附近的部分墙体,墙体夯筑质量差,多夹杂有石子,保存差,高 1~6 米,墙体低薄,内侧为顺城道路和民宅,外侧为护城河。南墙尚存东南角附近的墙体,位于南巷巷内,墙体保存差,呈土垅状,高 1 米,长 3 米。西墙无存,现为道路和民宅占据,地名"竹影北里",墙体位置现为宽阔的水泥路,两侧为新建的民宅。北墙长约 190 米,仅存北门附近的墙体,墙体保存一般,墙体高厚,高 6~8 米,顶宽约 2 米,其余墙体无存,为民宅所占据,内侧为民宅,外侧为顺城道路和荒地、耕地。

(二)街巷与古宅院

关厢内民宅以新房为主,老宅院较少。

南巷 位于南门内的南北主街(南门口)的东侧,为一条东西向的巷子。巷内有老宅院,即南巷 2 号院。

北门口 即北门内的南北主街。街内两侧老宅院众多,有北门口 5 号院、17 号院、18 号院、19 号院等。

北大巷 位于北门口主街西侧,为一条东西向的巷子,巷内无老宅院。

西关街 即西关内主街。街内有老宅院,即西关街 41 号院。

西关街 41 号院 位于北大巷西口与西关街交汇口以北,一进院,正房面阔五间,厢房面阔三间。

三、寺庙

关帝庙 位于西关厢东门内,今西关街街道大院内。原为一座庙院,如今仅存正殿

（彩版2-21）。正殿坐西面东,面阔三间,单檐硬山顶,进深五架梁,屋顶局部坍塌,殿内堆放杂物。

第五节 东 关 村

一、自然环境与人文历史

东关村包括城镇东关、东关外两部分。

东关,位于蔚州古城东门外,为城镇居民区。1980年前后有1651人,耕地1861墓亩,曾为城镇东关街道管理委员会驻地。

据《(光绪)蔚州志》记载,东关建于明代,名曰"东关城"。村名可考的历史最早见于《(光绪)蔚州志》,作"东关",《(民国)察哈尔省通志》作"东关镇"。

东关外,位于蔚州古城东偏北0.9公里处,属河川区。村庄周围地势平坦,为黏土质,水源较丰富。1980年前后有271人,耕地402亩,曾为城关公社、东关外大队驻地。

相传,明初建村,因村址位于蔚州古城东关外而得名。村名可考的历史最早见于《(光绪)蔚州志》,作"东关外",《(民国)察哈尔省通志》沿用。

如今,东关村规模较大,包含了原蔚州古城东关关厢部分,居民较多。

二、城堡

（一）城防设施

据《(光绪)蔚州志》记载,东关城"周二里一十步,开二门,东曰'东作',西曰'永宁'"。关城的拱门顶上均建有关楼1座。

根据蔚县各版方志记载,蔚州古城东门外原修建有关厢,从卫星影像上考察,平面大致呈矩形,北墙向内凹,开东、西、南门,城内平面布局为丁字街结构(见图2.2)。结合现实情况看,关厢位于东关外、东关村范围内。

如今,关厢城门已无存,墙体为黄土夯筑,仅存一小段南墙、西墙、北墙。南墙位于小南关街道内,现存墙体为东关关厢南门东侧的一段南墙,高约3米,破坏严重。西墙位于小北关街内路西,仅存一小段墙体,长6米,高4米。北墙位于东关外街道内,墙体仅存10余米,高3~4米,内侧为民宅,外侧为顺墙道路。

（二）街巷与古宅院

东关关厢内街道纵横,老宅院较多。

东关大街 又称胜利路,位于蔚州古城东门外,在其与下关街交汇处的胜利路北侧尚存老宅院,即胜利路 23 号院,其西侧为防疫站(蔚县兽医院)。此外,路北还有 89 号院,路南还有胜利路 70 号院,老宅院 1,胜利路 100 号院、112 号院。

大南巷 位于东关大街南侧,原为东关关厢东墙体所在地,现为宽阔的道路。大南巷内老宅院较多,其中巷内街道西侧有大南巷 1 号院,前后院,东侧 8 号院内有望楼(彩版 2-22),南端还有 10 号院。

马道巷 位于大南巷南端,大南巷与马道巷相连,马道巷主体为东西向,南北两侧还有小巷子。马道巷内老宅院众多,有马道巷 3 号院、5 号院、7 号院、13 号院,老宅院 1,马道巷 35 号院、49 号院、50 号院、14 号院、26 号院、24 号院。马道巷主街西尽头为南北向的小南关。

小南关 主体呈南北向,北面与蔚州古城东关外的大桥连接,南端与大泉坡村的泉北街相连。街道内老宅院较少,有小南关老宅院 1,小南关 11 号院、13 号院、28 号院。

新开巷 位于东关大街(胜利路)以北,新开巷布局不规整,南面与东关大街相连,西端与小北关相接,北端与新关外相接。巷子内有老宅院 3 座,分别为新开巷 36 号院、47 号院、51 号院。

新关外 位于新开巷以北。全部为新村,无老宅院分布,东关关厢的部分北墙即位于此。

小北关街 即为东关关厢西墙内侧顺城街,南面与东关大街连接,北面与福来街相连,路西尚存一段东关关厢的西墙。小北关街的北口与福来街交汇处即为东关与太平庄村的分界线,以北属于太平庄村。街内老宅院较少,有小北关 17 号院、30 号院、34 号院、16 号院、1 号院。

三、寺庙

水陆庵 又称北庵,位于东关外路北的高丘上,即今东关粮食市场东,东邻天齐庙,隔街的南庵近年失火已毁。北庵占地 550 平方米,院内正北建有正殿,面阔三间,单檐硬山顶,进深五架梁。前檐额枋尚存彩绘,墀头上砖雕鹿回头等。正殿两侧有禅房各三间,四檩卷棚顶。西侧禅房槛墙上镶清雍正元年(1723)重修石碑 1 通。碑文记载了僧人寂德重修本庵梗概。其余禅房为"红卫旅店"占用。东禅房属私人民宅。

天齐庙 又称东岳庙,位于东关外,现为 4 个单位占用,即植物医院、植保植检部、原种场与兆丰种业服务中心。寺庙整体坐北面南,坐落在一高地上,始建于明万历二十八年(1600),供奉仁圣大帝(武成王黄飞虎)。庙前原有戏楼、天齐牌坊、东西厢房、前过殿等,均已塌毁。现仅存供厅和大殿 2 座建筑。

供厅,位于大殿前,面阔三间,进深三间,单檐卷棚歇山顶,六架梁四角置抹角梁。

正殿,坐北面南,面阔五间,进深四间,单檐庑殿黄琉璃瓦顶,五架梁前后各出双步廊。檐柱顶施额枋与平板枋,平板枋上施斗拱,五铺作双下昂,前后斗拱补间两攒,东西山墙斗拱补间一攒,耍头作卷云状。拱眼壁为绿琉璃盘龙。脊顶全部施琉璃瓦,正脊与垂脊饰雕花琉璃,中间有琉璃龙、牡丹图案。额、枋均施彩绘。

庙内原有明代学者尹耕撰写的碑文,辽东总兵马林题写的"大丈夫"匾额,铜制楹联。

现为全国重点文物保护单位。

第六节 三 泉 庄 村

一、自然环境与人文历史

三泉庄村,位于原城关镇(今属蔚州镇)西南 1.6 公里处,属河川区。村庄坐落于县城西护城河西南岸边,周围地势较平坦,为黏土质,部分呈盐碱性。1980 年前后有 470 人,耕地 637 亩,曾为三泉庄大队驻地。

相传,明洪武元年(1368)侯姓迁此建庄,起村名为侯家庄子,后因靠村有三眼泉水,故更名三泉。村名可考的历史最早见于《(民国)察哈尔省通志》,作"三泉庄"。

如今,三泉庄北面与西关街社区相接,南与李堡子村相邻,村庄分为新旧两部分。东部为旧村,规模较小;西部为新村,规模较大。由于距离县城较近,地名标识工作较好。

二、街巷与古宅院

新村内地名有三泉北街、松月里(北端与西关街的竹影南里连接)、三泉南街(南端与李堡子村的杏夏巷连接)等,但是民宅全部是新建的房屋(见图 2.2)。

旧村位于整个村庄的东部,紧邻西护城河,由两条南北主街组成。旧时有 200 余人居住,杂姓。民宅中新旧房均有分布,老宅院较少。旧村南部为东西向街道,地名永丰巷,此街道为三泉庄与李堡子村的分界之地。街北有三泉庄卫生室和老宅院永丰巷 61 号院,路边尚存有民国七年(1918)的石碑。此外,护城河边的村庄为永丰巷,呈南北向,路东为三泉庄村委会,村委会以北为永丰后巷。永丰巷以西为一条南北主街,地名三泉北街,无老宅院分布。

三、寺庙

据当地长者回忆,旧村内曾修建有龙神庙、关帝庙、戏楼、五道庙、观音殿、真武庙,未建有城堡。大部分寺庙建筑在"文革"时期被拆毁。

第七节 太 平 庄 村

一、自然环境与人文历史

太平庄村位于原城关镇(今属蔚州镇)东北 0.7 公里处,属河川区。村庄西南紧倚县城东护城河,北靠壶流河,周围地势平坦,土质肥沃,水源丰富,为黏土质,略呈盐碱性。1980 年前后有 597 人,耕地 875 亩,曾为太平庄大队驻地。

相传,明洪武五年(1372)建村于小沙坡上,得名砂子坡,后人取安全太平之意,雅化为太平庄。村名可考的历史最早见于《(乾隆)蔚县志》,作"太平庄",《(光绪)蔚州志》《(民国)察哈尔省通志》沿用。

二、街巷与古宅院

如今,太平庄村规模较大,村庄南面与东关村相邻,两者的分界以东关村的小北关街和太平庄村的福来街交汇处为界。居民较多,原有 500～600 人,村民杂姓。民宅以新房为主,老宅院较少(见图 2.2)。

福来街 为南北向街道,南端与东关的小北关交汇,北端为太平庄村中心广场。街内老宅院较多,有福来街 64 号院、62 号院、79 号院、60 号院,此外还有太平庄卫生室和东庙。

太平街 呈南北向,南起太平庄村中心广场,北到太平庄村委会。其西侧东西向的支巷中有多座老宅院,分别为太平街 85 号院、87 号院、89 号院、75 号院、77 号院,老宅院 1,太平街 55 号院、47 号院。

三、寺庙

据当地 75 岁的长者回忆,太平庄村内曾修建有多座庙宇,有财神庙、关帝庙(村南)、观音殿、龙神庙、三官庙(村北)、火神庙、城隍行辕、豆佛寺(东庙)和多座五道庙(路口)。除豆佛寺、戏楼、城隍行辕外,其余寺庙于"文革"时期被拆毁。

豆佛寺 又名无量庵,俗称东庙,位于村内福来街路东,原为一座庙院,分为前后两座殿,始建于清乾隆年间。相传该寺始建时用一囤黑豆所建,故名为豆佛寺。该寺所供为关羽和蔡伦,概因该村历史上有造纸业的纸作坊。现寺庙为剪纸厂作坊和居民生活的大杂院。仅存过殿 1 座,北禅房 6 间(两栋),占地面积 400 平方米。过殿位于前院正北,面阔三间,进深二间,进深六架梁出后檐廊。殿内有金柱两根,条砖墁地,前檐墀头浮雕"暗八仙"。北部两次间墙体做成砖砌的座墙影壁。大雄宝殿在 20 世纪 70 年代毁于火灾。北禅房现为居民所租用。此外,寺庙附近的福来街 60 号院门口尚存有嘉庆十八年(1813)的《重修无量庵碑记》[1]。

戏楼 位于太平庄中心广场西北角,处于民宅包围之中。戏楼坐南面北,单檐六檩卷棚顶,面阔三间,后墙及山墙为土坯心,四周砌墙。砖砌台明高 1.2 米,前檐额枋尚残存有彩绘,雀替木雕草龙。戏楼内尚存民国时期壁画,破坏严重,斑驳漫漶,屋顶大部分坍塌。据当地长者回忆,戏楼对面正对关帝庙,此外还有两株大树。20 世纪 40 年代,当地居民仍在此戏楼内唱戏。

城隍行辕 位于太平庄村广场西侧的太平街西侧,即太平街 123 号院,仅存 1 座正殿。正殿坐北面南,面阔三间,硬山顶,进深五架梁。建筑形制比较特殊,殿外檐下未施木构,檐、枋、椽子、飞子、枊头皆为砖雕结构,前檐下明间与两个次间各辟一道券形拱门。明间拱门宽大,是进出殿的主通道,拱顶原嵌有 1 块横匾,如今横匾表面被抹一层厚厚的白灰浆。两侧次间拱门稍小,次间拱顶上各饰有 2 枚门簪,东侧门簪只剩 1 枚,西侧门簪全毁。殿内采用五架通梁,上施蜀柱承脊檩,枊梁用材粗大。殿内壁壁画仍存,正壁与西壁保存较完整,东壁已被白灰浆所覆盖。正壁明间由 4 幅屏风画组成,上部内容为山水与人物典故,下部为题字;两侧次间为各类题字。西壁绘有三条巨龙,正中一条面对前方,两侧各一条侧向中心。殿内竖立民国十一年(1922)《创建蔚县城隍行辕碑记》石碑。如今城隍行辕已废弃,殿内放置社火时所用的各类道具。

第八节 大泉坡村

一、自然环境与人文历史

大泉坡村位于原城关镇(今属蔚州镇)东南偏南 0.6 公里处,属河川区。村庄坐落于南护城河东岸,周围地势平坦,水源丰富,为黏土质。1980 年前后有 419 人,耕地 701 亩,曾为大泉坡大队驻地。

相传,明洪武五年(1372)建村,因村西南坡下有一大水泉,故取名大泉坡。村名可考的

---

〔1〕 刘国权:《佛寺与蔚州传统文化》,中国文史出版社,2006 年,第 38 页。

历史最早见于《（乾隆）蔚州志补》，作"大泉坡"，《（光绪）蔚州志》《（民国）察哈尔省通志》沿用。

如今，大泉坡村位于蔚州古城东南角外。村庄分为新旧两部分，邻近护城河处为旧村，即整个村庄的西部，新村在东、南方。大泉坡旧村位于今人民路北侧，地名为泉北街，旧村仅有这一条南北主街，北端为东关村的南界，即小南关街，东面为下关村西界，即彩虹巷。主街内以新房为主，老宅院较少，仅存泉北街 74 号院、6 号院和老宅院 1。居民较多，本地户有 700～800 人，杂姓。

二、寺庙

据当地长者回忆，大泉坡村曾修建有圣母宫（泰山庙）、普度寺（庞家庵）、观音殿（村南口）。如今仅存圣母宫、普度寺。

圣母宫　又称泰山庙，位于大泉坡泉南街 12 号院内。庙院坐北面南，建山门、钟、鼓二亭、正殿。庙院南墙保存较好，墙中间建有山门，山门为随墙门，硬山顶，砖雕椽子、飞子、枓头、垂花柱。拱形门券，券门顶有砖匾，阳雕"圣母宫"，匾两侧各有一颗门簪。南墙内侧东、西建有钟、鼓二亭。院内北为正殿，坐北面南，面阔三间，硬山顶，进深六架梁出前檐廊。殿内用隔墙隔开，面南为泰山庙，面北为观音殿。殿内已重新修缮，新立塑像，新绘壁画。

殿内正面北壁前建有供台，供台上坐有三尊娘娘塑像，皆双手持笏板。塑像后的正壁，娘娘后各绘两位持扇侍童立于两侧。台前两侧各塑两尊立像，东侧为搬哥哥、判官，西侧为痘姐姐、老奶奶。两侧山墙绘有家庭生活场景。东壁以多宝格为背景，北部是乐手在演奏，南部有切、洗、喝茶、端盘子的等众多人物；西壁绘有得子欢庆场景，后景中，窗内露出一位女子的头部，猜测是刚生完孩子的产妇，门口有一双手怀抱婴儿的妇女。北部为乐队演奏场景，南部为和面、揉面、擀面、做馒头、拉风箱等做面食的场景。

普度寺　又称庞家庵、老君观，位于大泉坡村东部，老君观巷 5 号院。东为泉丰巷，北为气象局，大院南为环卫公司大院。普度寺原为一座庙院，平面呈长方形，原占地面积 405 平方米，现占地面积 290 平方米，整体坐东朝西，由山门殿（天王殿）、前殿（地藏殿）、后殿（观音殿）三部分组成。三座大殿依次矗立于 0.6 米高的台明上。山门殿坐东面西，面阔三间，进深二间，单檐硬山顶，进深五架梁出前檐廊，殿内供奉韦驮和弥勒，墙壁未施壁画。地藏殿前院有一株松树，前殿面阔三间，进深两间，单檐硬山顶，进深六架梁出前檐廊，殿内供奉地藏菩萨，殿内有新绘的彩绘和壁画，顶部脊檩上彩绘《八卦图》。两侧山墙壁画为十殿阎王。后殿面阔三间，进深二间，单檐硬山顶，进深六架梁出前檐廊，殿内供奉三大士，两侧山墙绘"救八难"题材壁画，顶部脊檩绘有《八卦图》。三座大殿均于近年重新修缮并施彩绘。

第九节　纸 店 头 村

一、自然环境与人文历史

纸店头村位于原城关镇(今属蔚州镇)北偏西 0.8 公里处,属河川区。村庄北依壶流河,地势平坦。为黏土质,部分呈盐碱性。1980 年前后有 479 人,耕地 858 亩,曾为纸店头大队驻地。

相传,明洪武五年(1372)建村,因该村曾以纸坊和开店为业,故取村名为纸店头。村名可考的历史最早见于《(顺治)蔚州志》,作"纸店头堡",《(乾隆)蔚州志补》作"纸店头",《(光绪)蔚州志》《(民国)察哈尔省通志》沿用。

如今,纸店头村位于太平庄村东北,太平庄村广场的东北角即为纸店头村的西南角。村庄分为新旧两部分,北部为旧村,即城堡所在地;南部为新村,新村南侧东西主街为玉帛巷,西侧为艺苑街,为纸店头和太平庄的分界街。旧时有 50 多户居民居住,杂姓。

二、城堡

纸店头村堡,位于旧村中,即整座村庄的北部,从卫星影像上考察,原修建有矩形城堡。如今城堡堡墙无存,复原周长约 859 米。据当地长者回忆,城堡原开设东、西门,均为砖券门,堡墙均为黄土夯筑。如今堡墙、堡门建筑无存,仅存堡内平面布局,为东西主街结构,地名"纸店街"(见图 2.2)。

堡内大部分是新修建的民宅,老宅院较少,只有 23 号院和 49 号院。东西主街北侧尚存供销社,南侧为戏楼。

三、寺庙

据当地长者回忆,堡内曾修建有戏楼、观音殿、龙神庙、五道庙、三官庙,寺庙多拆毁于"文革"后期。

戏楼　位于堡内中部,东西主街南侧,已经废弃,戏楼前的广场现为垃圾场。戏楼整体坐南面北,砖石台明,高约 1.3 米。戏楼面阔三间,卷棚顶,进深六架梁,前檐额枋尚存民国时期的彩绘和木雕装饰。戏楼内改造为库房,堆放柴草,遗留有彩绘和壁画。

观音殿　位于堡内东部,主街南侧,现已无存。

龙神庙　位于堡北墙外,现已无存。

五道庙　位于堡南,现已无存。

三官庙　位于堡外南侧,现已无存。

第十节　下　关　村

一、自然环境与人文历史

下关村位于原城关镇(今属蔚州镇)南偏西 0.25 公里处,属河川区。村庄周围地势平坦,土质肥沃,水源丰富,为黏土质。1980 年前后有 315 人,耕地 507 亩,曾为下关村大队驻地。

相传,明洪武七年(1374)建村,因村址紧靠蔚州古城东关,且地势低洼,故取名下关。村名可考的历史最早见于《(乾隆)蔚州志补》,作“下关里”,《(光绪)蔚州志》《(民国)察哈尔省通志》沿用。

如今,下关村位于大泉坡村以东,东关村以南。村内街道分布不规则。旧时有 200 余人,以本地户为主;现有 500 余人,外来户较多,杂姓。村内惠风巷东端为东关完全小学。下关街北端与东西向的东关大街交汇处有蔚县计划生育医院。民宅以新房为主,老宅院较少。由于紧邻县城,因此街巷名称和民宅门牌号的标识工作较好。老宅院现存数座,位于下关西街、惠风巷、下关街,其中下关西街有下关西街 11 号院、老宅院 1;惠风巷内为惠风巷 8 号院,老宅院 2、3;下关街有下关街 3 号院。

二、寺庙

据当地长者回忆,下关村内曾修建有观音殿、关帝庙,以及 2 座五道庙。除观音殿尚存外,其余寺庙于旧村改造时拆除。

观音殿　位于村内中心十字路口西南角,下关西街与南、北侧下关街的交汇处,东面为惠风巷,北面正对下关街这一南北主街。庙北侧为兽医院。寺庙为一座庙院,开东、西门,西门外放置有万历十七年(1589)的墓碑。庙院内全部为新建建筑。

第十一节　李　堡　子　村

一、自然环境与人文历史

李堡子村位于原城关镇(今属蔚州镇)西南 1.9 公里处,属河川区。村庄周围地势平坦,为黏土质,呈盐碱性。1980年前后有942人,耕地1 969亩,曾为李堡子大队驻地。

相传,明洪武元年(1368)李姓在这里建堡居住,故取名李堡子。村名可考的历史最早见于《(乾隆)蔚州志补》,作"李堡子",《(光绪)蔚州志》《(民国)察哈尔省通志》沿用。

如今,李堡子村位于蔚州古城西南方,村庄规模较大,居民很多,以新建的民宅为主,村东为大泉坡村,南为稻地村,北为三泉庄村,西为大面积的耕地。由于距离古城较近,因此街巷名称和民宅门牌号的标识工作较好。

二、城堡

据《(民国)察哈尔省通志》记载:"李堡子堡,在县城西南二里,土筑,高一丈,底厚二丈,面积四十亩,有门一,清咸丰六年、民国十年补修,现尚完整。"[1]李堡子村堡,今位于村庄的中南部,地名"堡子里",城堡建筑大部分已无存,仅布局尚可分辨。从卫星影像上考察,城堡平面呈矩形,复原周长约666米,开南门。堡内平面布局为南北双十字街结构。据当地长者回忆,城堡原开设南门,砖券门,"文革"后期拆除,门外正对六神庙。

堡墙均为黄土夯筑,大部分墙体无存,堡墙位置现为民宅或道路占据。如今东墙现为民宅,外侧为"杏夏巷",与北面三泉庄村的三泉南街相连;仅西墙近西南角处尚存一段墙体,高4~5米,内侧为民宅,外侧为道路。

堡内民宅以新房为主,老宅院较少,仅存堡子里31号院、32号院、35号院。旧时有居民400余人居住,杂姓。

三、寺庙

据当地长者回忆,堡内曾修建有六神庙、真武庙、财神庙、五道庙(3座)。除六神庙外,其余寺庙于"文革"时期拆毁。

六神庙 位于李堡子村堡南门外侧,俗称"南庙"。寺院东、南侧为民宅,西、北侧为街道,道西为李堡子文化广场,广场内有古柳树十余株。整座庙院由李堡子村委会于2005年投资70余万元重新修缮。寺院坐北面南,现存前、后二进院落,前院依据地形将大门开在寺院西南角处,新建建筑,广亮大门,硬山顶。门檐下悬匾"六神庙",落款为"乙酉秋"。

前院南端设一座倒座戏楼。戏楼坐南面北,与对面六神庙遥遥相望,戏楼面阔三间,单檐六檩卷棚顶,挑檐木挑出很长,足有五分之四。砖石台明高1.3米,外立面包青砖,顶

---

[1] 宋哲元:《(民国)察哈尔省通志》,国家图书馆藏1935年铅印本,第11页。

部四周铺条石板。前檐柱4根,柱下鼓形柱础,后金柱2根。前檐下檩、枋、替木等重新彩绘。前檐下雕卷草雀替,明间彩绘《八仙祝寿图》。后台绘麒麟。地面方砖铺墁。

前院东侧立有一排石碑,共9通,皆为修缮时所立。前院西侧为西厢房,面阔五间。

由前院正北二门进入后院,左右为钟、鼓二楼,迎面为六神庙正殿,正殿前设卷棚供庭。正殿坐北面南,单檐硬山顶,面阔三间,进深五架梁,殿内已吊顶。正殿为前后鸳鸯式,均分隔为三间,面南侧从东至西依次为龙神殿、关帝殿、财神殿,面北侧从东至西依次为马神殿、观音殿、梓潼殿。各殿内保存有精美的壁画。正殿前设西厢房三间,东西禅房各二间。后院正北开一座砖式小门楼。

关帝殿,位于六神庙正殿明间。殿内壁画保存较好,虽然在修缮时可能重绘过,但也是在原画基础上描绘的,具有清末民初的味道。

正壁绘《关公坐堂议事图》,关公后侧为持扇随从;两侧分别为左丞相陆秀夫,右丞相张世杰,各手持笏板而立;而最外侧,西为周仓,东为关平,周仓持青龙刀,关平持剑。

东、西山墙壁画,绘有《三国演义》中以关羽事迹为主线的故事,各为三排四列的连环画。每幅画间采用流云与树木分割,每幅画面虽不规则,但总体来看变化中显得生动。从连环画的内容来看,从桃园三结义起,到斩蔡阳古城聚会。此壁画中榜题的字数没有定型,从4字到8字皆有,而且选择的内容与《三国演义》难以一一对应。这说明到了民国时期,关帝的传说在民间已完全通俗化了。

东山墙 *

桃园三结义	鞭打都邮	辕门射戟	关圣帝言退徐褚
二义士送马赠金	酒尚温时斩华雄	陶公三让徐州	昭烈帝徐州失散
(无榜题)	虎牢关三英战吕布	候城盗马	秉烛达旦

西山墙

曹操赐马赠金银	帝君延津诛文丑	霸陵桥曹操饯行	汜水关剑斩卞喜
大战夏侯墩	圣帝策马斩颜良	东岭关怒斩孔秀	黄河渡口斩秦祺
卧牛山收周仓	挂印封金	洛阳关斩韩福孟坦	斩蔡阳古城聚会

龙神殿,位于六神庙正殿的东次间,殿内壁画为清中后期作品,保存较好。

正壁绘《众神坐堂议事图》,正中为龙母,龙母身后为持伞侍女,两侧分坐手持笏板的

---

* 作者在誊录榜题释文时发现,因书写年代、粉本差异、书写者文化水平不高等原因,榜题文字常繁简夹杂,异体字、错字、别字混用,甚至还有一些生造字,为不影响阅读,本书将繁体字、异体字录为规范简体字,别字则保留(可能有特殊含义),生造字则根据文义改成正确的汉字。

五龙王,西侧最外为身披八卦绿袍的雨师。图的东、西两下角,分列一位手持雨簿的雨官。主神背靠条屏,条屏之顶为行雨诸神。东侧从内向外分别为日值功曹、年值功曹、四目神、商羊、令旗官、两位钉耙神;西侧从内向外分别为月值功曹、时值功曹、青苗神、电母、风婆、虹童、判官与雷公。

东壁绘《出宫行雨图》,西壁绘《雨毕回宫图》。

东壁《出宫行雨图》中行雨画面为2排,上排中电母居前,随后是龙王5、龙王4与龙王3,中间穿插有雷公、钉耙神、日值功曹、年值功曹,队伍的后面是判官追赶随风飞出的圣旨,殿后的是传旨官。下排中是风伯与风婆居前,随后是龙王2、雨师与龙王1,中间穿插有月值功曹、时值功曹、水车、令旗官、青苗神、虹童等。行雨图的内侧下角绘水晶宫,龙母立于水晶宫前,目视众神行雨。龙王1正回首与龙母进行沟通。

西壁《雨毕回宫图》中众神较为悠闲。回宫图的内侧下角立有山神与土地神,恭迎众神雨毕回宫。回宫队伍的前面是五位龙王与雨师,龙王1正与打开圣旨的判官核实降雨是否符合圣旨要求。判官的下方一位小神手脚并用,倒碗戏水。回宫图中的上排,依次是传旨官、日值功曹、年值功曹、钉耙神、四目神、商羊、青苗神、雷公、风伯、虹童,其下中排有月值功曹、时值功曹,还有在水车中闭目养神的电母与风婆。整个图面的最后,是一位小神用铁链将一条巨龙束缚于大树上,以防龙神不听指令,胡乱降雨。回宫图的下部是人间欢庆丰收的场景。

财神殿,位于六神庙内正殿西次间。财神殿正壁与东壁、西壁绘画皆保存较好,东壁为《招财图》,西壁为《进宝图》,表现的是胡人进宝的场景。

正壁绘《财神议事图》,画面正中为文财神。财神头戴宰相纱帽,五绺长须,手捧如意,身着蟒袍,足蹬元宝。两侧贴身为和合二仙,再外侧各有一位文官,最外侧东边是手持宝瓶的云童,西边是右手抱一只青蛙的侍童。

东壁《招财图》,画面内侧是一座宫殿,宫殿内两位一坐一立,在为进宝做准备。殿顶云端之上,财神携云童眺望人间,正在施法招财。画面的外侧是一座山,山脚下的两位胡人挑着一个担子,山坡上连绵不断的推车的、挑担的人正在下山途中,担子内、车子内皆是宝物。

西壁《进宝图》,画面内侧是一座高大的宫殿。宫殿前财神与文官恭迎进宝队伍,理财的文官手中拿着财簿正在记账。宫殿顶上云端仍是云童眺望人间。画面的外侧,一车车财宝从山坡不断而下,前面背负财宝的麒麟已来到了财神面前,后面的则紧紧跟随。

马神殿,位于六神庙正殿东次间的北侧,殿内新塑马神像,壁画为清中期作品。正壁悬挂黄色帷幕,将壁画挡住。壁画绘《马神坐堂议事图》,东壁绘《出征图》,西壁绘《凯旋图》。

正壁《马神坐堂议事图》,正中绘马神,两侧分列随从与文武众将。马神额头有眼,身披战袍,右手持剑。道士与随从簇拥两侧,似等待号令立即出发。东侧随从手中端盘,盘中有马;西侧随从手中捧印,印用包包裹。两侧随从端一盘花草。

东壁《出征图》中,马神居中,六臂高举手中的各类武器,两位道士一前一后随行,前有开道的锣鼓,后有殿后的旗手。

西壁《凯旋图》中,马神居中,回道观望,似向道士询问,出征战果如何,前有开道的锣鼓,后有手端花盘的随从。

观音殿,位于正殿明间的北侧,殿内新塑观音像,壁画为清中后期作品。

正壁的《观音坐堂说法图》,正中绘有观音,身后右为龙女,左为善财童子。观音两侧,东侧为武财神,武财神身边立持大刀的武将与持箭囊随从;西侧为文财神,脚前有一只犬,身边立有一位和尚与持大刀武将。

两侧山墙壁画保存较好,上部各是四幅"救八难"题材壁画,下部各有九位罗汉。其中,观音身边有一个童子伴随,这与其他观音殿中的"救八难"观音有所区别。

假使兴害意,推落大火坑 念彼观音力,火坑变成池	或遭王难苦,临刑欲寿终 念彼观音力,刀寻段段坏
或漂流巨海,龙鱼诸鬼难 念彼观音力,波浪不能没	若恶兽围绕,利牙爪可怖 念彼观音力,疾走无边方
云雷鼓掣电,降雹澍大雨 念彼观音力,应时得消散	或被恶人逐,堕落金刚山 念彼观音力,不能损一毛
咒诅诸毒药,所欲害身者 念彼观音力,还着于本人	或囚禁枷锁,手足被杻械 念彼观音力,释然得解脱

梓潼殿,位于正殿西次间,殿内新塑梓潼像,壁画为清中后期作品。正壁正中为文昌帝君,两侧为随从。西壁绘《挑灯夜读图》,东壁绘《金榜题名图》。

真武庙 位于北墙马面顶部,现已无存。

财神庙 位于堡内西侧,现已无存。

五道庙 共 3 座,堡内外均有分布,现已无存。

第十二节 逢驾岭村

一、自然环境与人文历史

逢驾岭村位于原城关镇(今属蔚州镇)西南偏南 3 公里处,属平川区。村庄地势西南略高,选址修建在平地之上,周围平坦开阔,多为沙土质,辟有大面积的耕地。1980 年前后有 731 人,耕地 2 390 亩,曾为逢驾岭大队驻地。

相传,该村建于土岭旁。北魏孝文帝于太和年间出巡,曾途经此岭,村民视为吉兆,遂取村名逢驾岭。村名可考的历史最早见于《(正德)大同府志》,作"冯家岭堡",《(崇祯)蔚州志》作"逢驾岭堡",《(顺治)蔚州志》作"逢家岭堡",《(乾隆)蔚州志补》作"逢驾岭",《(光绪)蔚州志》《(民国)察哈尔省通志》沿用。

如今,村庄规模较大,分为新旧两部分。新村规模大,民宅以新房为主,居民多。旧村即城堡,位于整座村庄的西北部。S342 省道从村北经过(图 2.3)。

图 2.3 逢驾岭村全图

二、城堡

(一) 城防设施

据《(民国)察哈尔省通志》记载:"逢驾岭堡,在县城西南三里,土筑,高一丈二尺,底厚一丈,面积四十五亩,有门一,民国三年补修一次,现尚完整。"[1]逢驾岭堡今位于村庄西北部,城堡北侧紧邻 S342 省道,保存较好,规模大。城堡平面大致呈矩形,周长约 795 米,开设南门,堡内平面布局为南北双十字街结构(图 2.4)。

---

〔1〕 宋哲元:《(民国)察哈尔省通志》,国家图书馆藏 1935 年铅印本,第 9 页。

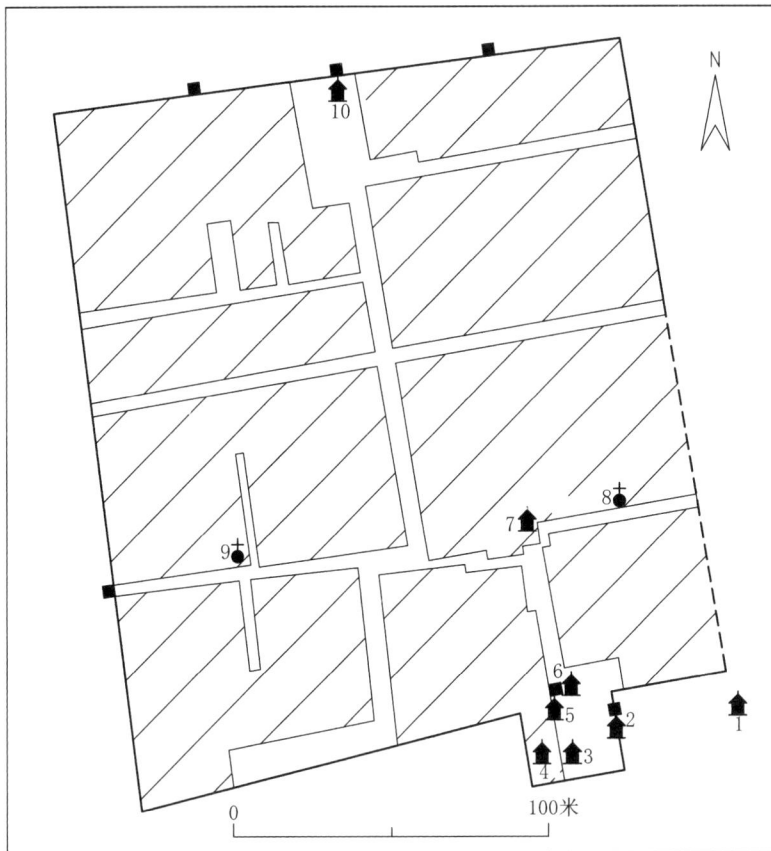

图 2.4　逢驾岭村堡平面图

1. 龙神庙　2. 东门、魁星楼/梓潼庙　3. 戏楼　4. 观音殿　5. 五道庙
6. 南门、三官庙/观音殿　7. 关帝庙　8. 64 号院　9. 25 号院　10. 真武庙

城堡南门外设有瓮城,平面呈矩形,边长 22 米,瓮城开东门(彩版 2-23)。瓮城东门为旧构,保存较好,砖石拱券结构,基础为条石砌筑,砖砌券门。外侧门券三伏三券,门券拱顶上方镶嵌 3 枚门簪,门簪上方镶嵌砖制门匾,共由 4 块方砖组成,字迹漫漶,共 4 个字,推测为"逢驾岭堡"。门匾上方有砖作仿木构砖雕,下施砖雕檩与坊,其间施砖雕梁托,梁托装饰为荷包鲤鱼。门券两侧的门体上镶嵌有 1 块砖雕,装饰为麒麟与狮子。内侧门券亦为三伏三券,门券拱顶上方镶嵌有 3 枚门簪,门簪上方镶嵌有砖制门匾,共由 3 块方砖组成,字迹漫漶,推测为某某门,门券两侧的门体顶部设有排水孔。门券内为券顶。门道为水泥路面,木门扇保存较好,门顶部修建有魁星楼/梓潼庙。门外新建有影壁和广场。瓮城墙体已于 2009 年修缮,高 10 米,外侧通体包砖,顶部修建有垛口,蔚为壮观。墙体内侧仍为土墙,尚未维修。

南门为砖石拱券结构,基础为条石,砖砌券形门。外侧为一券一伏石拱门,内侧为三伏三券的砖砌拱券，未设门匾（彩版2-24）。堡门已修缮，门洞内两侧支立柱，加置平枋，枋上横架圆木形成平顶。门洞进深较深，是一般村堡门进深的2倍。门内为南北向中心街，但并非直线，而是有曲折。南门正对为关帝庙，中心街在庙前西折后再北折到达北墙上的真武庙前。

堡墙均为黄土夯筑，保存较差。东墙长约204米，大部分无存，为民宅占据。现仅存一小段，为北段三分之一的墙体。现存墙体高薄，高0～6米，外侧更高，近10米，保存一般，墙体内外侧均为民宅。南墙仅存基础，高2米，复原长度约193米。西墙长约214米，保存较差，墙体低薄，破坏严重，高0～3米，断断续续，内侧墙体还有一定高度，外侧几乎为平地，墙体内外侧为民宅或荒地。西墙南段设有1座马面，保存较好，高4～5米。北墙长约184米，墙体高薄、连贯，内侧高7～8米，保存较好。北墙外侧低矮，高0～2米，或许是修建公路的时候破坏了部分北墙。北墙上设有3座马面，东、西马面低矮，马面高2～3米，保存较差，与中间的马面（庙台）形成对比。北墙内侧为民宅，外侧为坍塌形成的斜坡和公路护坡。

西南角无存，为民宅占据。东北角台无存，为取土所破坏。

（二）街巷与古宅院

堡内居民较多，民宅以新房为主，旧房和老宅院较少。

堡里64号院　位于前街东段，广亮门，硬山顶，门内设影壁，影壁的左侧有1座垂花门，正房三间，东西各有厢房，皆保存较好。

刘右琦宅院　即前街西巷25号院，清代建筑，嘉庆时吏部右侍郎刘右琦曾在此院居住，保存较好。整体坐北面南，现存前、中、后三进院落。大门开在院东南角处，五檩硬山广亮式，门前设上马石，门内设抱鼓石，迎门内设影壁1座。前院建筑为倒座南房三间，三架梁；东厢房一间，西厢房二间，均为单坡顶。二门为单檐五檩悬山顶，内置屏门。中院内东、西厢房各三间，单坡顶；过庭为单檐五檩硬山顶，面阔三间，进深二间，明间过庭置木屏门；过庭两侧各有一间耳房，东为书房，西为后院厕所，东耳房内存有木匾，上书"谦益堂"，东、西耳房均开有后门，可以通往后院。后院南墙正中处近年新建1座砖式小门，院内东、西厢房各三间，单坡顶，正房为面阔三间，单檐卷棚顶，四檩三挂，进深一间，明间六抹万字隔扇。正房两侧设有耳房。如今前、中院有2户居民居住，后院有2户居民居住。

三、寺庙

魁星楼/梓潼庙　位于南门瓮城东门顶部，正殿面阔三间（坐二破三式），硬山顶，门窗无存，面东者为梓潼，面西者为魁星。庙殿新修，殿内尚未修缮。墙壁上尚残存有壁画，表面涂刷白灰浆，内容漫漶。其中，梓潼庙正面壁画中间绘一位头戴冠的老者，两侧为侍童。

五道庙　位于堡南门外西侧，后墙贴着堡门西侧墙，坐北面南，整座寺庙下的台明较高,外立面包砖,台顶四周铺石板。正殿面阔一间,单坡顶,进深二椽。门窗、屋顶新修,用红漆粉刷一新,殿内尚未修缮。墙壁尚残存有壁画,表面涂刷白灰浆,画面漫漶,仅可看清"五路神宫"中的几个字。从颜色上看,其应是民国时期的作品。

观音殿 又名观音禅寺,位于南门瓮城内戏楼的西侧,为新建的庙院。山门面对瓮城东门,由红砖修砌。院内铺彩色水泥方砖,院内南北各设两座殿。南殿为圆通殿,新建建筑,坐南面北,面阔三间,硬山顶。北殿为禅堂,坐北面南,面阔三间,硬山顶。村中的信众每天早、晚各一次于此堂内念经。

戏楼 位于堡南门瓮城内,坐南面北。戏楼南侧为瓮城南城墙,北对堡南门(彩版2-25)。戏楼保存较差,台明较高,外立面包砖,顶部四周铺条石板。戏楼面阔三间,单檐六檩卷棚硬山顶,前台东西置砖砌八字砖墙,前檐柱4根,明间置古镜柱础。前檐椽头皆为浮雕泥塑狮子口衔铁环,梁头浮雕狮子滚绣球,梁下撑拱为蕉叶。雀替雕二凤二草龙。额枋心有多块彩绘,均为"梅、兰、菊、竹"等。顶部南半部坍塌,破坏严重,戏楼内堆积有坍塌下的砖瓦。戏楼内墙壁上尚存有壁画,画面漫漶。

关帝庙 位于堡内南部主街道的北端(彩版2-26)。堡内的主街道并非南北直通,而是在堡中心向西折,关帝庙位于南北主街向西折的转弯处,而略偏西侧。关帝庙原为一座庙院,坐北面南,四周残存院墙,院门保存较好,广亮门,硬山顶,进深五架梁,挑檐木出檐较长。院内北侧为正殿,面阔三间,硬山顶,前檐额枋上有民国时期的彩绘。

龙神庙 位于南门瓮城东门外影壁的东侧,现在为民宅,庙殿无存。

真武庙 位于堡北墙马面上(彩版2-27)。墙下建有一座庙院,残存有半座山门,门东侧墙体上残存砖雕垂花柱。院内北部为骑北墙而建的高大墩台,高10米以上,外立面包砖,南立面建砖砌台阶,已坍塌,顶部四周为砖砌院墙。二道门为随墙门,平顶门洞,门内两侧建钟鼓亭,仅存东侧者。院内北侧为北极宫。北极宫面阔三间,硬山顶,顶部坍塌。

三官庙/观音殿 位于堡南门顶部。正殿面阔三间(坐二破三式),硬山顶,进深五架梁。殿内用隔墙隔为南北两庙,面南为三官庙,面北为观音殿。整座建筑新近修缮完成,梁架、椽子、门窗皆重新施彩绘,殿内中间的隔墙亦重砌,隔墙上分别新绘三官与观音题材内容的壁画。顶部脊檩上彩绘《八卦图》。两侧山墙壁画表面曾涂抹白灰浆,修缮时将壁画全部清理出来。壁画为民国时期的作品。观音殿内新塑观音塑像。

三官庙,正壁壁画为重修时新绘,表现的是三官坐堂议事。三位文官形象的三官,头戴官帽,身着袍衣,双手于胸前捧笏板,背靠屏风,从左至右依次为水官、天官与地官。

三官庙内壁两侧山墙壁画为连环画式,从上至下共5排,每排4列,每组绘有9位站立的神祇,四周皆有云雾围绕。从这些人物的着装上看,所穿既不是神的袈裟,也不是普通百姓的粗衣;从神情上看,既像是虔诚地聆听主神的教诲,又好像是眼神迷茫交头接耳。

整个画面没有《众神朝拜图》严肃,应是民间道教的画作,但这其中表达何意,需要进一步研究。

观音殿,观音殿正墙壁画为新绘,内容为《观音坐堂说法图》。中间为观音,两侧分别为龙女与善财童子。外侧有两位护法神将,东侧持大刀的为伽蓝护法,西侧持金刚杵的为韦驮护法。

两侧山墙尚存旧壁画,为民国时期的作品。山墙上部各有2幅圆形画像,画中为施法者。由于"救八难"情景中没有施法力的观音或其他神祇,推测这2幅画像中的人物即为观音殿中"救八难"情景中的施法力之神。中部是各4幅"救八难"场景,下部是各绘九尊罗汉。

东壁,上部圆形画像中只有南侧一幅可见一位人物;中部4幅,每一幅题记只露出局部,其内容依据《观世音菩萨普门品经变图》可以推测;下部九尊罗汉只可见右侧四尊。

西壁,上部两幅圆形画像较为完整;中部内侧3幅题记清晰,外侧一幅只有"寻段"两字,可猜出此图是哪一句;下部罗汉已全毁。

□□□□□,□□□□□ □□□□□,□寻段□□	或囚禁枷锁,手足被杻械 念彼观音力,释然得解脱
或值怨贼绕,执刀将加害 念彼观音力,咸即起慈心	□□诸毒药,所欲害身者 念彼观音力,还着于本人
或漂流巨海,龙鱼诸鬼难 念彼观音力,波浪一时没	若恶兽围绕,利牙爪可惜 □□□□□,□走无边方
假使兴害意,推落大火坑 念彼观音力,火坑变成池	云雷鼓掣电,降雹澍大雨 念彼观音力,应时得消散
新绘:观音、龙女与善财童子;伽蓝护法、韦驮护法	
三官庙	

第十三节 南 张 庄 村

一、自然环境与人文历史

南张庄村位于原城关镇(今属蔚州镇)南偏西2.4公里处,属平川区。村庄位于S342省道南侧,选址在平川之上,周围地势平坦,为沙土质。1980年前后有498人,耕地1709亩,曾为南张庄大队驻地。

如今，村庄规模较大，由于靠近古城，当地有著名的剪纸一条街，因此商业发达，居民生活富足，有近400人居住，周、王为大户，民宅以新房为主。旧村即南张庄村堡，位于村庄北部，紧邻省道。

相传，明初建村于蔚州古城之南。因张姓占多数，故取名南张庄。村名可考的历史最早见于《(光绪)蔚州志》，作"南张庄"，《(民国)察哈尔省通志》沿用。

如今，该村为蔚县剪纸发源地，剪纸专业村。民间剪纸大师王老赏、周永明出生于该村，现今村中有剪纸从业人员数百名。剪纸已成为国家非物质文化遗产。村委会附近修建有南张庄剪纸厂(图2.5)。

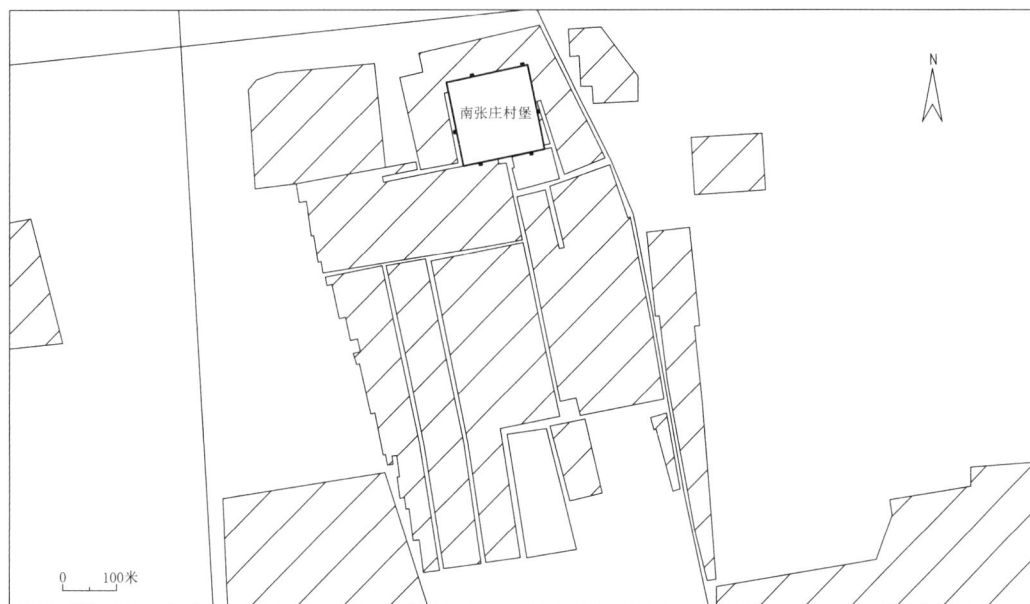

图2.5　南张庄村全图

二、城堡

（一）城防设施

南张庄村堡，位于村北部。城堡坐北面南，平面呈矩形，周长约606米，开设南门，堡内平面布局为双十字街结构(图2.6)。

堡门保存较好，砖石拱券结构，基础为条石砌筑，上面用青砖起券。外侧门券五伏五券，门券拱顶上方镶嵌石质门匾，砖雕竹节式匾框，正中阴刻"张家庄堡"，落款为"嘉靖十九年吉日创立"，下排有：堡长周贵，□甲：杜聪，小甲：杜锦、张现等，还有泥匠、石匠等人名。门洞为砖券，内侧门券三伏三券，高于外券。木门扇两扇，外包铁皮。外侧门券内拱顶部与门扇结合处尚存一方形孔洞,应为"星池灭火"设施。门顶建堡门楼,单檐悬山顶,面阔一间,进深三架梁,出前檐廊,土坯墙,楼上供奉文昌/魁星。门外两侧有矩形护门墩,东侧的护门墩中间有纵向裂缝,外侧斜陷。现护门墩已修缮,顶部修建钟鼓亭。南门西侧立面辟门,门内为登顶梯道。门道为自然石铺墁,尚存两条深深的车辙印,门外正对三官庙/观音殿,门内为南北主街。

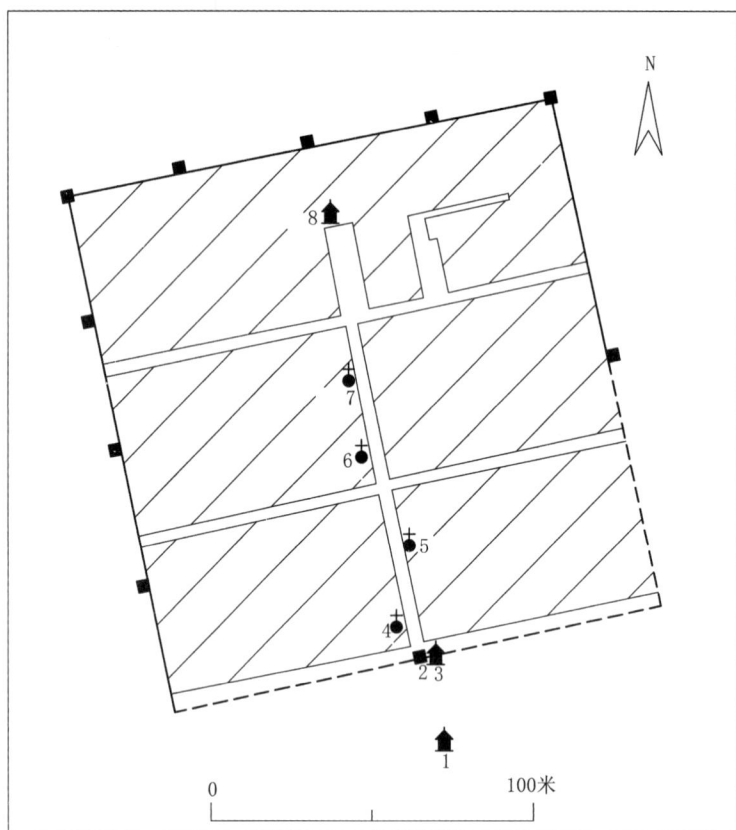

图 2.6　南张庄村堡平面图

1. 三官庙/观音殿　2. 南门　3. 魁星阁/文昌殿　4.7 号院
5. 16 号院　6. 25 号院　7. 37 号院　8. 真武庙

堡墙黄土夯筑,破坏严重。东墙复原长度约 150 米。南段墙体无存,现为民宅占据;仅存北段,北段残长 101 米,墙高 6 米,墙体内外均为倚墙修建的民宅,墙外为剪纸街;东墙中间设马面。南墙无存,为房屋占据,复原长约 152 米,南墙内侧为顺城街道。西墙保存一般,长约 152 米,墙体高薄、连贯,墙体高 0~6 米,夯土多夹杂石子,内侧为房屋,外侧为道路。墙体上设 3 座矩形的马面,马面夯土纯净,无夹杂的石子,推测为后期加筑。北墙长约 152 米,墙体高薄、连贯。北墙高 5 米,内侧为民宅,外侧为教育局家属院。墙上设

3座马面,高5～6米,其中中间马面外立面包土坯,为真武庙庙台,推测为在马面上修建真武庙时加修。

东南角、西南角无存。西北角和东北角各设90°直出角台,近5～6米高。

（二）街巷与古宅院

堡内民宅以新房为主,老宅院较少,全部集中在正街两侧。居民较多。

正街　即南门内南北主街,正街两侧尚存4座老宅院。

老赏街7号院　位于正街南端西侧。该院为剪纸名家王老赏故居,一进院,广亮门,卷棚顶,新近修缮。大门内为二道门,随墙门。院内正房五间,卷棚;两侧厢房、倒座房面阔三间,单坡顶。

现为县级文物保护单位。

老赏街16号(堡内大街5号)院　位于正街东侧,一进院,广亮门,硬山顶,门内为二道门,随墙门。正房面阔五间,卷棚顶;西厢房面阔三间,单坡顶;东厢房坍塌无存。

老赏街25号院　位于正街西侧,一进院,院门坐西面东,随墙门。

老赏街37号院　位于正街西侧,25号院北侧,主街西侧,一进院,随墙门。

三、寺庙

据当地长者回忆,堡内曾修建有魁星阁/文昌殿、三官庙/观音殿、真武庙、龙神庙、戏楼、风神庙、关帝庙、五道庙(2座)。庙宇内石碑众多,但同建筑一起拆毁于"文革"时期。

魁星阁/文昌殿　位于南门顶部,正殿单檐悬山顶,面阔单间,进深四架梁,出前檐廊,土坯墙,楼上供奉魁星/文昌星。

三官庙/观音殿　位于南门外,现为一座庙院。院南北各设有一门。正殿面阔一间(采用梁架辟为三间结构),硬山顶。殿内设隔墙分为南、北两殿,面南为三官庙,面北为观音殿。该庙现由义志法师看护。

整座寺庙于2008年由村民筹资维修。南院墙上新绘了"九龙降福"壁画,北院墙上绘"八仙过海"壁画,西侧房的山墙上还绘有"救苦救难"的观音壁画。殿内壁画保存了原貌,但损坏严重,墙壁被凿出麻点般的深坑,依稀能看出壁画的大致轮廓。

三官庙,院内有2通石碑,1通为咸丰元年(1851)重修庙宇、布施石碑,碑文记载了道光二十九年(1849)修庙之事。另外1通在院内东南角,仅可见碑阴的布施功德榜,字迹漫漶。正殿前廊西墙下设有面然大士龛。殿内驼峰表面饰有圆雕装饰。新塑塑像。壁画为清中后期作品,壁画表面破坏严重,表面曾涂刷白灰浆,现虽已清洗,但画面内容仍漫漶。

正壁构图为《三官坐堂议事图》,从左至右依次为水官、天官与地官。正中天官背靠帷帐,三官两侧各有一位随从,帷帐两侧四值功曹值守,东侧为日值功曹使者与年值功曹使者,西侧为月值功曹使者与时值功曹使者。正壁西下角还有一位持剑武将,东下角已损坏。两侧次间还各有3位神将。帷帐的上方与脊顶之间还残存壁画的痕迹,画面漫漶,无法释读。

东西两壁损坏更为严重。从残存的壁画来看,表现的是三官巡游与游毕回宫的情景。三官巡游主要是为百姓赐福、赦罪、解厄。

东壁北部壁画占整个画面约三分之一宽,为高大的宫殿,面阔三间,三层楼阁式;殿正中檐下悬匾,匾中有4个字,已漫漶。该匾下隐约还有1块匾,但毁损更严重。殿的西次间,也有1块匾,上有"三元宫"三字。檐柱上有楹联,但字迹很模糊。画面主体的出宫部分,正中隐约可见天官、地官、水官的形象,其中前方(南侧)的上方有"清虚大帝"4个字,此为地官;画的上部为四值功曹;画面的南侧上角有一骑马飞奔传旨官,与蔚县龙神庙中《雨毕回宫图》中的传旨官很相似。

西壁构图与东壁相似,北部为高大的宫殿,面阔三间,三层楼阁式。殿正中檐下悬匾,匾中有4个字"天地水府"。檐柱上有楹联,但字迹很模糊。殿前檐下台明边立有两位侍女,双手托盘;殿台明下还有数位官人站立恭候。画的主体是天官、地官、水官回宫,天官上方飘带有"上元赐福"4个字。三官后面紧随的是四大功曹,分上下而列,上为日值功曹使者与年值功曹使者,下为月值功曹使者与时值功曹使者。

南张庄三官庙壁画虽然受损严重,但还是完整展现了三官巡游与游毕回宫的情景,是蔚县遗留的三官庙壁画中较为完整的。

观音殿,殿内新塑三尊塑像,正壁壁画多被塑像所遮挡。正壁绘画分为上、下两个部分。明间上部绘有三位结跏趺坐的女性菩萨。下部为《观音坐堂说法图》,正中为观音,两侧后方分别为龙女与善财,外侧之东为伽蓝护法,西为韦驮护法;两侧上角还各有一位飞天式的神将。

两侧山墙壁画多有损毁,上部的内容已无法辨认;下部的罗汉残缺不全,东壁仅残存3位,西壁残存8位。

或被恶人逐,堕落金刚山 念彼观音力,不能损一毛	(画模糊,未见榜题)
(画模糊,未见榜题)	(画模糊,未见榜题)
(画模糊,未见榜题)	(画模糊,未见榜题)
(画模糊,未见榜题)	(画模糊,未见榜题)
观音坐堂说法图/顶部三位女性菩萨	
三官庙	

真武庙 位于北墙马面上,现殿宇建筑无存。遗址上新建1座影壁,此外还有一口水井。

龙神庙(戏楼) 位于观音殿南,对面建有戏楼。庙宇建筑无存。据当地长者回忆,旧时行雨时,村民头戴柳条帽,抬木质龙神像游街,女人不许参加活动。行雨时唱戏三四天,由村民集资请戏班唱戏。

风神庙 位于堡东南角外,现已无存。

关帝庙 位于堡西北角外,现已无存。

五道庙 2座,分别位于南门外、堡内北十字街西北角,现已无存。

第十四节 南樊庄村

一、自然环境与人文历史

南樊庄村位于原城关镇(今属蔚州镇)南偏东 2.6 公里处,属平川区。村庄选址修建在平川之上,周围地势平坦,无冲沟,土质瘠薄,为沙土质,辟有大面积的耕地。1980 年前后有 305 人,耕地 1 610 亩,曾为南樊庄大队驻地。

相传,明洪武五年(1372)建城墙时,曾有民夫在此做饭食宿,取名"饭家庄"。后据"饭"字谐音,更名为樊家庄。村名可考的历史最早见于《(乾隆)蔚县志》,作"南樊家庄",《(乾隆)蔚州志补》沿用,《(光绪)蔚州志》作"南樊庄",《(民国)察哈尔省通志》沿用。

如今,村庄位于 S342 省道南侧。村庄规模较小,由一条南北主街组成,民宅以新房为主,居民较少。

二、寺庙

三官庙/观音殿 位于主街北部路西。正殿面阔单间,硬山顶,殿内用隔墙分为南、北两殿,面南为三官庙,面北为观音殿。殿宇已经改造,门窗无存,现作为仓库使用。殿内墙壁尚残存有壁画,表面涂刷白灰浆,画面漫漶。

第十五节 北樊庄村

一、自然环境与人文历史

北樊庄村位于原城关镇(今属蔚州镇)南偏东 2.1 公里处,属平川区。村址地势平坦,土质瘠薄,为沙土质。1980年前后有172人,耕地958亩,曾为北樊庄大队驻地。

村名来源与南樊庄村同。该村在蔚县诸版方志中均失载。

如今,北樊庄村位于县城的东南方,S342省道北侧。村庄北与大泉坡村交界,西和稻地、李堡子村交界,南和南张庄、南樊庄村交界,东面以耕地为主。村东面新建有住宅小区,南面紧邻S342省道。村庄规模较大,居民很多,民宅以新房为主。村西侧有1座大影壁,为民国时期或中华人民共和国建立初期的建筑。

二、城堡

据当地长者回忆,村庄曾修建有城堡,平面呈矩形,开设南门,门内为南北主街。如今破坏严重,南门已毁。大部分堡墙无存,为民宅占据。仅北墙尚残存一小段墙体,墙体破坏严重,长不足3米,高4～5米,内侧为废品回收站。北墙中部设有马面,其上修建有真武庙。

堡内格局尚存,平面呈十字街结构,民宅已全部翻新。

三、寺庙

真武庙 位于北墙马面上。马面高4～5米,方形,外立面包砖,南面中央为砖砌台阶。真武庙坐北面南,正殿面阔单间,硬山顶,前出卷棚抱厦。正殿屋檐坍塌,门窗无存,正脊有部分坍塌,殿内尚存清中期壁画。正面壁画表面多为泥浆覆盖,破坏较为严重。但仍可看出绘有《真武坐堂议事图》。正中为真武大帝,真武帝右手持剑;其后两侧东为周公,西为桃花女;两侧上角分别绘一位人物,东侧为黑脸凶神,西侧为持书卷的白脸文官;真武的两侧绘有护法四元帅,即马元帅马天君、赵元帅赵公明、关元帅关圣帝君、温元帅温琼。因画面模糊只能看到东侧关元帅手持的青龙偃月刀,其他三位元帅难以看清手中的法器。两侧山墙上绘有连环画形式壁画,各3排4列,采用直线分割,左上角有榜题。西山墙表面破坏严重,表面涂刷白灰浆,内容漫漶。东山墙表面为白灰浆覆盖。

观音殿 位于堡南门外,北与真武庙相对。庙院为新建建筑,整体坐南面北,院南为旧门楼,院北为新建门楼。从格局看,它是一座南、北相隔的殿。正殿为旧殿翻修,面阔单间,硬山顶。观音殿内壁有新绘的壁画,是在原有基础上描绘的。南侧殿院门已锁,未进入。

观音殿正墙壁画,中间为观音,两侧为善财童子与龙女。外侧有两位护法神将,从手中的武器来看,东侧为关羽关元帅,手持青龙偃月刀的为周仓;西侧着黄袍者未知。

或遭王难苦,临寻欲寿终 念彼观音力,刀寻段段坏	或囚禁枷锁,手足被杻械 念彼观音力,释然得解脱
咒诅诸毒乐,所欲害身者 念彼观音力,还着于本人	假使兴害意,推落大火坑 念彼观音力,火坑变成池
蚖蛇及蝮蝎,气毒烟火燃 念彼观音力,寻声自回去	或漂流巨海,龙鱼诸鬼难 念彼观音力,波浪不能没
或被恶人逐,堕落金刚山 念彼观音力,不能损一毛	云雷鼓掣电,降雹澍大雨 念彼观音力,应时得消散
未知|未知|善财童子|观音|龙女|关元帅|周仓	
未知	

第十六节　西七里河村

一、自然环境与人文历史

西七里河村位于原城关镇(今属蔚州镇)东偏南 2.5 公里处,属河川区。村庄选址修建在平川之上,周围地势平坦,无冲沟,为黏土质,村西、东、北面为耕地,土质肥沃,水源丰富。1980 年前后有 886 人,耕地 2 814 亩,曾为西七里河大队驻地。

相传,明洪武七年(1374)建村,因村址位于蔚州古城东七里外沙河西,故取名西七里河。村名可考的历史最早见于《(正德)宣府镇志》,作"七里河堡",《(嘉靖)宣府镇志》作"七里河",《(崇祯)蔚州志》作"七里河堡",《(顺治)云中郡志》《(顺治)蔚州志》沿用,《(乾隆)蔚县志》作"西七里河",《(乾隆)蔚州志补》作"七里河",《(光绪)蔚州志》沿用,《(民国)察哈尔省通志》作"西七里河"。

如今,西七里河村位于 S342 省道北侧。村庄规模较大,居民较多,南北长,东西短,呈南北主街结构。民宅排列整齐,以新房为主,老宅院较少。村中部有 1 座老宅院 1。旧村位于北部,尚有几座老宅院。

二、城堡

据当地长者回忆,旧时村庄曾修建城堡。如今仅存一小段东墙,为堡东南角附近东墙,长 10 米,基宽 2 米,高 0～5 米,墙体低薄,破坏严重。

第十七节　东七里河村

一、自然环境与人文历史

东七里河村位于原城关镇(今属蔚州镇)东偏北 3.5 公里处,属河川区。村庄选址修建平川上,周围地势平坦,为黏土质,有大面积的耕地,土质肥沃,水源丰富。村西紧邻一条浅冲沟,向北汇入壶流河。1980 年前后有 1 520 人,耕地 3 176 亩,曾为东七里河大队驻地。

相传,明洪武七年(1374)建村,因村址位于蔚州古城东七里外沙河东,故取名东七里河。村名可考的历史最早见于《(正德)宣府镇志》,作"七里河堡",《(嘉靖)宣府镇志》作"七里河",《(崇祯)蔚州志》作"七里河堡",《(顺治)云中郡志》《(顺治)蔚州志》沿用,《(乾隆)蔚县志》作"东七里河",《(乾隆)蔚州志补》作"七里河",《(光绪)蔚州志》沿用,《(民国)察哈尔省通志》作"东七里河"。

二、街巷与古宅院

如今,村庄位于 S342 省道北侧。村庄规模大,南北狭长,共由 4 条南北主街组成。民宅以新房为主,居民较多。旧村位于整个村庄的西北角。旧村由 1 条南北主街与 1 条东西主巷组成,旧宅与新房分布于两侧,如今尚存数座老宅院。

老宅院 1　位于南北主街路西,一进院,东南角辟门,广亮门,卷棚顶。院内正房面阔三间,硬山顶,正面外接供销社门面。东厢房面阔三间,单坡顶。西厢房已经坍塌。院子已经废弃。

老宅院 2　位于南北主街路西,一进院,随墙门,平顶门洞,硬山顶。正房面阔五间,卷棚顶。

三、寺庙

观音殿　位于村西侧南北主街的中北部路西,为新建庙院。正殿面阔单间,硬山顶,殿内有新绘壁画。

关帝庙　位于主街北尽头丁字路口处,为新建庙院。院墙外西南角设有神龛。山门为硬山顶,广亮门。院内新建有正殿、东西耳房、东西配殿。正殿面阔三间,硬山顶。

真武庙　位于村西北角外的耕地中,为新建庙院。院内建有西配殿。正面为高台,高

4～5米,顶部设二道门,门内两侧建有钟、鼓亭。北极宫面阔单间,硬山顶,出前檐廊。

第十八节　苗　庄　村

一、自然环境与人文历史

苗庄村位于原城关镇(今属蔚州镇)东偏南3.9公里处,属平川区。村庄选址修建在平川之上,周围地势平坦,大部为黏土质,辟有大面积的耕地。1980年前后有255人,耕地990亩,曾为苗庄大队驻地。

相传,明成化元年(1465)建村时,因苗姓居多,即取名苗家庄。1948年更为苗庄。村名可考的历史最早见于《(光绪)蔚州志》,作"苗家庄",《(民国)察哈尔省通志》沿用。

如今,村北为S342省道,村东为1条宽而浅的河道,其上游为东七里河村,现河道为采沙场。村庄规模较小,由3条南北主街、4条东西横街组成。民宅以新房为主,居民较少。

二、寺庙

龙神庙　位于村内的一条南北街西侧,此院曾改作村委会使用。龙神庙整体坐北面南,正殿面阔三间,硬山顶。西山墙外墙砖剥落,前檐下门窗皆毁,砌一道砖墙封堵,砖墙正中设门。殿前有一株参天的松树。据当地长者回忆,正殿前曾修建有1座戏楼,现已无存。

第十九节　其　他　村　庄

一、稻地村

稻地村位于原城关镇(今属蔚州镇)西南2.8公里处,属河川区。村庄西临壶流河,周围地势平坦,为黏土质,呈盐碱性。1980年前后有179人,耕地314亩,曾为稻地大队驻地。如今,村庄北面和李堡子村连为一体,民宅均为新建。

相传,清康熙二十年(1681)建村,因村址旁有一条通往暖泉的人行道,即取村名"道地"。后又因村庄以种水稻为主,更名为稻地。1972年修壶流河水库迁至现址,仍用旧名。村名可考的历史最早见于《(民国)察哈尔省通志》,作"稻地村"。

二、仰庄村

仰庄村位于原城关镇(今属蔚州镇)北偏东 2.4 公里处,属河川区。村庄坐落于壶流河南岸,周围地势平坦,水源充足,为黏土质,略呈盐碱性。1980 年前后有 564 人,耕地 1 077 亩,曾为仰庄大队驻地。

相传,明洪武元年(1368)因仰姓建村,得名仰家庄,后简称仰庄。村名可考的历史最早见于《(乾隆)蔚县志》,作"仰家庄子",《(光绪)蔚州志》作"仰家庄",《(民国)察哈尔省通志》沿用。

如今,村庄规模较大,居民较多,且以外地人为主,老户较少。民宅以新房为主,旧村已无存。村西建有水厂,村东耕地中立有信号塔。215 乡道穿村而过。

第三章 涌泉庄乡

第一节 概 述

涌泉庄乡地处蔚县西北部,壶流河北岸,因驻地涌泉庄而得名。东与杨庄窠乡接壤;南临壶流河,与代王城镇、蔚州镇、暖泉镇相连;西与南留庄镇、白草村镇相邻;北与阳原县交界。全乡面积74.7平方公里,人口2.24万人(2002年),共有38座村庄,其中行政村29座,自然村9座(图3.1)。

全乡地形为黄土丘陵,西北较高,东南低洼,北部紧靠蟒牛山。经济以农业为主,兼有工副业。1980年前后有耕地68 562亩,占总面积的64.7%。其中粮食作物59 139亩,占耕地面积的86.3%;经济作物9 423亩,占耕地面积的13.7%。1948年粮食总产量720万斤,平均亩产120斤。1980年粮食总产量1 427.9万斤,平均亩产241斤。主要粮食作物有玉米、谷、黍。

涌泉庄乡现存古建筑丰富。历史上有庄堡31座,现存30座;观音殿29座,现存21座;龙神庙30座,现存17座;关帝庙24座,现存17座;真武庙26座,现存11座;戏楼20座,现存16座;五道庙37座,现存10座;泰山庙11座,现存5座;佛殿1座,现存1座;财神庙6座,现存4座;老君观1座,现存1座;三官庙5座,现存2座;马神庙9座,现存5座;火神庙1座,无存;梓潼庙5座,现存4座;魁星阁1座,现存1座;文昌阁1座,现存1座;玉皇阁4座,现存2座;阎王殿2座,无存;地藏殿1座,现存1座;窑神庙1座,无存;井神庙1座,无存;河神庙1座,无存;其他11座,现存10座。

第二节 涌泉庄村

一、自然环境与人文历史

涌泉庄村位于蔚州古城北偏西6.8公里处,属丘陵区。村西有干渠,村西北有水库。村

图 3.1 涌泉庄乡全图

庄周围地势平坦，大部分为黏土质，辟有大面积耕地。1980 年前后有 908 人，耕地
2 989 亩，曾为涌泉庄公社、涌泉庄大队驻地。

相传，清康熙二十二年(1683)建村，因村北涧沟中有一大水泉，为本村水源地，故取村
名涌泉庄。村名可考的历史最早见于《(光绪)蔚州志》，作"涌泉庄"，《(民国)察哈尔省通
志》沿用。

如今，涌泉庄村庄规模很大，分为新旧两部分，东部为新村，西部为旧村。223、229 乡
道从村南、西、北面穿过，在村庄的西北角交汇。新村建设较好，民宅整齐划一，居民以张、
王、赵姓居多(图 3.2)。

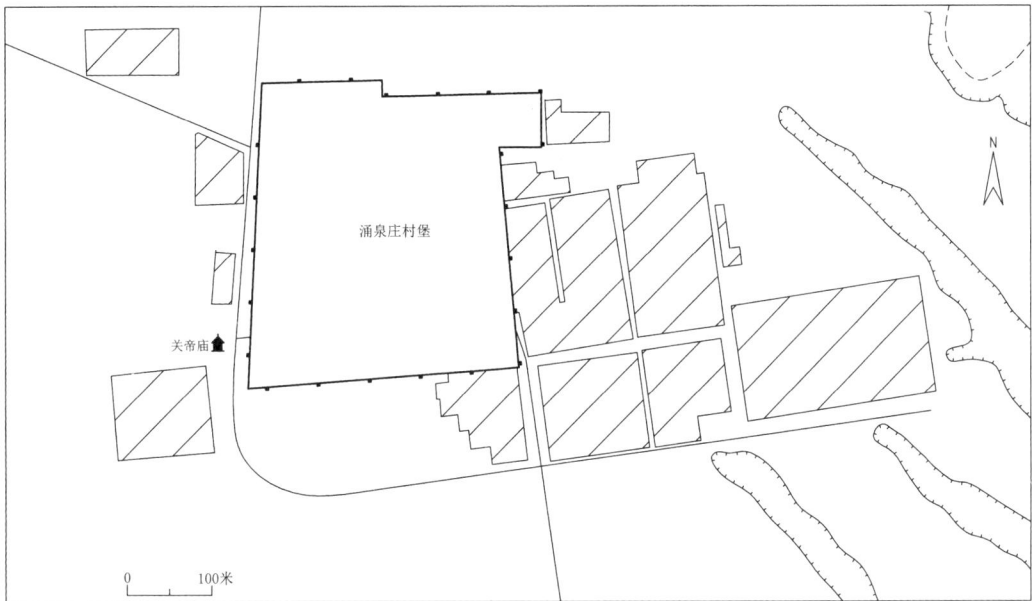

图 3.2　涌泉庄乡中心区古建筑分布图

二、城堡

(一) 城防设施

涌泉庄村堡位于村庄的中西部，规模较大，将现今整个村庄的三分之二、全部旧村包
含其中。城堡平面呈不规则形，周长约 1 409 米，开东、西门，据传说原先还开有南门。堡
内平面布局为东西主街结构。城堡拆毁于"文革"时期(图 3.3)。

东门现存基础，仅存北半部一部分，基础深埋地下，砖砌部分可见三伏三券的拱券，门
闩孔距地面不足 1 米。堡门原结构未知，东门内侧为影壁。影壁近年经修缮，原表面残存
的民国时期土匪射击遗留下的弹孔，现已无存。

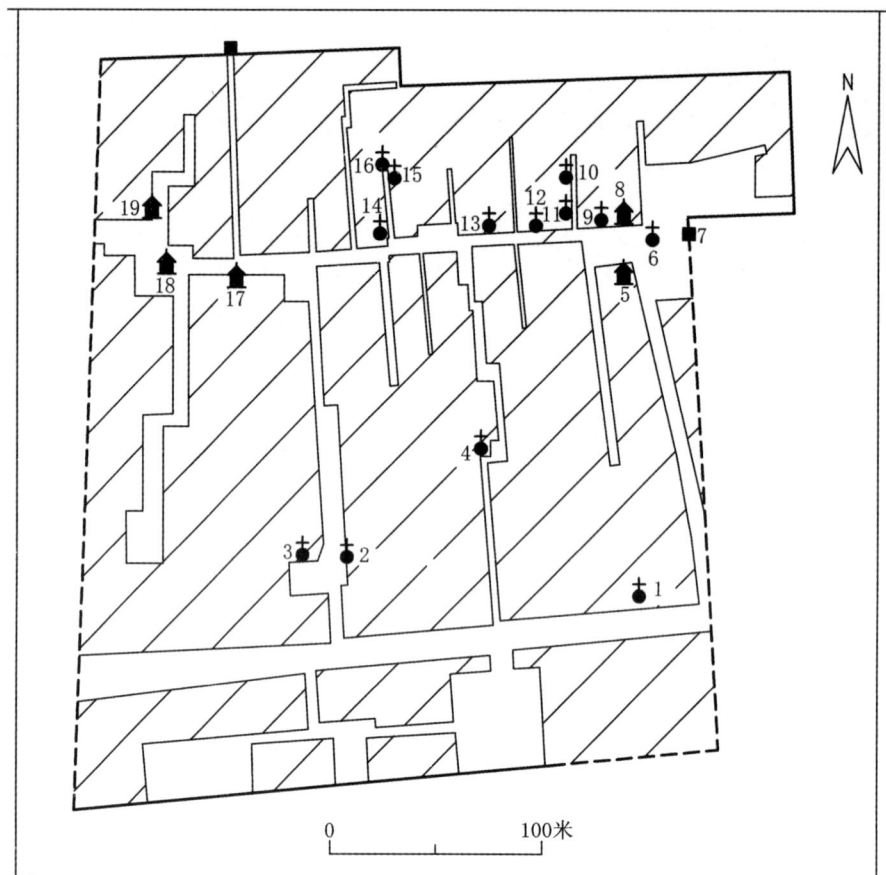

图 3.3 涌泉庄村堡平面图

1. 王朴宅院　2. 青砂器博物馆　3. 供销社　4. 王朴家庙　5. 戏楼　6. 影壁　7. 东门　8. 龙神庙
9. 老宅院 1　10. 36 号院　11. 35 号院　12. 老宅院 2　13. 28 号院　14. 20 号院　15. 老宅院 3
16. 22 号院　17. 观音殿　18. 财神庙　19. 泰山庙

　　堡墙均为黄土夯筑。东墙复原长约 368 米,墙体非直墙,中部有曲折,拐角处未设角台。墙体仅存基础,基础较为高厚,上面修建有房屋。东墙外侧为顺墙土路。南墙长约 338 米,位于村庄最南侧,保存较好,墙体高薄,内侧为民宅,外侧为荒地和树林。西墙复原长约 356 米,破坏严重,基本无存,墙体外为水泥路,种植有许多松树,内侧为民宅。北墙长约 347 米,位于村庄北部边缘外侧,紧邻村庄。北墙不直,中间有一段曲折,墙体连贯、高薄,多坍塌。墙外为荒地和耕地,长有许多松树。北墙中部设马面 1 座,其顶建真武庙,与堡中观音殿相对。

　　东南角未设角台,仅存转角。西南角无存。西北角无存,为新建的民宅占据。东北角也未设角台,仅存转角。

　　(二)街巷与古宅院

　　堡内民宅以新房为主,居民较多。老宅院主要分布于北部,即东门内东西主街北侧,主街北侧的巷子里亦保存有老宅院。

老宅院 1 前后院,东南角辟门。大门结构似堡门,砖砌拱券结构,两伏两券,门券拱顶上方尚存砖制门匾,由 3 块方砖组成,字迹漫漶。前院基本废弃,二道门尚存,硬山顶,随墙门,平顶门洞,两侧中墙修建成影壁样式。后院正房面阔五间,卷棚顶。东西厢房面阔三间,单坡顶。

35 号院、36 号院 位于主街北侧一巷内西侧,一进院,随墙门,拱券式,檐下施仿木砖雕装饰。

老宅院 2 一进院,东南角辟门,广亮门,硬山顶,门外两侧置上马石。

28 号院 位于主街北侧,一进院,东南角辟门,广亮门,硬山顶,门内墙壁上尚存毛笔书写的毛主席语录。院内南方后墙临街,辟有 4 扇窗户,上面有砖雕装饰。本院作为店铺使用。

20 号院 位于主街北侧一巷内西侧,广亮门,硬山顶。院内正房面阔三间,卷棚顶,已经荒芜。

老宅院 3 位于主街北侧一巷内东侧,广亮门,硬山顶。

22 号院 位于主街北侧一巷内尽头,广亮门,硬山顶。门内为一条巷子,巷内西侧有 1 座四合院,正房面阔三间,硬山顶,西厢房尚存,东厢房坍塌。巷内东侧为荒地。巷内北侧也有一进院,随墙门,平顶门洞,硬山顶。院内正房面阔五间,卷棚顶。东西厢房面阔三间,单坡顶。

供销社 位于堡南部,青砂器博物馆(原乡政府)对面,近代建筑,转角式房屋,现作为商店使用。

王朴宅院 位于 223 乡道北侧,规模宏大,保存较差。从公路北侧的 4 号、5 号院,到西侧的卫生院,整体向北,到东门内东西主街南侧均为王朴宅院范围。但这一片建筑群,除卫生院及镇政府占用一些外,由于无人使用、看护,已经坍塌、荒废,只剩断壁残垣。现存 1 座大门,广亮门,硬山顶,正脊有砖雕装饰。门内正对 1 座影壁。院内正房面阔三间,硬山顶。西厢房面阔三间,硬山顶,门厅退金廊。东厢房无存。

王朴家庙 位于整个宅院的西北侧,如今在一巷内北尽头(彩版 3-1)。家庙为一进四合院布局。家庙的大门顶部已经坍塌,仅存墙壁。门北侧接倒座房,倒座房面阔三间,顶部坍塌。南墙明间辟门,拱券门,门上置砖制匾额,字迹漫漶。左右次间各开一六边形窗户,西侧已经封堵。正房面阔三间,硬山顶,门窗无存。东西厢房面阔三间,单坡顶。屋内墙壁涂刷有白灰浆,空无一物。

王朴为清末民初蔚县最大的皮毛商人。蔚县当地有句俗语:"不吃不喝,赶不上王朴",可见当年王朴财力之雄厚。

王朴生于 1869 年,幼年时家境贫寒,全家 6 口人靠种地、驮煤维持生活。迫于生计,王朴十四岁便离家到宣化一家皮毛厂当学徒。三年后他在张家口开办皮毛作坊,经十几年苦心经营由饥馁竟至小康。1900 年义和团运动在北方兴起,驱洋教、杀洋人的活动此起彼伏。王朴冒险隐藏德商,救其性命。义和团运动失败后,德商回报王朴,帮他扩建了皮毛作坊,取名为"德和隆"。

此后,王朴的生意不断壮大,利润滚滚而来。他先后在张家口、大同、归化(今呼和浩特)和包头等地兴办了多处皮毛企业,并将生意发展到京津地区。经与外商合作,他还打通了出口渠道。短短二十多年,王朴已经腰缠万贯,成为蔚县首富,不但在家乡扩建了庄园,还在县内外购置房产 400 余间,土地 13 000 多亩。

民国初期,王朴的家业达到了鼎盛,单在涌泉庄村其个人占有土地面积达到全村的一半以上。其庄园规模宏大,除个人住宅外,还修建有酿酒用的缸房、家庙、牛棚、果园、菜园等,在其家族内部形成了一套完整的庄园经济[1]。

三、寺庙

据当地长者回忆,涌泉庄村曾修建有龙神庙、戏楼、观音殿、泰山庙、财神庙、关帝庙(原址重建)、五道庙、真武庙。除尚存者外,上述庙宇均于"文革"时拆除。

龙神庙 位于涌泉庄堡内东部,清代建筑,保存较好(彩版 3-2)。整座庙院修建在高 1.2 米的砖石庙台之上,坐北面南。山门为广亮大门,悬山顶,五架梁,前后檐柱尚存,檐柱下置鼓形石柱础,前檐额枋上有残存的彩绘。正门现已封堵,东侧开一边门,随墙门。门东为一间单坡式禅房。山门内正对庙内龙庭,面阔三间。前院东厢房 1 座,面阔三间,院内有 2 株柏树。后院正殿坐北面南,面阔单间,硬山顶,三架梁。正殿东西各建耳房,均为二间,西耳房内墙镶石碑 2 通,其中 1 通为《差徭碑记》。寺庙原为村委会大院,村委会占用时曾改变庙内装饰,现今无人占用。庙前为一条东西向主街,对面为戏楼前广场,庙前道路呈"L"形,东端有沟谷,并在沟谷端上正对主路建大影壁 1 座。影壁西面中部上面有砖制阳文匾额,上书"涌泉庄",两侧有小字,漫漶不清。右侧前款"嘉庆□右□□□",左侧落款"阖村公立"。匾额上有几处破损,村民回忆为土匪用枪射击所致。

戏楼 位于龙神庙对面,清代建筑,保存较好。坐南面北,砖石台明高 1.3 米,部分台明墙体已修缮,外包水泥。戏楼面阔三间,卷棚顶,进深六架梁。前檐柱 4 根,金柱 2 根,鼓形柱础。戏楼东西墙壁采用红砖修葺,戏楼内舞台铺水泥地面。梁架为旧构,前檐额枋

---

〔1〕 政协蔚县委员会文史资料征集委员会:《蔚县文史资料选辑(第一辑)》,蔚县印刷厂(内部资料),2001 年,第 70~81 页。

上残存有彩绘。戏楼内亦已修缮，隔扇用水泥和红砖修建，戏楼南侧为民宅，西有1座碾坊，北隔街与龙神庙相对。

观音殿 位于堡内东西向主街中心路口南侧。坐南面北，正对一条巷子，巷子尽头为涌泉庄堡北墙，设有马面，其上原先修有真武庙。观音殿面阔单间，单坡顶，进深一椽。正殿前檐下的门窗已修缮，前檐额枋未施彩绘。殿内墙壁旧壁画无存，现为贴画，并新塑了观音塑像。

泰山庙 位于西墙外的台地上，原为1座独立的庙院，坐北面南。如今院墙全部坍塌，仅存墙基，院内铺地砖尚存。正殿，坐北面南，面阔单间，硬山顶，进深五架梁。殿主体建筑保存较好，砖雕山墙花、门窗尚存。殿内为砖铺地面，梁架上未施彩绘和《八卦图》。殿内壁画保存较好，为清末民初时期的作品，是蔚县同类题材壁画中保存最好的一堂壁画。

正壁壁画正中为《娘娘坐宫议事图》，三位娘娘持玉圭端坐，背靠屏风，脚下有4位嬉耍的孩童。正中娘娘两侧后各有一位持扇侍童。西侧娘娘外侧立有顺生娘娘与痘姐姐，两人交头低声说着悄悄话；东侧娘娘外侧立两位官人，具体是何神需要进一步论证。整个画面的外侧各立有一位持剑女将，这是比较少见的女护法。明初时女官制度已基本完备。女官们分工明确，掌管礼仪、戒令、宝玺、图籍、财帛、羽仗及衣食供给等诸多宫廷事务。因此娘娘们宫中议事，有女官护法[1]。

东壁为《三位娘娘出宫送子图》。图中三位娘娘乘銮驾从宫中而出，后面的宫殿台阶上站着一位娘娘与侍女，目送娘娘们出宫送子。三位娘娘所乘三辆銮驾的拉驾神兽各不相同，前者为瑞兽，中间者为金凤，后者也是瑞兽。随从中，前有武士开道，武士手持钢鞭，脚踩风火轮；紧跟其后的是抱孩童的侍女、判官、月值和年值功曹；娘娘銮驾的下方是两位武将及痘姐姐、搬哥哥、老奶奶等随从；娘娘銮驾的后上方是日值和时值功曹。

西壁为《送子回宫图》。图中三位娘娘乘銮驾回宫，各随从仍是相伴而行，其中一前一后的两位武将手中各拎着一个人头。从人头来看，武将们定是经过了一番搏斗。在图的下部，武将以及痘姐姐、搬哥哥、老奶奶等列队交替而行，其中痘姐姐、老奶奶已骑在了马背上。画的前方为宫殿，宫殿前站有娘娘，以及怀抱孩子的侍女。

财神庙 位于东西街西端，观音庙西侧，从位置上来看，应在西门附近，但无法判断是在门外还是门内。正殿坐西面东，面阔单间，硬山顶。墀头上残存有砖雕装饰。财神庙前檐下已被砖墙封堵，改为仓库。殿内情况未知。

关帝庙 位于涌泉庄堡西墙近西南角附近墙体外水泥路西侧的耕地中，即整个村庄

〔1〕 李淞：《山西寺观壁画新证》，北京大学出版社，2011年，第362页。

的西南、小溪的西侧。庙与水泥路之间为南北向水渠。关帝庙为原址重建。正殿坐北面南，面阔单间，硬山顶，进深六架梁，出前檐廊。

五道庙　位于财神庙南侧，现已无存。

真武庙　位于北墙马面上，现已无存。

第三节　东陈家涧村

一、自然环境与人文历史

东陈家涧村位于涌泉庄乡南偏东 3.5 公里处，属半丘陵、河川区。村庄西邻冲沟沙河，X418 县道于村南沙河边通过，地势北高南低，南临水渠，附近大部为沙土质，周围辟为耕地。20 世纪 60 年代居住 600 余人，以兰、刘姓为主。1980 年前后有 895 人，耕地 1 509 亩，曾为东陈家涧大队驻地。

如今村庄分为新、旧两部分，中间为旧村，即城堡所在地，东西两侧为新村。堡内现有 1 400 余人居住，刘、周、兰为大姓，部分村民是从后山搬迁而来，223 乡道穿村而过（图 3.4）。

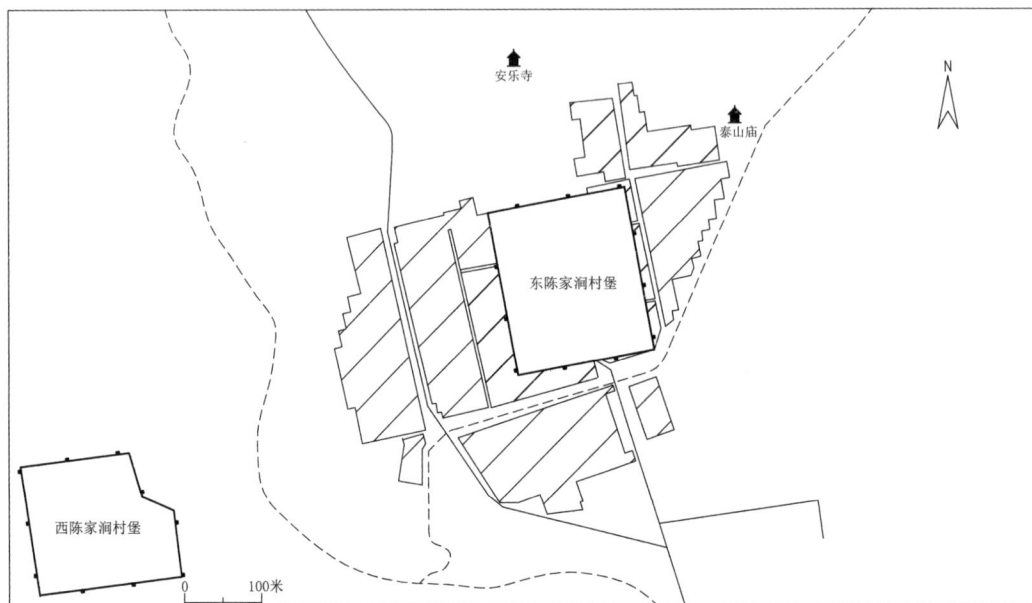

图 3.4　东陈家涧村古建筑分布图

相传,明万历十一年(1583),建村于沟涧东,因与西陈家涧相邻,故取名为东陈家涧。村名可考的历史最早见于《(正德)大同府志》,作"陈家涧堡",《(顺治)蔚州志》沿用,《(乾隆)蔚州志补》作"陈家涧二堡",《(光绪)蔚州志》作"陈家涧上堡",《(民国)察哈尔省通志》沿用。

二、城堡

(一)城防设施

据《(民国)察哈尔省通志》记载:"陈家涧东堡,在县城西北五里,明万历十一年土筑,清乾隆三十七年补修,高一丈,底厚六尺,面积四十亩,有门一,现尚完整。"[1]东陈家涧堡今位于村中部,城堡平面呈矩形,周长776米,开南门。堡内平面布局为南十字街、北丁字街结构(图3.5)。

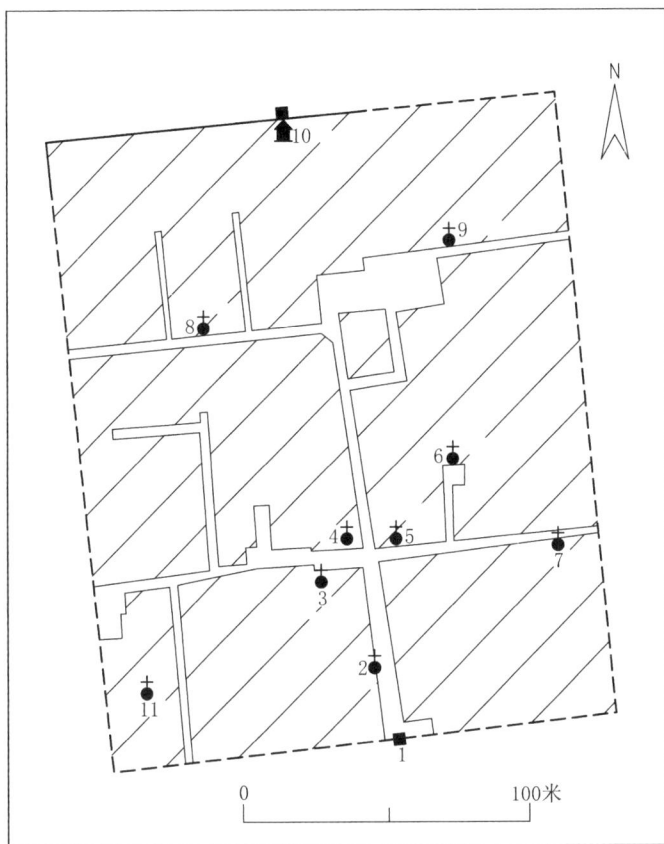

图 3.5 东陈家涧村堡平面图

1. 南门 2. 老宅院1 3. 99号院 4. 近代建筑 5. 近代建筑 6. 97号院 7. 86号院
8. 136号院 9. 144号院 10. 真武庙 11. 106号院

---

[1] 宋哲元:《(民国)察哈尔省通志》,国家图书馆藏1935年铅印本,第13页。

城堡南门建筑在1969~1970年间拆毁，2017年按照旧样式重建。砖砌拱券门，内外门券四伏四券，门顶铺水泥预制板（推测原为木梁架结构），外门券拱顶上方镶嵌匾额"东陈家涧"，内侧门券拱顶上方镶嵌门匾"永盛门"。门内为一条南北正街，两侧分布有老宅院。

堡墙均为黄土夯筑，堡墙拆毁于1968~1969年。东墙现存墙体不完整，低薄，高0~3米。墙体内、外侧均为房屋，墙体复原长约209米。南墙大部分墙体无存，仅存西南角附近墙体，高不足3米，墙体复原长度约177米。西墙大部分墙体无存，仅存西南角附近墙体，高不足3米，复原长度约218米。北墙仅存西段约50多米的墙体，东段无存，墙体复原长度约172米。北墙正中建有1座真武庙庙台，通向庙台顶部的踏步尚存。庙台内侧尚存包砖，真武庙建筑已毁，但在2017年于原址重建。

（二）街巷与古宅院

堡内民宅多已翻修，老宅院较少。

正街 南北向，尚存1座老宅院、2座近代建筑。老宅院1，位于正街西侧，硬山顶，广亮门，院内房屋已修缮一新。供销社，位于南十字街口西北角，近代建筑，坐西面东，原为五道庙。近代建筑，位于南十字街口东北角，仅存1座大门。

堡里前街 即南十字街东西向街道，分为东、西两段。前街东段尚存2座老宅院。97号院，位于街北侧一支巷内，广亮门，硬山顶。86号院，位于街南侧，随墙门。前街西段尚存2座老宅院，堡里西巷99号院，位于南侧，随墙门。106号院，位于主街南侧一巷中，广亮门，硬山顶，山尖尚存壁画，门头照板存有民国时期的彩绘。门内建有影壁。

堡里后街 即丁字街东西向街道，分为东、西两段。东段尚存1座老宅院。144号院，又称周氏宅院，位于街道北侧，广亮门，硬山顶，二进院，二道门为随墙门。据此宅主周家的后代称，该宅院已有三百多年的历史，他的太爷就曾在此居住。这位65岁的周姓老人有一位堂兄，名为周银，是此宅目前真正的主人。周银年近80岁，曾是陈家涧大队的一名优秀炊事员，如今老人独居此宅。宅院现有前后两进院。门楼气势不凡，门楼墀头上的砖雕虽然残破，却不失精美，从残存的情况看，这组砖雕动物中一为"猴"，一为"鹿"，寓意了宅主对"侯""禄"的渴望心态。门楼的西侧保存下一堵完好的青砖宅墙，而东侧老墙已毁，代之的是后砌筑的土墙。门楼内侧墀头仍有砖雕残存。前院已经无人居住。后院正房及西厢房尚存，东厢房已毁。西段尚存有1座老宅院。后街136号院，广亮门，硬山顶，山尖尚存有壁画，宅门内分为左、右2院。

三、寺庙

据当地长者回忆，东陈家涧曾修建有真武庙、安乐寺、泰山庙、龙神庙、马神庙、关帝庙/观音殿、五道庙。上述庙宇除尚存、重建者外，主要在 20 世纪 70 年代拆除。

真武庙　位于城堡北墙马面上，2017 年重建。

安乐寺　位于堡北墙外土坡上，随地势而建，高低错落，布局严整。寺院整体坐北面南，由三进院落和西跨院组成，占地面积 1 600 平方米。据石碑记载，该寺始建于清同治年间，经数年修建，于同治十三年（1874）竣工，历经六代僧人的重修、扩建，终成现在的规模。20 世纪 50 年代，曾驻过乡管理区，随后又为公社修造站所占。1971 年 2 座主殿被焚烧，五通石碑、古钟、各殿牌匾均不复存在。1998 年 6 月 25 日，经市政府批准恢复开放，成为佛教场所，由数名僧人管理使用。1999 年重新修建，终成今日之盛况。

重新修缮的安乐寺，以旧殿为基础，青砖墙体为原构，梁架、脊顶、门窗等重新更换。寺院主体由山门、天王殿、钟楼、鼓楼、东配殿、西配殿、正殿以及西跨院构成。

天王殿（过殿式山门），面阔三间，硬山顶，进深五架梁，前后明间辟门，中间供奉弥勒与韦驮，两侧供四大天王。旧制中，此为过殿，修缮后改作天王殿。殿两侧为小山门，殿北东西各设配殿三间，东为斋堂，西为客堂。

天王殿北侧为一层高台，有台阶可以登上上层殿内。原建二道门，现已无存。门两侧设钟、鼓楼，分列于院内东、西两侧，坐落于台明之上，皆为两层硬山顶殿。楼下为侧门各 1 座。

东配殿，即为圆通殿，坐东面西，面阔三间，硬山顶，进深四架梁出前檐廊。殿内供"三大士"，新塑塑像。塑像后的殿内东壁绘《祥云图》，南、北两侧绘《说法图》与"救八难"题材壁画。南壁为旧图，北壁为新绘。

南墙壁画为清末民国时期的作品，连环画形式，3 排 4 列，上层 2 排为 8 幅《说法图》，下层 1 排为 2 幅《观世音菩萨普门品》。北壁为 5 排 4 列，底排缺 1 幅，一共为 19 幅，皆为《说法图》。北壁新绘的《说法图》已包括南壁的《说法图》内容，按照对称画法推测，北壁原图应有《说法图》与观音"救八难"图。

南壁

应以佛□得度者即现□□□□□	□□支佛身得度者即现□□身而为说法 比丘□□□□/任家堡伍门□氏	应以声闻得度者即现声闻身而为说法 陈家涧东堡/□□施金钱四十八文	应以梵王身得度者即现梵王身而为说法 陈家涧东堡/赵门任氏施金□□文
（榜题毁）	应以大□□天身得度者即现大自在天身而为说法 陈家涧东堡/连门□氏施全□五十文	□□□□身得度者即现□□□□为说法 陈家涧东堡/连门□□施金□□□文	应以帝释身得度者即现帝释身而为说法/陈家涧□□赵门李氏
□□□□□□□□□身而为说□□□□□/赵门刘氏施金□□□□	（榜题毁）	或漂流□□，龙鱼诸鬼□念彼观音力，波涛不□□	或在须弥□，□□□□□念彼观音力，□□□□□

北壁

众生应以佛身得度者观世音菩萨即现佛身而为说法	应以辟支佛身得度者即现辟支佛身而为说法	应以声闻身得度者即现声闻身而为说法	应以梵王身得度者即现梵王身而为说法
应以帝释身得度者即现帝释身而为说法	应以自在天身得度者即现自在天身而为说法	应以大自在天身得度者即现大自在天身而为说法	应以天大将军身得度者即现天大将军身而为说法
应以小王身得度者即现小王身而为说法	应以毗沙门身得度者即现毗沙门身而为说法	应以长者身得度者即现长者身而为说法	应以居士身得度者即现居士身而为说法
应以宰官身得度者即现宰官身而为说法	应以婆罗门身得度者即现婆罗门身而为说法	应以比丘比丘尼优婆塞优婆夷身得度者即现比丘比丘尼优婆塞优婆夷身而为说法	（被遮挡）
应以童男童女身得度者即现童男童女身而为说法	应以天龙夜叉乾闼婆阿修罗迦楼罗紧那罗摩睺罗伽人非人等身得度者即皆现之而为说法	应以执金刚神得度者即现执金刚神而为说法	

前廊北墙镶嵌 1 通同治二年（1863）《观音殿众善题名碑》[1]石碑。东配殿南山墙外侧新建延寿堂，面阔单间，硬山单坡顶。

西配殿，即为地藏殿，坐西面东，面阔三间，硬山顶，进深四架梁出前檐廊。殿内供奉地藏菩萨，有新塑塑像，地藏菩萨两侧分别为道明与闵公。

正壁（西壁）明间、北次间有新绘壁画，南次间为旧壁画，皆为 6 幅屏风画，从北至南12 幅屏风题写了《地藏菩萨本愿经》，落款为"岁次壬戌重阳月敬书"。壬戌年往前溯即为1922 年、1862 年，依画的风格与色彩应不会早于 1862 年。

南北两侧山墙壁画为清末民国时期作品，绘有十殿阎君，每壁各绘五尊。阎罗皆为立像，各有四位戴冠冕，一位戴冠，身着袍，手持笏板。北壁绘单数殿，即一殿阎罗秦广王、三殿阎罗宋帝王、五殿阎罗阎罗王、七殿阎罗泰山王、九殿阎罗都市王，其下部的地狱图为重新绘制。南壁绘双数殿，即二殿阎罗楚江王、四殿阎罗五官王、六殿阎罗卞城王、八殿阎罗平等王、十殿阎罗转轮王，其下部地狱图基本保存。前廊北墙上镶嵌 1 通同治二年（1863）《阎王殿众善题名碑》[2]石碑。西配殿南山墙外侧新建往生堂，面阔单间，硬山单坡顶。

正殿，即大雄宝殿，位于台明上，坐北面南，面阔三间，硬山顶，进深五架梁，未出廊。前檐西廊墙下设面然大士龛。殿内供奉三世佛，有新塑塑像。两侧山墙为新绘的壁画，连环画形式，4 排 9 列，表现的是佛的应化事迹，从降生到涅槃，新绘的《应化事迹图》部分榜题缺失。正殿东西耳房各面阔两间，均为禅房。

---

〔1〕 邓庆平：《蔚县碑铭辑录》，广西师范大学出版社，2009 年，第 534～537 页。

〔2〕 邓庆平：《蔚县碑铭辑录》，广西师范大学出版社，2009 年，第 534～537 页。

西跨院,即为禅院,规模大,为僧侣生活区。

泰山庙 位于堡外东北坡地上,随地势而建,高低错落,布局严谨。寺院整体坐北面南,由三进院落组成。庙宇建筑大部分毁于"文革"期间,并于数年前重建,仅西偏门与前院的西配殿为原砖构,此外还有三通碑首。现建筑群由戏楼、山门、过殿、正殿、东配殿与西配殿组成。

戏楼,位于山门外,坐南面北,新建建筑。

山门,过殿式,面阔三间,悬山顶,进深六架梁出前廊,门外两侧有4层看台。门内西为西侧门、禅房。禅房面阔两间,硬山单坡顶。东侧为禅房,面阔三间,硬山单坡顶。

过殿(天王殿),位于山门北侧,与山门间以高台阶相连。台阶两侧各建有1座面阔三间的单坡顶殿宇。其与台阶间各夹1座面阔单间,单坡顶的低矮殿宇。过殿(天王殿),面阔三间,悬山顶,进深五架梁,内供四大天王,未施壁画。两侧为钟鼓楼,其两侧各有1座面阔两间的单坡顶房屋。过殿北侧为一院。正面为通往上层正殿的高台阶。台阶两侧各建1座面阔单间的硬山顶房屋,尚未完工。院内东西各建配殿,面阔三间,单坡顶。

正殿,位于整组建筑群最高处,面阔三间,硬山顶。明间悬挂有2015年的匾额。殿内供奉3位娘娘,东西两侧各4尊配像,新塑塑像,未施壁画。正殿东、西两侧各1座耳房,面阔三间,硬山单坡顶。殿前设东、西配殿,面阔三间,单坡顶。

龙神庙 位于南门外凉亭处,现已无存。

马神庙 位于堡外东南,现已无存。

关帝庙/观音殿 位于堡南门顶,现已无存。

五道庙 位于堡中心供销社处,现已无存。

第四节　西陈家涧村

一、自然环境与人文历史

西陈家涧村,位于涌泉庄乡南偏东3.7公里处,S342省道的北侧,属丘陵区,地势北高南低。村庄选址修建在平川之上,周围地势整体平坦开阔,大部为壤土质,辟有大面积的耕地。村西南有小冲沟,东北为一条较为宽大的涧沟,村北侧也有规模很小的冲沟。1980年前后村庄有727人,耕地2933亩,曾为西陈家涧大队驻地。

如今,村庄规模较大,分为新、旧两部分。新村在西南部,3条南北主街布局,民宅整齐划一,以新房为主,居民较多。旧村在村庄东北部。据传,该村曾出万历皇帝的侄女婿刘骏马(图3.6)。

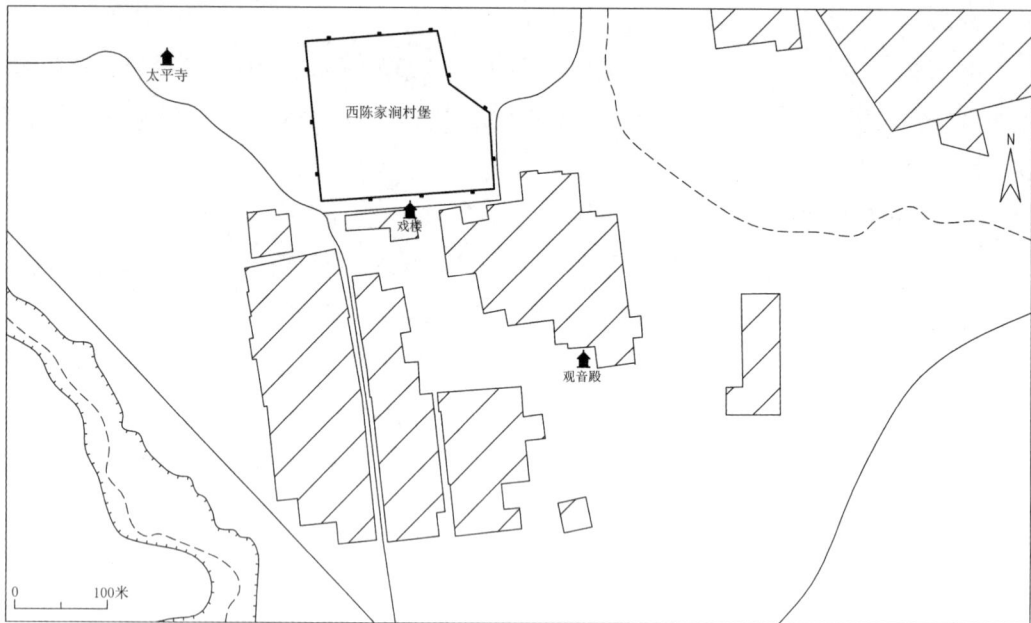

图 3.6　西陈家涧村古建筑分布图

相传,明嘉靖二十一年(1542),陈氏兄弟建村于沟涧旁,取名陈家涧。后因居涧西,又称西陈家涧。村名可考的历史最早见于《(正德)大同府志》,作"陈家涧堡",《(顺治)蔚州志》沿用,《(乾隆)蔚州志补》作"陈家涧二堡",《(光绪)蔚州志》作"陈家涧下堡",《(民国)察哈尔省通志》沿用。

二、城堡

(一)城防设施

据《(民国)察哈尔省通志》记载:"陈家涧西堡,在县城西北五里,明嘉靖二十一年土筑,清光绪三十二年补修,高一丈二尺,底厚七尺,面积七十二亩,有门一,现尚完整。"[1]西陈家涧村堡今位于村庄北部,城堡规模较大,保存一般,平面呈矩形,周长约 681 米,开南门。堡内平面布局为南十字街、北丁字街结构。堡内地面高于堡外(图 3.7)。

城堡南门,坐北面南,保存较好,规模较大。堡门为砖石拱券结构,条石基础,砖砌拱券门洞,内外五伏五券。外门券拱顶上方镶嵌石质门匾(拓 3.1),正中刻"陈家涧新堡",右侧前款为"大明国",左侧落款为"嘉靖贰拾伍年仲夏吉日立"。两侧各有 2 块砖雕装饰。门洞内顶部为券顶结构,内门券拱顶上方镶嵌 3 枚砖制门簪,门簪上方镶嵌有门匾,字迹漫漶。门匾两侧各有一砖雕的装饰,门簪两侧的门体上也各有一砖雕装饰,二层错缝牙

---

〔1〕　宋哲元:《(民国)察哈尔省通志》,国家图书馆藏 1935 年铅印本,第 13 页。

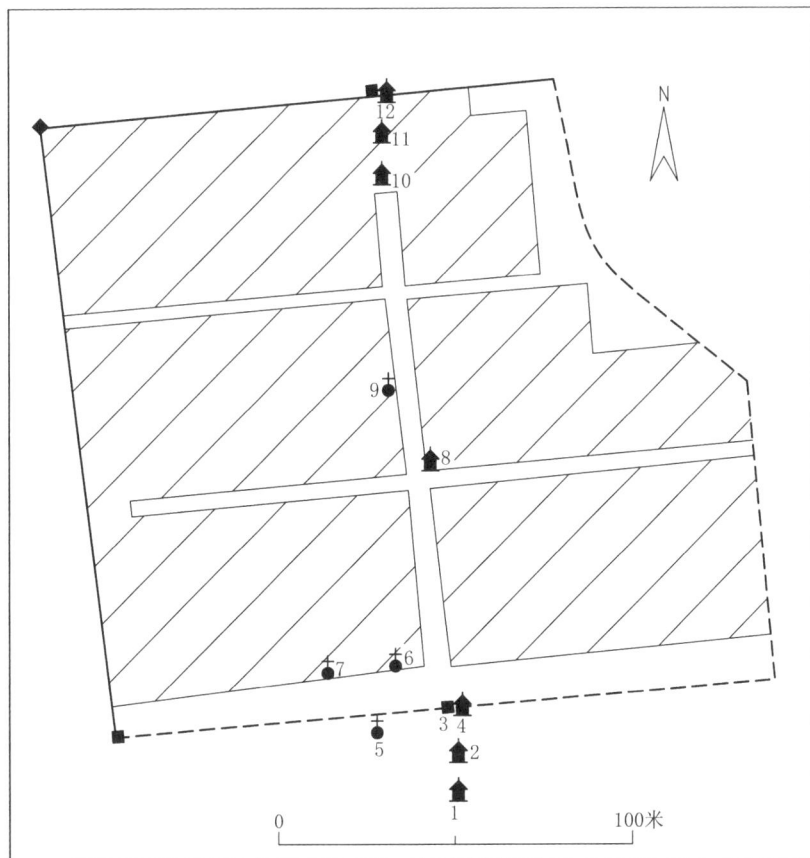

图 3.7　西陈家涧村堡平面图

1. 关帝庙　2. 戏楼　3. 南门　4. 梓潼庙/观音殿　5. 影壁　6. 老宅院 1　7. 老宅院 2
8. 五道庙　9. 老宅院 3　10. 龙神庙　11. 真武庙　12. 玉皇阁

拓 3.1　涌泉庄乡西陈家涧村堡南门门额拓片(蔚县博物馆　李新威　提供)

子。门顶下方施仿木构砖雕垂花门。堡门内两侧新建登楼台阶。门内为南北向主街。门顶部建堡门楼,四周新修护栏。堡门尚存木板门一扇,未包铁皮。堡门前东、西为进堡坡道,门外两侧门体上各设1座影壁,已改作村委会宣传栏(彩版3-3)。门外西侧有1座影壁,基础已用水泥修缮。门外东侧建有财神庙、马神庙。门外正对戏楼。

堡墙均为黄土夯筑。东墙长约186米,墙体现为坡地,墙体内侧为民宅,外侧为耕地。南墙长约188米,东段破坏严重,墙体无存,现为平地。南墙西段破坏严重,墙体仅剩不足1米高的斜坡。西墙长约164米,墙体低薄但连贯,高3~4米,内侧为民宅,外侧为荒地和小冲沟。西墙外不远处有一户民宅和太平寺庙院。北墙长约143米,破坏严重,墙体高2~3米,内侧为民宅,外侧为荒地和耕地。

东南角无存。西南角设90°直出角台,高4米,保存较差。西北角设135°斜出角台。东北角未设角台,仅为转角,破坏严重。

西陈家涧村烽火台　位于村西北侧农田中,距村堡西北角约1430米。烽火台平面呈矩形,黄土夯筑,体量高大,高约10米。从周边田中散落的碎砖与灰浆来判断,此台曾外包青砖。

(二)街巷与古宅院

堡内民宅以土旧房为主,部分民宅翻修了屋顶。老宅院较少,居民较少。

南顺城街　西段内北侧有老宅院1、2。老宅院1为随墙门,门内有影壁,保存较好。老宅院2(堡里31号),前后院,大门外有上马石,门上有木雕装饰,门内有影壁,二道门无存。

正街　即南北主街。西侧有老宅院3(堡里11号),保存较好,雀替等木雕装饰尚存。

三、寺庙

据当地长者回忆,城堡内外曾修建有梓潼庙/观音殿、戏楼、关帝庙、五道庙、龙神庙、真武庙、玉皇阁、太平寺、财神庙、马神庙。

梓潼庙/观音殿　位于堡南门顶部,即堡门楼,单檐硬山顶,面阔三间,进深三架梁前后各出檐廊。中墙分心、前后鸳鸯式,南为梓潼庙,北为观音殿。

戏楼　位于西陈家涧村堡南门外,清代建筑,保存较好。坐南面北,正对南堡门。戏楼南侧紧靠关帝庙,3座建筑处在南北同一条中轴线上。戏楼居中,北隔街与南堡门相对峙。戏楼前为一条丁字形街道,东西为出村道路,北为进堡道路。道路两侧则为居民区。戏楼位于砖石台明上,砖石台明高1.4米,外侧包砌青砖,顶部四周有铺条石。戏楼面阔三间,卷棚顶,进深六架梁,前檐柱4根,后金柱2根,古镜柱础。前檐额枋尚存部分清末民初时期的彩绘、雀替装饰。挑檐木挑出较长,用擎柱支撑。戏楼内为砖铺、水泥地面,为当代所修复。前后台间隔扇仅存框架。两侧山墙表面涂刷白灰浆，壁画保存极差，从痕迹上看，应该是隔扇屏风壁画。后台墙壁上有"民国二年"的题壁。

关帝庙　位于西陈家涧村堡南门外，戏楼南侧，清代建筑，保存一般。关帝庙坐北面南，现存前过殿、正殿2座建筑。过殿单檐硬山顶，进深五架梁。正殿面阔三间，单檐硬山顶，进深五架梁出前檐廊。该寺院在20世纪七八十年代为村小学占用，遭到一定破坏。

五道庙　位于堡内南十字街口东北角，保存一般，仅存正殿。坐北面南，面阔单间，硬山顶。山墙簪花雕刻精美，保存较好。门窗已无存。庙内墙壁上有清末民国时期的壁画，表面为白灰浆覆盖，破坏严重。东壁残存中箭的小鬼，西壁残存被捉拿的奸夫淫妇。

龙神庙、真武庙、玉皇阁　位于北墙马面内侧及顶部，明末清初建筑，为一组建筑群。3座建筑处在一条南北向中轴线上，从南至北依次为龙神庙、真武庙、玉皇阁，3座建筑依次增高，蔚为壮观。该建筑群曾为1座庙院，如今山门已损毁无存，尚存前殿、中殿和北极宫。

前殿，龙神庙（龙亭），面阔三间，硬山顶，进深三架梁，保存有部分门窗，次间置直棂槛窗。殿内改造为仓库，用来堆放柴草。

中殿，真武庙，建在高台上，高1.2米，外侧包砖（彩版3-4）。正殿面阔三间，硬山顶，进深三架梁出前檐廊，庙前砌月台。北侧屋顶坍塌，里面长树。殿内壁画无存，改造为仓库，门窗亦已改造。两侧山墙的山花装饰精美，保存较好。

后殿，玉皇阁，位于高9米的北墙马面上，位置高耸，雄伟壮观，俯视着整个古堡，东可眺望一涧之隔的东陈家涧，西为茫茫之田野。原先的马面已经改造为庙台，通体包砖，顶部铺砖，东西两侧各有一石质水嘴。南侧砌登楼砖台阶，玉皇阁面阔三间（坐二破三），硬山顶，进深五架梁出前檐廊，梁架为四架梁对抱头梁，四架梁上承三架梁与蜀柱。前檐柱下古镜柱础，前檐额枋尚存部分彩绘。殿内各梁之上都绘有以蓝、绿、白为主色调的彩画，脊檩上有彩绘《八卦图》。门窗无存。殿内三面墙壁上尚存清末民国时期的壁画，表面为白灰浆覆盖，破坏严重。正壁明间有彩绘二龙戏珠（5爪龙），明间壁画前曾供奉有玉皇大帝塑像。东次间与西次间各立有2位天将。东西墙上壁画均为《众神朝拜图》，两侧山墙各有9位元帅，每位神仙旁皆有榜题标注为何方神圣。东墙从北向南可辨者分别为：灵官马天君、□元庞元帅、火车谢天君、监生高元帅、忠靖张元帅、地□杨元帅、太□□元帅、靖灵温元帅。西墙从北向南可辨者分别为考教党元帅、月孛□朱天君、□□□元帅、□□铁元帅、都督赵元帅、先锋李元帅、洞神刘元帅。

太平寺　位于西陈家涧村堡西墙外侧旷野中，始建于清乾隆五十年（1785），保存较好。寺院坐北面南，由前后二进院落组成（前院已毁）。寺院主要建筑从南至北依次为天王殿，东、西配殿各五间，正殿1座，正殿两侧各有两间禅房。

山门，即为天王殿过殿，门前保存有水井（彩版3-5）。天王殿，面阔三间，单檐硬山顶，进深五架梁。门上悬挂匾额，上书"太平寺"。殿内面南供有弥勒坐像，背后为威武的韦驮护法神，东西壁画为四大天王与哼哈二将。该殿左右各开一小门，门顶上置钟鼓楼。

山门内为一进院落，砖铺地面，建有东配殿、西配殿与正殿。东配殿、西配殿各面阔五间，单檐硬山顶，进深五架梁，明次间置退金廊，东配殿供文殊，西配殿供普贤。

正殿，位于高1.3米砖砌大月台上，前面设有台阶踏步。正殿坐北面南，面阔三间，单檐硬山顶，七架梁出前檐廊。前檐额枋上新施彩绘。正殿前槛墙上镶嵌有4通石碑，分别为嘉庆十四年(1809)、同治十二年(1873)、光绪十六年(1890)、光绪三十一年(1905)修缮太平寺的碑记[1]，保存较好。前廊墙壁上新绘壁画。殿内正面为新塑的三世佛，正中供释迦牟尼，东供药师佛，西供阿弥陀佛，东西神将分别为东握杵，西持剑，佛像后的正壁绘画为新绘。东西山墙墙上绘"释迦如来应化"题材壁画，清代中后期作品，保存较好，但表面有白灰浆痕迹，下半部损毁无存，壁画为连环画样式，每面共3排6列。正殿两侧设有耳房(禅房)。

东壁

梦中送像	树下诞生	梵王见喜	金盆沐浴	上托兜率	习学书数
园林嬉戏	诸王比刀	习文演武	梵王应梦	太子游玩正阳门	(被遮挡)
北门遇苦人	太子游玩出西门	太子游玩出南门	太子游玩出东门	丞相奏□	夜梦逾城

西壁

古佛正宗	金刚迎佛	五僧□佛	菩提正果	月光谏父	诸佛回国
急流分断	魔女炫媚	魔兵搦战	得遇沙门	度富楼那	降伏火龙
众魔拽瓶	六年苦行	·□□□□	车匿辞还	劝诸回宫	金刀落发

此堂壁画虽以《释迦如来应化录》为主，但在太子游玩这几幅画的处理方面有所扩充，分别表现了太子在东门、南门、西门与北门所遇到的生、老、病、死场景，而且榜题表述也更加口语化。

寺院已经重修，基本恢复原貌。20世纪30年代西配殿被改作学校。1958年修渠时拆掉了碑亭中的石碑。60年代又将全部房间改作库房。1964年拆毁了碑亭和对面的所有房间。1966年1月拆除了寺内的全部塑像。整个寺院杂草丛生，满目疮痍。本村村民董田旺为了保护古迹，1994年从怀来县卧牛山请来了忍心师傅重整寺院，经一年多时间各方筹资募化，才将寺院修缮一新。1998年恢复开放，成为蔚县佛教活动场所之一。寺院内原住一位北京出家的尼姑，已经离开。现住尼姑为蔚县人，原在五台山出家，三年前从五台山来到太平寺。

---

〔1〕 邓庆平：《蔚县碑铭辑录》，广西师范大学出版社，2009年，第526~533页。

财神庙、马神庙　位于堡南门外东侧,现为村委会办公地,无存。

第五节　董家涧村

一、自然环境与人文历史

董家涧村位于涌泉庄乡西南偏南 1.5 公里处,属丘陵区,地势略西北高东南低。村庄选址修建在两条冲沟中间的台地上,一条冲沟将其分为新旧两部分,冲沟内为大片的树林。总体来说,村庄周围地势平坦,大部分为壤土质,辟有大面积的耕地。1980 年前后村庄有 468 人,耕地 1 455 亩,曾为董家涧大队驻地。

相传,200 多年前,魏、董二姓在涧旁建村,因董姓主居,故取村名董家涧。村名可考的历史最早见于《(乾隆)蔚州志补》,作"董家涧",《(光绪)蔚州志》《(民国)察哈尔省通志》沿用。

如今,村庄规模不大,由 3 条南北主街和 1 条东西主街组成。民宅以新房为主,整齐划一。新村北面为冲沟,冲沟的北面为旧村。旧村处于南北 2 条冲沟之间的台地上,地势狭窄,南北均临宽阔的冲沟,冲沟中尚有流水。旧村的规模和新村相近,受地形影响,民宅分布不规则,南北主街结构,民宅以土旧房为主,少数翻修了屋顶(图 3.8)。

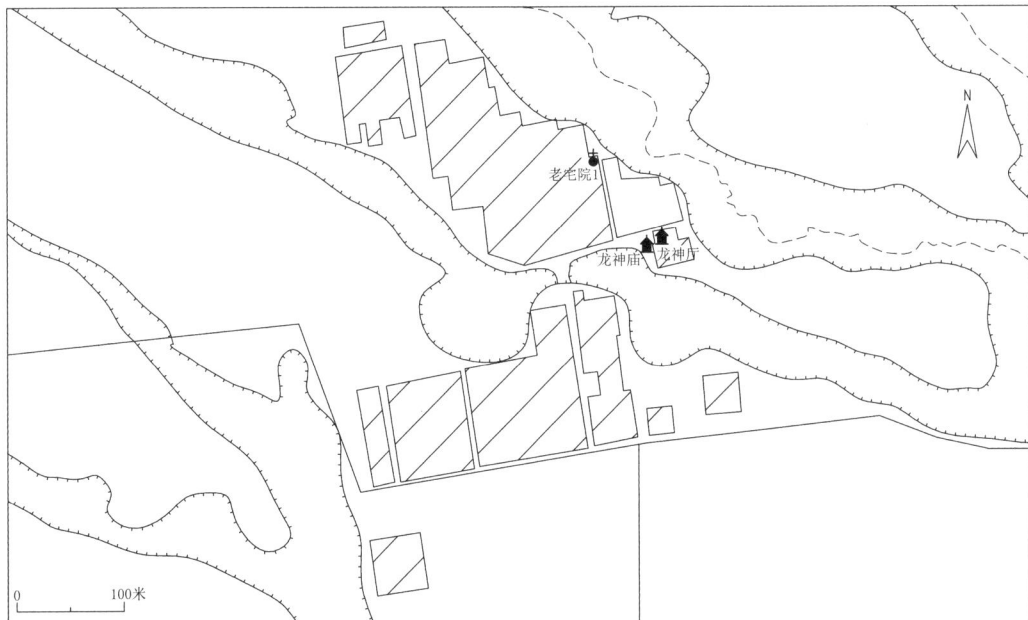

图 3.8　董家涧村古建筑分布图

二、庄

据当地长者回忆,董家涧村地势险要,村民以天然沟壑为险,未曾修建堡墙。旧村中的民宅以土旧房为主,老宅院较少。

村庄北部冲沟边上有一户老宅院,规模较大,院内为前后院,院中有水井。院内东北角屋顶上保存 1 座二层小阁楼,当地村民回忆为旧时躲避土匪所用。笔者推测此楼应为全村的瞭望岗。董家涧因四周无高大的堡墙,无法及时掌控周边匪情,高耸的阁楼便是村人了解敌情的哨所。另据长者回忆,这样的阁楼在蔚县共有 4 座。

三、寺庙

据当地长者回忆,村内曾修建有龙神庙、五道庙。五道庙在龙神庙附近,庙宇已拆除。

龙神庙 位于旧村东南角冲沟边缘,紧邻养殖场,现存 1 座庙院(彩版 3-6)。庙院的北墙外西侧保存有 1 座砖砌影壁,坐西面东,面阔三间,硬山顶,束腰与枋间皆有砖雕装饰。龙神庙和影壁的西侧紧邻冲沟。庙院的东北侧为养殖场大门,大门内北侧为龙厅。

龙厅,坐北面南,面阔单间,硬山顶,门窗已全部改造,里面堆放杂物。两侧为卷棚顶的单间耳房。

旧时乡民祈雨时,将龙王爷或龙姑从龙神庙内请至龙王厅,然后在此举行祈雨仪式,结束后再将龙王爷或龙姑安放回龙神庙。蔚县庄堡中存有多座龙王厅,以修建在堡门外侧者居多,建筑样式以半坡顶建筑为主,与董家涧村龙厅建筑相似者较少。

龙神庙,位于龙王厅西南,影壁东南,涧沟边。龙神庙坐北面南。该庙旧为 1 座庙院,院墙坍塌无存。山门尚存,随墙门,上面装饰有仿木构砖雕,保存较差。西侧门体多坍塌,摇摇欲坠。庙院已经荒废,院内长有一株大树。

正殿,面阔单间,硬山顶,进深五架梁出前檐廊,门窗尚存,屋檐有部分坍塌,屋顶保存较好,后墙及部分屋顶坍塌。殿内东西墙壁表面曾涂抹白灰浆,白灰浆脱落后露出壁画。壁画保存较差,为清末民国时期的作品。壁画靠近后墙的部分受雨水侵蚀已毁,东部仅存南侧约三分之一,西壁剩南侧三分之二,剩余部分壁画尚清晰。东壁为《出宫行雨图》,诸神行雨,竭尽全力,动感颇强;西壁为《雨毕回宫图》,诸神疲惫且惬意的神情让世人感到丰收在望。西壁底部有雨后庆丰收与酬龙神的场景。残存的壁画中可以辨认出的神灵有:五龙王、雷公、电母、风婆、四目神、四值功曹、虹童、钉耙神、商羊、青禾神、判官,还有不知名的小鬼。判官手中的圣旨上文字尚可辨认。

正殿两侧各有一间耳房,均为卷棚顶,门窗尚存框架,后墙有部分坍塌。正殿前设东西配殿,西配殿尚存,面阔两间,硬山顶,保存较差,门窗仅存框架,屋顶和屋檐有部分坍塌。

第六节　任家涧村

一、自然环境与人文历史

任家涧村位于涌泉庄乡西南 1.7 公里处,地处丘陵区。村庄东侧为河道,地势较平坦,大部为壤土质。1980 年前后村庄有 655 人,耕地 2 281 亩,曾为任家涧大队驻地。

相传,明嘉靖三年(1524)任姓建村,因村北有一深涧,故取名任家涧。村名可考的历史最早见于《(顺治)蔚州志》,作"任家涧堡",《(乾隆)蔚州志补》作"任家涧",《(光绪)蔚州志》《(民国)察哈尔省通志》沿用。

如今,村庄位于公路东侧,平面呈不规则形,规模较大。村南部为新村,西南角修建有希望小学。北部为旧村,旧村为城堡所在地,堡内居民以高、李、王姓人较多。堡内现居住 20～30 人,大部分居民已搬迁到堡外居住(图 3.9)。

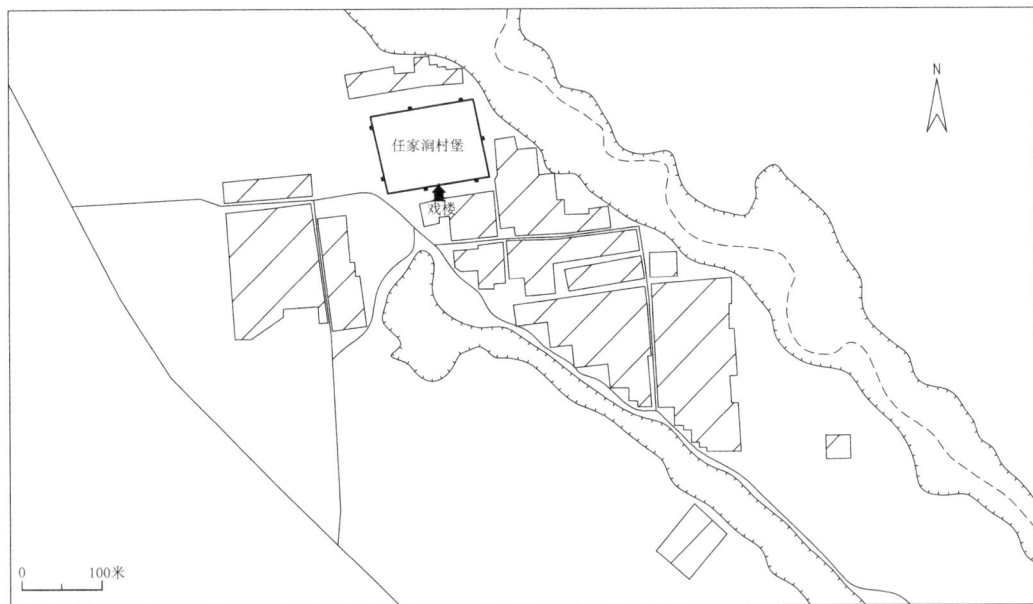

图 3.9　任家涧村古建筑分布图

二、城堡

(一)城防设施

据《(民国)察哈尔省通志》记载:"任家涧堡,在县城西北十五里,明嘉靖三年七月土筑,高二丈,底厚五尺,面积二十亩,有门一,现尚完整。"[1]任家涧村堡今位于村庄北部旧村中。城堡平面呈矩形,周长约452米,开南门,堡内平面布局为南十字街、北丁字街结构(图3.10)。

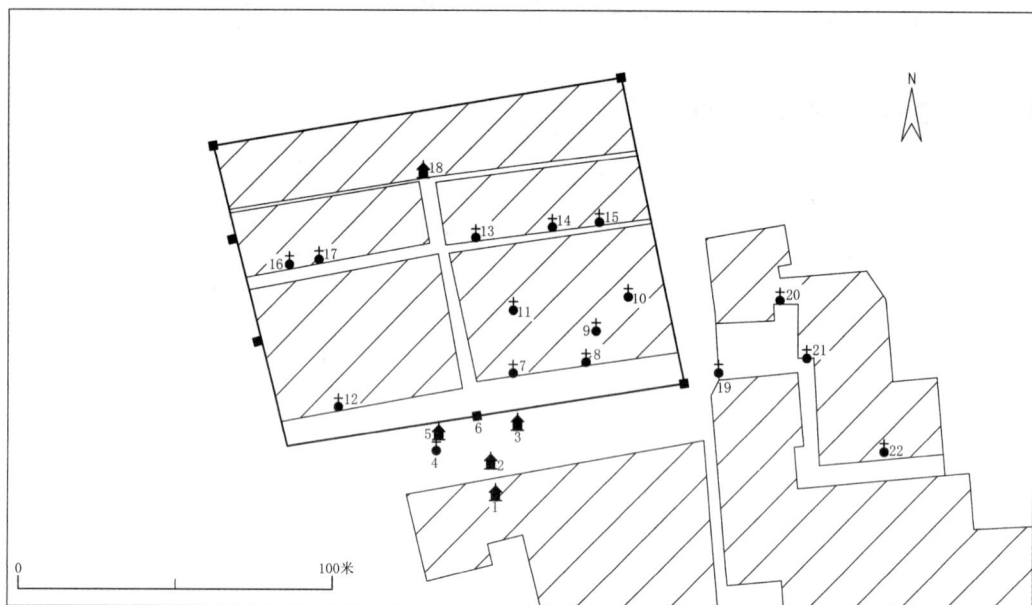

图3.10 任家涧村堡平面图

1. 泰山庙/观音殿　2. 戏楼　3. 告示亭　4. 影壁　5. 五道庙　6. 南门　7. 1号院　8. 2号院　9. 3号院　10. 4号院　11. 老宅院1　12. 14号院　13. 5号院　14. 6号院　15. 7号院　16. 19号院　17. 18号院　18. 真武庙　19. 王氏宅院　20. 40号院　21. 41号院　22. 42号院

城堡开设南门,堡门为砖石拱券结构,保存较好,基础为条石,上面为青砖起券(彩版3-7)。外门券五伏五券,门券拱顶上方镶嵌有3枚门簪,已破坏。门簪上有门匾凹槽,匾额无存,门匾两侧的墙面各镶嵌有1块砖雕装饰。内侧门券亦为五伏五券,拱顶上方镶嵌两块门匾,下面的为青石质匾额(拓3.2),正题"任家涧堡",正题下方刻有城堡内官员、工匠的姓名,右侧前款"嘉靖八年春季",左边落款为"万历三十年重修秋孟月仝立",字迹清楚,保存较好。石质门匾上方还镶嵌有一砖制门匾,由3块砖组成,中间部分无存,剩余两块字迹漫漶。门匾上出一层伏楣。南门内西侧墙体上部曾维修过,红砖包砌。堡门门券内顶部为券顶,尚存两扇木质门扇,外包铁皮,上有铁质蘑菇形门钉,门扇上槛尚存。门道铺自然石,南门内为宽阔的中心街。南门内西侧新修登城步道。南门顶部已修缮,门楼内南侧为关帝庙,北为梓潼庙,墙体部分倒塌,北面屋顶大部已坍塌,壁画无存。门外正对戏楼。门东侧建有告示亭,面阔三间,单坡顶建筑。西侧新建五道庙和1座影壁。

---

〔1〕 宋哲元:《(民国)察哈尔省通志》,国家图书馆藏1935年铅印本,第13页。

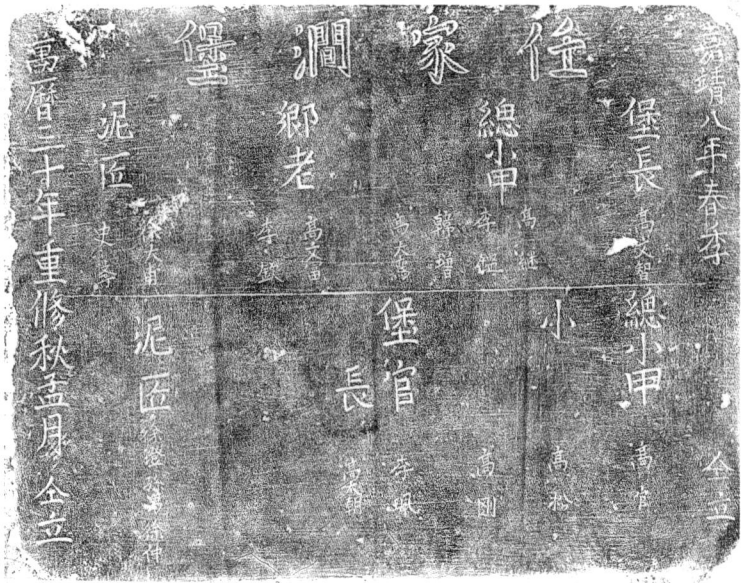

拓3.2 涌泉庄乡任家涧村堡南门内侧门额拓片(蔚县博物馆 李新威 提供)

堡墙皆为黄土夯筑。东墙长 97 米,保存较差,墙体高薄、连贯,多有坍塌,顶部因坍塌而起伏不平。墙体内侧为民宅,外侧为顺城水泥路。南墙长约 128 米,墙体高薄、连贯,保存一般。东段外侧多为近代修建的房屋,墙体内侧为宽阔的顺城道路和民宅;西段保存一般,墙基宽 1～1.5 米,墙体高薄,壁面斜直,顶部很窄,中间有一处坍塌形成的大缺口,墙体外侧为荒地。近年,南墙重新夯筑,高约 4 米。西墙长 95 米,保存一般,墙体高薄、连贯,墙体顶部因坍塌而高低起伏,形成许多缺口。墙体外侧为顺城道路,墙下有坍塌的积土,上面长满杂草,内侧为民宅。西墙上设有 2 座方形马面,保存较好,墙体上有开裂或冲沟。北墙长 132 米,高薄、连贯,保存一般,北墙内侧多为坍塌的土旧房屋,居民较少,外侧墙下为耕地和荒地,边上还有废弃的土旧房屋,并有 1 座影壁。北墙共设有 2 座马面。

东南角设 90°直出角台。西南角未设角台,仅存有转角。西北角设 90°直出角台,体量较小,保存较好。东北角设 90°直出角台,坍塌一半。

(二)街巷与古宅院

堡内民宅以土旧房为主,居民较少,老宅院较少。按照堡内街巷布局,分为前街、中街、后街。

前街 即南墙内顺城街,分为东、西两段。东段尚存 5 座老宅院。堡里东前巷 1 号院,二进院,广亮门,门前尚存 2 块上马石,宅门上残存有彩绘的雀替、撑拱、木雕装饰,门内墙壁上写有标语。门内西侧有二道门,随墙门。老宅院 1,位于 1 号院北侧,原为前后院,现宅门及前院无存。仅存二道门及后院,二道门为垂花门,尚存木雕装饰,楣板尚存彩绘。门左右两侧各建一间面阔单间,单坡顶房屋,东西厢房尚存。正房面阔三间,卷棚顶,两侧厢房面阔三间,单坡顶。2号院,广亮门。3号院,原为前后院,现前院及宅门无存,仅存后院。二道门为随墙门,尚存砖仿木构砖雕装饰。门内建有影壁,尚存砖雕装饰。正房面阔三间,硬山顶,左右两侧各设两间厢房,即便门,通往东侧的4号院和西侧的老宅院1;东西厢房面阔三间,单坡顶。据房主回忆,正房已经有200多年的历史。4号院,原为前后院,现宅门、前院东厢房无存,仅存西厢房、后院。二门为垂花门,左右两侧各建有单坡顶房屋。正房面阔五间,硬山顶,东西厢房面阔三间,单坡顶。西段民宅多废弃、坍塌,尚存1座老宅院。堡里西前巷14号院,随墙门,门内为影壁。

中街 即南十字街的东西向主街,分为东、西两段。东段尚存3座老宅院。堡里东中巷5号院,随墙门,院内废弃。6号院,一进院及西跨院,随墙门,门上有砖雕装饰。门内两侧各建有单坡顶的后厅,内墙壁上原有壁画,现表面已涂刷白灰浆。院内正房面阔三间,硬山顶,门厅退金廊,尚存彩绘天花板2块。东西厢房面阔三间,单坡顶。正房东西两侧建有单间耳房,及东、西小门,向西去西跨院,向东去7号院。7号院,一进院,随墙门,门内有影壁,正房面阔五间,卷棚顶。西段尚存2座老宅院。堡里西中巷18号院,广亮门,院内废弃。19号院,广亮门,院内房屋废弃。

后街 即北丁字街的东西向主街,分为东、西两段,即堡里东后巷、堡里西后巷,巷内房屋多废弃、坍塌,无老宅院。

王氏宅院 位于堡东南角外,为一整片的老宅院,由1座大门及5座宅院组成,目前仅存3座老宅院,均为一进院。院门面西,广亮门,硬山顶,门内为一片空场。40号院,位于空场北侧,广亮门,坐北面南,前檐额枋尚存木雕装饰,墀头戗檐尚存砖雕装饰。门内有影壁,宅院已废弃。41号院,位于空场东侧,广亮门,门外东侧有影壁,坐东面西,正对院门,门内有影壁,东西厢房为单坡顶。42号院,位于41号院南侧,广亮门,正房面阔三间,硬山顶,院内东厢房坍塌,仅存正房(东西耳房)、南房、西厢房、西南角房。3座宅院除41号院外均已废弃。41号院住了一位老人,代王城人,姓戚,79岁,60多年前嫁入任家涧村的王氏家族。

三、寺庙

据当地长者回忆,任家涧村堡曾修建有戏楼、泰山庙/观音殿、五道庙(2座)、真武庙、关帝庙/梓潼庙、龙神庙。除现存者外,寺庙多毁于"文革"期间。

戏楼 位于任家涧村堡南门外,保存较好,坐南面北,正对南堡门及门顶关帝庙。戏楼面阔三间,单檐六檩卷棚顶,有月梁之制,弯曲较大。前檐额枋上有残存的彩绘和木雕装饰。砖石台明高1.2米,顶部边缘铺石板(石碑),石碑字迹漫漶不清。前檐柱4根,后金柱2根,古镜柱础。前台挑檐木出挑较长,前台口两侧有新建的八字墙。金柱两侧置隔扇分隔前后台,隔扇上悬挂有匾额,上书"我们的文化艺术是为人民大众的……",次间左右设出将、入相两门。隔扇及墙体上保存有"文革"时期的标语,东墙上有残存的壁画,此外还有"光绪拾伍年九月"的题壁。戏楼前台并列 1 排石碑,石碑是村民修缮前台剩余的材料,1 通刻有"至正拾叁年癸巳贰月",另 1 通刻"永顺桥",还有 1 通刻"岁次癸未年孟夏"。石碑因正面朝上,字迹多漫漶不清。

泰山庙/观音殿　位于戏楼南侧,背靠戏楼,清代建筑,保存较好。整个庙院坐北面南,坐落在高 1 米的砖砌庙台上。主要建筑从南至北依次为山门、东配殿、西配殿、正殿、西耳房。山门为随墙门,硬山顶,券形门洞,檐下仿木砖雕枋、檩、垫木、枒头等构件。门扇保存较好,上面刻有"堡"字,门前为新修的台阶。东配殿与西配殿各面阔三间,单坡顶。正殿两侧置耳房,如今仅存西耳房一间。院中最北端为正殿,面阔三间,单檐硬山顶,进深五架梁,以中墙分隔,南为泰山庙,北为倒座观音殿。

泰山庙,门窗全无,殿内墙壁表面涂刷有白灰,壁画漫漶。

观音殿,占三架梁。殿宇已修缮,门窗保存较好,前檐额枋上有清末民初时期的彩绘,东西墀头尚存精美的砖雕装饰,西侧为鹿回头,东侧为猴鹿题材。殿内壁画尚存,为民国时期作品,正壁与东壁保存完整,西壁有半壁为损坏后补绘。壁画画面色彩尚艳,各神袈裟、战袍之上的沥粉贴金保存较好。

正壁绘《观音坐堂说法图》,整个说法画面分为两部分。上部三间通长式条幅,明间绘有三位结跏趺坐说法菩萨,两侧次间各绘一位结跏趺坐说法菩萨。下部明间正中为观音说法,身后两侧为龙女与善财童子,左右两侧分别立有伽蓝与韦驮护法。东次间为武财神关公,关公左右各立一位持刀武将;西次间为文财神,左右各立一位随从。

两侧山墙下部为十八罗汉,上部为观音救八难。在 8 幅经变图中既有童子与龙女施法力,也有韦驮与伽蓝施法力,但却未出现观音。未出现观音施法力的"救八难"题材壁画,在蔚县同类题材中较为罕见。

假使兴害意,推落大火坑 念彼观音力,火坑变成池	或遭王难苦,临刑欲寿终 念彼观音力,刀寻段段坏
酒宴巧安排,一心□人害 念彼观音力,吐血心中坏	若恶兽围绕,利牙爪可怖 念彼观音力,疾走无边方
□□□□,□□□□□ □□□□,□□□□□	或漂流巨海,龙鱼诸鬼难 念彼观音力,波浪不能翻
(榜题毁)	或在须弥峰,为人所推坠 念彼观音力,如日虚空住
观音坐堂说法图	
泰山庙	

戏楼位于观音殿与堡门之间，明显为后增建的建筑，阻挡了观音殿与村堡间的视线。

五道庙　2座，1座位于南门外西侧南墙下，庙宇旧建筑无存，现存五道庙为复建。坐西面东，面阔单间，硬山顶，出前廊，殿内新绘壁画。1座位于堡内。

真武庙　位于南北中心街尽头及北墙中部马面上，与南门相对。真武庙破坏严重，仅存1座孤独的山门，随墙门，山门前有三级踏步，山门门楣上曾有砖制门匾，刻有三个字，但已被毁难以辨认，推测为"北极宫"。据当地长者回忆，真武庙原有三进殿堂。"四清"时拆毁。

关帝庙/梓潼庙　位于堡南门顶堡门楼内，正殿面阔单间，单檐硬山顶，进深三架梁前后出廊，南为关帝庙，北为梓潼庙。

龙神庙　位于南门外西侧，现已无存。

第七节　北方城村

一、自然环境与人文历史

北方城村，位于涌泉庄乡西偏北1.8公里处，属丘陵区。村庄修建在两条冲沟之间的台地上，总体来说，周围地势平坦，为壤土质，辟有大面积的耕地。村庄东北侧为规模较大的冲沟，为涌泉庄水库的主要来源，西南也有冲沟，西北—东南流向，源于崔家寨附近，向东南到任家涧村附近。冲沟中均有水，且有大片的树林。村西北方不远是一处很大的煤矿。1980年前后村中有605人，耕地2392亩，曾为北方城大队驻地。

相传，明万历四年（1576）建村于蔚州古城之北，据地形整齐方正而取名北方城。村名可考的历史最早见于《（乾隆）蔚县志》，作"北方城"，《（乾隆）蔚州志补》作"方城"，《（光绪）蔚州志》《（民国）察哈尔省通志》均作"北方城"。

如今，村庄的规模较大，主体分布于去往涌泉庄的柏油路即229乡道的北侧，南侧也有少量房屋，分为新旧两部分。旧村为北方城村堡所在地，位于整个村庄的西北部。城堡东面为新村，新村由2条南北主街、1条东西主街组成，规模较大，居民较多，民宅整齐划一（图3.11）。

2007年河北省人民政府公布为省级历史文化名村，现为国家级历史文化名村。

二、城堡

（一）城防设施

据《（民国）察哈尔省通志》记载："北方城堡，在县城西北十五里，明万历四年六月土筑，

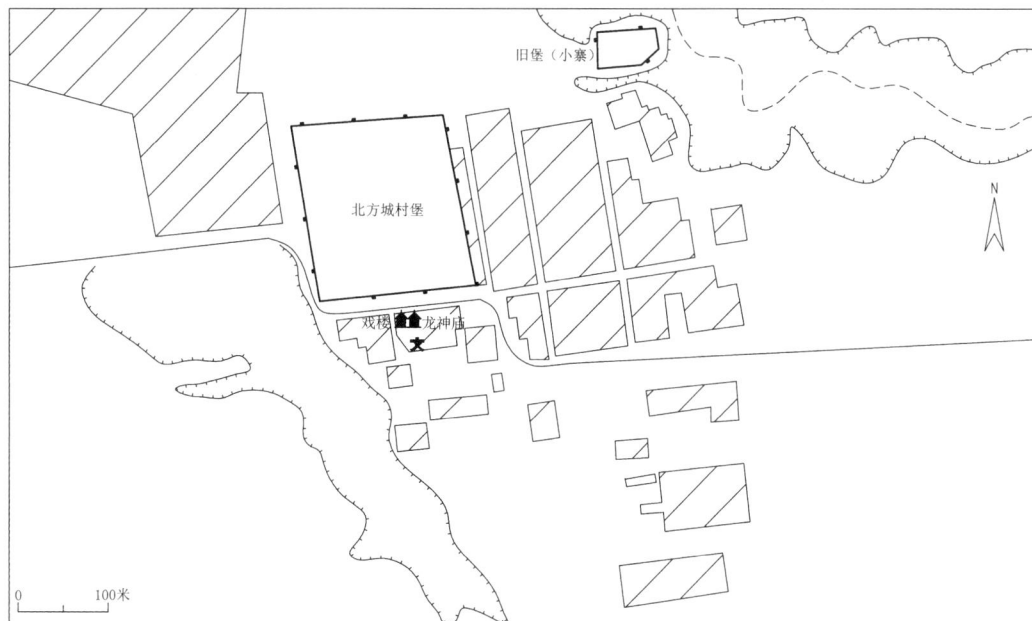

图 3.11　北方城村古建筑分布图

高二丈,底厚五尺,面积二十亩,有门一,现尚完整。"[1]北方城村堡今位于整个村庄的西北部旧村中。城堡规模较大,保存较好,平面呈矩形,周长约 723 米,开南门,门内为宽阔的南北主街。堡内平面布局为南十字街、北丁字街结构。主街作为全城的中轴线,串联起重要建筑,由南向北依次为泰山庙、观音殿、戏楼、南堡门、财神庙、马神庙、佛殿,及可俯视全村的真武庙。各部分建筑高低错落,由南而北,一字排开,蔚为壮观(图 3.12)。

城堡开南门,堡门已重修,砖石拱券结构,基础为条石,上部青砖砌筑,内外侧门券均为五伏五券,顶部为木梁架结构。外侧门券拱顶上方镶嵌有砖制扇形门匾,正题阳文"北方城",门顶部立有电线杆和路灯。门外两侧为新修的护门墩。门扇无存,门道为水泥路面。据村民回忆,城门修缮于"文革"期间,当时的村党支部书记很有主见,宣称新农村就要有新面貌,鉴于原来的城门破败不堪,不能体现新制度的优越性。于是支部书记带头修建了新城门,再贴上毛主席语录,以彰显新社会新制度的面貌。

堡墙均为黄土夯筑,整体保存一般。东墙长约 190 米,破坏严重,保存差,其上有马面与西墙马面相对,已拆毁。南墙长约 172 米,东段墙体低薄,内侧高 1～3 米,破坏严重;西段保存较好,墙体高薄,外侧高 6～7 米,内侧高 1～4 米,墙体中部设有 1 座马面,高于墙体 2 米。墙体外侧为荒地和柏油路,内侧为顺墙道路和民宅。东、西段墙体上各设 1 座方形的马面,与北墙马面相对。西墙长约 193 米,保存一般,墙体高薄、连贯,中

[1]　宋哲元:《(民国)察哈尔省通志》,国家图书馆藏 1935 年铅印本,第 12 页。

部设 1 座马面。北墙长约 168 米,保存一般,墙体高薄、连贯,墙体内、外侧高 4～5 米。内侧为民宅,外侧有坍塌形成的斜坡,现为荒地,墙外为大面积的耕地,不远处有运煤铁路。北墙上共设 3 座马面,马面高于墙体约 2 米,体量较大。东南、西南、西北角均设有 135°斜出角台。

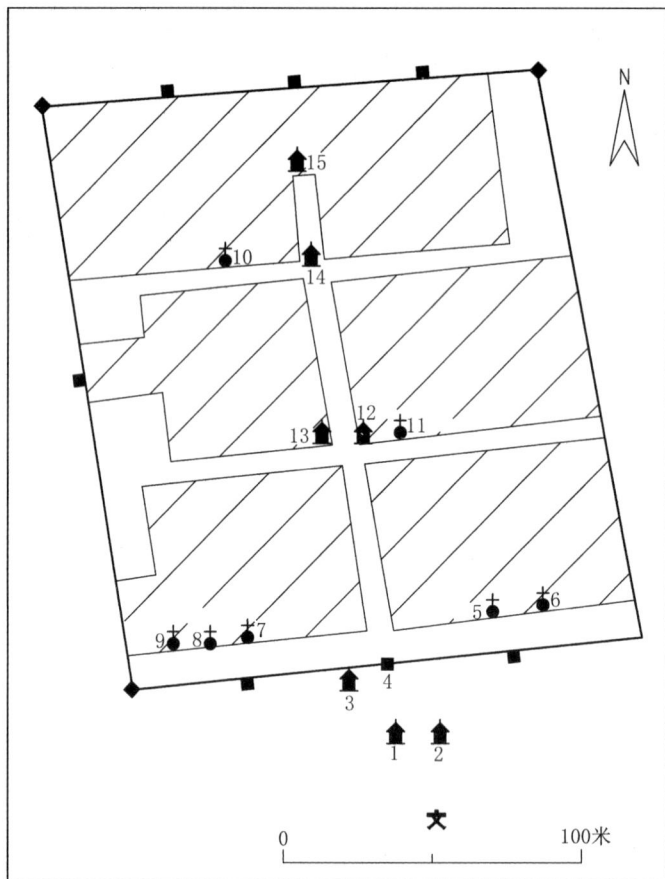

图 3.12 北方城村堡平面图

1. 戏楼 2. 龙神庙 3. 地藏殿 4. 南门 5. 老宅院 1 6. 老宅院 2 7. 老宅院 3 8. 老宅院 4
9. 老宅院 5 10. 老宅院 6 11. 老宅院 7 12. 财神庙 13. 马神庙 14. 佛殿 15. 真武庙

小寨 位于北方城村堡东北方向,为 1 座小堡,名为小寨。小寨选址修建在村庄东北方冲沟中的台地上,南、北、东三面紧邻冲沟,地势险要。小寨周长约 214 米,规模较小,已废弃为耕地,墙体坍塌成土垅状,未设马面,仅存西南角台。据当地长者回忆,本地先有小寨,后修建北方城堡。

(二)街巷与古宅院

堡内的南北主街街面宽阔,宽于一般的城堡中心街。堡内的民宅以旧房为主,少数翻修了屋顶,老宅院较少。

南顺城街 南墙东段内侧有 2 座老宅院。老宅院 1(2 号院),保存较好,卷棚顶,门内为一条巷子,巷内西侧分为前后院。后院为二道门,大门正对 1 座影壁。二道门内为一进院,院子幽深,推测原应是前后院,但是中间的二道门无存。老宅院 2,广亮门,硬山顶。南墙西段内侧有 3 座老宅院,其中老宅院 3、老宅院 4 为广亮门,卷棚顶;老宅院 5 为广亮门,硬山顶。

前街 即南十字街,东段尚存老宅院 7,前后院。

后街 即北丁字街,西段有老宅院 6,一进院。

三、寺庙

据当地长者回忆,北方城内外庙宇众多,曾修建有地藏殿、戏楼、龙神庙、财神庙、马神庙、佛殿(三觉圆)、真武庙、泰山庙、观音殿等。

地藏殿 位于堡南门外西侧,其西侧为豆腐坊。庙宇建筑的主体结构为新近修缮。正殿坐北面南,坐二破三,硬山顶,进深六架梁出前檐廊。殿内外彩绘、壁画为旧物,保存一般。前廊有壁画,西墙下设有面然大士龛。面然大士龛供奉面然大士,龛两侧贴一副对联:"天上三星耀,人间四化新。"东廊墙下与殿内各有 1 通石碑。1 通为光绪四年(1878)的《阖村众善妇女施金钱碑记》[1],另 1 通为 1915 年的《众善妇女施银碑》[2],碑文中提到的村庄有白家庄苏门、任家庄任门、范家庄苑门、白草村李门,本村主要为白门、赵门。

殿内正壁、东壁与西壁尚存壁画,壁画局部有现代补绘,整体保存较好。从色彩判断,壁画为清末民初时作品。

正壁绘有《地藏菩萨坐堂说法图》,画面分为两层。下层正中端坐的为女性化的地藏菩萨,两侧后西为闵公、东为道明;两侧簇拥十殿阎王,每侧各为五殿。地藏菩萨头戴五佛冠头,周边有火焰项光,身披红色袈裟,左手持宝珠,右手结印。两侧十殿阎君皆戴帝王冠冕,簇拥在地藏菩萨周边。上层绘有老子、释迦与孔子三位祖师,代表着道、佛、儒的三教合一,三位祖师皆盘腿而坐,各有二位胁侍分立于两侧。

北方城地藏殿正壁壁画为保存较好的地藏殿题材壁画,但内容较为特殊、复杂。除以上众神外,还在上部绘有老子、释迦与孔子盘腿而坐,谈经论道的形象,代表着道、佛、儒的三教合一。

---

〔1〕 邓庆平:《蔚县碑铭辑录》,广西师范大学出版社,2009 年,第 558～559 页。

〔2〕 邓庆平:《蔚县碑铭辑录》,广西师范大学出版社,2009 年,第 560～561 页。

东、西两壁壁画为十殿阎君题材,分为两层。下层绘十殿阎王与各殿的地狱内容,上层绘十二圆觉。

东壁下层依次为一殿秦广王、三殿宋帝王、五殿阎罗王、七殿泰山王、九殿都市王;西壁下层依次为二殿楚江王、四殿五官王、六殿卞城王、八殿平等王、十殿转轮王,此壁的九殿为都市王,八殿为平等王,与正常的排序颠倒。

一殿秦广王,身披蓝色袈裟与白色披肩,络腮长须,头戴方冠,双眼紧盯下层的地狱。地狱内,一亡者跪于孽镜台前,正在照见在世之心好坏,边上的判官正在记录照见的文书,狱卒怒目圆瞪。

二殿楚江王,头戴冠,身着长袍,双手持一殿转来的文书,在指挥狱卒对押解来的剥衣者施以处罚。

三殿宋帝王,头戴冠,身着绿色长袍,双手持一殿转来的文书,正指挥着狱卒对来人施行掏口、挖腹、水淹、锯身等酷刑。

四殿五官王,头戴冠,身着浅绿色长袍,红色披肩,桌上放一件文书,右手似在握笔蘸墨准备续写文书。地狱内有狱卒推动石磨磨人,有人被仰面推入水池内。

五殿阎罗王,头戴冠,怒目圆瞪,右手高举一枚方印,似准备在文书上盖印。案前分列牛头、马面。地狱内狱卒正将押来者放到油锅中。

六殿卞城王,头戴冠,身着绿色长袍,案几上放着转来的文书。地狱内的狱卒在拿着叉子对押来者施刑,而其他几位文官在无情地观望着。

七殿泰山王,头戴冠,身着蓝色长袍,案几上放着转来的文书。地狱内正在施吊刑等。

八殿平等王,头戴冠,身着蓝色长袍,案几上放着转来的文书。其右手高高举起,正对地狱内跪着的押解者发怒。地狱下是吊着的押来者。

九殿都市王,头戴冠,身着红色长袍,案几上放着转来的文书与"牌"。下面是丰都城门,戴着枷锁的一行正在出城,一位僧人站立相迎。

十殿转轮王,头戴冠,身着蓝色长袍,双手紧握于眼前,不知在看啥,或许是在辨认谁可以离开地狱转世。下部支一台锅灶,置两口大锅,孟婆神正在给转世者灌饮迷汤,让其忘记前世。画面的边上是转轮城,喝完迷汤即可进入转世。

上层的顶部绘有十二缘觉菩萨,每侧各有六尊。东壁从北至南依次为一消□缘觉菩萨、三无畏缘觉菩萨、五□慧缘觉菩萨、七□□缘觉菩萨、九除毒缘觉菩萨、十一狮子吼缘觉菩萨;西壁从北至南依次为二明积缘觉菩萨、四□□缘觉菩萨、六山胜缘觉菩萨、八□□缘觉菩萨、十□□缘觉菩萨、十二□□缘觉菩萨。缘觉为梵语 Pratyeka-buddha,旧译为辟支佛,意译为缘觉,也作独觉。一般谓出于佛世,观十二因缘而得悟者为缘觉;出于无佛世,观外缘而无师自悟者为独觉。

戏楼 位于城堡南门外侧,与城堡一路之隔。戏楼坐南面北,面对堡门,单檐六檩卷棚顶,面阔三间。基础高1米,台明外包砖,顶部铺砖。前檐无挑檐木,彩绘无存,古镜柱础,尚存清式雀替。前台东西山墙绘屏风式壁画,屏风后探出一半掩执扇仕女,正襟圆领,面容娇美。两山间绘"临潼斗宝""伍子胥举鼎"壁画。后台东西墙壁设砖券门,后台正壁题字"光绪五年"。如今戏楼已重新修缮,内墙刷白灰浆。

龙神庙 位于南门外戏楼东侧,龙神庙南侧为小学校,东侧柏油路南有街心公园。寺庙已被围于1座大院内,目前仅存正殿。正殿坐北面南,面阔三间,硬山顶,进深五架梁出前檐廊。殿内曾改作教室,门窗已无存,现存为框架,殿内堆放柴草。殿内墙壁涂抹有白灰浆,亦贴过报纸。壁画大多被毁,只有正壁上部因修建吊顶而有所保存,正壁局部白灰浆脱落露出底画。正壁龙母位居中间,背靠屏风,明间屏风上部为侍女,两侧次间屏风上部为众神灵。两侧山墙上部可以看到中间的轿子,说明此堂壁画为抬轿式,轿中是否有龙母,因画面主体被白灰浆覆盖无法得知。从绘画风格来看,其是清中晚期的作品。

残存的壁画中可以辨认出的神灵有龙母、雷公、电母、风婆、风伯、四目神、四值功曹、虹童、钉耙神、商羊、青禾神、判官、传旨官、令旗手,还有不知名的小鬼。

正殿东西各有三间耳房,此外还有东下房三间。院内有1通同治十年(1871)的《龙神庙地亩碑记》石碑。

财神庙 位于堡内南北主街十字路口东北侧,与西北侧的马神庙平行。正殿坐北面南,面阔单间,硬山顶。门楣上有四个字"福神默佑",檐下额、枋、垫木皆有新绘彩画。殿内壁画也为新绘。

正壁绘《财神坐堂议事图》,正中为文财神,财神头戴宰相纱帽,五绺长须,手捧如意,身着蟒袍,足蹬元宝。两侧贴身为持伞侍童,外侧各有一位文官,外侧各立有一位随从,一位手捧元宝,另一位持账簿。

东壁为《招财图》,画面内侧是1座宫殿。宫殿前坐一位理财官,在为进宝做准备。殿顶云端之上,财神携云童眺望人间,正在施法招财。画面的外侧是1座山,山脚下有2位胡人挑着一个担子,山坡上一个推车的人正在下山,担子内、车子内皆是宝物。

西壁为《进宝图》,画面内侧是1座宫殿。宫殿前理财官恭迎进宝队伍,理财的文官手中拿着财簿正在记账。宫殿顶上云端仍是云童眺望人间。画面的正中,麒麟背负着财宝已来到了理财官面前,后面紧紧跟随的是挑担的、骑马的进宝人。

马神庙 位于堡内南北主街十字路口西北侧,与东北侧的财神庙平行。寺庙仅为

1座正殿，正殿坐北面南，面阔单间，硬山顶。门楣上有4个字"騋牝三千"。

前檐下额、枋、垫木皆有新绘彩画，殿内壁画也为新绘，内容简化。

正壁正中绘有《马神坐堂议事图》，正中为马神，马神三头六臂。正面向上右手持剑，向上左手握一簇青禾；其他四臂从肩部向上伸出，持有弓、箭与双刀。身两侧各有一位道士，东侧道士右手捧印，西侧道士右手端盘，盘中卧有一匹马。

东壁为《出征图》，马神策马位于中心，两臂持双刀高举，两臂拉弓搭箭，两臂持长枪。两位道士一前一后跟随。前有旗手开道。

西壁为《凯旋图》，马神端坐于罗伞盖下，两位道士跟随，前有旗手开道。

佛殿（三觉圆） 位于堡内南北街北侧丁字路口北侧，与北墙上的真武庙形成梯次配置。正殿坐北面南，面阔三间（坐二破三），硬山顶，进深五架梁出前檐廊。西侧廊墙下部龛内供面然大士，后墙中设有1座倒座的观音龛。殿内壁画为新绘，正面绘有一佛二菩萨。殿门匾额上写有"三觉圆"三字。

真武庙 位于北墙中部的马面上，坐北面南，与城堡南门遥遥相望。庙宇建筑已修缮。真武庙为前、中、后三进渐次增高的院落。前院由山门、东西厢房组成；二进院由二门楼、各二间正厢房、高台阶组成；三进院正北为大殿（北极宫），殿前左、右两侧为四柱三架悬山顶钟鼓楼。大殿（北极宫）单檐硬山顶，面阔三间，进深六架梁出前檐廊。前檐额枋上有全新的彩绘。西廊墙下部设面然大士龛。殿内正面龛台上塑关帝像，两侧分别立周公与桃花女。

正壁所绘《坐堂议事图》是蔚县真武庙同类题材中保存较好者。壁画绘于龛台两侧的东、西次间后墙上，各绘有六位护法神像。东次间，下排中间为马天君马元帅，手持金枪；下排东侧为温元帅温琼，左手执玉环。西次间，中间为赵元帅赵公明，手持铁鞭；西侧为关元帅关圣帝君，手持青龙偃月刀。

两侧山墙上所绘连环画式壁画，是蔚县为数不多的保存较好的真武庙绘画，是研究真武庙绘画民间化的最具代表性的一堂壁画。内容基本完整，是难得的珍品。左右壁画均为4排6列，各24幅，共48幅，只有一幅壁画的榜题文字漫漶不清。现将榜题文字摘录如下：

东山墙

乌鸦礁玉顶	沐浴净身体	梅鹿献芝草	二虎把古洞	猿猴指仙路	夜晚观星月
太子离朝纲	文武来饯行	樵夫来引路	太子遇猎人	天官赐神剑	指剑成玉河
北门逢僧人	西门逢死者	南门遇病人	东门遇老翁	太子演武厅	太子入学堂
白象来投胎	夜梦腾日月	降生玉真人	五龙吐神水	姨母养育子	皇帝来礁顶

西山墙

周桃来归降	收邓忠辛环	温良马善服	武当接玉旨	修盖真武殿	威严北极宫
大战龟蛇将	收下七星旗	天神赐玉印	捧圣上天堂	斩杀讽魔女	□□□□□
威武气来侵	并满能自溢	舍身养鹰雄	铁杆磨绣针	心肝净沐浴	太白赐金甲
财帛若浮云	色不缠身体	酒不迷真性	三更伴虎眠	神龟献天书	猿猴献仙桃

北极宫壁画通过真武形象和服饰的变化来塑造真武系列图像的神话结构,即展现了真武托胎降生→太子生涯→辞亲志道→潜心修道→接受考验→伏魔降妖、威镇北方的曲折发展的过程。前三个阶段,即托胎降生、太子生涯、辞亲志道代表真武"凡"的阶段,后三个阶段,即潜心修道、接受考验、伏魔降妖、威镇北方则代表真武入"圣"的阶段。脱凡入圣是一个曲折渐变的过程。可见,北极宫壁画的排序和故事情节的安排都是经过精心设计的,其图画的排序绝不是随意而为。经研究,真武各时段的形象变化如下:

1~6幅,即:白象来投胎、夜梦腾日月、降生玉真人、五龙吐神水、姨母养育子、皇帝来礴顶。除皇帝来礴(灌)顶为少儿形象外,其余都是赤身裸体的婴儿形象,此段描绘的是真武托胎降生的故事。

7~12幅,即:太子入学堂、太子演武厅、东门遇老翁、南门遇病人、西门逢死者、北门逢僧人。真武为头戴太子金冠、身着绿色镶金彩袍的皇太子形象。此段描绘的是真武作为净乐国太子修文习武,在东西南北四个城门分别遇见"生、老、病、死"的故事。此段太子生涯是诱发真武辞亲志道的重要原因。

13~17幅,即:太子离朝纲、文武来钱行、樵夫来引路、太子遇猎人、天官赐神剑。真武是头戴道冠、身着绿色镶金彩袍的皇太子形象。此段描绘的是真武辞别父母和群臣,出家修道的过程。此段真武的形象由上一段的"太子金冠"向"道冠"的变化也象征着真武由太子生涯向辞亲志道的转变。

18~26幅,即:指剑成玉河、夜晚观星月、猿猴指仙路、二虎把古洞、梅鹿献芝草、沐浴净身体、乌鸦礴玉顶、猿猴献仙桃、神龟献天书。真武是头梳两个发髻、身着黑色镶金袍的形象。此段描绘的是真武正式开始摆脱凡尘,潜心修道的故事。

27~37幅,即:三更伴虎眠、酒不迷真性、色不缠身体、财帛若浮云、威武气来侵、并满能自溢、舍身养鹰雄、铁杆磨绣针、心肝净沐浴、太白赐金甲、□□□□□。真武为披发佩剑、身着黑色镶金袍的形象。此段真武类似于真武神惯常的文神形象,因此也可称为文神真武。这与此段故事强调表现真武的内在修为主题相一致。本段故事主要描绘真武在修道的过程中,克服酒、色、财、气等各种诱惑考验的经历,是其战胜诱惑考验的阶段。

38～48 幅,即:斩杀讽魔女、捧圣上天堂、天神赐玉印、收下七星旗、大战龟蛇将、周桃来归降、收邓忠辛环、温良马善服、武当接玉旨、修盖真武殿、威严北极宫。真武为惯常所见的真武武神形象,即披发持剑、身披金甲和黑色战袍,威风凛凛的武将形象。这与此段故事描绘真武伏魔降妖,武力收服部将,最后接玉帝玉旨,威镇北方的主题相一致。最后一幅"威严北极宫"暗含着双关的意义:一是指真武修道成功,接玉帝玉旨,威镇北方;二是指真武就威严坐镇着本庙"北极宫"。

"威严北极宫"是所有连环画中的最后一幅,表现的即是真武帝坐堂议事,其图中的人物与格局也是蔚县多数真武庙正壁绘画所表现的,即正中为真武,两侧为七星旗(东)与剑童(西),外侧为桃花女(东)与周公(西),威立在两侧的是四大护法元帅,手持金枪的马天君马元帅与左手执玉环的温元帅温琼(东),手持铁鞭的赵元帅赵公明与手持青龙偃月刀关元帅关圣帝君。

泰山庙、观音殿　位于戏楼南侧,现已无存。

第八节　苑 家 庄 村

一、自然环境与人文历史

苑家庄村位于涌泉庄乡南偏东 1.7 公里处,属丘陵区。村西邻沙河、冲沟,地势较平坦,为壤土质,周围辟有耕地。1980 年前后村中有 722 人,耕地 1 889 亩,曾为苑家庄大队驻地。

相传,建村于明末,因苑姓主居,故取名苑家庄。村名可考的历史最早见于《(光绪)蔚州志》,作"苑家庄子",《(民国)察哈尔省通志》作"苑家庄"。

如今,村庄规模较大,布局较规矩,居民较多,以孙、范姓居多。南面为新村,北面为旧村,223 乡道从村庄的中部穿过。公路西面为新房,东面为旧房。村中有新建的健身广场(图 3.13)。

二、街巷与古宅院

苑家庄村内尚存 4 座老宅院,编号为老宅院 1～4,主要位于观音殿和关帝庙之间的街道北侧。老宅院 1,一进院,广亮门,卷棚顶。老宅院 2,一进院,广亮门,硬山顶。老宅院 3,位于巷内东侧,正房面阔五间,卷棚顶,房前西侧院墙辟门,随墙门,平顶门洞,硬山顶,檐下作仿木构砖雕。老宅院 4,位于巷内西侧,两进院,东南角辟门,广亮门,硬山顶,雀替尚存,表面木雕装饰精美。

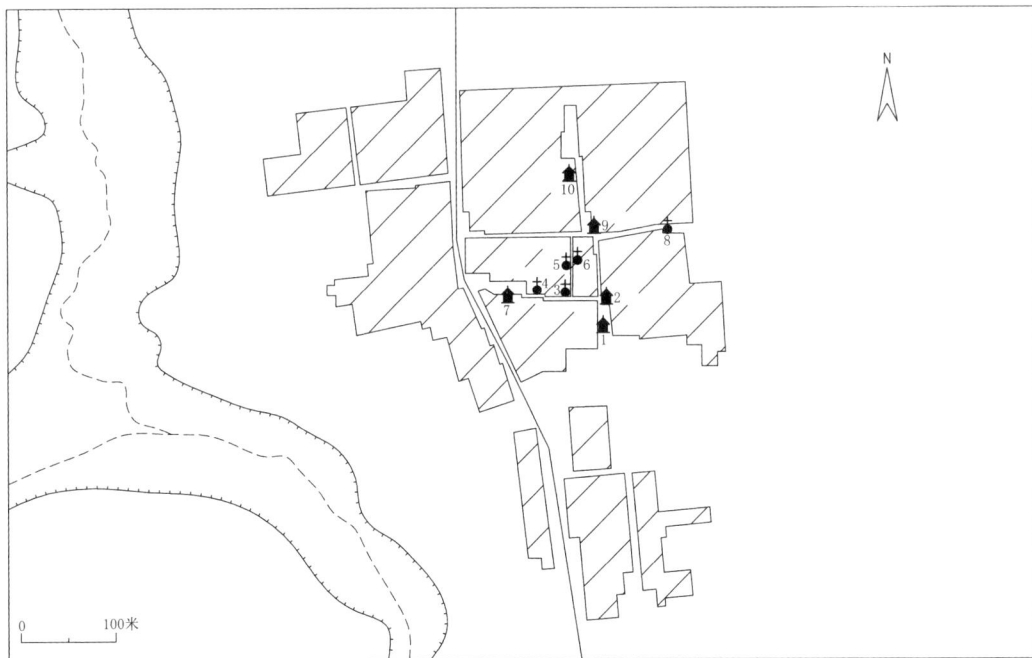

图 3.13　苑家庄村古建筑分布图

1. 灯影楼、龙神庙　2. 观音殿　3. 老宅院 1　4. 老宅院 2　5. 老宅院 4　6. 老宅院 3
7. 关帝庙　8. 影壁　9. 五道庙　10. 真武庙

三、寺庙

真武庙　位于南北主街北端高台上,为 1 座独立的庙院。正殿坐北面南,面阔单间,硬山顶,进深五架梁出前檐廊。真武庙于 2009 年修缮,维修前山门、院墙及南侧台明垮塌,台阶也随之垮塌,而这次对垮塌部分进行了修缮,台明包红砖,砌筑了台阶、院门与围墙,正殿亦重修。前檐额枋重施彩绘,廊的东西墙壁有新绘壁画。殿内有新立塑像,墙壁为新绘壁画。东西墙壁画为连环画式,各 3 排 5 列。

五道庙　位于南北中心街十字路口东北角,正对中心街南街,紧挨 1 座民宅,基础为毛石和灰浆砌筑,面积较大。正殿坐北面南,面阔单间,硬山顶,进深三架梁。前檐额枋上残存有彩绘,门窗尚存,两扇门板分别阴刻"苑家"与"庄记"。殿内墙壁壁画为新绘,正壁有五道神与西侧的土地神、东侧的山神,东壁为《出征图》,西壁为《凯旋图》。庙前为一条东西向水泥路,路的东尽头有 1 座影壁,影壁结构简单,无装饰。

观音殿　位于南侧的交叉路口东南角。正殿基础为毛石和灰土砌筑,台明高 0.8 米,坐东面西,面阔单间,硬山顶,进深五架梁出前檐廊。前檐额枋上残存有彩绘,门窗尚存,内壁壁画已毁。当地观音庙每天早晚各上香一次。观音殿近年曾修缮。

龙神庙　位于村庄南北街最南端的台明上,一株大树下,现存 1 座庙院。院墙新修,院内砖铺地面。正殿坐北面南,面阔单间,硬山顶,进深五架梁。前檐额枋上重施彩绘,门窗为新修。西槛墙上设面然大士龛。殿内有新绘壁画,正面是龙母五龙王与雨师等,两侧分别为《出宫行雨图》与《雨毕回宫图》。殿内供台上,供奉新塑的黄、红、绿三位龙王塑像。正殿东侧尚存禅房二间。

关帝庙　位于南侧的东西街西端,观音殿、龙神庙西侧,为 1 座独立的庙院。四周院墙重修,山门尚存。山门为如意门,硬山顶。院内正殿坐北面南,面阔单间,硬山顶,进深五架梁出前檐廊。前檐额枋上重施彩绘,门窗重修,前廊廊墙两侧悬有修庙时的功德榜,以范姓为主。殿内壁画为新绘。殿前尚存 1 通石碑,但已完全磨平。

灯影楼　位于村南龙神庙东侧的一块高台地上,始建于清末,占地面积 14 平方米。楼基为毛石和灰土砌筑,台明高 1.1 米。楼坐南面北,面阔单间,卷棚顶,进深六架梁。挑檐木出挑较长,前檐额枋木雕卷草、花牙子等。两侧墀头砖雕"喜鹊登梅""凤凰展翅"。楼内侧墙壁遗留有墨书题壁,主要是光绪和民国时期戏班所题。灯影楼内改造成库房,正面被土坯封堵。近年修缮一新。

第九节　邸家庄村

一、自然环境与人文历史

邸家庄村,位于涌泉庄乡东南偏南 4.8 公里处,蔚州古城北墙外壶流河(护城河)之北岸,属河川区。村西紧靠下广(下花园—广灵)公路,村南临壶流河。村庄周围,地势平坦,分黏土、壤土、沙土三种土质,周围辟为耕地。1980 年前后村庄有 362 人,耕地 675 亩,曾为邸家庄大队驻地。

相传,明洪武五年(1372)建城墙时,由任氏兄弟二人为施工工长,曾率民工在此居住,建村后即取名密城庄(偎城之意)。后传,直隶总督方国成居住该村时,命更为邸家庄。村名可考的历史最早见于《(乾隆)蔚州志补》,作"邸家庄",《(光绪)蔚州志》《(民国)察哈尔省通志》沿用。

如今,村庄主体为南北主街结构,规模较大,居民较多。由于该村距离县城较近,又处在平川之上,经济发展很快,村庄的改造亦快。民宅以新房为主,土旧房很少。新村位于整个村庄的南部,旧村位于北部。X418 县道穿村而过。

二、寺庙

据当地长者回忆,村庄未曾修建城堡,旧时村中修建有戏楼、三官庙/观音殿、五道庙。

戏楼　位于旧村中,坐东面西,戏楼南面为一大片荒地,荒地边上有三官庙/观音殿。

三官庙/观音殿　位于一户居民院中,仅存正殿,坐北面南,面阔单间,硬山顶,进深五架梁出前檐廊,中墙分心式,面南三官庙,面北观音殿。殿内壁画、彩绘无存,现堆放杂物。

五道庙　现已无存。

第十节　弥勒院村

一、自然环境与人文历史

弥勒院村位于涌泉庄乡东南 3.6 公里处,属河川区。村庄选址修建在平川之上,村北、东临河沙,周围地势平坦开阔,村南为黏土质,村西为壤土质,辟有大面积的农田,北干渠穿村流过。1980 年前后有 869 人,耕地 1 645 亩,曾为弥勒院大队驻地。

相传,清雍正十年(1732)建村,因村旁有一弥勒寺院,故取村名弥勒院。村名可考的历史最早见于《(乾隆)蔚州志补》,作"弥勒院",《(光绪)蔚州志》《(民国)察哈尔省通志》沿用。

如今,弥勒院村规模较大,村内民宅规划较乱,主要有三个集中区域,公路从村庄的东、南部绕过。村中现有 900 余人居住(图 3.14)。

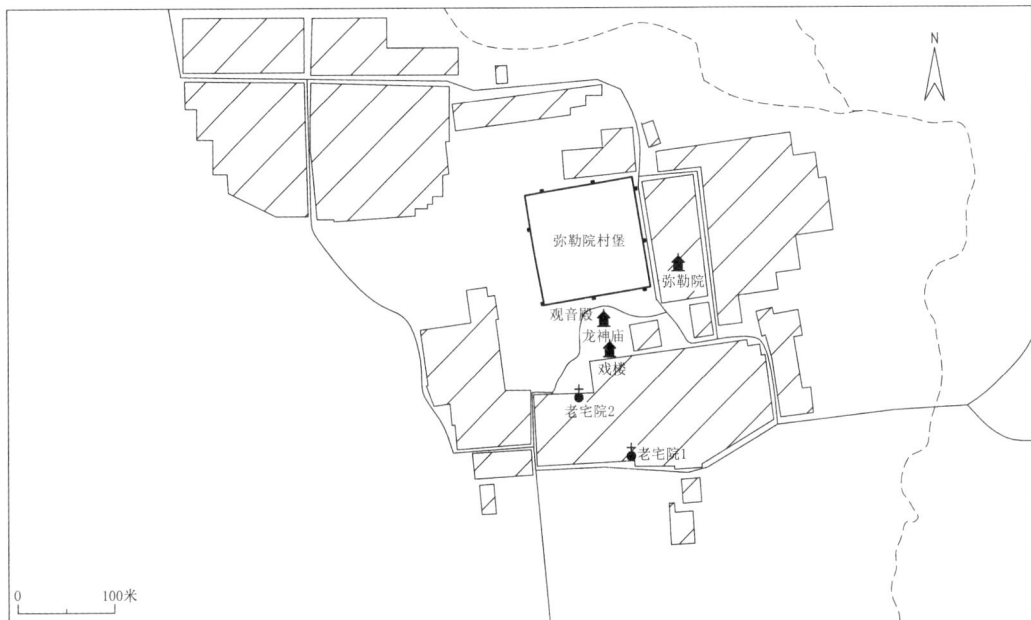

图 3.14　弥勒院村古建筑分布图

二、城堡

（一）城防设施

弥勒院村堡，位于村中台地之上，地势高耸。城堡平面呈矩形，周长约 441 米，开南门。堡内平面布局为十字街结构。堡内地面高于堡外地面(图 3.15)。

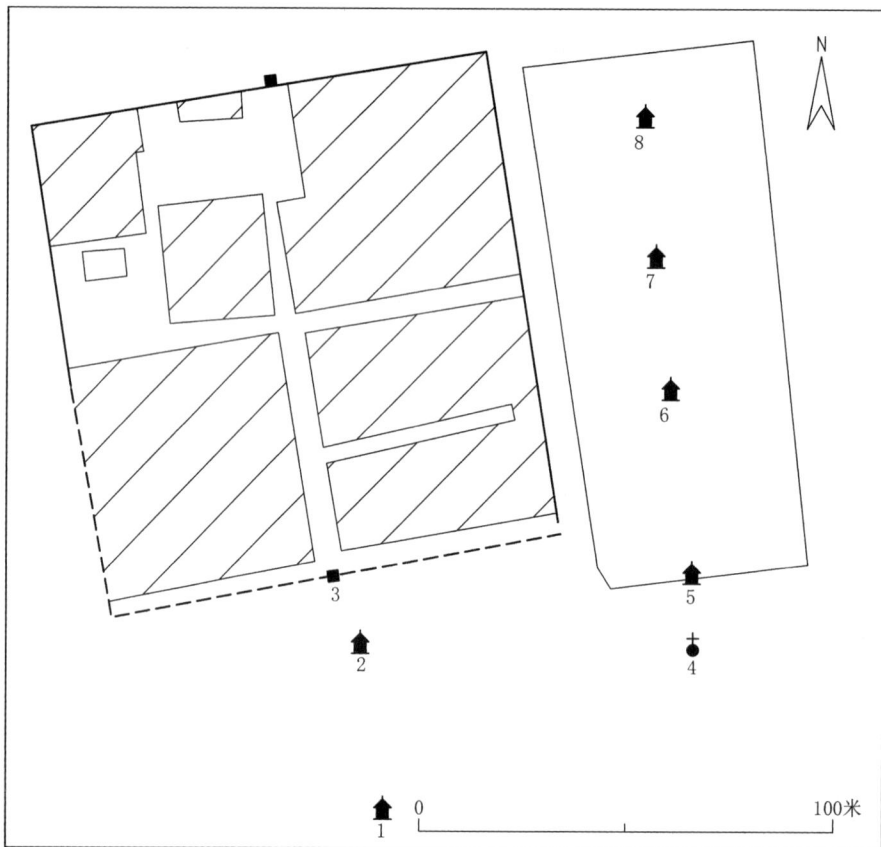

图 3.15　弥勒院村堡平面图

1. 戏楼　2. 龙神庙/观音殿　3. 南门　4. 牌坊　5. 山门　6. 前殿　7. 中殿　8. 后殿

城堡南门于 1984～1985 年重修，在旧条石基础上用红砖砌门洞。门内为宽阔的南北向中心街，水泥路面。门外有夯土台明，为龙神庙/观音殿遗址。寺庙南面为戏楼遗址，仅存台明。

堡墙均为黄土夯筑，到 20 世纪 50 年代时便自然坍塌殆尽，随后被村民陆续拆除。东墙长约 108 米，破坏严重，现存墙体为不足 1 米高的基础，仅南段保存有部分墙体。墙体上及内侧修建房屋，外侧为水泥路。东墙外为规模宏大的弥勒院寺院。南墙无存，现为道路、房屋和荒地，复原长约 112 米。西墙长 59 米，复原长约 112 米。仅存北半部，墙体高厚，壁面斜直，由于修建在台地之上，因此外侧较高，总高近 10 米；但内侧较低，墙体自身高 5～7 米，保存较好。南半部仅存基础，高 3～4 米。墙外为宽而浅的冲沟，内侧南部为房屋，北侧为大面积的耕地。北墙长约 109 米，西段保存一般，墙体高薄，外高 2～5 米。墙外为台地、耕地和冲沟，不远处为民宅和道路，墙体内侧为民宅。北墙中部设有马面，方形，保存较好，高 4～5 米。北墙东段墙体低薄，高 3～4 米。外侧为荒地、道路和民宅，内侧为民宅，东北角及附近北墙无存，为房屋占据。

东南角无存，仅存基础，高 2 米。西北角保存较好，总高 10 米，未设角台，仅为转角，墙体上长有树木。

（二）街巷与古宅院

堡内老宅院无存，堡外尚有数座。老宅院 1，位于村庄南部，公路北侧，广亮门，硬山顶。老宅院 2，位于新村去往旧村的水泥路上，广亮门，硬山顶。

三、寺庙

弥勒院　位于城堡东墙外侧，坐北面南，占地面积 12 000 平方米。主要建筑分布在一条南北向中轴线上，从南至北依次为山门（天王殿）及钟鼓楼、前过殿（弥勒殿）、后殿（大雄宝殿），两侧各有一排庑殿，整座院落与各殿建筑皆保存。据传，山门、前殿弥勒殿建于清乾隆年间；后殿释迦殿（大雄宝殿）为 1926 年由本寺和尚步师傅（宿鸦涧人）兄弟二人化缘、买料所建。当时的木工是李家庄的田老好，泥瓦工是小贯头的梁某。该寺在民国年间曾一度收管灵岩禅寺。"文革"期间，寺庙遭到破坏，寺内珍藏的灵岩寺明代敕赐半部《大藏经》佚失。1998 年僧人住进寺内，不断进行修缮，2002 年又在后殿东西侧建起寮房、香积厨、斋堂、佛堂共二十四间。现该寺已基本恢复原貌并对外开放，成为县级文物保护单位。

山门，过殿式天王殿，坐北面南，单檐硬山顶，面阔三间，进深一间，三架梁中置通天柱，砖木结构，青砖青瓦，脊起双龙，边走兽吼。整体建筑仍是清代风格，只是东侧墀头戗檐用水泥后补，窗格为新建。西侧墀头戗檐砖雕完整，竹林之下是一只回头的鹿，东侧墀头有猴的形象，寓意着"侯禄"。山门内两侧是钟楼与鼓楼，楼下各开碹门，小楼飞檐高翘。山门对面新建了 1 座牌坊，四柱三檐结构，檐下斗拱虽简陋，但确实起到了力学上的支撑作用。山门及两侧的碹门皆未开放。

前殿弥勒殿，单檐硬山顶，面阔五间，进深七架梁出前檐廊。梁架为五架梁前后抱头梁，五架梁正中施短柱、檩缝下施驼峰共承三架梁，梁架未做任何雕作，表面布满彩绘。前廊由六根前檐柱承载，两侧前檐柱各一根嵌于墙内，中间四根前檐柱施阑额，由额相连，抱头梁外端架于柱头，并承撩檐枋。柱础为圆鼓形，雕有兽头。殿内残存有壁画，上部有七处各种形状画面的题字。殿内供奉的主神,已不再是弥勒菩萨,而是换成了观音菩萨的白瓷塑像。据记载,前廊左右原各有钟一面,上铸建寺年月、布施人等,已毁。

前后殿之间原有中殿,现已成为遗址,建有花坛。

后殿释迦殿,面阔七间,进深二间,单檐硬山顶,前出歇山翼角,五架梁出前檐廊。中间三间为释迦殿(大雄宝殿),东二间为藏经殿(观音殿),西二间为亡灵殿(地藏殿)。殿前出前檐廊,由九间组成,两侧飞檐高挑,12根前檐柱支撑前廊,中间八根檐柱,承抱头梁外端,并承撩檐枋。柱础为硕大的圆鼓形,上雕有兽头。梁架结构如前殿。中殿供奉三世佛,正中为释迦牟尼瓷像,两侧立有迦叶与阿难两位弟子。前廊西墙下设龛供奉面然大士。

殿内东西两侧各置隔扇6扇,隔扇上雕刻唐代故事画。东侧隔扇为"李太白醉酒",西侧隔扇为"安禄山造反",雕刻艺术精湛,色彩艳丽,画面逼真。这些内容皆与宗教无关,倒像是戏中的人物。后据殿内师傅忆满介绍,隔扇为明天启年间所造,原属州城内西街的郡王府内,1926年建造释迦殿时,移至此处。如果真是明天启年间所绘,此隔扇的价值非同一般。

前廊檐柱间阑额、替木与撩檐枋等彩绘精美,雀替木雕精致,门窗上的楣板有佛教内容的绘画。两侧山墙上有山花砖雕,保存较为完好。正殿脊顶建1座小塔,六角莲花座上托覆钵塔身与塔刹。

寺内释迦殿东侧住有一位师傅,名为忆满,蔚县人,是一位独臂僧人。据他介绍,民国年间,寺内的师傅为兄弟,是当时五台山主持避难(音如此)师傅的徒弟,而避难师傅为蔚县莲花池人,那时山西的大军阀阎锡山也曾拜避难为师。后殿脊顶的小塔,是由冯玉祥的母亲出资修建,塔身是1座铜塔,"文革"中被毁。由此可见,当年的弥勒寺有一定的背景与影响力。

真武庙　位于北墙马面上,现已无存。

三官庙、五道庙　位于堡内,现已无存。

龙神庙/观音殿、戏楼　位于城堡南门外,现已无存。

第十一节　土均庄村

一、自然环境与人文历史

土均庄村,位于涌泉庄乡东南偏南3公里处,地处丘陵区。北干渠从村西穿过,地势北高南低,多为壤土质,周围辟有耕地。1980年前后村中有922人,耕地2297亩,曾为土均庄大队驻地。

相传,三百多年前建村,当时本村地形象土龙,为使村名各字都有"土"字,故取名土均庄。村名可考的历史最早见于《(乾隆)蔚县志》,作"土均庄",《(乾隆)蔚州志补》《(光绪)蔚州志》《(民国)察哈尔省通志》沿用。

如今,村庄规模很大,分为新旧两部分,水泥路连接新旧村。新村全部选址于平地上,位于整个村庄北部和南部,以南部为主。旧村位于中间的台地上,旧村村口水泥路边为村委会大院和1座影壁。影壁保存较好,坐西面东,硬山顶,面阔三间,东、西檐下正中各有扇形砖制匾额,西侧上书"清善",东侧上书"松风水月"。旧村的东部为大面积的旱地芦苇。村中有1100余人居住(图3.16)。

图3.16 土均庄村古建筑分布图

二、城堡

(一)城防设施

土均庄村堡,位于村中部台地顶部,高于四周村庄约15米,四面临沟。城堡大致呈矩形,周长未知,开东、南门,堡内平面布局为丁字街结构。

城堡东门仅存缺口,城门建筑无存。门外进堡坡道尚存,门对面路边修有影壁,影壁仅存南半部,北半部坍塌。新中国成立后当地修建水渠,水渠从堡正中穿过,将堡分为东、西两片区,拆毁堡南门及门外的观音殿与北墙真武庙。

堡墙为黄土夯筑,边长约60米,规模较小,墙体多系自然倒塌。在村中86岁老人的记忆中,他儿时堡墙便已坍塌殆尽。近、现代村中修建公路,又在堡墙取土,人为拆毁破坏亦严重,如今堡墙保存很差。东、西、南堡墙均无存,仅存北墙东半段、东北角及附近东墙。墙体低薄,仅存基础,高1～3米,部分墙体位置现为土路。北墙外为羊圈。

（二）街巷与古宅院

堡内民宅以土旧房为主,已彻底废弃,大部分坍塌殆尽。村民迁至南面新村居住。

堡外台地的东侧边缘,尚存2座老宅院。土均庄村4号院,广亮门,卷棚顶,墀头戗檐砖雕倒挂蝙蝠,门内有木雕雀替,两侧墙壁有几何纹砖雕墙壁。门内正面是1座影壁,硬山顶,顶下两侧砖雕垂花柱,由如意云头相连,檐下撩檐枋下雕有莲花与"荷包鱼",寓意年年有余。土均庄村3号院,仅存1座硬山顶的门楼。

三、寺庙

据当地86岁的任玉老人回忆,旧村内外曾修建有龙神庙、普极寺、观音殿、五道庙、真武庙。

龙神庙 位于土均庄村堡东南角外,清代建筑,保存较好。庙院处于台地边缘,高出村庄约15米,位置高耸,俯瞰全村。如今,龙神庙仅存正殿,占地25平方米,坐北面南,面阔单间,进深五架梁施通天山柱,前抱厦接后硬山顶,前抱厦为卷棚顶,后正殿为硬山顶。正殿内的地面用方砖铺墁,殿内壁画为当地村民新近重绘,画师为本地本乡人。

正殿正面绘有《龙母龙王坐堂议事图》,共绘七位端坐的神祇,即,正中为龙姑姑神,东侧三神从西至东为:黑脸龙王之神、黄脸龙王之神与白脸龙王之神,西侧三神从东至西为:红脸龙王之神、白黄脸龙王之神与雨神之神。壁画上部为众行雨之神,东、西下角各立一位站立雨官,此两位雨官在东壁水晶宫内分列于龙姑姑的两侧。

东壁绘《出宫行雨图》,画中为龙轿出宫,轿中供奉牌位,龙姑姑立于水晶宫内。西壁绘《雨毕回宫图》,五位龙王与雨师列队归宫,前有令旗手开道,土地神与山神立于右一角恭迎,右上角传旨宫奔马交旨,众行雨之神在图的上部。画的下部有两位捉回的妖精,被装入大袋内,由村民拉着向前走。西壁北侧未见水晶宫,也未见龙姑姑,抬出的轿子也未见回,同时还多了两个妖精。这种不称性在旧时龙神庙壁画中是不多见的。

壁画的下侧是反映当下社会生活的线描画,衣着打扮、拖拉机等农作工具皆是现实的表现。龙神庙西北有 1 座砖雕土心影壁,北为旧村堡门,已毁。

现今村庄村民亦行雨,但仅限本村村民本地行雨,且行雨时不唱戏。

普极寺　位于新村南北主街的南端尽头,为 1 座独立的庙院,庙宇建筑重建于 2010 年。山门为广亮门,十分气派,门内为一进院落。院内有 2 座背靠背的大殿,面北为观音殿,面南为地藏殿,皆面阔三间,但地藏殿比观音殿稍宽。观音殿内有新绘的观音"救八难"题材壁画。地藏殿内仅供奉地藏王菩萨,两侧墙壁上仅题了十殿阎君的名字,并未施壁画。此外还有西跨院,为生活区。

咒诅诸毒药,所欲害身者 念彼观音力,还着于本人	或囚禁枷锁,手足被杻械 念彼观音力,释然得解脱
蚖蛇及蝮蝎,气毒烟火然 念彼观音力,寻声自回去	或被恶人逐,堕落金刚山 念彼观音力,不能损一毛
云雷鼓掣电,降雹澍大雨 念彼观音力,应时得消散	或漂流巨海,龙鱼诸鬼难 念彼观音力,波浪不能没
若恶兽围绕,利牙爪可怖 念彼观音力,疾走无边方	假使兴害意,推落大火坑 念彼观音力,火坑变成池
文殊|观音塑像|普贤	
无	

观音殿、五道庙　位于堡南门外,两者相邻,现已无存。

真武庙　位于北墙上,现已无存。

第十二节　寇家庄村

一、自然环境与人文历史

寇家庄村位于涌泉庄乡东偏南 3.3 公里处,属丘陵区。村西临冲沟、沙河,村南临干渠,地势较平坦,大部分为壤土质,周围辟为耕地。1980 年前后有 857 人,耕地 2 811 亩,曾为寇家庄大队驻地。

相传,寇姓于明崇祯五年(1632)建村,故得名寇家庄。村名可考的历史最早见于《(乾隆)蔚县志》,作"寇家庄",《(乾隆)蔚州志补》《(光绪)蔚州志》《(民国)察哈尔省通志》均沿用。

如今,村庄规模较大,新村由 3 条南北主街和 1 条东西主街组成。民居以新房为主,居民较多。旧村在新村的西南部(图 3.17)。

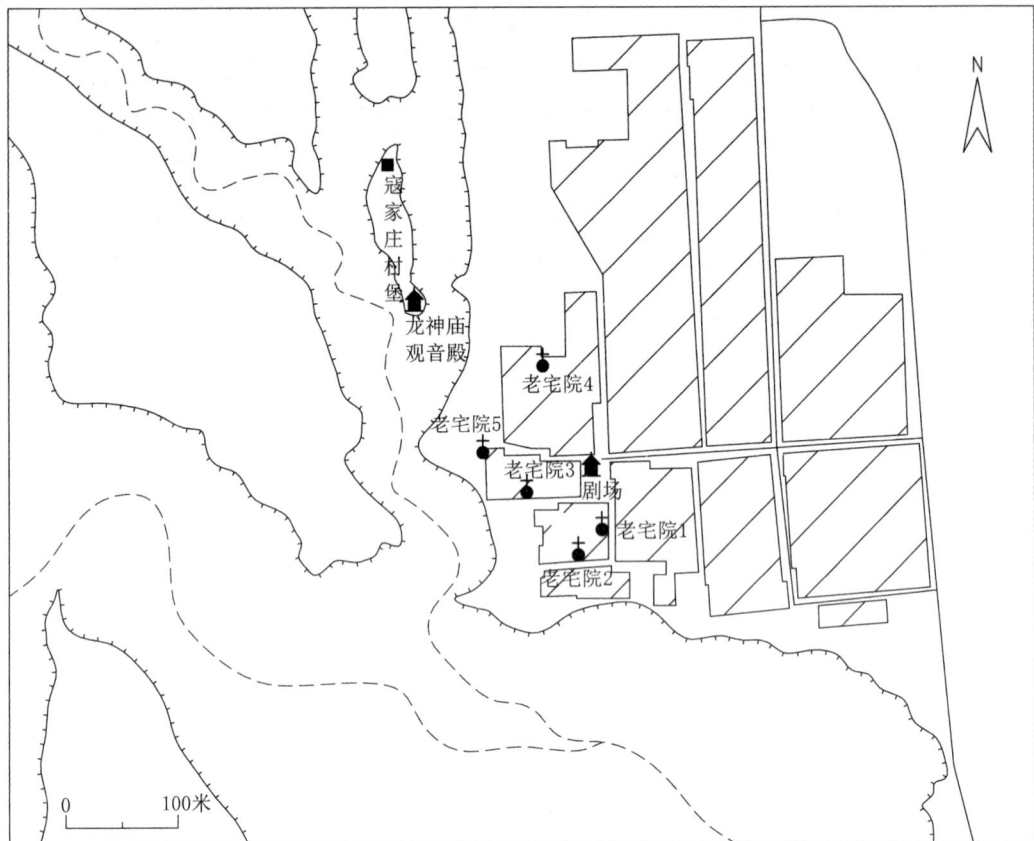

图 3.17　寇家庄村古建筑分布图

二、城堡

（一）城防设施

寇家庄村堡，位于旧村西北冲沟中的台地上。旧村西北的冲沟宽且浅，在两条冲沟和主河道交汇处的台地上即为寇家庄村堡所在地。城堡的东、西、南均为冲沟，地势险要。冲沟中水流较大，沟中多为耕地，城堡仅北面连接大面积的平地。

城堡损毁较早，堡墙以自然坍塌为主，又被近代人为取土彻底破坏。据村中长者回忆，城堡开南门，与北墙马面相对，南门内为南北主街。堡墙墙体无存，仅存北墙马面，高5～6米。

（二）街巷与古宅院

城堡因位置偏僻，交通不便，早已废弃。堡内现为耕地，民宅建筑无存。在田间地头砖瓦块俯拾皆是。村中老宅院主要分布在旧村附近。

旧村位于村庄的西南部，寇家庄村堡东南，西侧紧邻沟涧，尚存5座老宅院及1座剧场(戏楼)。

老宅院 1(77 号院) 位于剧场南侧,一进院,现存硬山顶、广亮门楼、东厢房与正房。现房主名叫涂仁。据涂仁回忆,该宅院已有 100 多年历史,他是涂家的第七代传人。涂家世代以酿酒为业。

老宅院 2 一进院,硬山顶,广亮门。

老宅院 3 位于旧村西侧冲沟的东侧台地上,宅院东面为打谷场。宅院坐北面南,为前后二进院落。现存前院门楼 1 座、东下房 1 座、正房 1 座(三间)、东耳房 1 座、后院门楼 1 座、正房 1 座(五间)。前院正南建随墙门 1 座,东厢房三间,西厢房损毁无存,正北为四架梁卷棚顶过庭三间,东耳房一间,西耳房损毁无存。后院东南角开一角门,正北为正房五间,硬山顶。

该院为北缸房院,村中有四大缸房,此为其一。本村为蔚县酒文化发源地之一。日伪占领蔚县期间,伪县长涂让先即居于此宅院。门口有木匾"寿城增辉"四字楷书,小款为"丁酉科拔员侯……"。该院现由涂氏后人看护。

老宅院 4 位于剧场北。宅门坐西面东,广亮门,硬山顶,保存较好,木雕雀替尚存,院内已废弃。

老宅院 5 位于剧场西侧,东西主街的西尽头路南。宅门坐南面北,门内建有影壁,里面设有二门。

村中路边有 1 通乾隆三十六年(1771)题为"皇清敕赠借补湖北按察司经厅□林郎□□□□左堂显考子壁府君之墓"的墓碑,已断为三段。

三、寺庙

据当地长者回忆,城堡内外曾修建剧场(戏楼)、龙神庙/观音殿、真武庙、五道庙。

剧场(戏楼) 位于旧村中东西主路南侧。剧场是"文革"时期在戏楼的旧址上新建的。剧场坐北面南,南侧有大面积空地,剧场前墙两侧各残有一个"团"与"严"字,应该是那个年代著名的标语:"团结紧张""严肃活泼"的残留。前台的两侧山尖残留有绘画,东侧绘有"沙家浜",西侧绘有"红灯记",还绘有坦克、拖拉机、船与延安的宝塔等形象。隔扇为砖建,墙上留有一行标语:"忠于毛主席,热爱共产党。"

龙神庙/观音殿 位于城堡南墙外侧,紧邻冲沟台地边缘。寺庙仅存正殿,正殿面阔单间,硬山顶。殿内采用隔墙分为南北两庙,面南为龙神庙,面北为观音殿。

龙神庙,前檐额枋上残存有彩绘,门窗仅存门扇和框架,门板上刻有"龙神庙"三个字。殿内梁架上也有残存的彩绘,保存较差。庙宇废弃后,正殿被改造为猪圈,拆除中间隔墙。龙神庙南墙半塌。殿内山墙内壁曾抹过白灰浆,灰浆脱落后露出壁画。东山墙下部用旧砖重砌,下部壁画被毁,只剩上部被白灰浆覆盖,局部露出底画。西山墙保存尚好,表面虽涂刷白灰浆,但画面较为完整。壁画为民国时期作品。东山墙绘《出宫行雨图》,画的左下角为水晶宫;西山墙绘《雨毕回宫图》,画的右侧未见水晶宫,只有土地神与山神站立恭迎。

观音殿,檐下旧墙已塌,采用红砖重新砌筑。殿内表面涂刷白灰浆,壁画无存,殿内梁架的彩绘也无存。

龙神庙殿内墙壁上镶嵌有1通1916年的《重修龙神庙、观音殿碑记》石碑,碑文记载:

> 盖闻创始者永垂后世之功,重修者克绍前人之志,创始固觉其难,重修也非易事也,我寇家庄旧有龙神庙、观音殿,只因历年久远,风雨飘淋,墙垣倾圮,庙貌失色,吾等目观心伤,俱不忍坐视,于是众善人等量力施财,共成善举,经之营之,阅数月,而工程告竣,焕然维新矣。若不勒碑刻铭,何以传诸后世,予不揣固陋,因为之记。里人文生涂镐撰文书。

碑阴刻有施善者姓名与善款额,涂姓占近一半,说明寇家庄以涂姓为主。碑阴左下角记:

> 入二年人丁银一万一千五百文,每一人二百文,入二年布施银二十九万一千七百六十文,入圣寺经谷银三万九千五百三十文,以上共入银四十四万贰钱七百九十一文,出石工银三万八千文,出泥画工银十三万零一百文,出杂永银十三万八千六百九十一文,以上共四十四万贰钱七百九十一文……

观音殿檐下旧墙已塌,用红砖重新砌筑。殿内表面刷涂白灰浆,壁画无存,殿内梁架的彩绘也无存。

真武庙 位于北墙马面上,现已无存。

五道庙 位置已无法复原,现已无存。

第十三节 黄家庄村

一、自然环境与人文历史

黄家庄村,位于涌泉庄乡东南4.2公里处,属河川区。村东南临壶流河,地势较平坦,为壤土和黏土质,周围辟为耕地。1980年前后村中有438人,耕地1266亩,曾为黄家庄大队驻地。

相传,清乾隆四十八年(1783)前,这里曾为本县北深涧黄家的田庄,建村后故取名黄家庄。村名可考的历史最早见于《(顺治)蔚州志》,作"黄家庄堡",《(乾隆)蔚县志》《(乾隆)蔚州志补》《(光绪)蔚州志》《(民国)察哈尔省通志》均作"黄家庄"。

如今,村庄由新、旧两部分组成,规模不大。新村由2条南北主街构成,民宅全部是新房,居民较多。旧村在村庄西南角边上,为村堡所在地(图3.18)。

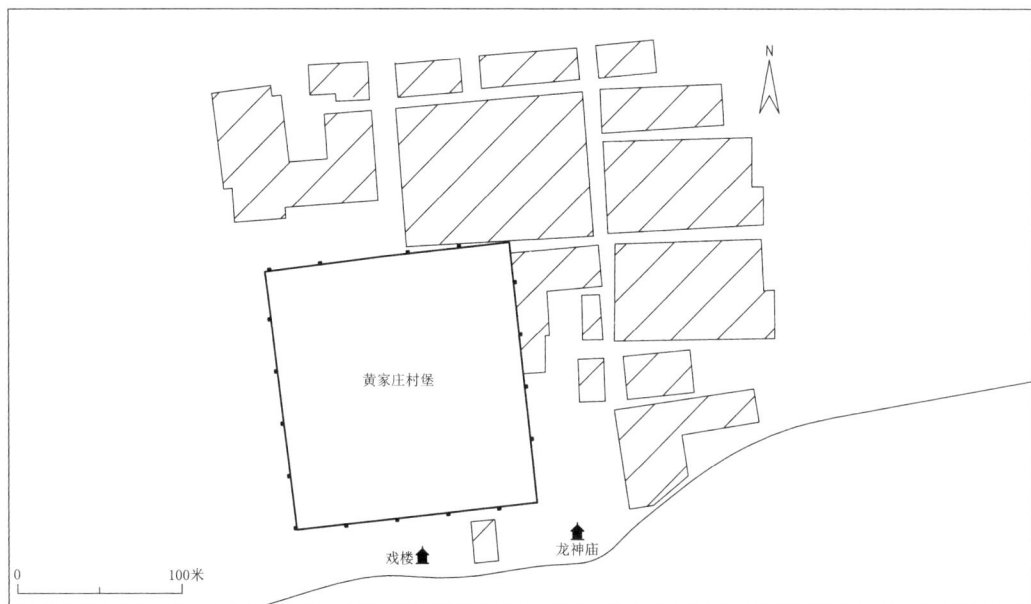

图3.18 黄家庄村古建筑分布图

二、城堡

(一)城防设施

黄家庄村堡,位于村庄西南部的旧村中。堡平面呈矩形,周长约611米,开南门,堡内平面布局为十字街结构(图3.19)。

城堡南门保存较好,砖石拱券结构,基础用条石垒砌,上面青砖起券,内外券均为五伏五券,券上出二层伏楣檐,门顶为木梁架结构(彩版3-8)。顶上置花栏墙,原有关帝庙(已毁)。南门外侧门券拱顶上方镶嵌砖制匾额,字迹漫漶,匾额两侧镶嵌有砖雕装饰,上面涂抹白水泥。内侧门券拱顶上方亦镶嵌石质匾额(拓3.3),正题"宁远",右侧落款"嘉靖贰拾陆年秋七月壹日创建黄家庄」堡",匾左下角区域刻有"首事乡人",其所署人名以"宋"姓为主。

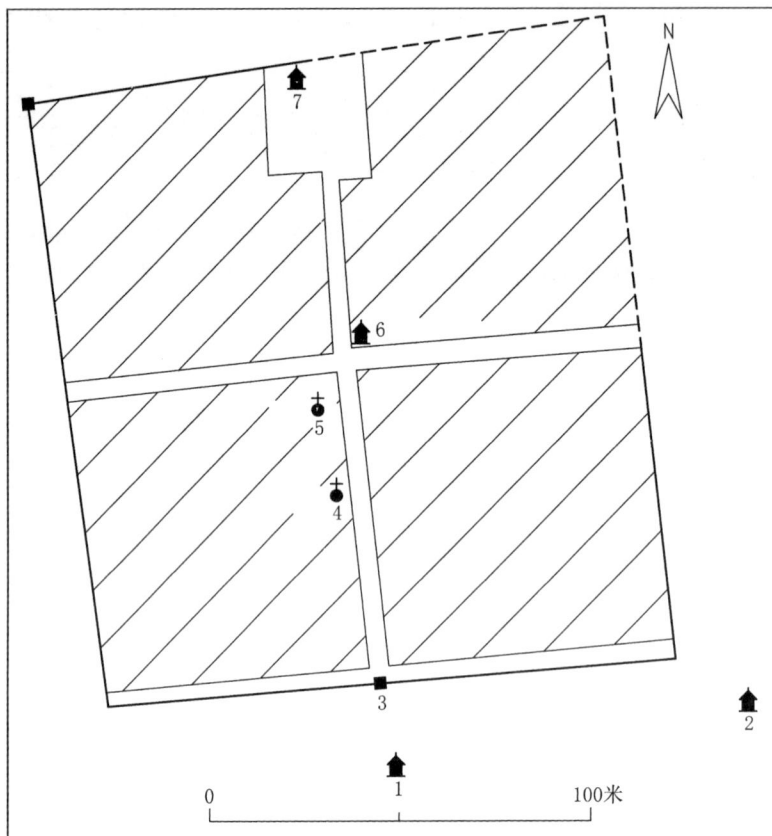

图 3.19　黄家庄村堡平面图

1. 戏楼　2. 龙神庙　3. 南门　4. 供销社　5. 老宅院　6. 五道庙　7. 真武庙

　　堡门内尚存木板门两扇,外包铁皮,有铁蘑菇钉。门内为南北主街,门前为进堡坡道,与门道相同,均为自然石铺成。堡门外立面上有近代土匪攻堡时留下的弹痕,对面15米为倒座戏楼。

　　堡墙均为黄土夯筑,破坏严重,保存较差。东墙长约153米,北段现为村民新宅,墙体无存;南段仅存基础,高3~4米,呈斜坡状,外侧为耕地,种植玉米,内侧为民宅。堡北墙、东墙外不远处为新村。南墙复原长约145米,现存基础,高1米,墙内地面高于墙外。墙体外侧为荒地,内侧为道路和民宅。西墙长约157米,墙体低薄,坍塌严重,现存多为坍塌形成的斜坡,局部较高,高4~5米,墙上多长草木。墙体内侧为民宅,外侧为荒地、道路、耕地以及树林。北墙长约156米,西段保存一般,墙体多坍塌呈土垅状,上面长有草木,墙体低厚,局部墙体高4~5米。北墙西段内侧为民宅,外侧为荒地和道路。北墙中部设有马面,马面呈矩形,体量大,高6~7米,保存较差,仅存西半部,东半部为水泥路破坏。马面顶部树立村委会广播喇叭,马面已改造为庙台,内外均突出墙体。北墙东段大部分墙体无存,现为新村内的道路,仅东北角还保存有一小段墙体。墙体高薄,高4米。

拓3.3　涌泉庄乡黄家庄村堡南门内侧门额拓片(蔚县博物馆　李新威　提供)

东南角未设角台,仅为转角,现存斜坡。西北角设 90°直出角台,保存较好,高 5～6米,高于墙体。西南、东北角无存,为平地。

（二）街巷与古宅院

堡内民宅以土旧房为主,新房、老宅院较少,房屋多废弃、坍塌,居民较少。十字街的西南角有 1 座老宅院,比较有特色,正房低于两侧的耳房。中心街南街西侧尚存有近代的供销社,已废弃。

三、寺庙

据当地长者回忆,黄家庄村堡内外曾修建有戏楼、龙神庙、龙亭、五道庙、关帝庙、真武庙。

戏楼　位于黄家庄村堡南门外,保存较好,坐北面南,正对南堡门及门上关帝庙。戏楼面阔三间,卷棚顶,进深六架梁。砖石台明基础较高,高 1.3 米,后台明高 2.8 米,台明外包石,局部用水泥修补,顶部四周铺石板。前檐柱 4 根,后金柱 2 根,古镜柱础。戏楼前檐额枋尚残存彩绘及龙首撑拱,雕狮子绣球雀替。戏楼内堆放木料,楼内梁架上也施有彩绘。墙壁原绘有壁画,但表面多涂刷白灰浆,内容漫漶。山尖有残存的壁画,保存较差。隔扇无存,后台开有后门,已封堵。

龙神庙　位于城堡东南角外的坡地上,四周为耕地,南侧有道路,地势较高(彩版 3-9)。

庙院坐北面南,仅存正殿。正殿面阔三间,单檐硬山顶,进深六架梁出前檐廊,檐柱与金柱间施抱头梁与穿插枋,五架梁上施驼峰与短柱承三架梁,平梁上施很细的叉手、合踏与蜀柱。前檐下枋、垫板、檩尚存,柱间楣板存。前檐额枋尚残存部分彩绘,门窗无存,为土坯封堵。殿内堆放柴草,殿内后墙已坍塌,东、西山墙壁画较为完整。西墙壁画中判官手持一幅卷轴,上面写有一首求雨的吉祥语,落款时间为"光绪二十四年五月重修"。正殿东侧尚存一间耳房,已改造为库房。

东山墙绘有《出宫行雨图》,画面主体部分为五位龙王与雨师骑瑞兽行雨,一辆水车载满雨水供行雨之用。前面的是雷公、电母、风伯、风婆、四目神等神,中间簇拥的是四值功曹、商羊、青苗神夫妇、钉耙神等神,后面紧随的是判官与传旨官。传旨官策马扬鞭传达行雨的圣旨,判官紧随其后生怕漏了降雨的记录。画面的左侧是水晶宫,龙母在宫中端坐,云神伴与其侧,释放一缕卷云。水晶宫前匍匐一人,不知是何方神祇。画的底部表现的是人间的场景,左侧有堡门,上书"黄家庄堡",堡门外有挑担的、骑马的、打伞的、肩背农具的人,匆匆向着堡门奔去,只有远处的3位躲在山洞之中。

西山墙绘有《雨毕回宫图》,画面主体部分为五位龙王与雨师行雨后骑马回宫。右上角玉帝伸出一只大手,传旨官骑着骏马飞奔,左手伸出举着圣旨,向玉帝回旨。传旨官下方为雷公,但奇怪的是雷公没有将鼓收回,而是散开成半圆形。画面的右侧未见水晶宫与龙母,只有土地神与山神立于右下角,恭迎龙王与诸神归来。画面中部还有两位长着马面,留着长须,戴着官帽的雨官。

龙亭　位于南门外的东侧,紧贴南墙。龙亭为单坡顶,已坍塌。

五道庙　位于堡内十字街东北角,庙毁塌于两三年前,现仅存遗址。

关帝庙　位于南堡门顶部,现已无存。

真武庙　位于北墙马面上,现已无存。

第十四节　独　树　村

一、自然环境与人文历史

独树村位于涌泉庄乡东偏北4.7公里处,属丘陵区。村东、西南均有大小不等的冲沟,地势较平坦,大部为壤土质,周围辟为耕地。1980年前后有821人,耕地3 138亩,曾为独树村大队驻地。

相传,战国时代建村于一棵高大的柳树旁,故得名独树村。村名可考的历史最早见于

《(乾隆)蔚县志》,作"独树村",《(光绪)蔚州志》《(民国)察哈尔省通志》沿用。

如今,村庄规模很大,居民较多,由一条东西主街和两条南北主街构成,229乡道穿村而过。村委会位于村中东西主街和西侧南北主街的交汇处,附近路边有漫漶的石碑。这条南北主街的南尽头为1座新建的大影壁,影壁上书红字"独树村"。旧村位于新村的西南部。村中姓氏较杂,现有1000人左右。村西北为独树水库,水库规模较小,土坝,只汇集了北杨庄、宿鸦涧、独树三个村庄间冲沟内的水,具体说只有两条较大的冲沟。旧村西南部有一片废弃的老校址。

二、民居

独树村历来未建城堡,以四面濒沟涧为天然险阻。旧村中尚有多座老宅院,主要集中在东西主街的北侧。

老宅院1 大门无存,门内正对影壁,破坏严重。门内分东西两户,两个院子共用一个厢房,东院为西厢房,西院为东厢房,厢房背靠背。西侧院正房面阔三间,卷棚顶;东厢房面阔五间。

老宅院2(46号院) 广亮门,卷棚顶。

老宅院3 一进院,广亮门,卷棚顶。

老宅院4 一进四合院布局,院门开于倒座房南墙上,随墙门,券形门洞。门西侧辟2个圆形窗户。门内为厅,东侧有单坡顶门房,正面设影壁,影壁西侧为拱券形院门。院内为砖铺地面。正房面阔五间,硬山顶。西厢房面阔三间,单坡顶。

三、寺庙

据当地长者回忆,村中曾修建有戏楼、三官庙/观音殿、老君观(东庙)、关帝庙、五道庙(2座)、龙神庙。

戏楼 位于村中心,南北街南端影壁的西侧,保存较好。戏楼坐西面东,前为宽敞的广场,对面的龙亭、关帝庙已毁。戏楼面阔三间,卷棚顶,进深六架梁。基础较低且已重修,台明里面包砌红砖,顶部四周用水泥抹平。维修时为增大演出面积,将地基向东扩建,因此比例不协调。前檐额枋残存沥粉贴金"梅兰竹菊"四君子,雀替雕卷草、龙回首等,前后出较长的挑檐木。戏楼内地面用条砖铺墁,楼内墙壁表面涂刷有白灰浆,东墙上涂黑一块作黑板用,上写有"社会主义文娱阵地"等字。壁画破坏严重,从颜色上看应是清末民国时期作品。山尖壁画保存一般,南山尖绘水墨"八蜡庙"。隔扇仅存框架,隔扇替木间垫板上留有彩绘,两侧各有两幅,中间应为三幅,惜已毁,画中内容皆为戏中人物。后台西壁绘一麒麟,回首望日。后台有多处题记,为"光绪十五年""道光七年"等。

三官庙/观音殿　位于村西南,涧沟的边缘台地上,为 1 座独立的庙院。三官庙曾改作教室,与前面新建的房屋一起曾是 1 座学校。据村民回忆,这所学校民国时便已存在。大门为近代所改造,门前台阶踏步部分为石碑,表面已磨平,字迹漫漶。院内为砖铺地面。正殿由南侧的三官庙与北侧的倒座观音殿组成,单檐硬山顶,进深七梁架出前檐廊,前檐柱与金柱间施抱头梁。南侧的三官庙占有四椽进深,北侧的观音殿只有二椽进深。

三官庙前檐额枋尚存部分彩绘。前廊的梁架上有彩绘的人物画,前廊替木下的楣板绘画尚存,两侧各两幅,中间为四幅,画中内容为花草。门窗无存,现用砖封堵。两侧山墙墀头的砖雕、山花尚存。殿内堆放杂物,壁画无存,墙壁表面刷涂有白灰浆。

北侧倒座观音殿,北门已被封堵,东侧开设一道边门。观音殿门窗无存,屋顶有部分坍塌。殿内堆放柴草,墙壁上尚有残存的壁画,表面刷涂有白灰浆,破坏严重。明间与东次间尚可辨认,西次间人物形象模糊。从颜色上看,其应为清末民国时期作品。正面为《观音坐堂说法图》,明间正中观音赤足,手指纤细,顶有项光。观音两侧东为龙女,西为善财童子。东次间为武财神,外侧为手持大刀的武将,东上角为伽蓝护法神。西次间为文财神,但形象模糊。两侧壁画毁损严重,下部各为 9 位罗汉,上部观音"救八难"场景,其中尚有榜题残存,以下依据残存文字推测代表的是哪一难。

推落大火坑	降雹澍大雨
(榜题毁)	临刑欲寿终
气毒烟火燃	手足被杻械
各执刀加害	(榜题毁)
观音坐堂说法图	
三官庙	

老君观　又称东庙,位于旧村东部,庙前面为一片荒地。老君观坐北面南,正殿面阔三间,单檐硬山顶,进深六架梁出前檐廊,五架梁上施驼峰与短柱承三架梁,前檐柱与金柱间施抱头梁,前檐额枋上还有残存的彩绘。门窗破坏严重,前坎墙多坍塌,墀头砖雕尚存,殿的脊顶东侧已破损。正殿内堆放柴草,殿内墙体多开裂起翘,残存有壁画。壁画表面涂刷有白灰浆,并为屋顶漏下的泥水覆盖。西壁壁画较为完整,东壁南侧残损。从壁画颜色上看,其应是清代中后期的作品。

东壁与西壁为连环画式,4 排 10 列。壁画内容很乱,主体是修行故事,类似于真武修行图,却又有成佛证果,又有诸教主、真君、天君,西壁还穿插有老子八十一化的内容。

东壁

（画毁）	（画毁）	（画毁）	（画毁）	（画毁）	（画毁）	辞家慕道	请主还朝	东门遇生	□□遇老
（画毁）	（画毁）	（画毁）	（画毁）	（画毁）	昭公赐□	为□□吏	礼诱仲田	芦草穿膝	（榜题毁）
（画毁）	（画毁）	（画毁）	（画毁）	（画毁）	（画毁）	（画毁）	□□□□□真君	大法天师	□□□□
（画毁）	（画毁）	（画毁）	（画毁）	（画毁）	（画毁）	（画毁）	混元教主路真君葛真君	洞□教主马元君	□□教主祖天君

西壁

南门遇病	西门遇□	老僧点化	夜半出城	箭射九鼓	三人举象	十二重楼	巢喜冠顶	诸魔显化	成佛证果
古佛赐钵	古佛传经	第十八化诞圣日	第十七化授隐文	（榜题毁）	第十五化住崆峒	第十四化始器用	第十三化教稼穑	（榜题糊）	第十一化（榜题糊）
第八化变真文	第七化受玉图	第六化隐玄灵	（被遮挡）	第四化历劫运	（残像）	（残像）	（被遮挡）	（被遮挡）	（被遮挡）
喜献宝像	三天命诏	悟竿成针	（被遮挡）	（灰浆遮）	（被遮挡）	（被遮挡）	（被遮挡）	（被遮挡）	（被遮挡）

从修行图来看,东西两壁无序,如东壁有作太子时的"遇生""遇老""辞家慕道",也有修行中的"芦草穿膝";西壁有作太子时的"遇病""箭射九鼓"等,也有修成证果后的"古佛传经"。更不可理解的是,西壁第2排与第3排有老子八十一化中的前十八化的内容,可识的十八化内容与暖泉镇砂子坡老君观与佳县白云山白云观《老子八十一化图》的顺序一致,但在构图上又不尽相同,可判定这两处的老子八十一化图并非出于同一版本。

由于东壁画面有一多半已损毁,西壁北下部又被白灰浆与草堆所遮,目前还无法研判此堂壁画所表达内容的内在联系,也无法得知为什么将老子八十一化图与修行图两个不同的内容混在同一壁画中。

关帝庙 位于村中心,戏楼对面,现已无存。

五道庙 2座,位于关帝庙东侧,现已无存。

龙神庙(西庙) 位于村内西部,现已无存。

第十五节 宿鸦涧村

一、自然环境与人文历史

宿鸦涧村,位于涌泉庄乡东北4.3公里处,属丘陵区。村东临沙河,村中有一条东西沟涧,地势西北高东南低,为壤土质。1980年前后有居民556人,耕地2 724亩,曾为宿鸦涧大队驻地。

相传,唐朝末年建村于沟涧旁,因沟涧中常有群鸦栖宿,故取名宿鸦涧。村名可考的历史最早见于《(顺治)蔚州志》,作"宿鸦涧堡",《(乾隆)蔚州志补》作"宿鸦涧",《(光绪)蔚州志》《(民国)察哈尔省通志》沿用。

如今,一条冲沟将宿鸦涧村分为新、旧两部分,南面为新村,北面为旧村,两者以土坝相连(图3.20)。新村规模较大,民宅以新房为主,居民较多。村庄由东西、南北主街组成,229乡道穿村而过。

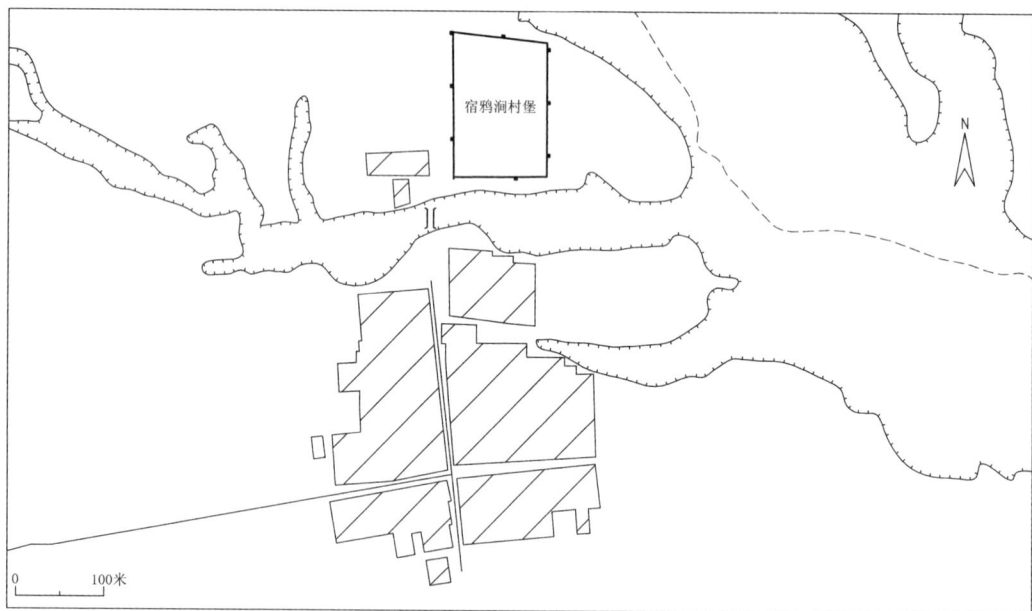

图3.20 宿鸦涧村古建筑分布图

二、城堡

(一)城防设施

宿鸦涧村堡,位于旧村中,周围地势平坦、开阔。城堡南临冲沟,东近沙河。沙河较浅,底部宽平,尚有流水。城堡平面呈矩形,周长约528米,开南门,堡内地面高于堡外。堡内平面布局为南北主街结构(图3.21)。

城堡南门于20世纪40年代拆除,现为缺口,门道、门外地面为自然石铺成的进堡坡道,门内为南北向中心主街。南门外为寺庙群,建有关帝庙、马神庙、龙亭、观音殿(彩版3-10)。此外,在堡西南角与涧沟之间修建有1座简易门,如今门立柱尚存。

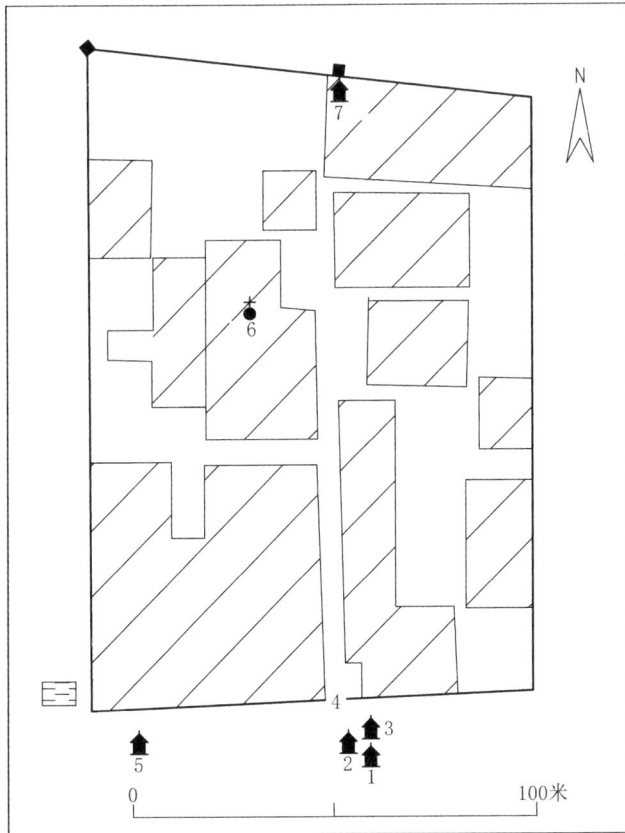

图 3.21　宿鸦涧村堡平面图

1. 关帝庙　2. 观音殿　3. 马神庙/龙亭　4. 南门　5. 戏楼　6. 老宅院　7. 真武庙

城堡墙体均为黄土夯筑，保存较差。东墙长约 146 米，墙体连贯、低薄，多坍塌，墙高 3～4 米。内侧为倚墙修建的民宅，外侧为耕地。墙体中部设 1 座马面，高 4～5 米，高于墙体，但体量较小。南墙长约 111 米，东段墙体修建在台地边缘，因此外侧较高，总高 6～7 米，墙体自身高 2～4 米，破坏严重。墙体外侧为冲沟和荒地、耕地。南墙西段保存相对较差，墙体低薄、断续，高 2～3 米。西墙长约 163 米，保存较差，墙体断续、低薄，多坍塌，仅存基础或斜坡，高 3～4 米。墙体外侧为荒地、耕地和顺墙道路，内侧为民宅。西墙外有土路，可穿过铁路去往连寨场和席家嘴等村。西墙未设马面。北墙长约 108 米，保存一般，墙体高薄，墙体外侧高 4～5 米。墙内外为荒地、耕地，北墙外不远处有铁路桥。北墙中部设马面 1 座，平面呈矩形，马面体量较大，高 5～6 米，外立面包砖，保存较好，顶部修建有真武庙。

东南角未设角台，仅为转角，因修建在台地上，利用了部分台地，故外侧较高，总高 6～7 米，转角自身高 3～4 米，外下为荒地和耕地。西南角未设角台，仅存转角的基础部分，高 2 米，上面修建有民宅。西南角外不远处有干涸的水坑，边上长有许多高大的树木。

西北角设 135°斜出角台,保存较好。东北角未设角台,仅为转角。

(二)街巷与古宅院

堡内民宅以土旧房为主,多废弃、坍塌,形成小面积的空地。目前堡内居民较少,仅不足10 人居住,大部分搬迁至新村。老宅院较少,在北部主街西侧有 1 座老宅院,保存较好。

三、寺庙

据当地一位 76 岁的马姓老人回忆,宿鸦涧堡内外曾修建有关帝庙、马神庙/龙亭、观音殿、真武庙、戏楼、五道庙(2 座)、泰山庙、龙神庙。其中南门外台地边缘是一组坐东面西的庙群(关帝庙、马神庙/龙亭、观音殿),整个建筑群坐落在高 1.5 米的砖砌庙台上,东、南、西三面临沟涧,4 座庙宇实际起到了屏障、围护村堡的作用。除现存的外,庙宇多拆毁于 20 世纪 40 年代。

关帝庙 位于城堡南门外,南侧临涧沟边缘,面对进村主街。关帝庙仅存正殿,坐东面西,面阔单间,硬山顶,进深四架梁,挑檐木出挑较长,用木柱支撑,形成前廊,门窗保存一般。殿内墙壁上全部涂抹草拌泥,其后涂刷白灰浆,因而壁画破坏严重。从颜色上看,其应该是清末民初时期的作品。

马神庙/龙亭 位于城堡南门外、关帝庙北侧,与关帝庙相邻。正殿位于台明上,坐东面西,面阔二间,硬山顶。门窗已全部改造。两间殿中北侧殿为马神庙,南侧殿为龙亭。如今亭内贴有一块神牌,上书"龙姑娘之位牌"。两主殿之间有 1 座小屋,为旧时看庙人的居所。

当地传说,宿鸦涧堡龙神庙是西柳林南堡龙神庙龙姑奶奶的娘家,龙姑奶奶的嫂子是南门子人,宿鸦涧与南门子本没有直接的关系,因西柳林南堡而间接地联系到了一起。

村中涧沟之西南方向龙神庙未毁之前,每年六月十三日,村民必须到龙神庙内念经祭拜。本村龙神庙毁塌后,才更多地请西柳林南堡的龙姑奶奶回娘家佑民。

观音殿 位于城堡南门外,紧贴关帝庙北山墙,坐南面北,北对村堡主街,面阔单间,单坡顶,进深一椽,殿前设有五级台阶踏步。

真武庙 位于北墙马面上,正对南堡门。寺庙为 1 座庙院,院门改造成西式风格,门楣上的门匾用水泥雕出阳文"宿鸦涧"三字,门顶上嵌五角星。院内有高大的砖砌台阶直达马面顶部,两侧为废弃的房屋。真武庙正殿坐北面南,面阔三间。木构建筑 20 多年前毁于火灾,如今只剩下三面墙体。壁画无存。其中北(后)墙外立面中部有 1 座神龛,旧时龛内供奉一位神祇,神像画于木板之上,神像身骑老虎、手持钢鞭,面向堡北。

戏楼 位于城堡西南角外,为近代建筑,2006 年自然倒塌,仅存基础和后墙。

五道庙 2 座,1 座位于戏楼西侧,1 座位于城堡南侧。庙宇建筑虽毁,但如今村庄有人故去时,亲属仍使用五道庙。五道庙虽是村中送亡灵的场所,但并非唯一。村中有人故去后,在出殡前,家人每晚要到村中各庙烧纸,在五道庙中由孝子送钱串。此外,旧时如果村中有孩童被狼吃掉,村民们也要到五道庙内念经,保佑其他孩子的平安,念经时会在五道庙的门上张贴楹联,内容是:"汤子驾下忠良将,太君封过五道神。"

泰山庙　位于城堡南侧,现已无存。

龙神庙　位于堡南约1里处,现已无存。

第十六节　连　寨　场　村

一、自然环境与人文历史

连寨场村,位于涌泉庄乡东北3.8公里处,地处壶流河北岸丘陵区。村北临大沙河,地势较平坦,大部为壤土质,辟有大片耕地。1980年前后村中有居民297人,耕地1349亩,曾为连寨场大队驻地。

相传,约三百年前,本县汤庄子连姓弟兄俩于此建寨,名连家寨。1961年分成两村,因该村址曾是老寨村的场面,故名连寨场。村名可考的历史最早见于《(乾隆)蔚州志补》,作"连家寨",《(光绪)蔚州志》《(民国)察哈尔省通志》沿用。

如今,村庄南面为新村,北面为旧村,柏油路穿新村而过。新村南面为铁路和路桥涵洞。村中居民以连姓为主,旧村内尚有三四十人居住。

二、城堡

(一)城防设施

据当地长者回忆,旧时村庄曾修建城堡,开南门,南门外为戏楼。目前城堡损毁严重,大部分堡墙自然坍塌无存,现仅存少部分西、北墙。西墙残长约188米,总体保存较好,高薄连贯,残存高度3～4米,内侧为民宅,外侧为道路。北墙残长约239米,位于旧村北部,低薄、多坍塌,内侧为民宅和荒地,外侧为荒地和顺城道路,北面不远处为河道,可见连寨湾村。

西北角未设角台,现存为转角。从墙体的结构看,残存的墙体与庄墙类似而非堡墙,墙体上的版筑接缝明显,且墙体质量较差。据推测,旧村应都处在墙体的包围之中,但是目前南墙和东墙无存,故无法确定四至范围。

(二)街巷与古宅院

旧村内的街巷格局并不规整,整体布局呈扇形。旧村大队部北面有一小片空地,空地的北面有3条街道。这3条街道即为旧村里的主要街道。街道内的民宅以土旧房和老宅院为主,多废弃、坍塌,新房较少。老宅院多为100年左右的房屋,总共有14座老宅院。

西侧南北街 南端正对1座影壁。影壁面阔三间,基座有束腰,从建筑风格考察,应是1949年前后所建。街内尚存4座老宅院,即老宅院11~14。

中部南北街 街内尚存4座老宅院,即老宅院7~10。

东部南北街 街内尚存6座老宅院,即老宅院1~6。

三、寺庙

据当地长者回忆,村中曾修建有戏楼、关帝庙/观音殿、五道庙、真武庙、泰山庙。

戏楼 清代建筑,位于旧村南部的一块空地中,北为场院,西、南为街巷(彩版3-11)。戏楼周围有古油松树6株,树冠高大,郁郁葱葱,树龄300年,并立有保护标志。戏楼整体保存较好,结构完好,为蔚县众多戏楼中的典型代表。据村民回忆,其为仿照崔家寨戏楼而建。戏楼坐南面北,面阔三间,单檐六檩卷棚顶。台明外立面包砖,顶部四周边缘铺石板,山墙前后出挑檐木,长达3.5米。前檐额枋残存彩绘,明间鼓形柱础,西侧开卯,次间古镜柱础。戏楼内为土地面,梁架用材规矩粗壮。两侧山墙内壁残留有壁画,原为四幅屏风山水画,现已残毁严重。从颜色上看,其应是清末民初的作品。前后台置木隔扇,隔扇只有东侧尚存一门,其余仅存框架,上面还残存少量民国时期彩绘。明间正中梁上悬匾,匾上覆盖一层白灰浆,上书"乐和来格""大清咸丰六年张中立书",次间匾用小楷书"创建戏楼……酬谢神灵按人丁庙……咸丰八年七月"。戏楼内东、南墙上有多处墨书题壁,为从咸丰年间直至20世纪50年代的标语。题记中提到的戏班有:人清班、双嘉班、五福班等。题记中还有关于《三国演义》的打油诗等。

戏楼北面为一片空地,空地北面原建有关帝庙/观音殿,现为近代的大队部旧址,寺庙建筑无存。

关帝庙/观音殿 位于村南部,对面为戏楼。

五道庙 位于村中,现已无存。

真武庙 位于村北,现已无存。

泰山庙 位于村西北,现已无存。

第十七节 连寨湾村

一、自然环境与人文历史

连寨湾村位于涌泉庄乡东北3.9公里处,地处丘陵区。村庄处于沙河北岸一级台地上。沙河河道宽阔，约有50～100米，旧时常有水患发生，为防止洪水冲入村庄，曾在其上游建过一条分洪坝，现已拆除。村庄周围地势较平坦，大部壤土质，辟有大片耕地。1980年前后村中有205人，耕地1058亩，曾为连寨湾大队驻地。

村名来历与连寨场村同源，但因该村地处沙河北湾处，故名连寨湾。村名可考的历史最早见于《(乾隆)蔚州志补》，作"连家寨"，《(光绪)蔚州志》《(民国)察哈尔省通志》沿用。

如今，村庄规模很小，民宅以土旧房为主，房屋多废弃坍塌，居民以连姓为主。

二、街巷与古宅院

连寨湾旧村未修建城堡，南村口处尚存有1座影壁。影壁正对村北台地上的真武庙。影壁为土坯修建，现存一半，西侧已塌毁。影壁北侧为村中心主街，主街两侧为居民房屋，以土旧房为主，多废弃、坍塌。村中居民较少，仅剩4户4人居住。由于沙河不时暴发洪水，大部分村民早在20年前便开始陆续搬迁到连寨场村居住。

老宅院1 位于主街西侧，一进院，大门坐西面东，随墙门，硬山顶，檐下有砖雕装饰。

老宅院2 位于主街西侧巷中。大门坐北面南，随墙门，硬山顶，檐下砖雕精美。枋间雕刻有持如意与元宝的2位财神，两侧垂花柱间砖雕精美，内容为"莲花童子"，此种题材蔚县境内较少见。

三、寺庙

据当地80岁长者回忆，村中原修建有真武庙、五道庙、火神庙、三官庙、关帝庙。除现存者外，其余庙宇皆在"文革"时期拆毁。

真武庙 位于村北台地上。真武庙仅存正殿，坐北面南，面阔单间，硬山顶，进深四架梁出前檐廊。正殿门窗无存。前檐额枋上有残存彩绘和装饰，殿内为砖铺地面，脊檩上绘有彩绘《八卦图》。殿内墙壁曾抹过白灰浆，壁画破坏严重，漫漶不清。两侧山墙壁画分别为4排4列的连环画形式。从壁画色彩来看，其应为民国时期的作品。个别画中可见榜题，但字迹漫漶。真武庙正殿前有一株松树。正殿西侧有1座西耳房，坐北面南，面阔单间，卷棚顶，进深四架梁。由于台地西侧边缘垮塌，耳房西墙已连带塌毁，坡地散布青砖。

五道庙、火神庙 位于村南，现已无存。

三官庙、关帝庙 位于村东北台地三株松树处，现已无存。

第十八节 老 寨 村

一、自然环境与人文历史

老寨村位于连寨场村北侧洞沟北面的台地上,《蔚县地名资料汇编》以及蔚县诸版方志中均失载。村庄界于席家嘴与连寨湾村之间,其东、南临沙河,西邻冲沟,周围地势狭小。

村庄内民居全部是土旧房屋,以平房为主,窑洞式房屋较少,房屋大部分已废弃、坍塌。

二、城堡

老寨村堡,位于村中,平面呈狭长的长方形,东西长,南北短,开南门。城堡破坏严重,现仅存 88 米的北墙墙体及西北角。北墙位于台地的边缘,高 4～5 米,基础部分厚 1.5～2 米。墙体外侧为荒地和耕地,内侧为倚墙修建的民房。东北角坍塌,形制未知。东墙大面积坍塌,现为冲沟。南墙、西墙无存。

老寨村曾经有 70～80 人居住,村民以宋姓为主。目前只有一位 80 岁的连姓老人居住,村民大多和连寨湾的村民同时搬走。

三、寺庙

据连寨湾村的 80 岁长者回忆,老寨原修建有真武庙、五道庙、观音殿共 3 座庙宇。

真武庙 位于村北,现已无存。

五道庙 位于村中,现已无存。

观音殿 位于村中偏南一株大松树下,坐南面北,正对城堡南堡门。观音殿仅存正殿,面阔三间,硬山顶,进深四架梁,现存西墙和南墙,其余部分坍塌。

第十九节 北 杨 庄 村

一、自然环境与人文历史

北杨庄村位于涌泉庄乡东北 2.4 公里处,属丘陵区,地势略西北高东南低。村庄修建在平坦开阔的平川上,壤土质,东、北临沙河。沙河河道宽而浅。村东有新修的水泥坝,大坝北面为小型水库,大坝为进村的主干道。1980 年前后村中有 574 人,耕地 2 430 亩,曾为北杨庄大队驻地。

相传,明末清初建村于蔚州古城北的向阳坡处,取名北阳庄,又因杨姓多,遂名为北杨庄。村名可考的历史最早见于《(顺治)蔚州志》,作"北阳庄堡",《(乾隆)蔚县志》《(光绪)蔚州志》,作"北阳庄",《(民国)察哈尔省通志》作"北杨庄"。

如今,村庄规模较大,由 1 条东西主街和 2 条南北主街组成。村庄分为新、旧两部分,两者连接在一起,东面为旧村,西面为新村,229 乡道穿村而过。目前村中居民不足700 人,以张姓为主(图 3.22)。

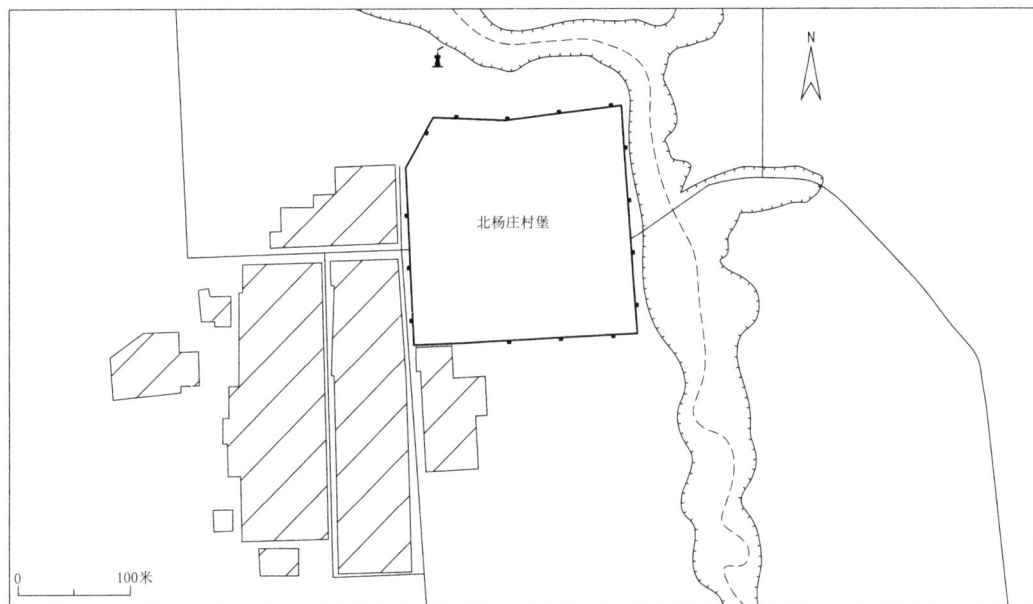

图 3.22　北杨庄村古建筑分布图

二、城堡

(一)城防设施

北杨庄村堡,位于整个村庄的东北部。城堡平面呈矩形,周长复原约 755 米,开东门。堡内平面布局为南十字街、北丁字街结构(图 3.23)。

城堡东门现全部拆毁。东门外建有 1 座大影壁,硬山顶,檐山没有隔间,影壁墙为方砖菱形砌筑。东门外不远处有一条南北向冲沟,沟上修有 1 座桥。

堡墙黄土夯筑,破坏严重,保存较差。东墙长约 198 米,北段位于在水库边的台地上,

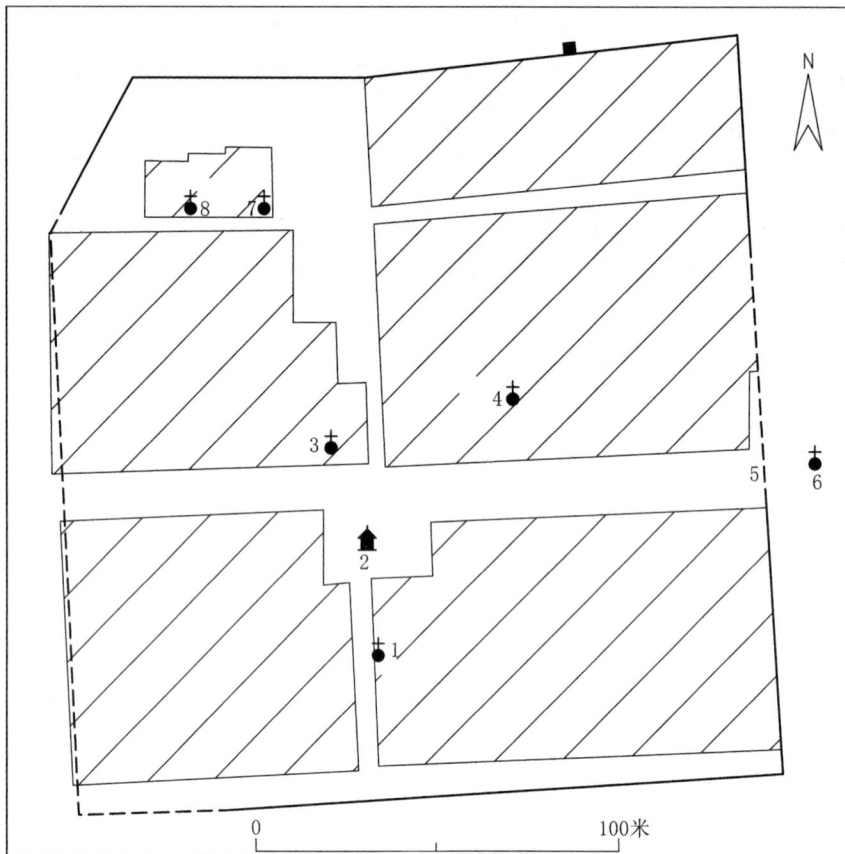

图 3.23 北杨庄村堡平面图

1. 近代建筑 2. 戏楼 3. 供销社 4. 老宅院 3 5. 东门 6. 影壁 7. 老宅院 1 8. 老宅院 2

仅存一小段,墙体低薄、断续,高 2~3 米。东墙内侧为民宅,外侧为道路和水库,断点到东门间的东墙无存,现为房屋占据。东墙南段墙体紧邻冲沟边缘修建,墙体低薄,多坍塌,仅存基础,高 1~3 米,内侧为耕地、道路和民宅,外侧为冲沟,沟中尚有水。南墙长约 192 米,现存 1~2 米高的基础,内侧为道路和民宅,外侧为冲沟和荒地。南墙外有大面积的矿场。西墙不直,多曲折,大部分西墙无存,复原长约 200 米,现仅存西北角附近一段,内侧为耕地,外侧为道路和耕地。北墙长约 165 米,墙体低薄、断续,破坏严重,仅存基础,墙体高 1~3 米,内侧为民宅,外侧为耕地和民宅、道路。北墙偏东的位置上设有 1 座马面,高 4 米,保存较差。北墙外不远处有手机信号塔和煤矿。

东南角未设角台,仅为转角,破坏严重,高 4 米。西南角无存,为民宅所占据。西北角未设角台,仅为转角,保存较差,高 3 米,外下为道路。东北角设 135° 斜出角台,坍塌一半,高 3~4 米,内侧为民宅,外侧为道路和水库。

北杨庄烽火台 位于村北柏油路北侧的耕地中,东侧紧邻宽阔的沙石路,可通往上陈庄村。烽火台未设墩院,仅为墩台,平面呈矩形,剖面呈方锥形,保存较好,高6～7米。墩台下四周有坍塌形成的积土坡和砖瓦石块。

(二)街巷与古宅院

堡内民宅以旧房为主,老宅院较少。

正街 即十字街东西主街。供销社,位于主街北侧,戏楼对面,面阔七间,保存较好。老宅院3,位于主街北侧,原为两进院,现前院坍塌,废为菜地;后院二门尚存,硬山顶,随墙门,平顶门洞。后院正房面阔五间,卷棚顶;东西厢房面阔三间,单坡顶。

后街 即北侧丁字街东西街,西段尚存老宅院1、2。老宅院1为一进院,东南角辟门,广亮门,卷棚顶。老宅院2为广亮门,硬山顶。

三、寺庙

据当地75岁的连姓老人回忆,堡内曾修建有戏楼、关帝庙/观音殿、马神庙、五道庙、龙神庙。除戏楼外,其余皆因年久失修自然塌毁。

戏楼 位于东西主街南侧,保存较好。戏楼坐南面北,面阔三间,单檐六檩卷棚顶。前檐额枋上有残存的彩绘和雀替、替木等木雕装饰,替木雕作几何形状与花草。戏楼内为砖铺地面,前后台间的隔扇损毁无存。墙壁上有残存的壁画,表面多刷涂有白灰浆或草拌泥,漫漶不清。从颜色上判断,其应为清末民初时期的作品。戏楼对面原为关帝庙/观音殿,现为供销社。戏楼南侧南北主街路东有1座近代大门,推测为旧时的大队部所在地,大门上尚存"人民服务"几个大字。

关帝庙/观音殿 位于堡内东西街正中北侧(现为供销社),现已无存。

马神庙 位于堡内西侧,现已无存。

五道庙 位于戏楼东北侧,现已无存。

龙神庙 位于堡东墙外冲沟东侧,现已无存。

第二十节　上　陈　庄　村

一、自然环境与人文历史

上陈庄村,位于涌泉庄乡北偏东2.7公里处,属丘陵区。村西临沟涧,东、北不远处为沙河。村庄周围地势平坦,大部为壤土质,辟有大片耕地。1980年前后村庄有1 056人,耕地 3 758 亩,曾为上陈庄大队驻地。

相传,清乾隆年间,陈姓建堡,因地势较高,取名上陈堡,约百年前改为上陈庄。村名可考的历史最早见于《(正德)大同府志》,作"上陈庄堡",《(崇祯)蔚州志》沿用,《(顺治)云中郡志》作"上陈家庄",《(顺治)蔚州志》作"上陈庄堡",《(乾隆)蔚州志补》作"上陈庄",《(光绪)蔚州志》《(民国)察哈尔省通志》沿用。

如今,村庄分为新、旧两部分,旧村位于西北部,其余部分为新村。村庄规模较大,居民很多,以刘、段姓为主,有 1 200 余人,大部分在新村居住。南村口有新建的雕塑和村委会。村中主要道路全部硬化为水泥路,路边有纸箱厂。村南有高压电塔。村南侧较远处有运输煤炭的铁路,222 乡道穿村而过(图 3.24)。

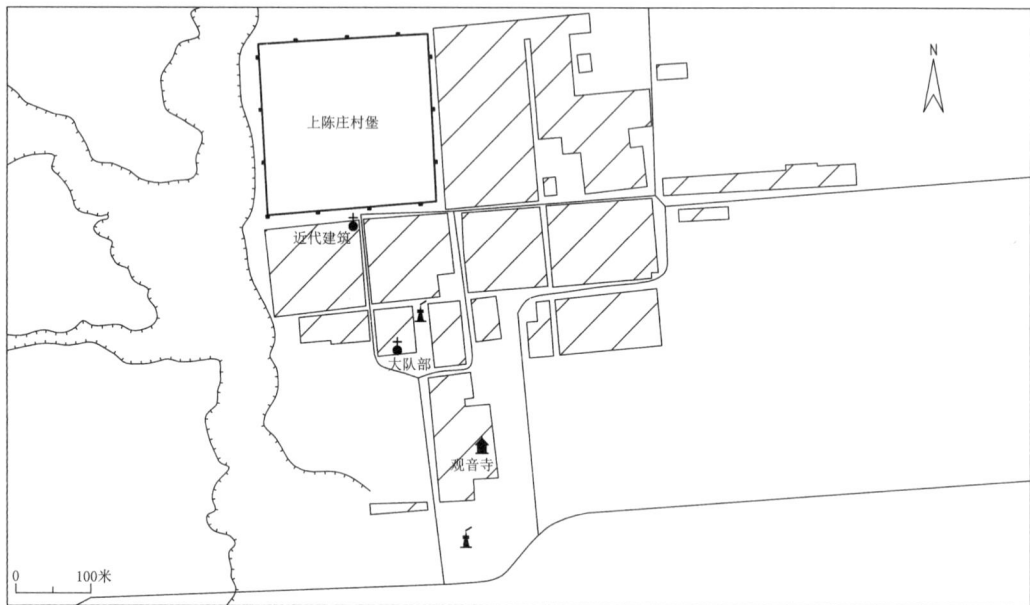

图 3.24　上陈庄村古建筑分布图

二、城堡

(一) 城防设施

上陈庄村堡,位于整个村庄的西北角,亦为旧村所在地,其余区域为新村。城堡平面呈矩形,周长约 886 米,开南门,堡内平面布局为双十字街结构,有 1 条南北主(正)街和 3 条东西向街道(图 3.25)。

城堡南门为砖石拱券结构,保存较好,基础为条石砌筑,上面青砖起券,内外门券均为五伏五券。外侧门券拱顶上方镶嵌两枚门簪,已损毁,门簪两侧各镶嵌一块砖雕装饰,亦损毁。

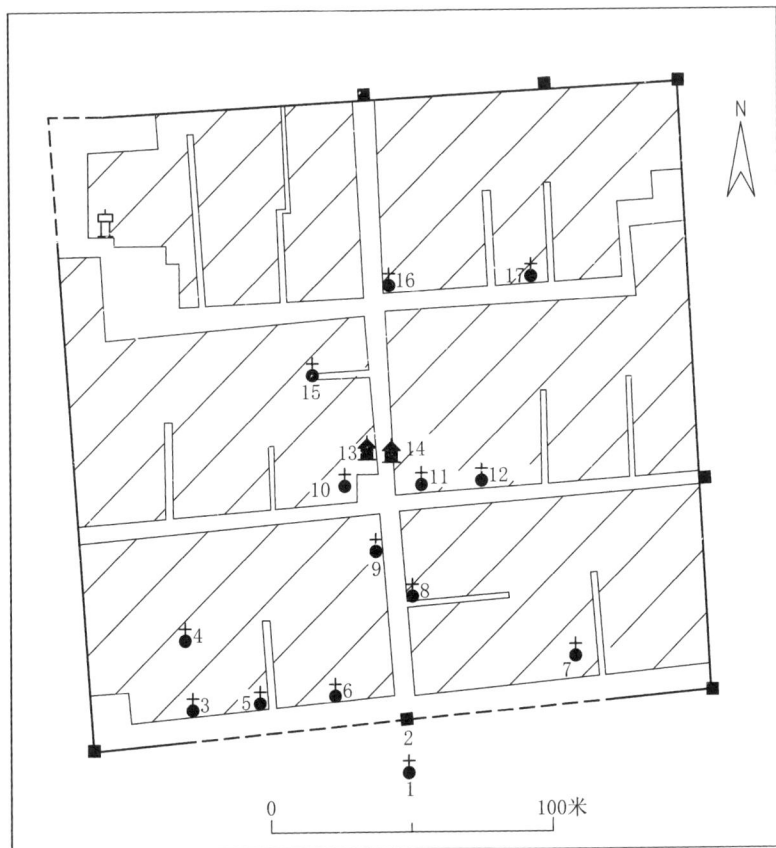

图 3.25　上陈庄村堡平面图

1. 近代建筑　2. 南门　3. 老宅院1　4. 老宅院2　5. 181号院　6. 187号院　7. 影壁　8. 老宅院3
9. 老宅院4　10. 影壁　11. 礼堂　12. 老宅院5　13. 龙神庙　14. 五道庙
15. 242号院　16. 老宅院7　17. 老宅院6

门簪上方镶嵌石质门匾(拓3.4),正题"上陈堡",右侧前款风化漫漶,左侧落款为"大清乾隆三十八年仲夏穀旦",正题左下部刻有"重修经领人"姓名。门顶部出一层伏檐。内侧门券拱顶上方亦镶嵌两枚门簪,其上镶嵌石质门匾(拓3.5),正题阴刻"永平门",右侧前款为"大清乾隆岁次癸巳五月□□",左侧落款为"阖堡公立"。门匾上出一层错缝牙子。门内西侧设登楼台阶。南门顶部较平,长满杂草,局部为水泥地坪,有六个古镜柱础。原建梓潼楼,现已无存。门顶南北两侧有新修的花栏墙护墙,并立有电线杆。门扇为包铁皮木门二扇,铁皮和铆钉无存,门扇可自由开启。门道用自然石块铺墁。南门内为中心街,水泥路面。门外两侧设护门墩台,黄土夯筑,西侧护门墩夯土中夹成排的木棍。门对面尚存1座近代建筑。

堡墙黄土夯筑,墙体收分明显,保存一般。东墙长约214米,北段保存较差,墙体现存为基础;南段墙体高薄、连贯,高4～5米,多开裂。墙体内侧为民宅,外侧为荒地和顺墙水

拓3.4　涌泉庄乡上陈庄村堡南门外侧门额拓片(蔚县博物馆　李新威　提供)

拓3.5　涌泉庄乡上陈庄村堡南门内侧门额拓片(蔚县博物馆　李新威　提供)

泥路。墙体设1座方形马面,马面正对十字街口。从距离上看,东墙应该设有2座马面,分别正对南北两个十字街口,但东墙北段保存较差,多处被新建的房屋占据。南墙长约225米,破坏严重,保存差,墙体坍塌殆尽。南墙东段为近代供销社建筑(小卖部)和新建房屋所占据;南墙西段仅存基础,局部尚存低矮的墙体,高1～4米。南墙内侧为顺城道路,路面较宽。西墙复原长约221米,墙体大致连贯,墙体高薄,高3～6米,但西墙北部坍塌为平地。西墙现存约四分之三长,残长约169米。墙体内侧为民宅,外侧为荒地和土路。西墙未设马面。北墙长约226米,内侧为倚墙修建的民宅,以土旧房为主,多废弃、坍塌;外侧为坍塌的积土和荒地。荒地北面为耕地,地势平坦。北墙现存2座马面,原设有3座马面,现西侧马面坍塌无存。中部马面保存较好,正对南门及中心街,高约12～13米,为真武庙庙台。

东南角设 90°直出角台,保存较好,体量很大,高 7~8 米,但台体已经开裂。西南角设 90°直出角台,保存较好,高约 4 米。西北角坍塌无存,内有 1 座水塔。东北角台设 90°直出角台,保存较好,体量很大,台体高 7~8 米。

（二）街巷与古宅院

堡内民宅以翻修了屋顶的土旧房为主,新房及老宅院较少。居民较少,多外迁至新村居住。堡内有 1 条南北主街,即正街;东西街共有 3 条,分别是南顺城街、前街、后街。

南顺城街 位于南墙内侧,南墙顺城街分为东西两段。西段尚存 4 座老宅院,保存较好。187 号院保存较好,院东南角建有 1 座广亮大门,硬山顶,进深二椽,门楣上饰有 2 颗门簪。门楼内正对 1 座影壁,面阔单间,硬山顶,檐下有砖雕装饰,2 只枨头顶端分别雕有"福"与"禄",影壁正面铺菱形方砖。院内正房面阔五间,卷棚顶;东西厢房面阔三间,单坡顶,保存较好。181 号院保存较好,广亮门,卷棚顶,院子已残破。老宅院 1,院门位于东南角,坐西面东,广亮门,卷棚顶。院内为一片荒地,北侧有老宅院 2。老宅院 2,一进院,广亮门,卷棚顶,面东,门内正对山影壁。倒座房面阔三间,卷棚顶;正房面阔五间,卷棚顶。

东段,老宅院无存,仅存 1 座影壁,面阔单间,硬山顶,檐下有砖雕装饰,枨头下饰垂花柱,枋间饰倒挂蝙蝠梁托,影壁正面铺菱形方砖。

正街 即南北主街,有老宅院 4 座。老宅院 3 位于东侧,广亮门,硬山顶,原为两进院,现前院荒芜,仅存后院。老宅院 4 位于西侧,东南角置门,硬山顶,随墙门,门前设 3 步踏步。242 号院,位于正街西侧的一个巷子内,一进院,硬山顶,随墙门,脊顶残破严重,檐下饰有砖雕。老宅院 7,位于正街东侧,一进院,西南角辟门,硬山顶,广亮门,门顶坍塌殆尽。另有两处近代建筑。礼堂,位于南十字街口东北角,近代建筑,坐东面西,东西向进深十间,南北向面阔三间,西侧为门柱式建筑,显现了"文革"中的风格,两侧门柱上分别有"大"与"寨"等字,正中饰有五角星,现为小商铺。老年活动中心,位于南十字街口西北角的基台上,面阔三间,坐北面南。台明曾是龙神庙旧址。

前街 即南十字街东西街,东段尚存 1 座老宅院。老宅院 5,一进院,广亮门,卷棚顶。

后街 即北十字街东西街,东段尚存 1 座老宅院。老宅院 6,一进四合院布局,东南角辟门,硬山顶,广亮门。

三、寺庙

据当地长者回忆,上陈庄原修建有大寺、真武庙、五道庙、龙神庙、财神庙、梓潼庙、观音殿、泰山庙。上述建筑拆毁于"文革"期间,如今仅大寺重建。

大寺　即观音寺,位于城堡外东南方。20世纪50年代该寺先后被西中堡乡综合加工厂、乡公社、粮库、联办中学等占用,并拆除了塑像及部分殿堂。天王殿、石狮、观音殿和钟鼓楼均已在70年代被毁坏。

现为1座独立的庙院,整体坐北面南,院墙为新建的土墙。寺庙为三进院落:地藏殿、前殿、中殿与后殿(大雄宝殿),分布在一条南北中轴线上。2006年重修过殿,大殿揭顶大修,其他殿皆为2007年前后新建的建筑。

山门,寺院未设规模宏大的山门,而是在东墙上开1座随墙门。

前殿,坐北面南,面阔三间,硬山顶,进深五架梁出前檐廊,前后明间辟门。殿内新塑观音大士塑像,未施壁画。从布局来看,前殿应是寺中的天王殿。

东配殿(地藏殿),建于寺院的东南角,坐东面西,面阔三间,硬山顶,进深四架梁出前檐廊。殿内两侧墙壁绘有十殿阎王,新塑十殿阎王塑像。

中殿(水陆殿),坐北面南,殿前置砖砌月台,面阔三间,进深三间,单檐硬山卷棚勾连搭顶,前卷棚进深三椽,后硬山进深四椽,是在旧构的基础上修缮的。前檐额枋尚存民国时期的彩绘。殿内梁架用材宏大粗壮,山墙置通天柱。墙壁上还有残存的壁画,为水陆画,表面涂刷有白灰浆,保存较差。从颜色上判断,壁画为清代中期作品。中殿应是主殿,如今供奉着眼光娘娘牌位。中殿和后殿之间曾有一条砖铺的甬道,现已荒废。

后殿,现为大雄宝殿,位于台明上,坐北面南,面阔三间,进深二间,硬山顶,六架梁出前檐廊。前檐下明间悬"大雄宝殿"匾。脊顶正中立1座宝塔,三层莲瓣承托七层塔身与塔刹。西侧前廊下设龛,供奉面然大士。殿内有新塑塑像,新绘壁画。正殿两侧设耳房,殿前设东、西厢房,面阔三间,四檩卷棚顶,现为禅房。

此外,寺外西侧有一块空地,四周用土坯围墙环绕。旧时农历四月二十日,各地商贩云集于此赶庙会,成为各地物货交流的集散地。

真武庙　位于北墙正中,现已无存。

五道庙　位于堡内南十字街口东北角,礼堂北侧路边,现已无存。

龙神庙　位于堡内南十字街口西北角,坐北面南,现仅存台明,其上修建了老年活动中心。

财神庙　位于堡内西南,现已无存。

梓潼庙　位于南门顶,现已无存。

观音殿　位于南门外,现已无存。

泰山庙　位于堡外西南,现已无存。

第二十一节　陡涧子村

一、自然环境与人文历史

陡涧子村,位于涌泉庄乡北偏东 4.4 公里处,属丘陵区。村东、西、南有陡涧沟谷,地势西北高东南低,较狭窄,大部为壤土质,周围辟为耕地。1980 年前后村中有 647 人,耕地 3 354 亩,曾为陡涧子大队驻地。

相传,明成化八年(1472)建村,因地势较陡,沟涧多,故得村名陡涧子。村名可考的历史最早见于《(乾隆)蔚州志补》,作"陡涧子",《(光绪)蔚州志》《(民国)察哈尔省通志》沿用。

如今,村庄分为新、旧两部分,南部为新村,规模较大,以新房为主,居民人多,以前有七八百人,现有 500 余人居住,以蔡姓为主。新村的主要路口尚存供销社建筑,供销社南侧为村委会大院。新村冲沟北岸为旧村所在地(图 3.26)。

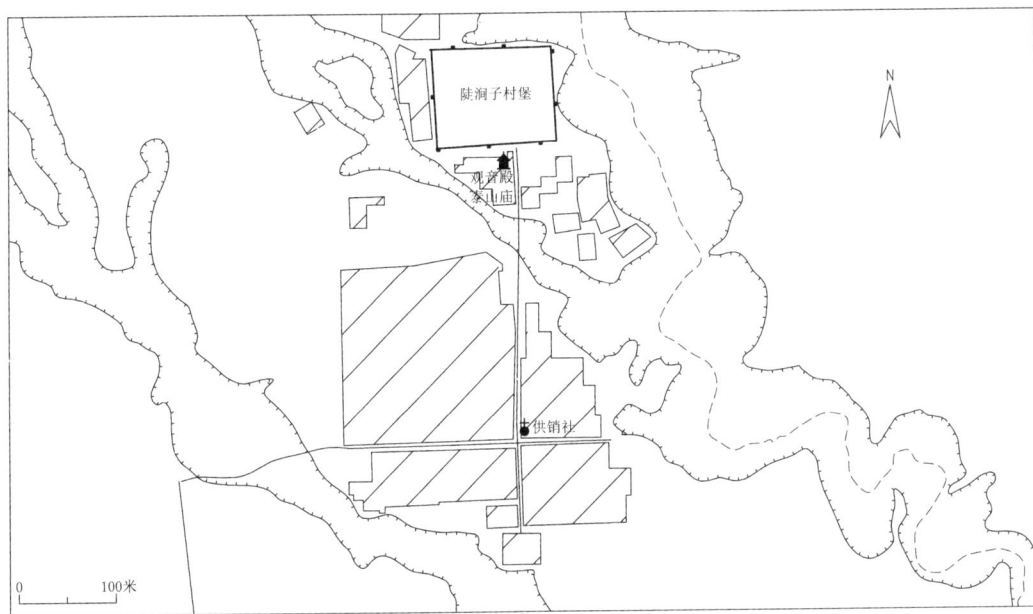

图 3.26　陡涧子村古建筑分布图

二、城堡

(一)城防设施

陡涧子村堡,位于村北旧村中。城堡四周均为宽阔幽深的涧沟,地势险要,陡涧子一名名不虚传。城堡平面为矩形,损毁较早,周长约441米,开南门。堡内平面布局为十字中心街结构(图3.27)。

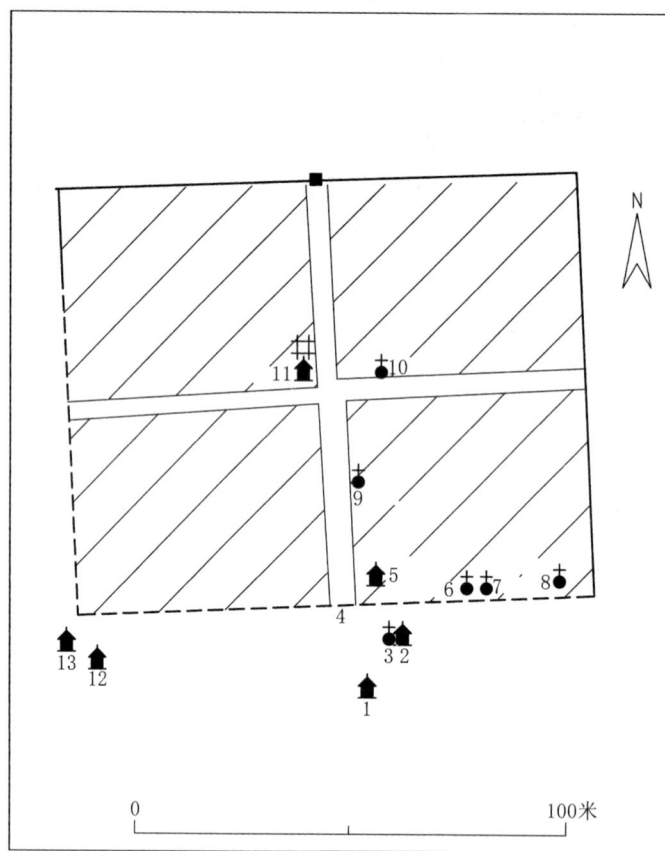

图3.27　陡涧子村堡平面图

1. 泰山庙/观音殿　2. 龙亭　3. 影壁　4. 南门　5. 戏楼、禅房　6. 老宅院1　7. 老宅院2
8. 老宅院3　9. 老宅院4　10. 老宅院5　11. 五道庙　12. 关帝庙　13. 五道庙

　　城堡南门建筑无存,现为缺口。戏楼刚好坐落于南门东侧南墙旧址上,亦说明南墙(南门)损毁废弃较早,戏楼修建较晚。泰山庙/观音殿位于原南门的正对面。

　　堡墙均为黄土夯筑,保存较差。东墙长约93米,损毁严重,现存为墙体基础,高1～2米,上面修建房屋。东墙外为冲沟,沟中有拦水坝和涵洞。南墙复原长约125米,墙体无存,为房屋占据。外侧为一片空地,有水房和厕所。西墙复原长约98米,保存较差,墙体坍塌严重,仅保存北部墙体,高4～5米。墙体内外两侧均为房屋,墙体上也修建有房屋,北段墙体下还修建有道路。北墙长约125米,修建在台地边缘,整体较高,总高有6～8米,但墙体自身低薄、连贯,高2～3米。墙体内侧为房屋,外侧为道路。村北不远处有一排东西向高压线塔。

东南角未设角台,仅为转角,高1～2米。西南角无存,为新建的房屋占据。西北角未设角台,仅为转角,高4～5米,上面修建房屋。东北角无存。

（二）街巷与古宅院

堡内街道皆为土路,南门内为南北中心街,街面较窄。民宅以土旧房为主,多废弃、坍塌,老宅院较少,仅剩几户居民。

南顺城街 东段内侧尚存3座老宅院,均为一进院。老宅院1,广亮门,硬山顶,三架梁,脊顶正脊上饰砖雕。老宅院2、3,均为卷棚顶广亮门。

正街 即南北主街,其东侧有1座老宅院。老宅院4,一进院,广亮门,硬山顶,正房卷棚顶,面阔五间。此外,其西侧有一口水井,现在仍在使用。

前街 即十字街东西街。老宅院5,位于前街东段,一进院,广亮门,硬山顶。

三、寺庙

据当地长者回忆,陡涧子村曾修有戏楼、龙亭、泰山庙/观音殿、关帝庙、玉皇阁、真武庙、龙神庙、阎王殿、马神庙、五道庙(2座)。庙宇建筑除尚存者外,或自然坍塌,或拆毁于"文革"期间。

戏楼 位于城堡南门东侧墙体上,泰山庙/观音殿院对面,是蔚县境内比较少见的观音殿戏楼(彩版3-12)。戏楼保存较好,骑墙而建,台明高大,外立面包砖,顶部四周边缘铺石板。戏楼坐北面南,面阔三间,卷棚顶,进深六架梁。戏楼前檐额枋上尚残存民国时期的彩绘和木雕装饰,两侧墀头挑檐木出挑有一半之多,戗檐砖雕保存较好,两侧山墙饰有圆形山花。前檐下四根檐柱,柱础为鼓形,正面雕突出的兽头。梁架上也有少量彩绘,顶部脊檩上绘有彩绘《八卦图》。戏楼内东西墙壁上有残存的壁画,表面涂刷有白灰浆。壁画损毁严重,画中绘有宫殿楼阁、人物。从颜色上看,其应是民国时期的作品。前后台间的隔扇保存较好,部分门窗尚存。隔扇明间上有3块走马板,两侧次间各有2块走马板,板上皆有民国时期的绘画。明间3块绘有各类人物,两侧次间画的也是人物故事,但损毁严重,内容已难以辨认。明间两侧隔板顶端各绘一幅体态圆润的老妇,各手持一副对联,东侧为"祥致气和",西侧为"一团和气"。

戏楼东侧有1座建筑,据村民回忆为禅房,坐东面西,单坡顶,面阔三间。禅房南侧西墙上设有1座龛,但不知供奉何方神祇。禅房的南墙辟有一窗,墙体受到损坏。

龙亭 位于戏楼对面,泰山庙/观音殿与戏楼之间东侧。亭状建筑,坐西面东,面阔三间,单坡顶,现已成为村委会宣传栏。龙亭的西墙外立面为1座影壁,束腰基座,正面采用立砖砌筑,影壁正中上部嵌有一块砖雕,上有"公元一九七三年/新★建"字样。这说明它是1座1973年新建的建筑,但使用的青砖却很有民国特色。

泰山庙/观音殿　位于南门外侧,与戏楼相对,修建于高2米的土筑台明上,四周院砖与院门采用青砖新砌,开设北门与东门。院内正殿为旧构。2012年,开始修缮泰山庙/观音殿,山墙与脊顶皆进行了修缮,2013年重绘了殿中的壁画。正殿面阔单间,硬山顶,进深七架梁,隔为南北两殿,面南为泰山庙,面北为观音殿。东院为禅房院,正房三间,东侧有门楼1座。

泰山庙,坐北面南,进深三椽,与观音殿背对。殿内正面塑有三尊奶奶像,皆手持笏板,背后正壁绘帷帐。两侧山墙皆绘有分别乘坐辇车的三位奶奶,前面拉辇车的是不同瑞兽,周边有四值功曹、搬哥哥、痘姐姐、老奶奶等。

观音殿,坐南面北,进深三椽,与奶奶庙背对。殿内正面新塑观音像与善财童子、龙女。两侧山墙上绘有关"观音救八难"与十八罗汉题材壁画。

关帝庙　位于堡西南角外,保存较好(彩版3-13)。现为1座独立的庙院,整体坐西面东,山门和院墙无存,院墙内为砖铺地面。正殿面阔单间,硬山顶,进深五架梁出前檐廊,前檐额枋上有残存的彩绘,门窗全存,殿内西墙下供台尚存。殿内壁画保存较好,虽表面涂刷有白灰浆,但整体较为清晰。从色彩上来看,其应是清末民国时期的作品。正殿北侧立有一根电线杆,为五道庙旧址。

正壁绘《关公坐堂议事图》,画面主体背靠条屏,正壁正中所绘坐堂议事的是头戴冠冕的关帝,关公后侧为持扇随从;两侧分别为左丞相陆秀夫,右丞相张世杰,各手持笏板而立;而最外侧西为周仓,东为关平,周仓持青龙刀,关平持剑。

东、西山墙壁画绘有《三国演义》中以关羽事迹为主线的故事,各为3排4列的连环画。画间以山水花草分割,部分画幅舒张有度,并不规则。每幅画皆有榜题,但壁画上曾贴过报纸,画面局部受损。此壁画中榜题的字数没有定型,从4字到8字皆有。

榜题完全可辨的有7幅,可辨识出其中部分的有10幅。

东山墙

桃园结义	□□□□□	大□□□	□□□□
酒温斩华雄	辕门射戟	□战吕□	三让徐州
□□□鹿	水淹□□	□□□□□□	□□□□

西山墙

□□降雪	下马憎金	□□□□	□□□□
朝□□门	东岭关斩孔秀	洛阳关斩韩福孟坦	荥阳关斩王植
□水□□□	□渡□□	马跃□溪	古城□□□

玉皇阁、真武庙、龙神庙、阎王殿、马神庙　位于北墙中部,为一组寺庙群,三层建筑,

墙上为玉皇阁,墙下有真武庙、龙神庙、阎王殿、马神庙。庙群拆毁于"文革"期间。

五道庙 2座,1座在关帝庙西北,1座在堡内十字街西北角,皆已塌毁。

第二十二节 西中堡村

一、自然环境与人文历史

西中堡村位于涌泉庄乡西北偏北 2.7 公里处,属丘陵区。村东、西临沟,地势西北高东南低,周围地势平坦开阔,大部分为壤土质,辟有大面积的耕地。1980 年前后村中有659 人,耕地 3 446 亩,曾为西中堡大队驻地。

相传,明嘉靖二十七年(1548)山西韩姓于此建村,取名西韩庄,之后逐渐形成三堡(西中堡、西北堡、西南堡)二庄(东庄、西庄)的格局。村名可考的历史最早见于《(顺治)蔚州志》,作"西韩庄堡",《(乾隆)蔚县志》记有"中堡"和"南堡",《乾隆(蔚州志补)》《(光绪)蔚州志》均作"西韩庄",《(民国)察哈尔省通志》记有"中堡"。1948 年,韩西庄一分为五,取名西中堡、西北堡、东庄、西庄、西南堡。1982 年,东庄更名为韩东庄,西庄更名为韩西庄。

西中堡村规模较大,分为新旧两部分,东面为新村,西面为旧村。新村以新房为主,居民多,村庄为十字街布局。村中主要道路已硬化为水泥路(图 3.28)。

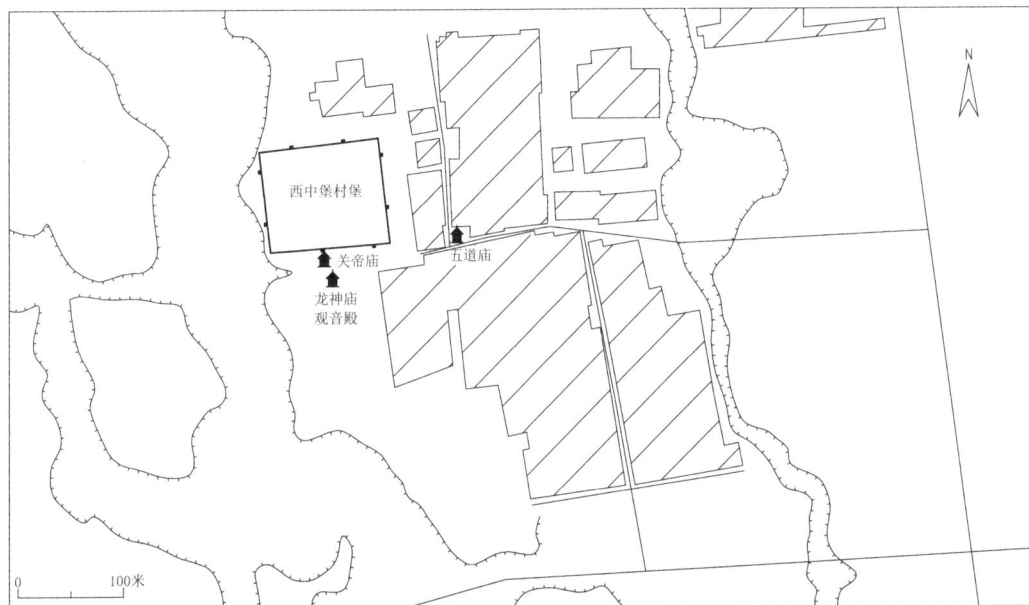

图 3.28 西中堡村古建筑分布图

二、城堡

（一）城防设施

《(民国)察哈尔省通志》记载："西韩庄中堡，在县城北十八里，土筑，高一丈二尺，底厚五尺，面积十二亩五分，有门一，清光绪二十二年重修，现尚完整。"[1]西中堡村堡今位于村西部旧村中，西面紧邻冲沟修建，地势险要。城堡保存较差，平面呈矩形，周长约 416米，开南门。堡内平面布局为十字街结构，堡内地面高于堡外地面(图 3.29)。

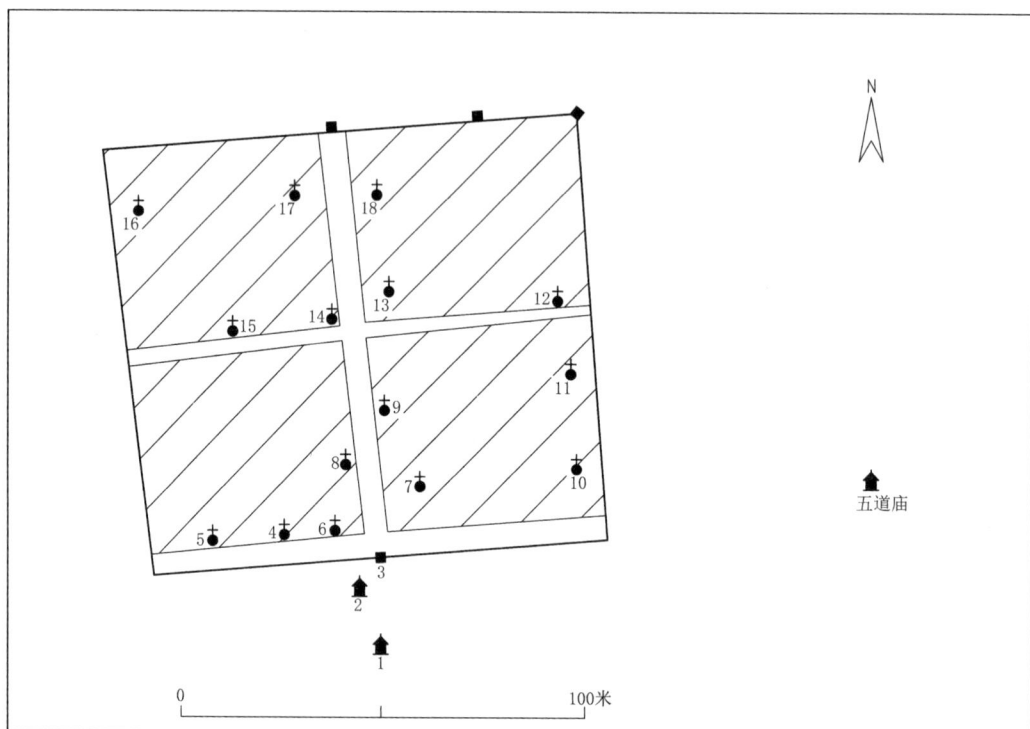

图 3.29　西中堡村堡平面图

1. 龙神庙/观音殿　2. 关帝庙　3. 南门　4. 老宅院 1　5. 老宅院 2　6. 老宅院 3　7. 老宅院 4
8. 老宅院 6　9. 老宅院 7　10. 老宅院 5　11. 老宅院 8　12. 6 号院　13. 老宅院 9
14. 12 号院　15. 老宅院 10　16. 老宅院 11　17. 老宅院 12　18. 老宅院 13

城堡南门为砖石拱券结构，基础为条石砌筑，上面青砖起券，内外侧门券五伏五券(彩版 3-14)。外侧门券拱顶上方镶嵌砖制阳文门匾，上书"西韩庄堡"。门匾两侧各镶嵌一枚门簪，门簪顶端雕有菊花。两侧门体上各镶嵌一块砖雕装饰，西侧为"天马行空"，东侧为"犀牛望月"。两侧檐下有排水孔。门顶部较平，立有电线杆。门洞内为水泥路面，门扇无

[1]　宋哲元:《(民国)察哈尔省通志》，国家图书馆藏 1935 年铅印本，第 13 页。

存。南门外西侧和南侧均修建有寺庙,保存较好。

堡墙均为黄土夯筑,保存较差。东墙长约93米,墙体仅存2米高,且不连贯,上面修建院墙或房屋,墙外为荒地。南墙长约114米,东段保存较差,大部分墙体仅存1米高。南门附近墙体高3~4米,墙体低薄。墙体内侧为顺城路和民宅,外侧为荒地。南墙西段墙体全部坍塌,形成土坡,高1~2米,内侧为顺城道路和民宅,外侧为荒地和道路。西墙长约96米,仅存不足1米高的基础,内侧为民宅,外侧为冲沟。北墙长约113米,墙体低薄,多倾斜、坍塌。墙体高0~4米,大体连贯,内侧为民宅,外侧为荒地和道路。北墙西段墙体低薄、连贯,坍塌严重,高3~4米。北墙中部设有1座马面,保存较好,高5~6米,高于周围墙体,外侧有积土坡。马面原为真武庙庙台,现庙宇无存,立有一根电线杆。马面周围的北墙高0~3米,破坏较为严重,仅存基础。北墙东段上设有1座马面,保存一般,高4米,高于墙体,内侧为民宅,外侧为荒地。北墙外尚存一圈庄墙,保存较好。北墙外不远处为养殖场。

东南、西南角坍塌无存,仅存2米高的基础。西北角无存。东北角设135°斜出角台,破坏较重,高4~5米,边上长有树木。

（二）街巷与古宅院

堡内现已无人居住。堡内民宅以土旧房为主,多废弃、坍塌,一片断壁残垣景象。老宅院尚存数座。其中12号院、6号院保存较好。

12号院 位于十字街口的西北角,保存较好。门内影壁尚存,硬山顶,两侧各砌圆柱,柱顶有鼓形柱础,壁基为束腰须弥座。院内正房面阔五间。

6号院 位于十字街东街尽头,保存较好。院门正对影壁,影壁为单檐硬山顶,两侧各砌圆柱,柱顶有鼓形柱础,壁基为束腰须弥座。影壁虽遭损坏,但总体还是较为精致。院内正房与厢房皆为原构,简易的窗棂将老房装饰得颇有韵味。

三、寺庙

据当地长者回忆,西中堡内外曾修建有龙神庙/观音殿、五道庙、关帝庙、泰山庙、真武庙。

龙神庙/观音殿 位于城堡南门外台地上,正对堡门。整体保存较好。其现为1座独立的庙院。山门为随墙门,门前设台阶。院内为砖铺地面。正殿面阔单间,硬山顶,殿内采用隔墙分为两殿,面南为龙神庙,面北为观音殿。如今殿内改造为民宅,门窗全部改造,中间隔墙被打通,墙壁重新刷了白灰浆,壁画无存。观音殿已用土坯封死。院内西侧尚有一屋,东墙辟券门面向院内,此屋现不知何用。

五道庙 位于城堡东墙外,损毁后于20世纪80年代改建在新村十字街口东北角路边。正殿坐北面南,面阔单间,硬山顶。

关帝庙 位于南门外西侧,坐西面东,为1座独立的庙院,院门与围墙为旧构。院门为广亮大门,硬山顶。院门两侧的院墙其实是 2 座独立的影壁,硬山顶,檐下施砖仿木构砖雕檩、枋、柁头等构件,基座有束腰,正中铺立面的方形砖。院内正殿为新建,坐西面东,面阔单间,硬山顶,檐下悬挂一块木板,为 2006 年重修关帝庙时的布施功德榜。殿内有新绘壁画、新塑塑像。

泰山庙　位于堡外东南方,现已无存。

真武庙　位于北墙上,现已无存。

第二十三节　西北堡村

一、自然环境与人文历史

西北堡村,位于韩东庄与韩西庄之间南北向大沟中一块独立的台地上,3 座村庄呈"品"字形布局,相互距离 300 米左右。

西北堡村原名朝阳寨,为西韩庄北堡,与西韩庄一起营建。如今,西北堡村已无人居住,彻底废弃。居民全部搬迁至西庄(韩西庄)居住(图 3.30)。

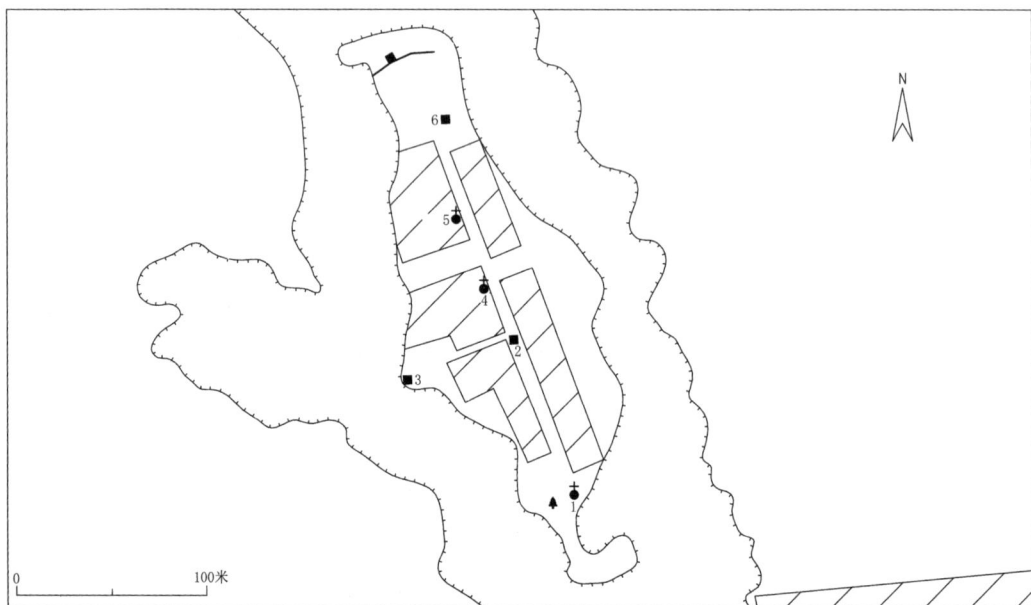

图 3.30　西北堡村古建筑分布图

1. 影壁　2. 南门　3. 西南角台　4. 老宅院 1　5. 49 号院　6. 东门

二、城堡

（一）城防设施

西北堡村堡位于村中，修建在冲沟中的台地上，准确地说堡呈东南—西北向盘踞在台地之上，四面均为宽阔幽深的涧沟，地势险要。城堡依地形而建，平面大致呈东西短、南北长的不规则长方形，周长未知，开东、南门。堡内平面布局为南北主街结构。堡外现为大面积的耕地。

城堡东门保存一般，砖石拱券结构，基础为条石砌筑，上面包砖起券（彩版3-15）。外侧门券三伏三券，门券拱顶上方镶嵌2枚门簪，门簪上方镶嵌砖制门匾，门匾被破坏，仅存下半部，有四个阴刻大字"重泰门置"，落款只能看到"年重修"三字。推测其年代为清代。门顶为木梁架结构，已坍塌，门下为自然石铺成的路面。

南门并非位于南墙中央，而略偏西，保存较好（彩版3-16）。砖石拱券结构，基础为条石砌筑，上面青砖起券，门券为筒形券，门拱较高，单层砖。门内西侧有台阶可登顶。门顶部已用红砖修缮，门上重建有关帝庙/观音殿。门洞下为砖石铺成的路面。门内东侧尚存石供台。南门外侧为大面积民宅，中心街布局，与关厢类似。民宅以土旧房为主，大部分废弃、坍塌。南门外中心街南尽头为1座影壁。影壁有砖砌基座与边框，土坯填壁墙，顶部已经坍塌，影壁正面有一个小龛。影壁南侧有一株不低于80年树龄的杏树。

堡墙均为黄土夯筑，保存较差。东墙沿冲沟边缘修建，墙体随地形自然曲折，保存较差，高不足1米，几乎为平地，破坏严重，或为荒地，或为民宅占据。偏北的位置上设堡门。南墙无存，为平地。西墙沿着冲沟边缘修建，随地形曲折，墙体破坏严重，仅存不足1米高的基础，西南角附近西墙高3～4米。墙体内侧为民宅，外侧为冲沟。北墙较短，仅存东段墙体，保存一般，墙体高薄，高6～8米。墙体外侧为土路，内侧为废弃的民宅和荒地。北墙中部设有1座方形的马面（即西北角台），体量较大，高8～9米，保存较好。北墙西段无存，为冲沟所破坏。

西南角仅存转角，高4～5米。东北角为弧形转角，未设角台。

（二）街巷与古宅院

堡内为旧村所在地，由于缺水，几年前彻底废弃，目前无人居住。民宅以土旧房为主，老宅院很少，房屋全部废弃，大部分坍塌，一片断壁残垣的景象。堡内中心街西侧尚存有1座老宅院，即49号院。南门内主路西侧还有1座老宅院1，保存较好。其正房门厅内还有供奉祖先的牌位，显示其为张姓居民所有。

据韩西庄村77岁的长者回忆，西北堡内原有苏姓与李姓两大家族居住，李家居于堡南,苏家居于堡北,以酿酒为生。堡南门外影壁南侧原修建有 1 座龙神庙,堡北墙外台地上原有 1 座北龙神庙;出南门,堡南有一条土道可达韩中堡;出东门,堡北有一条土道跨过沟涧,也可达韩中堡。旧时苏、李两家合伙做酿酒生意,并修建西北堡,后苏、李两家产生矛盾,反目为仇,于是各走各门,各走各道,各拜各庙。如今苏家还有后代在西庄居住,而李家全部搬离此地。

三、寺庙

据当地 77 岁的长者回忆,城堡内外曾修建有关帝庙/观音殿、五道庙、玉皇庙、龙神庙(2 座)。

关帝庙/观音殿　位于城堡南门顶部。庙宇为新建建筑,面阔单间,硬山顶,门窗无存,屋顶部分坍塌,殿内没有壁画、彩绘和塑像,已废弃。

五道庙　位于堡内,现已无存。

玉皇庙　位于西北角台上,现已无存。

龙神庙　2 座,1 座位于西北角台外侧,即北龙神庙,为堡内苏姓居民所建;1 座位于堡外南侧,即南龙神庙,为堡内李姓居民所建。

第二十四节　韩东庄村

一、自然环境与人文历史

韩东庄村位于涌泉庄乡西北偏北 3.9 公里处,属丘陵区。村庄西邻沟涧,地势西北高东南低,东、南、北三面地势平坦,大部为壤土质,辟有大片耕地。1980 年前后有 287 人,耕地 1 251 亩,曾为韩东庄大队驻地。

韩东庄属于西韩庄的"三堡二庄"之一,与韩西庄隔沟相望。如今,223 乡道通往韩东庄,为沙石路。村庄规模较大,居民较多,因为村北有煤矿,故村民较富裕。民宅以新房为主,土旧房比较少,老宅院也少。韩东庄旧村位于村庄的北部。村中偏东为一条南北主街,西侧有两条东西街,旧村未建有堡墙,在主街的北段西侧有老宅院 1。东西街两侧还有数座老门楼。

二、寺庙

重善寺　又称佛堂,位于韩东庄村西北部的荒地中,目前仅存 1 座正殿。正殿坐北面南,面阔三间,硬山顶,进深五架梁出前檐廊,梁架为三架梁对前后抱头梁。屋檐多坍塌,门窗已全部改造,并用土坯墙封堵。殿内堆放柴草,顶部脊檩尚存彩绘《八卦图》案。殿内墙壁表面刷涂有黄泥和白灰浆。据村中长者回忆,寺庙是在改革开放后拆除的。

第二十五节　韩西庄村

一、自然环境与人文历史

韩西庄位于涌泉庄乡西北偏北 4.1 公里处,属丘陵区。村东临沟,村北有大沙河,地势西北高东南低。村庄周围地势平坦开阔,大部分为壤土质,辟有大面积的耕地。1980 年前后有 215 人,耕地 1 200 亩,曾为韩西庄大队驻地。

如今,村庄规模较小,仅由一条南北主街和四条东西横街组成。南部为新村,北部为旧村(图 3.31)。

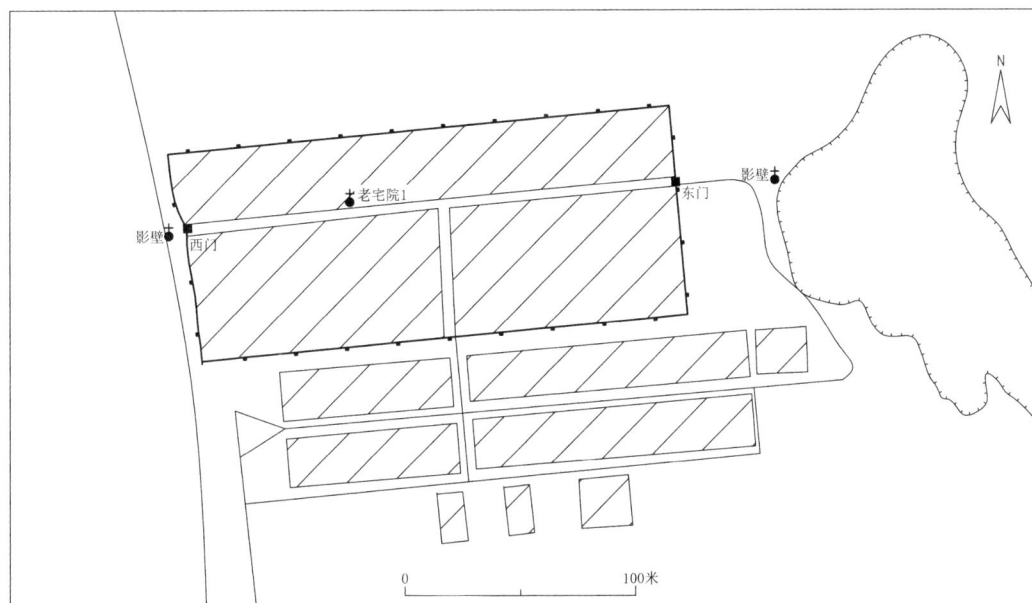

图 3.31　韩西庄村古建筑分布图

二、庄

韩西庄,位于旧村中,西北堡为韩西庄的旧堡。庄平面呈矩形,周长615米,开东、西庄门。庄内平面布局为丁字街结构。

韩西庄东门为土坯修建,木梁架结构。东门门扇无存,门内为东西向主街。西门形制与东门类似,门扇尚存,门外立有砖砌影壁,基础多为墓碑修建,保存较好。影壁面阔三间,硬山顶,青砖砌筑,仿木构的砖雕飞子、椽子与柁头齐全。影壁正中有1座神龛。

庄墙为黄土夯筑,保存较好。庄墙和堡墙的差异较明显,庄墙高3～4米,墙体低矮、较薄,壁面斜直,墙内为民宅。部分庄墙即为民宅房屋后墙。南墙外为新村,民宅以新房为主,规模不大。

庄内外并未修建寺庙,仅有民居,现有50多户,杂姓。民宅以土旧房为主,多翻修了屋顶。东西主街的西街北侧有1座老宅院,保存较好。

第二十六节　西南堡村

一、自然环境与人文历史

西南堡村,位于涌泉庄乡西北偏北2公里处,属丘陵区。村庄东、西、北三面临沟,南面较平缓,地势西北高东南低,为壤土质,周围辟有大片耕地。1980年前后全村有村民241人,耕地976亩,曾为西南堡大队驻地。

如今,西南堡村分为新、旧两部分。南面为新村,村庄为南北主街布局,新旧房屋分布相当,居民较多。北面为旧村,即城堡的所在地(图3.32)。

二、城堡

(一)城防设施

西南堡村堡,位于村庄北部旧村中。城堡平面形制、周长未知,开南门。堡内平面布局为南北主街结构(图3.33)。

城堡南门为砖石拱券结构,保存较好,基础为条石砌筑,上面青砖起券(彩版3-17)。外侧拱券三伏三券,拱顶上方镶嵌两枚门簪,已损毁无存,门簪中间镶嵌石质门匾(拓3.6)。门匾正题"西韩庄堡",右侧前款为"嘉靖贰拾柒年孟夏□",左侧落款为"大清同

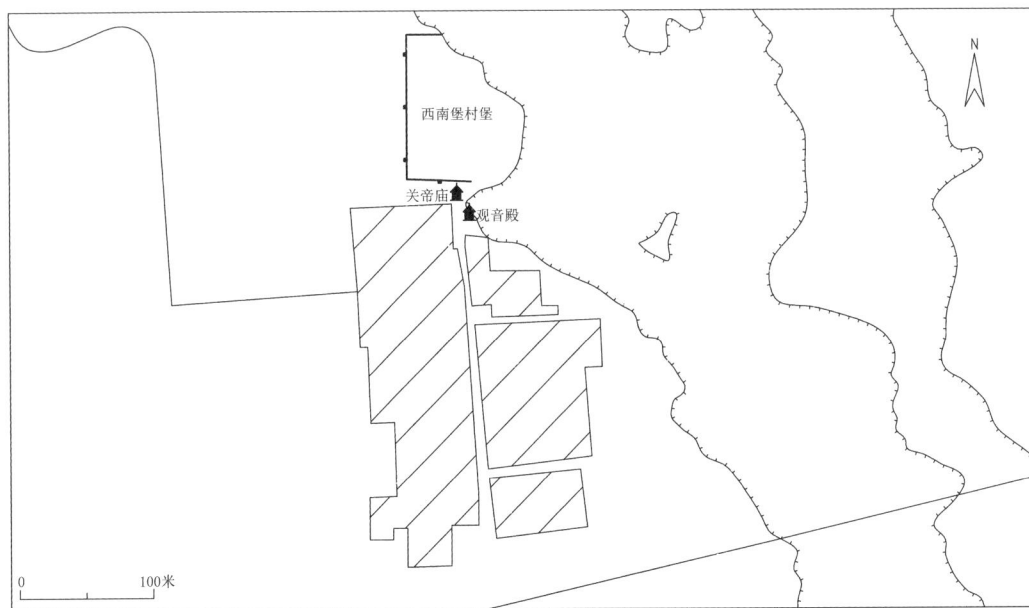

图 3.32　西南堡村古建筑分布图

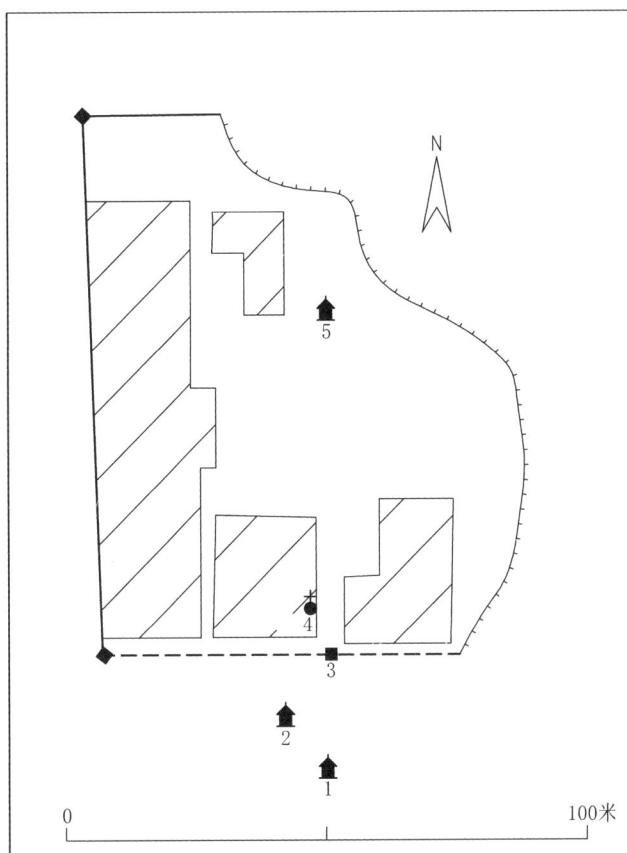

图 3.33　西南堡村堡平面图

1. 观音殿　2. 关帝庙　3. 南门　4. 老宅院 1　5. 真武庙

治四年孟月吉日重修",正题下部刻有石匠与泥匠姓名。由于石匾与框不匹配,人名多砌进框中,但露出的多为"朱"姓,说明此村原朱姓占主体。门顶为木梁架结构,两侧门体上方各镶嵌一块砖雕装饰,分别为"外出求学"与"荣归故里"。顶部两侧修有排水孔。门道为自然石铺成的路面,保存较好。南门内为南北主街结构。南门外尚存影壁、观音殿和关帝庙。

拓3.6 涌泉庄乡西南堡村堡南门外侧门额拓片(蔚县博物馆 李新威 提供)

堡墙均为黄土夯筑,保存较差。东墙为冲沟所破坏,整体无存。南墙东段无存,现为平地;南墙西段墙体也无存,全部为平地和荒地,内侧为民宅,外侧为道路。西墙长约102米,墙体低薄、连贯,起伏不平,断断续续。墙体厚薄不均,保存较差,墙体高1~4米。墙体内侧为民宅,外侧为荒地和耕地。北墙亦为冲沟所破坏,除西北角附近尚存23米的墙体外,其余无存。现存墙体高薄,内高4~5米,保存一般。墙体内外均为荒地,墙外紧邻冲沟,墙内修建有真武庙。

东南角无存。东北角整体无存。西南角设135°斜出角台,台体高大,高6~7米,保存较好。西北角台设135°斜出角台,与墙同高,4~5米,破坏较为严重。

(二)街巷与古宅院

堡内民宅以土旧房为主,大部分废弃、坍塌,形成大面积的荒地,破败不堪,且老宅院较少。目前房屋尚存者多集中在主街两侧。目前堡内仅有几户居民居住。主街西侧有1座老宅院。老宅院1,保存较好,其北侧为一打谷场。

三、寺庙

关帝庙 位于城堡南门外西侧。正殿坐西面东,面阔单间,硬山顶,五架梁。殿门窗无存,山墙和梁架为旧构,屋顶重修。南墙外立面上有标语,墙体外修建水泥以加固支撑柱。殿内改造为碾坊,墙壁上涂抹黄泥。

观音殿 位于南门外侧,正对1座影壁。影壁为红砖重砌。影壁北壁中间有1座小龛,龛为半坡顶,龛尚存基座与两侧山墙。两侧内墙表面多涂刷白灰浆,保存较差,但仍残留有民国时期的壁画。壁画为观音"救八难"题材。

真武庙 位于北墙内侧,正对南门(彩版 3-18)。寺庙的主体建筑修建在高大的台明之上,台明外立面包砌砖石,台明南侧为高耸的台阶,直通顶部。寺庙为 1 座独立的庙院,除东墙坍塌外,其余墙体保存较好。山门为随墙门,硬山顶,保存较好。院内仅存正殿和西配殿,东配殿坍塌。正殿面阔三间,硬山顶,进深五架梁。殿门窗尚存,为四扇木门,两侧采用直棂窗。殿内堆放柴草,壁画和彩绘无存。正殿山门贴着一副对联,有"祯王爷保位平安,村民安俱又乐业",横批为"祯王显灵"。在蔚县乡村中,真武庙多称为真王庙,但乡民又多喜用"祯王爷"。

第二十七节　西任家堡村

一、自然环境与人文历史

西任家堡村,位于涌泉庄乡东偏北 1.1 公里处,属丘陵区。村庄周围地势较平坦,三面临沟涧,大部为壤土质,周围辟有大片耕地,229 乡道穿村而过。1980 年前后全村有村民 461 人,耕地 1 694 亩,曾为西任家堡大队驻地。

原属任段皮庄。1958 年成村,取名任家堡。1982 年 5 月更为西任家堡。村名可考的历史最早见于《(顺治)蔚州志》,作"任段皮庄堡",《(乾隆)蔚县志》作"任段皮庄",《(光绪)蔚州志》《(民国)察哈尔省通志》沿用。

如今,西任家堡村由新、旧两部分组成,北面为新村,南面为旧村,两部分虽不相连,但距离很近。新村修建在台地上,东、西、南三面均为涧沟,只有北面与周围平地相连,但由于地处平川地区,虽然有冲沟,但冲沟宽而浅。新村规模较大,以新房为主,村内为南北主街布局,居民较多。南面为旧村,修建在平地之上,四周均临涧沟,地势险要,只在北面有 1 座土坝连接新村。旧村即为城堡所在地(图 3.34)。

二、城堡

西任家堡村堡 位于村南部旧村中,依地形而建,处于三面环沟的台地上。城堡平面呈不规则形,周长未知,开东门。堡内平面布局为南北主街结构,一条弯曲的街道从村北通至村东(图 3.35)。

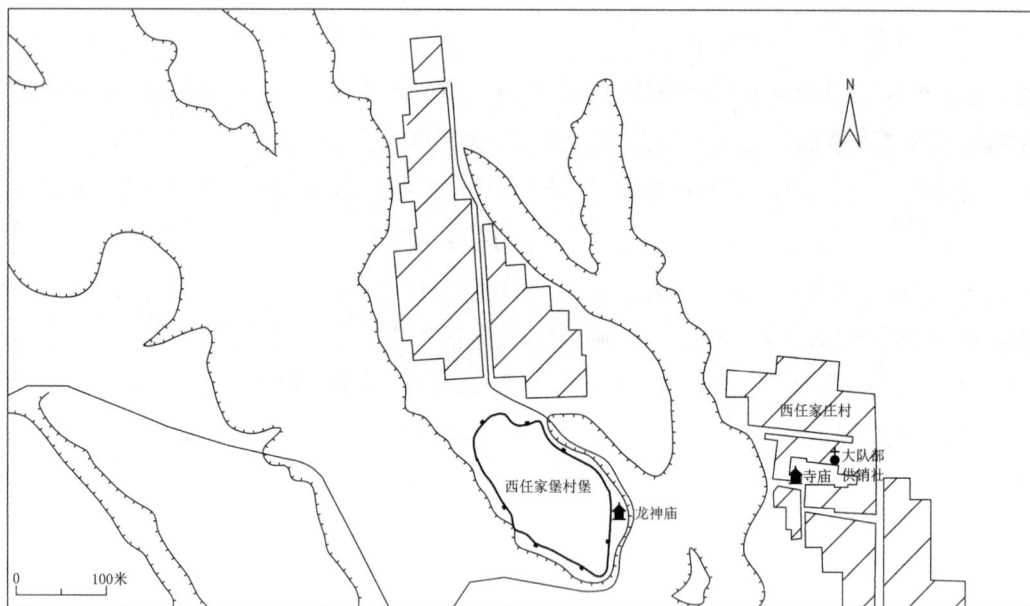

图 3.34　西任家堡村古建筑分布图

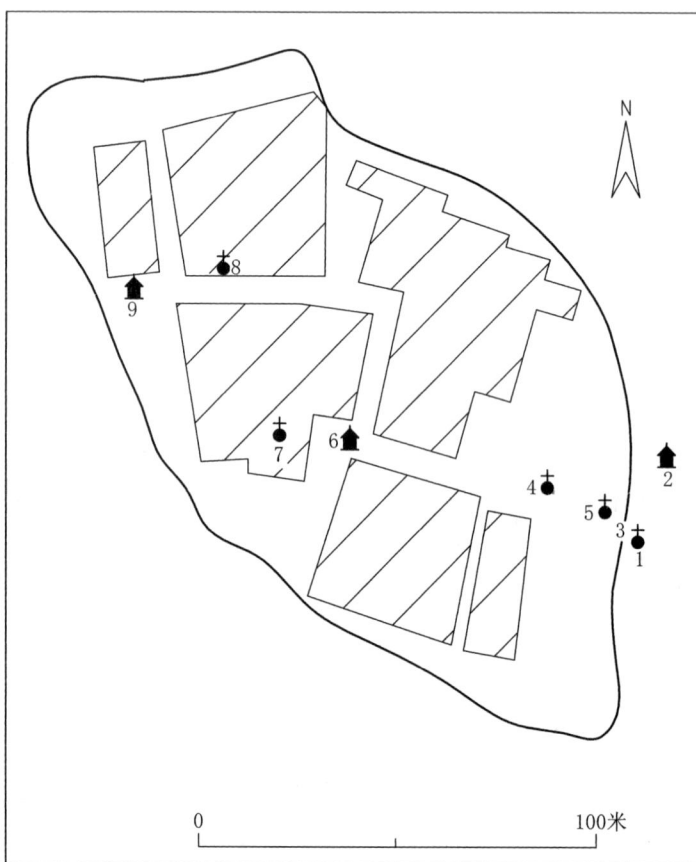

图 3.35　西任家堡村堡平面图

1. 影壁　2. 龙神庙　3. 东门　4. 老宅院 2　5. 老宅院 3　6. 财神庙
7. 老宅院 4　8. 老宅院 1　9. 关帝庙/观音殿

城堡东门已毁,现为缺口。门外为自然石铺成的进堡坡道。堡墙均为黄土夯筑,保存较差。墙体低薄,现为基础,高2~3米。

堡内居民很少,多搬迁至北面的新村。堡内民宅以土旧房为主,多废弃、坍塌,老宅院很少。关帝庙东侧、主街北侧有老宅院1。东门外侧主路边尚存1座影壁,正对东门。影壁的基础部分很高,底部束腰,硬山顶。影壁南侧山墙上有1座小龛,不知龛内供奉何方神祇,影壁正面用水泥涂抹,其上雕有"任家堡"三字。东门内主街北侧有2座老宅院2、3,仅存大门。财神庙西侧存1座老宅院4。

走堡(音) 位于西任家堡村堡外东南方冲沟对岸的台地上。堡所在的台地为两条冲沟相夹,地形狭长,其东、西面均为冲沟,地势险要。城堡仅存一半,即存有东南角、东北角及附属部分南墙和北墙。东墙保存完整,堡墙高薄,高1~6米,其余为冲沟所冲毁。城堡为旧时村民躲避土匪之用,如今全部废弃,内外均为耕地。据89岁的老人回忆,他未见过堡内有房屋建筑。

三、寺庙

据当地89岁任姓老人回忆,堡内外曾修建有关帝庙/观音殿、财神庙、龙神庙、五道庙。如今关帝庙/观音殿、财神庙与龙神庙尚存。3座庙均由一位89岁高龄的任孝林(音)老人看护,平时负责打扫殿内卫生、上香。

关帝庙/观音殿 位于堡内主街道北段的第一个拐弯处路边,城堡西墙内侧。庙西为宽阔平浅的冲沟,沟中尚有溪水,沟底辟为耕地,并长有高大的树木。寺庙原为1座庙院,如今山门、院墙无存,院内尚存砖铺地面。正殿面阔单间,硬山顶,进深七架梁出前檐廊。其中,关帝庙坐西面东,占四椽出前檐廊;观音殿坐东面西,占二椽。

关帝庙,正殿前廊下设面然大士龛,墀头尚存砖雕装饰,前檐额枋上有残存的彩绘,门窗为新修。殿内壁画保存一般,表面涂刷有白灰浆,如今当地村民已将白灰浆清洗掉,露出后面遮盖的壁画。从颜色上看,其为清末民国时期的作品。

正壁绘《关公坐堂议事图》,画面主体背靠条屏,在表现形式、人物等方面也是标准的《关公坐堂议事图》。但不同的是,正壁壁画分为了两组。下部为主画面,正中为关帝像,关帝后面有两位侍女;两侧分别为左丞相陆秀夫,右丞相张世杰,各手持笏板而立;最外侧,东为关平,西为持青龙偃月刀的周仓。正壁上部的内容与下部相近,正中为一神像两侍从,两侧为文官,最外侧为武将,但表现的是何人、何场景还需要进一步研究。

南、北两山墙为连环画式壁画,绘有《三国演义》中以关羽事迹为主线的故事,从"桃园三结义"起,到"会古城□□聚义"结束。南、北两山墙各有4排4列16幅,一共有32幅,并采用规则的方格将每幅画分割开。南山墙每幅画右上角写有榜题,北山墙每幅画左上角写有榜题。两壁山尖绘画为彩绘，这在蔚县地区较为少见。

北山墙

桃园三结义	二义士送马赠金	破黄巾斩寇立功	□海城迎见□□□
安喜县鞭打都邮	酒□□□□□□	曹孟□□□□□	□□煮酒论英雄
徐州兵退袁术	□帝君□斩□□	□□□□□□□	陶公祖三让徐州
吕奉先辕门射戟	虎牢关三战吕布	丁□□□□□兵	□门□□□□□

南山墙

帝君孟津诛文□	□马□前斩颜良	张文远土山说说	徐州失散
□□□陵桥饯行	封金挂印	秉烛达旦	曹操敬足金战袍
云阳关怒斩王植	汜水关斩卞喜	洛阳关斩韩福孟坦	□岭关怒斩孔秀
会古城□□聚义	□□阳□□□□	帝君大战夏侯□	黄河渡口斩秦琪

观音殿，面西，下平檩上尚存彩绘《八卦图》。正壁新绘壁画，正中为观音，背后为善财童子与龙女，两侧各坐一位穿袍的财神，外侧分上下两层，各有两位护法元帅。两侧山墙壁画已毁，皆为白墙。

财神庙 位于堡内主街道中段的拐弯处。正殿坐西面东，面阔单间，硬山顶，进深三架梁出前檐廊，东檐下挑檐木伸出较长并由立柱支撑，形成前廊。财神庙已修缮，为村中白姓居民捐钱重修。基础经修缮，外表用水泥勾缝，东侧屋檐也已修复，殿前安装有铁栅栏。正殿内正壁为新绘的财神像，绘有一位文财神，头戴宰相纱帽，五绺长须，手捧如意，身着蟒袍，足蹬元宝。

龙神庙 位于城堡东门外北侧，村东照壁东北侧，东、南、北三面临沟，沟深约 15 米（彩版 3-19）。龙神庙保存较好，现存一进院落，整体坐北面南，现存山门、正殿、西耳房及西配殿。西院墙南部辟山门，面西为随墙门，正殿前置土月台。正殿面阔单间，硬山顶，进深五架梁。前檐下六抹方格窗四扇，中置帘架，辟两扇门。正殿曾改作仓库。殿内前檐下悬有一木匾，毛笔书写修龙神庙的缘由与信士捐款情况，表面有鸟粪等污物，且字迹较漫漶，落款日期为"乾隆四十三年岁次戊戌七月"。由此得知，龙神庙修建于乾隆四十三年（1778）。

殿内尚存壁画。壁画表面虽涂刷过白灰浆，但保存较好，以红、绿色为主调，推测为乾隆时期作品。

正壁绘《龙母龙王坐堂议事图》。由于殿的开间相对宽阔，因此正壁两侧渐低的效果并不明显。壁画画面紧凑，龙王之间相互交流，动感十足。画中龙母位于壁画正中高处，龙母两侧分坐五位龙王与雨师,两侧下角各列一位手持雨簿的雨官。龙母侧后各有一位持扇侍从,扇两侧为四位当值功曹。上部两侧各有五位辅助之神,东侧依次为(从中向外)两位功曹、令旗官、商羊、风伯、雷公、青苗神夫妇;西侧依次为(从中向外)两位功曹、判官、四目神、电母、风婆、雹神(钉耙神)与虹童。

正壁前供台尚存,上置七个牌位,分别为龙母、五龙王与雨师。

东山墙绘《出宫行雨图》,主体画面为五龙王与雨师行雨。左侧为水晶宫,龙母立于水晶宫内,两侧各立一位随从。左上角为策马飞奔的传旨官,着急传达玉帝的降雨旨令。右侧从上至下为雷公、电母、风婆、风伯、四目神。中部上方分别绘有四值功曹、雹神(钉耙神)、令旗官、判官、虹童、未知神等。壁画底部绘有民间人物,但人物形象已不清楚。

西山墙绘《雨毕回宫图》,主体画面为五龙王与雨师行雨后回宫。右侧为水晶宫,龙母等一干人立于宫下台明上,龙母手捧笏板。台明边缘立着一位双手抱拳的官人。宫前判官与令旗官前来交差,后面跟着雷公、风伯、未知神。水晶宫上方传旨官策马飞腾,左手持令旨向前伸出,给张开的玉帝之手回旨。左上部电母与风婆悠闲闭目在水车中,前面有钉耙神、虹童等。

山尖壁画绘水墨画"渔、耕、樵、读",保存较好。

西耳房面阔单间,四檩三架,门窗全无。西配殿面阔三间,三檩二架,单坡顶,已经坍塌,仅存墙体。龙神庙对面的坡地下方原有1座戏楼,旧时干旱行雨时,在戏楼内唱戏三天,但在修建沟中公路时将戏楼拆毁。

五道庙 位于堡中偏南,已毁。

第二十八节 西任家庄村

一、自然环境与人文历史

西任家庄村,位于涌泉庄乡东偏北1.4公里处,属丘陵区。村西、南临沟,地势较平坦,为壤土质,周围辟有大片耕地。1980年前后全村有村民250人,耕地1 096亩,曾为西任家庄大队驻地。

相传,任、段两家皮匠于此建村,取名任段皮庄,后因任姓增多,即改名任家庄。1982年,更为西任家庄。村名可考的历史最早见于《(顺治)蔚州志》,作"任段皮庄堡",《(乾隆)蔚县志》作"任段皮庄",《(光绪)蔚州志》《(民国)察哈尔省通志》沿用。

如今,村庄规模较小,村中仅一条南北主街,村西为一条冲沟,村庄紧邻冲沟而建,东、北、南面为大面积的平坦开阔的耕地。村中民宅新、旧房均有分布，但以土旧房为主。村庄未曾修建过城堡，旧时归西任家堡管理，本村人多为其佃户。居民以任姓为主，户口有200余人，目前尚有40余人居住。中心广场北侧有一排青砖瓦房，十分气派，但已全部废弃。门楼突出，门楼上雕有"任家庄大队"。

二、寺庙

村中心广场西南边尚存1座寺庙，庙名不可考。正殿坐北面南，面阔单间，硬山顶，出前檐廊，门窗无存，全部用土坯封堵，前面置一石碑，表面阴刻"后土神位"。

第二十九节　涧　北　村

一、自然环境与人文历史

涧北村，位于涌泉庄乡西北偏北1公里处，属丘陵区。村南邻涌泉庄水库，东、西临沟涧，地势西北高东南低，为壤土质，周围面积狭窄，辟有耕地。1980年前后全村有222人，耕地806亩，曾为涧北大队驻地。

相传，清康熙元年建村，名北蹶头涧，后人厌其名不佳，于1948年据村南有一条深涧，更名为涧北村。村名可考的历史最早见于《（乾隆）蔚州志补》，作"南北蹶土涧二堡"，《（光绪）蔚州志》作"北蹶头涧"，《（民国）察哈尔省通志》沿用。

如今，村庄规模较小，居民较少，分为新、旧两部分。新村在东面，旧村在西面。村庄南水库存水量大，水库南岸有警察局。223乡道从村东经过（图3.36）。

二、城堡

（一）城防设施

涧北村堡，位于西面的旧村中。城堡平面大致呈矩形，周长复原约476米，开南门。堡内平面布局为十字街结构，南北街为主街。堡内地面高于堡外（图3.37）。

城堡南门为简易门，与庄门类似，用土坯修建门体，门顶为木梁架结构，保存较差。因南墙不直，堡门虽称南门，但朝向为坐西面东。门道为自然石铺墁，堡门内南侧建观音殿，向北面对真武庙。

堡墙均为黄土夯筑，保存较差。东墙长约115米，仅存基础，高2～3米，上面修建房屋，外侧为顺城路和房屋。南墙长约111米，墙体随地形而建，多曲折。墙体破坏严重，仅

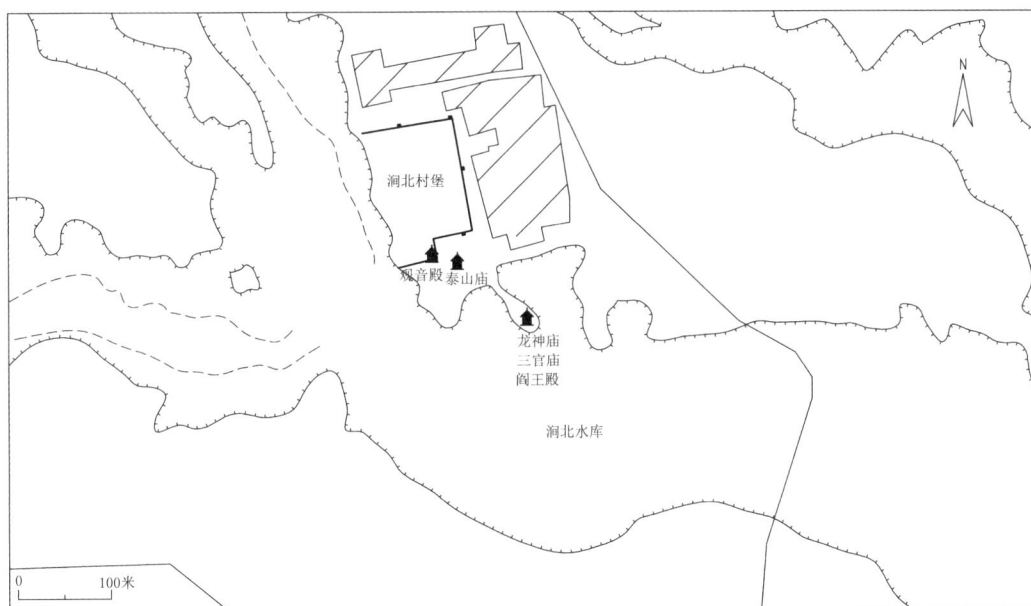

图 3.36 涧北村古建筑分布图

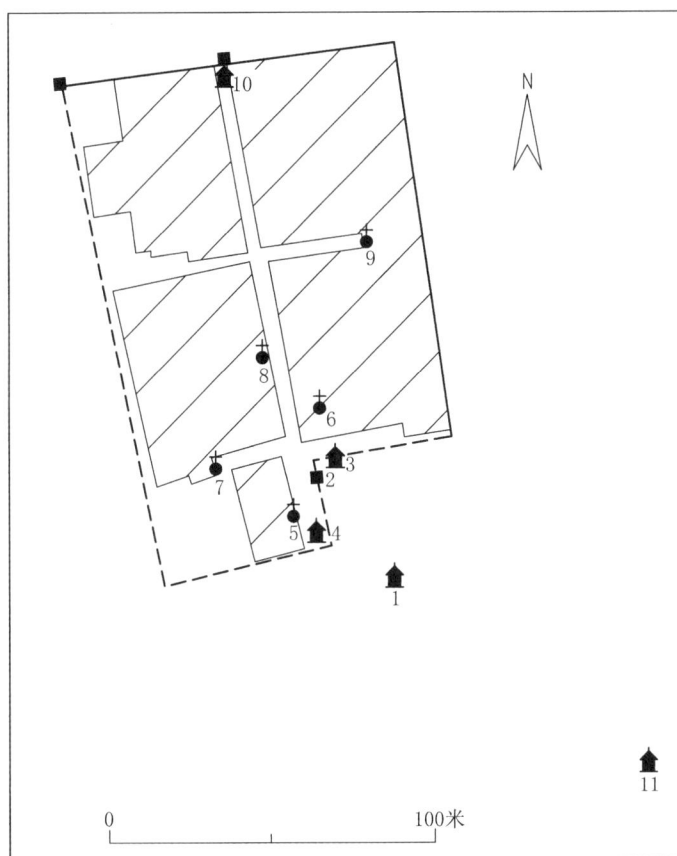

图 3.37 涧北村堡平面图

1. 泰山庙　2. 南门　3. 五道庙　4. 观音殿　5. 老宅院 4　6. 老宅院 1　7. 近代建筑
8. 老宅院 2　9. 老宅院 3　10. 真武庙　11. 阎王殿、三官庙、龙神庙

存基础。堡门附近的墙体,高1～3米。西墙长约152米,紧邻台地边缘而建。墙体几乎无存,仅存西北角附近的一小段墙体,高1～3米。墙体内侧为顺城道路,外侧为宽阔幽深的冲沟,冲沟内为树林和荒地。北墙长约98米,保存较差,墙体连贯、低薄,多坍塌,内侧高3～4米,外侧高2～4米,内侧为房屋,墙外为坍塌形成的斜坡,不远处为荒地和新建房屋。北墙中部设1座方形马面,现为真武庙庙台。马面内外突出墙体,外立面未包砖,内侧包砖(彩版3-20)。

东南角仅存基础,上面修建民宅。西南角未设角台,仅为转角,角外为水库。西北角台设90°直出角台,保存较好,夯土内多夹杂石子,质量较差。东北角未设角台,仅为转角。

（二）街巷与古宅院

堡内居民较少,民宅以旧房为主,新房较少,老宅院少,仅4座。老宅院1位于南顺城街东段北侧。老宅院2位于正街南段西侧。老宅院3位于正街东段尽头。此外西南角内有1座近代的大门。观音殿西面为老宅院4,现存院门高大,外面三伏三券,上有门匾,门内为1座大院子,推测为旧大队部所在地。

三、寺庙

据当地长者回忆,城堡内外曾修建有观音殿、真武庙、泰山庙、五道庙、阎王殿、三官庙、龙神庙。

观音殿 位于城堡堡门内南侧,坐南面北,保存较好。正殿坐落于台明上,基础较高,前有三级台阶。正殿面阔单间,硬山顶,进深四架梁出前檐廊。门窗仅存框架。殿内墙壁涂抹白灰浆,两侧山墙已完全被白灰浆覆盖,仅露出山尖绘画,保存较好。正壁前供台尚存,顶部脊檩上存有彩绘《八卦图》。正壁上方露出色彩鲜艳的壁画,画面色彩蓝色基调浓厚,应是民国时期所绘,被覆盖的部分可以隐约看到人物轮廓。从轮廓来看,正壁绘《观音坐堂说法图》,正中为观音,观音侧后方分别为龙女与善财童子,两侧分别为武财神与文财神,两侧上角分别为伽蓝与韦驮两位护法神。

真武庙 位于北墙马面顶上,与南面的观音殿相望。马面呈方形,内外突出墙体,外包青砖,南侧有台阶可达台顶,现已坍塌为坡道,破坏严重。正殿坐北面南,面阔单间,硬山顶,进深五架梁出前檐廊。前檐额枋尚存彩绘,从颜色上看应是清末民国时期所绘。殿门窗已无存。正殿墙体多开裂,西墙开裂有两条裂缝,东墙开裂有一条裂缝。殿内废弃,堆放柴草。顶部脊檩尚存彩绘《八卦图》案,八卦色彩鲜艳。殿内墙壁涂抹一层白灰浆,脱落之处露出底下的壁画,但画面已漫漶不清。通过对露出部分画面的分析,壁画为3排4列。从颜色上看,其应是清末民国时期的作品。殿后墙外立面正中有神龛,供奉了镇压堡北坟地鬼神的神祇。对于真武庙,当地村民认为真王即为崇祯,此种传说在蔚县村堡中较为常见。有的城堡居民在写对联时直接将"真王"写成"祯王"。当地传说，崇祯当了18 年皇帝，由于皇袍在身，挡住了眼睛，不知蔚县已是大旱，于是蔚县大旱 18 年，当崇祯离开皇位后，蔚县旱情方解。

泰山庙　位于南门外南侧，现已无存。

五道庙　位于南门外北侧，现已无存。

阎王殿、三官庙、龙神庙　位于堡东南方水库边台地上，为 1 座庙院，现已无存。

第三十节　崔 家 寨 村

一、自然环境与人文历史

崔家寨村，位于涌泉庄乡西北 4.6 公里处，属丘陵区。村庄地势西北高东南低，修建在冲沟之间的台地上。村中有一条南北向冲沟，将村庄分为两部分，东侧不远处还有冲沟，两条冲沟规模均不大。村庄周围的台地为壤土质，辟有大面积的耕地。村西隔沟有古刹重泰寺，村北有小水库。1980 年前后村中共有 473 人，耕地 2 248 亩，曾为崔家寨大队驻地。

相传，崔姓于明嘉靖二十二年(1543)建寨，取名崔家寨。村名可考的历史最早见于《(正德)大同府志》，作"崔家寨堡"，《(崇祯)蔚州志》《(顺治)云中郡志》《(顺治)蔚州志》沿用；《(乾隆)蔚州志补》作"崔家寨"，《(光绪)蔚州志》《(民国)察哈尔省通志》沿用。

如今，村庄规模较大，南部为新村，冲沟东西侧各有一部分新村。北部为旧村，亦分为两部分，以东部为主，西部较小，东部为城堡所在地(图 3.38)。

二、城堡

（一）城防设施

《(民国)察哈尔省通志》记载："崔家寨，在县城西北三十里，明万历五年四月土筑，高一丈八尺，底厚四尺，面积四十五亩，有门一，现尚完整。"[1]崔家寨村堡今位于村庄北部旧村中。城堡选址在两条冲沟之间的台地上，地势险要，东、西墙均临冲沟。北面不远处亦为冲沟，仅南面相对平缓。城堡平面呈矩形，周长约 615 米，开南门。堡内平面布局为双十字街结构(图 3.39)。

---

〔1〕 宋哲元：《(民国)察哈尔省通志》，国家图书馆藏 1935 年铅印本，第 12 页。

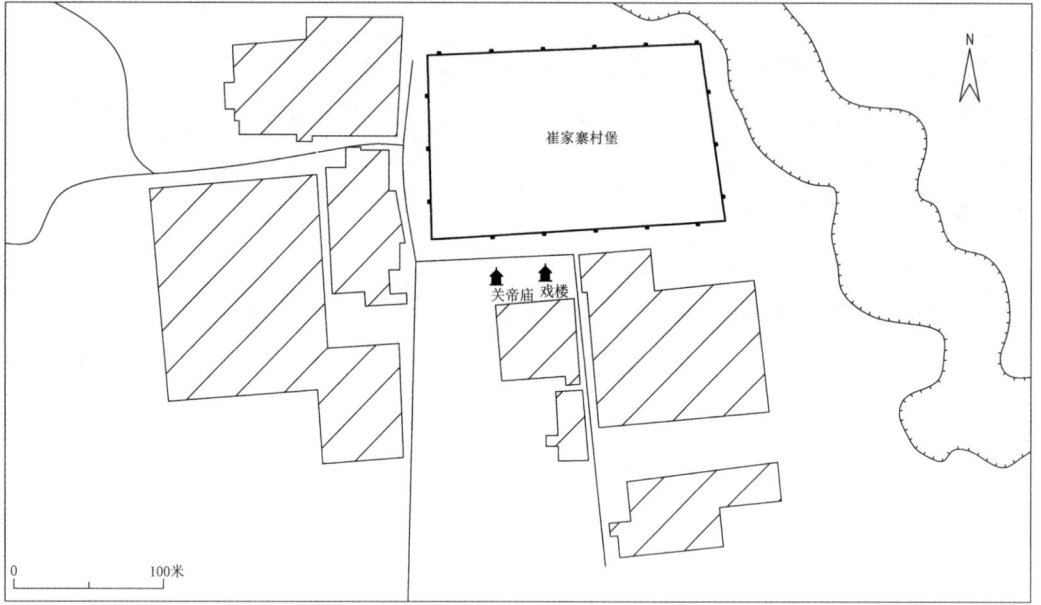

图 3.38 崔家寨村古建筑分布图

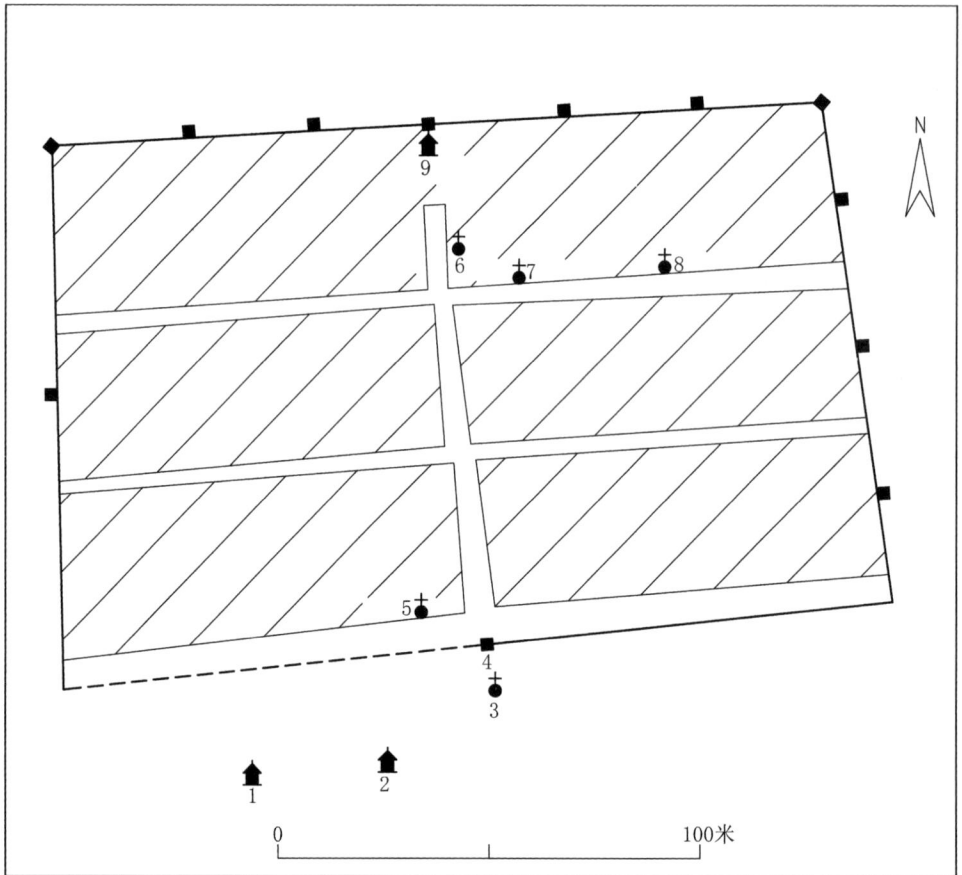

图 3.39 崔家寨村堡平面图

1. 关帝庙　2. 戏楼　3. 影壁　4. 南门　5. 老宅院1　6. 老宅院2　7. 老宅院3　8. 老宅院4　9. 真武庙

城堡设南门,为砖石拱券结构,保存较好,局部修缮,基础为7层条石砌筑,上面青砖起券,墙体收分明显,内外侧门券五伏五券(彩版3-21)。外侧门券拱顶上方镶嵌石质门匾(拓3.7),匾额表面风化严重,多脱落,正题阴刻双勾楷书"崔家寨堡",前款可见"大明国山西大……",后款可辨出"嘉靖贰拾贰……"等字。门顶为木梁架结构,顶部已用红砖修缮。门道为自然石铺成的路面。门外两侧设有护门墩台,基础为毛石和水泥包砌,主体为黄土夯筑。门外迎面设有1座影壁,位于石砌台明上,须弥座,面阔三间,硬山顶,檐下有仿木构砖雕檐檩,正脊上有五个蹲兽装饰,但正中却为土坯墙芯,并非砖砌装饰。此外,南门外还修建有健身园及凉亭。

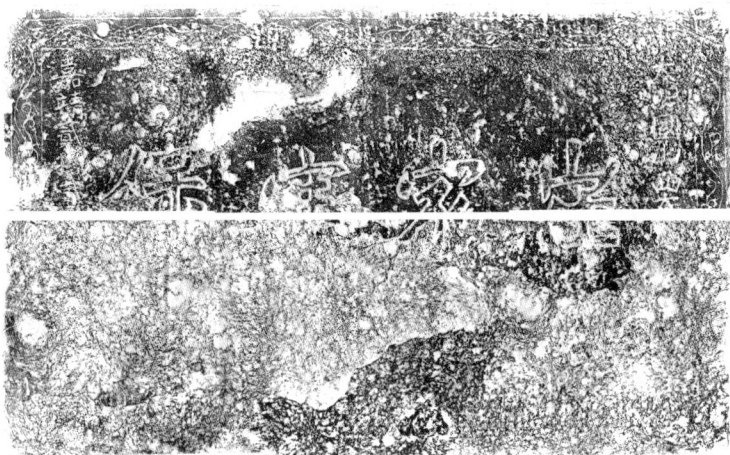

拓3.7　涌泉庄乡崔家寨村堡南门外侧门额拓片(蔚县博物馆　李新威　提供)

堡墙均为黄土夯筑,保存一般。东墙长约114米,墙体破坏严重,低薄,多倾斜、坍塌,高2~4米,内侧为民宅,外侧为荒地和冲沟。东墙共设3座马面,高于墙体,高5~6米,体量高大。南墙长约201米,东段墙体除邻近东南角附近尚存3米高的墙体外,其余大部分为仅存2米高的斜坡状基础,破坏严重,内侧为顺墙道路和民宅;西段墙体无存,现为平地,内侧为顺墙道路。西墙长约116米,墙体断续,破坏严重,外侧为道路,内侧为民宅。北墙长约184米,墙体低薄,破坏严重。但由于利用了台地,外侧总高1~6米,墙体自身高0~4米,内侧为民宅,外侧为台地、耕地。北墙共设5座马面,其中东、西两侧的马面体量较小,破坏严重,外侧高5~6米。中间的马面被改造为庙台,故体量较大。

东南角未设角台,墙体局部坍塌,可见两次修筑的痕迹,现存东南角高6米,体量高大。西北、东北角设135°斜出角台,高5~6米,现存体量小。

（二）街巷与古宅院

堡内的民宅以土旧房为主,民宅虽多,但大部分废弃、坍塌,只有几户尚有人居住者翻修了屋顶。老宅院较少。

南顺城街 西段尚存老宅院 1,保存较好。

正街 北段路东有老宅院 2。

后街 老宅院 3 位于东段北侧,门前上马石尚存,表面施浅浮雕装饰。宅院为两进院,全部废弃,第一进院南房坍塌,仅存东西厢房,二道门保存较好,后院已经废弃,正房门厅退金廊(彩版 3-22)。老宅院 4 位于老宅院 3 东侧路北,保存较好。

三、寺庙

真武庙 位于城堡北墙正中马面上,马面即为真武庙庙台,原为 1 座庙院。如今部分庙院围墙尚存,但殿顶坍塌,仅存殿宇部分墙体。墩台上仅孤立着 1 座北极宫门楼。山门为随墙门,硬山顶,檐下为砖雕橼子、枋、替木、柁头与枋间托,其他建筑皆已毁塌。此外,庙台顶部尚存 1 通石碑,表面风化严重,字迹漫漶不清,落款勉强可辨为"□历□拾□年岁次辛未春仲"等字,推测为明万历年间所立。此碑位于真武庙墩台上,推测为与真武庙创修建有关的记事碑。

戏楼 位于南门外影壁的南侧,清代建筑。戏楼保存较好,已修缮,坐东面西,对面为关帝庙,相距约 10 米。戏楼基础高 1.5 米,台明外立面包青砖,顶部四周铺条石,前台明间古镜柱础,次间鼓形柱础。戏楼面阔三间,六架梁卷棚顶,进深二间,前檐下挑檐木挑出有五分之四长,前额枋下置悬口草龙狮子花牙子,撑拱雕凶猛的狮、龙等。戏楼内梁架用材粗壮,驼墩雕牡丹、荷花。两侧墙体上壁画尚存,为隔扇屏风壁画,清中后期作品,保存较差,表面多为白灰浆覆盖。戏楼内前后台置六抹隔扇、次间槛窗槛墙及出将、入相二门。隔扇已修缮,椽、檩、替、垫等木结构上都是新上的彩绘。中间为圆形隔板,后台留有较多的题壁,时间有道光十五年、道光三十年、光绪十九年等,还有涂鸦作品。

现为蔚县文物保护单位。

关帝庙 位于南门外,戏楼对面,现为 1 座独立的庙院(彩版 3-23)。如今院墙、山门已经维修。寺庙整体保存较好,坐西面东,坐落于高 2 米的月台上,月台外立面包砖。山门高大,单檐硬山顶,脊顶瑞兽保存较好。门前设砖砌台阶。院内地面用青砖铺墁。

正殿保存较好,坐落于台明上,台明较高,外立面包砌青砖,正中设有四步台阶(彩版 3-24)。正殿坐西面东,面阔三间,硬山顶,进深六架梁出前檐廊。前廊墙有面然大士龛。前檐额枋上残存有清末民国时期的彩绘,彩绘多脱落,斑驳不清。门窗保存较好,墀头砖雕精美,雕有龙与鹿等兽。殿内堆放杂物,顶部脊檩上尚存彩绘《八卦图》。正面供台上原供关帝塑像,站、坐塑像各一尊,塑像毁于"文革"期间。站像无存,坐像基座尚存,尚可见一条飘带。塑像周边木龛保存较好,前檐下四根垂花柱与裙边保存较好,两侧边框还有木雕等装饰,龛内顶部安装天花板。天花板表面施有彩绘,为清末民国时期作品。正殿前的 2 座面阔三间的配殿,已改造为禅房。

殿内壁画保存较好,时代以清中期作品为主,正壁及左右两壁皆绘满壁画。壁画为连环画式,但不是很规整。"文革"期间,壁画表面被涂刷白灰浆。前几年,村民用干布将表面的白灰浆擦去,露出了原壁画。

后墙以木龛为中心,两侧次间分别为不同身份的关羽。南次间绘武关公与众将,关羽似于行军途中,前有关平持《春秋》,后有周仓持大刀护卫,众将牵马紧随左右。关羽前一名小将单腿点地在汇报前方打听到的军情。北次间绘文关公与众臣,关公似升堂办公,身披黄袍,头戴乌纱帽,右有周仓持大刀,左有关平捧官印,两侧分别为左丞相陆秀夫,右丞相张世杰,还有两位随从。关公前跪着一位官员正向关公汇报公务。后墙正中(木龛后)绘有六幅屏风,为清末民初作品,内容为山水花草。

南北两壁壁画为连环画形式,绘有《三国演义》中以关羽事迹为主线的故事,每幅画皆有榜题,每面皆是 4 排 9 列,一共有 72 幅壁画。所有榜题皆未受损。这是蔚县关帝庙中山墙壁画幅数最多的之一。部分壁画榜题与《三国演义》中的章回名称一致,另有一部分有所出入。所以这堂关帝庙壁画也是《三国演义》中主要情节的再现。但从内容来看,不像其他关帝庙多是以关羽事迹为主,此内容中刘玄德、张翼德、赵子龙、诸葛亮等主要人物的事迹占据了一半以上,又与宋家庄镇上苏庄三义庙壁画中各人物的比例相近,因此怀疑此庙是否旧时称为三义庙。

北壁

云长撾鼓斩蔡阳	刘玄德古城聚义	孙策怒斩于神仙	玄德跃马跳檀溪	刘玄德遇司马徽	玄德新野遇徐庶	徐庶定计取樊城	徐庶走荐诸葛亮	青梅煮酒论英雄
云长策马刺颜良	云长延津诛文丑	关云长封金挂印	关云长独行千里	云长头关斩孔秀	二关斩韩福孟谈	云长三关斩卞喜	云长四关斩王植	云长五关斩秦琪
帅府听曹公赠马	关云长秉烛达旦	操赠汉寿亭侯印	张辽义说关云长	张翼德怒走范阳	赵子龙盘河大战	玄德匹马奔冀州	关云长袭斩车胄	关张擒刘岱王忠
祭天地桃园结义	张世平苏双进马	刘玄德斩寇立功	安喜县鞭打督邮	酒未温寒斩华雄	虎牢关三战吕布	提闸水淹下邳城	白门楼操斩吕布	曹孟德许田射鹿

南壁

关云长单刀赴会	玉泉山关公显圣	赵子龙大战魏兵	孔明智败司马懿	关公显圣诛吕蒙	诸葛亮三擒孟获	孔明祁山布八阵	关云长大破蛮牛	伏魔大帝诛狐狸
八阵图石伏陆逊	关云长大战徐晃	关云长义释曹操	曹操败走华容道	七星坛诸葛祭风		诸葛亮计伏周瑜	诸葛亮草船借箭	关云长怒擒庞德
张翼德夜战马超	赵子龙智取桂阳	黄忠魏延献长沙	张翼德义释严颜	□阳县张飞荐统	关云长刮骨疗毒	庞德抬榇战关公	关云长水淹七军	关云长威震华夏
诸葛亮舌战群儒	刘玄德败走夏口	张翼德拒水断桥	长坂坡赵云救主	孔明遗计救刘琦	孙权跨江破黄祖	定三分亮出草庐	玄德风雪请孔明	刘玄德三顾茅庐

此堂壁画在排序上有些混乱,部分情节前后颠倒,而错得最大的是"青梅煮酒论英

雄"。北壁从第四排的西下角"祭天地桃园结义"起,向东到"曹孟德许田射鹿",然后"之"字向上第三排与第二排最东的"云长五关斩秦琪",这三排是循蔚县壁画中连环画的"之"字形的规律排序,但到第一排却突然折向西上角,而在东上角却出现了"青梅煮酒论英雄",这一情节应是在"关云长袭斩车胄"前所发生的,却错到了诸葛亮出茅庐之前。

此堂壁画在关云长单刀赴会与玉泉山关公显圣后,又延续了赵子龙大战魏兵、孔明智败司马懿、诛吕蒙、擒孟获的几段故事,最终以"关云长大破蚩牛"与"伏魔大帝诛狐狸"这两幅关公显圣事迹而结束。"关云长大破蚩牛"应是将"关云长大破蚩尤"中的"尤"误题成"牛";而"伏魔大帝诛狐狸"这个典故并没有查到,只知明万历四十二年(1614)关羽被封为三界伏魔大帝。

南北壁的山尖绘画保存较好。壁画为彩绘,这在黑白为主流的山尖绘画中较为少见。其内容既有文官武将,也有山野村夫。

正殿前檐窗下槛墙外侧嵌有一通嘉庆二十一年(1816)《崔家寨立规碑记》石碑,碑文尚可辨认:

> 盖闻亘古以来,基未立者,创始非易;自今以往,功已成者,保后更难。如我堡建此一台,各捐资财,劳心劳力,诚非易易也。今此功程告竣,焕然改观,宁可不互相保护,任其毁伤乎?因而阖堡公议,以后各管各子,不许无故登台,肆意践踏,如有无知之徒在□上下四面损一砖、坏一木少为毁□者,以经察出,不论老壮幼稚,小者罚油一斤,大者罚油一坛,或有亲睹故意隐者,加倍论罚。此乃事属公事议出,公议并非一人之臆见也,故勒其石,永垂不朽。[1]

此碑中所称"一台",应指关帝庙的建筑群。由此可知,关帝庙建于嘉庆二十一年(1816),殿内壁的壁画亦可能为同期绘制。此外,从色彩考察,壁画也为清中期作品。

现为张家口市文物保护单位。

第三十一节　高利寺村

一、自然环境与人文历史

高利寺村位于涌泉庄乡西北4.6公里处,属丘陵区。村西邻沟,东临沙河,附近为壤土

---

〔1〕 邓庆平:《蔚县碑铭辑录》,广西师范大学出版社,2009年,第556～557页。

质,辟有大片耕地。1980年前后全村有560人,耕地2 492亩,曾为高利寺大队驻地。

相传,约八百六十年前建重泰寺时,匠人、车马曾在此食宿,后建村时为求吉利,遂取名高利寺。村名可考的历史最早见于《(乾隆)蔚县志》,作"高利寺",《(光绪)蔚州志》《(民国)察哈尔省通志》沿用。

如今,高利寺村位于南北向河道的西岸,与阎家寨隔河相望。村庄规模大,南面为新村,北面为旧村,229乡道从村南经过(图3.40)。

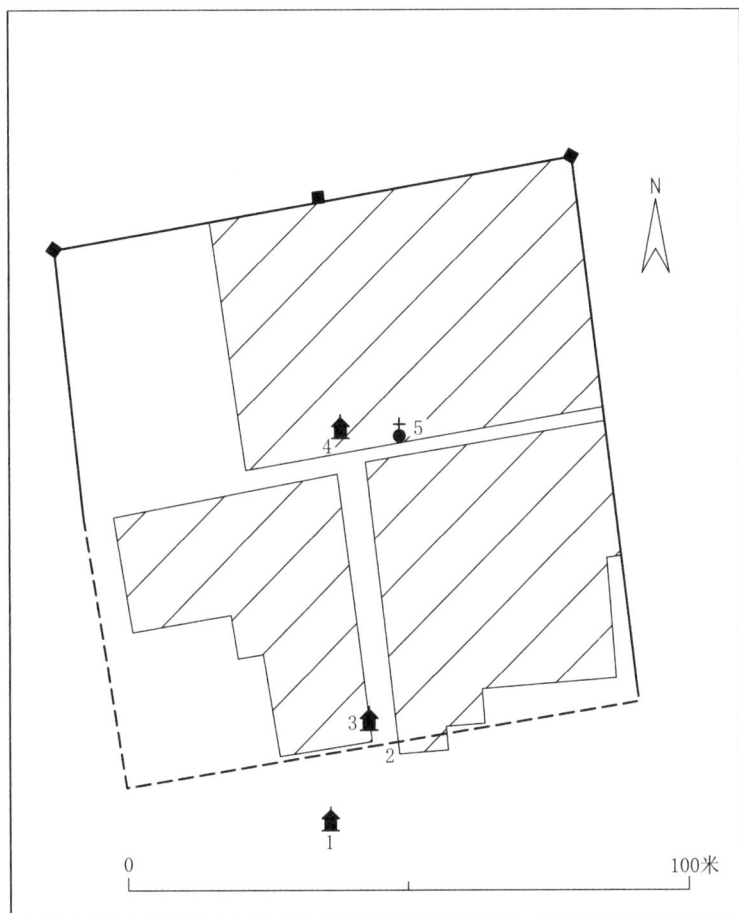

图3.40 高利寺村堡平面图

1. 关帝庙　2. 南门　3. 五道庙　4. 真武庙　5. 老宅院1

二、城堡

(一)城防设施

高利寺村堡,位于村庄北部旧村中。城堡平面呈矩形,周长未知,开南门。堡内平面布局为南北主街结构(图 3.41)。

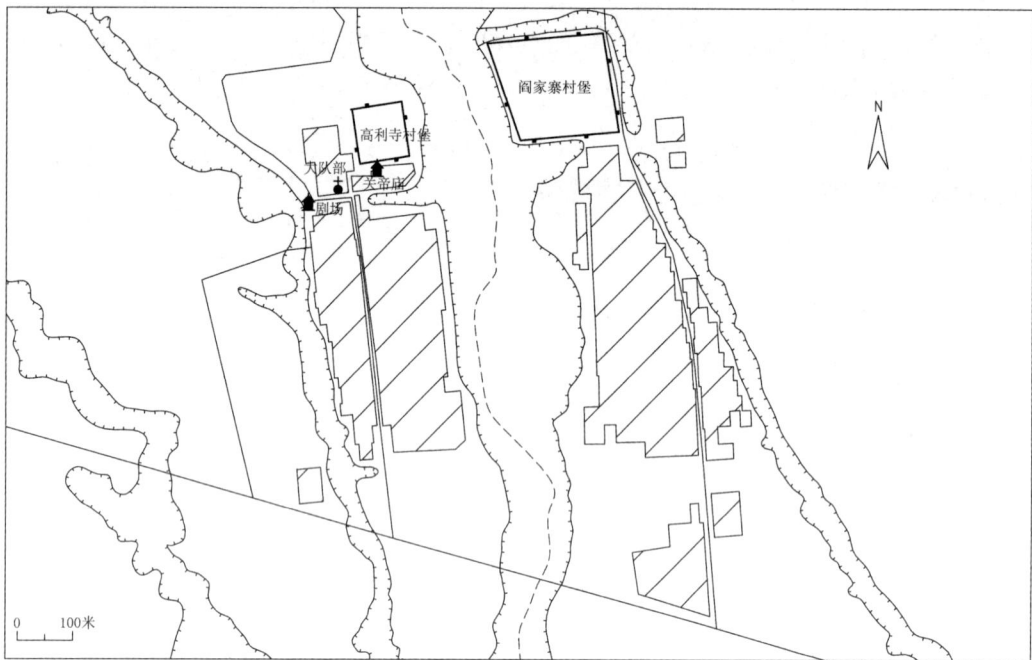

图 3.41　阎家寨村、高利寺村古建筑分布图

城堡南门在"文革"时被拆毁,现为缺口。门内为中心街。

堡墙均为黄土夯筑,破坏较为严重,保存较差。东墙残长约 97 米,保存较差,仅存一半,墙体低薄、断续,内侧为民宅,外侧为荒地。南墙墙体无存。西墙残长约 49 米,位于台地边缘,仅存一半墙体,墙体高薄。西墙外侧高大,高 6～7 米,外侧为顺城土路。北墙长约 92 米,保存一般,墙体连贯、高大,中部设 1 座方形马面。

东北、西北角设 135°斜出角台,保存一般。东南、西南角无存,西南角外新建有剧场、大队部、单堠矿区警务室、公园和篮球场等。

(二) 街巷与古宅院

堡内民宅以土旧房为主,新房和老宅院很少。民宅多废弃、坍塌,一片断壁残垣景象。堡内西北形成大片空地,居民较少,多搬迁至新村居住。真武庙前主街的尽头是一条东西向土路。东侧路边尚存有老宅院 1。

三、寺庙

据当地长者回忆,高利寺曾修建有五道庙、关帝庙、真武庙。

五道庙　位于城堡南门内南北主街的西侧,坐北面南,为一座独立的庙院,庙宇建筑新近修缮。山门为随墙门,硬山顶。院门上贴有一副楹联,上联为"汤王驾前忠梁(良)将",下联为"太公封他五道神"。正殿坐北面南,面阔单间,硬山顶,殿内有新绘壁画。

关帝庙 位于城堡南门外西侧,为一座独立的庙院,坐东面西,庙宇建筑已全部修缮。山门前存一小石狮,风化严重。院门上贴有一副楹联,上联为"三人三姓三兄弟",下联为"一君一臣一帝王"。正殿坐东面西,面阔单间,硬山顶,进深四架梁,未出廊。前檐下悬有一匾,正题"伏魔宫"。前檐下设面然大士龛。殿内为新绘的壁画,连环画式,每面3排3列,梁架上未施彩绘。

真武庙 位于南北主街尽头北墙内侧及顶部,庙宇建筑为新近修缮。此次修缮之后,重建院墙,前殿、中殿、后殿也进行了修缮。山门、前殿、中殿与正殿,层层增高。

山门为随墙门,硬山顶,门上贴有一副对联,上联为"万载法轮如浩月",下联为"一身金甲待秋风"。

前殿为硬山顶,殿内堆满杂物,在殿中横梁柱上贴有大量的旧账单。内容多为账簿或房契,这应是"文革"时期的遗物。

中殿面阔三间,半坡顶。从布局来看,前面的殿宇可能供奉其他神祇。

正殿,即北极宫,坐落于北墙上,坐北面南,面阔单间,硬山顶,进深五架梁出前檐廊。两侧土坯山墙残破,门窗尚存。殿前廊西墙设面然大士龛。殿门上贴有一副对联,上联为"足赤踏龟蛇万法总归三尺剑",下联为"散发冲斗牛五云展出七星旗"。殿内为砖铺地面。顶部脊檩上彩绘有《八卦图》。

殿内有新塑塑像,正中为真武大帝,两侧立有周公与桃花女。殿内原表面涂有白灰浆,现重新清洗,从白灰浆下洗出了更多的残画。

正壁绘《真武帝坐堂议事图》,正中为真武帝,圆脸,留着稀疏的胡须,披发跣足,右手持剑。两侧后,东侧为桃花女,西侧为周公。再外侧为护法四元帅,东侧为手持金枪的马天君马元帅与手执玉环的温元帅温琼,西侧为手持铁鞭的赵元帅赵公明与手持青龙偃月刀的关元帅关圣帝君。

两侧山墙上半部露出较多,下半部仍被白灰浆覆盖。壁画为连环画形式,4排5列,画幅之间无明显的界限与分割线。画面模糊,从颜色上判断,其应该是民国时期的壁画。

第三十二节 阎家寨村

一、自然环境与人文历史

阎家寨村,位于涌泉庄乡西北4.4公里处,属丘陵区。村庄地势较平坦,村西临山河,东临冲沟，附近为壤土质，辟有大片耕地。1980 年前后村中有 761 人，耕地 3 617 亩，曾为阎家寨大队驻地。

相传，明万历五年(1577)阎姓建寨，取名阎家寨。村名可考的历史最早见于《(崇祯)蔚州志》，作"阎家寨堡"，《(顺治)云中郡志》沿用，《(顺治)蔚州志》作"闫家寨堡"，《(乾隆)蔚州志补》作"闫家寨"，《(光绪)蔚州志》《(民国)察哈尔省通志》作"阎家寨"。

如今，阎家寨分为新旧两部分。新村在南部，229 乡道边，村庄狭长，规模很大，全部为新修的房屋。旧村在北面。村民以刘、薛姓较多，现在全村有 1 000 余人，大部分居住在新村(图 3.40)。

二、城堡

(一)城防设施

《(民国)察哈尔省通志》记载："阎家寨，在县城西北二十五里，明万历五年土筑，重修一次，高二丈五尺，底厚五尺，面积八十亩，有门一，现尚完整。"[1]阎家寨村堡今位于旧村中，保存较好。城堡依据地形而建，西临沙河，东、南、北三面临沟涧，地势险要，易守难攻。城堡平面呈矩形，复原周长约 749 米，开南门。堡内平面布局为十字街丁字街结构(图 3.42)。

城堡南门近西南角，保存较好，体量高大，砖石拱券结构，基础为条石砌筑，上面青砖起券(彩版 3-25)。外门券五伏五券，门券拱顶上方原镶嵌三枚门簪，现仅存一枚，门簪上方镶嵌石质门匾(拓 3.8)，正题阴刻楷书"闫家寨堡"，左侧落款为"万历肆拾壹年叁月吉旦"，正题下部刻有"堡官"和"堡长"的姓名。门匾两侧镶嵌有砖雕装饰，砖雕"犀牛望月""天马行空"，上层错缝牙子，门顶部出二层伏檐，门顶四周新砌花栏墙。内侧门券亦为五伏五券，门券上部的门体已用红砖修缮。门顶为券顶结构，保存较好，门扇、上槛无存。门道为自然石铺墁，车辙印痕尚存。门西墙上镶嵌有明万历四十一年(1613)修建堡门记事题名碑 1 通(拓 3.9)[2]。堡门内为中心街。南门外迎面建砖雕影壁 1 座，西侧临沟亦建 1 座影壁，连体平面呈"L"形。1947 年解放战争时期，大炮轰塌堡墙，堡门尚可见累累弹痕。

堡墙均为黄土夯筑，保存一般。东墙长约 171 米，保存较好，外侧多坍塌，墙体高厚、连贯，内低外高，壁面斜直，顶部宽阔。墙体内侧为宽阔的顺城路，外侧为顺城水泥路。南墙残长约 170 米，保存较好，墙体高薄、连贯，壁面斜直，墙高 5～6 米。南墙设有马面 1 座，方形，保存较好。马面外侧为新建的寺庙。南墙外有顺城土路，土路南为大冲沟。南墙内侧为顺城土路，土路边为老宅院。西墙残长约 70 米，南段墙体为洪水冲毁，仅保存有

〔1〕 宋哲元：《(民国)察哈尔省通志》，国家图书馆藏 1935 年，铅印本，第 6～14 页。
〔2〕 邓庆平：《蔚县碑铭辑录》，广西师范大学出版社，2009 年，第 562～563 页。

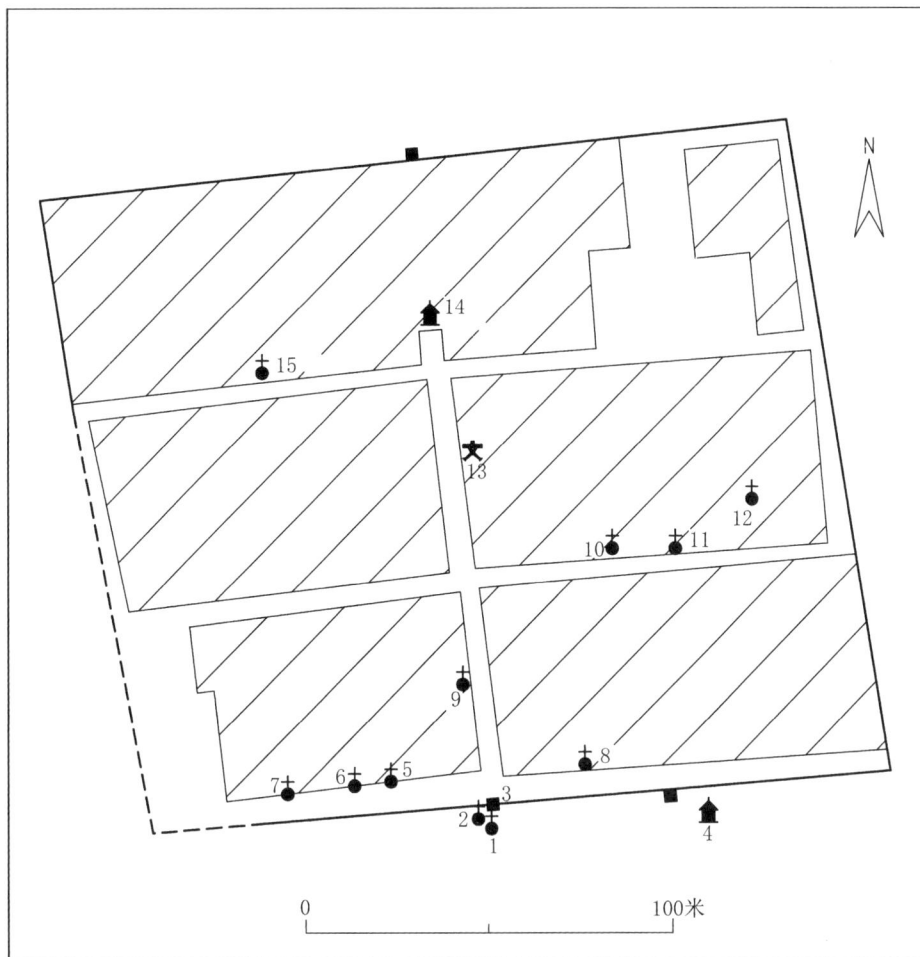

图 3.42　阎家寨村堡平面图

1. 影壁　2. 影壁　3. 南门　4. 泰山庙　5. 老宅院 1　6. 老宅院 2　7. 老宅院 3　8. 39 号院
9. 老宅院 4　10. 老宅院 5　11. 老宅院 6　12. 大队部　13. 民国学校
14. 真武庙/关帝庙　15. 老宅院 7

北段部分。西墙外为河道,河道宽阔,长有许多树木,河道尚有宽阔的水面,河道西面为高利寺村。北墙长约 205 米,保存较好,内外墙体壁面斜直,墙体高大、宽厚,内侧为民宅,外为荒地、耕地和林地,长有许多白杨树,北墙外下为大沟。北墙西段墙体高薄、连贯。北墙中部原设马面 1 座,现为真武庙庙台。

东南角未设角台,仅为转角,转角体量较大。西南角由于处于南面和西面河道的交汇处,墙体已被洪水冲毁无存。西北角坍塌无存。东北角未设角台,仅存转角。

（二）街巷与古宅院

堡内有完整的明清市井格局,中心街路面宽阔,两侧为房屋,民宅以土旧房居多,新房很少。居民较少,城堡内仅住有 20 余人。

拓3.8　涌泉庄乡阎家寨村堡南门外侧门额拓片（蔚县博物馆　李新威　提供）

拓3.9　涌泉庄乡阎家寨村堡南门外侧万历四十一年石碑拓片（李春宇　拓）

南顺城街　东段内侧仅有 1 座老宅院。堡里 39 号院,保存较好,广亮门,门墩雕刻细致,墀头戗檐饰有砖雕,替木、柁头饰有木雕,门内有 1 座大影壁。门楼之内影壁完好,影壁上部是一排浮云砖雕装饰与左右悬鱼。主人姓杨,于两年前从别人手中购得此宅院。

南墙西段内北侧尚存 3 座老宅院 1～3,院门、院落保存较差。部分院门内墙壁上尚存《捷报》痕迹。

正街　即南门主街(彩版 3-26)。老宅院 4,位于正街西侧,两进院,保存较好,二门尚存,院内为砖铺地面,居住有两位老太太。民国学校,位于东侧,为民国年间的初级学校,保存较好,院门面西,随墙门,硬山顶,券门洞式,门上拱顶上有砖制阳文门匾,上书"男女初级小学校",上面还有砖雕装饰。

前街 即南十字街东西街。东街有4座民宅,其中2座为老宅院。老宅院5保存一般,一进院,正房上有较好的木雕装饰。老宅院6为广亮门楼,内有三进院,二道门、三道门皆存,皆为硬山顶,但已无人居住。东街尽头北侧有大队部,两进院。连续前后院的过道西墙上有影壁1座,坐西面东,不知这座残存的影壁在原院内有何作用。

后街 即北丁字街东西街。老宅院7位于西段北侧,门内墙壁上有《捷报》痕迹。东街的房屋大部分废弃坍塌,形成空地。

三、寺庙

据当地长者回忆,城堡内外曾修建真武庙/关帝庙、泰山庙、重泰寺、龙神庙、五道庙。

真武庙/关帝庙 位于堡内南北中心街尽头北墙马面下及顶部,清代建筑。坐北面南,前后三进院落,庙前有"凹"形小广场,院落层层增高,错落有致。由山门、过殿、中殿、后殿,还有两院之配殿组成。中殿为关帝殿,后殿为真武庙。

山门外侧为券门洞式,砖雕垂花门影作,硬山顶,内侧作二柱三架梁悬山式,砖雕斗拱八攒,两侧各有一根砖雕垂花柱,门券拱顶上方镶嵌砖制匾额,刻"灵堡福地"四字。进入山门,前院东西下房二间,单坡顶,配殿之间留有窄窄的通道。穿过通道,顺着12级踏步进入过殿。过殿为过堂,东西正房各一间,单檐四檩卷棚顶。由过殿进入二进院,踏上8步台阶,便是庙台下的中殿。

中殿为关帝殿,坐北面南,面阔二间(坐二破三),半坡顶,进深三椽。殿内虽曾改作教室,内壁抹过白灰浆,但壁画残存。从色彩上判断,其应是民国时期的作品。

正壁明间部分已毁坏严重,只剩两侧各一位侍女;两侧次间部分各绘五位乐女,手持各式乐器,可惜面部皆被毁损。西次间保存了三位较完整的乐女,一位弹琵琶,一位吹笙;东次间五位乐女保存完整,可惜手中的乐器漫漶。两次间配伎乐人题材,在蔚县关帝庙正壁壁画中仅此一例。

两侧山墙壁画分别绘《关帝出巡游图》与《巡游凯旋图》,而不是常见的关公生平事迹图。

东侧山墙绘有《关帝出巡图》。此处之所以称为"帝",是因为关羽乘銮车,戴官帽,着官袍,双手持笏板,完全是帝王的形象。图中前有令旗与乐队列队开道,后有周仓持青龙偃月刀与周平持剑跟随。

西侧山墙绘有《关帝巡游凯旋图》,中间画面被遮住。从残存内容来看,前有令旗手开道,后面有銮车,銮车后有周仓持青龙偃月刀与关平背扛《左氏春秋》跟随。

由中殿西侧的砖砌台阶向北登上马面顶部，为一座砖式小门楼，硬山顶，券门洞式，门内即为后殿。后殿北极宫居整组建筑正北最高处，位于北墙庙台之上。庙台之上院子内为砖铺地面，旗杆石尚存。北极宫面阔单间，单檐硬山顶，五架梁，殿前有前廊的基础。1990年重建。殿内外未施彩绘、壁画。真武殿庙台也是北墙的马面，向外凸出，外立面包砖。

泰山庙　位于南墙外东段，为一座庙院，新建建筑。正殿坐东面西，面阔单间，硬山顶。庙内有新绘的壁画。

重泰寺　位于高利寺、崔家寨、阎家寨三村之间的一块高台之上。该寺占地面积6 680平方米，规模宏大。殿宇房舍共计120余间，是蔚县现存规模最大、主体保存最为完整的佛教寺院。张家口市政府于1998年批准该寺恢复开放，1999年移交佛教界管理。此后恢复了一年一度的传统庙会。"文革"期间，中国地质博物馆将地质岩石资料移至重泰寺收藏，并派人保护看管，才幸免于难。现由戒骄师傅坐寺主持。

相传重泰寺为辽代建筑，改建于明朝。明嘉靖九年(1530)山西潞城王因避仇，曾驾幸该寺，经重修整饬，赐名重泰寺。现存主体建筑为明清时期所建，为一座三教合一的寺庙，"文革"时遭到一定程度的破坏，佛像遭砸毁。自1999年起对主殿进行维修，2000年4月修复竣工，现仍在继续维修之中。

寺院选址修建在两条冲沟交汇处的台地上。寺院四周院墙皆有残存，为黄土夯筑，围墙内面积较大，除寺庙外，其余为树林和耕地。北墙保存较好，北墙外侧高4米，内侧高2米，墙上设有马面，保存较好，高6米。东、西墙有部分墙体残存，南墙基本无存。院墙外为深深的涧沟，故显得院墙十分高大。由于地面塌陷，北墙外有几道纵向裂缝。

寺院主体结构分三部分，中间为主体建筑，东西各有一小跨院。主体建筑沿一条南北中轴线分布，东西对称排列。中轴线上共计8座建筑，从南到北依次为戏楼、山门、天王殿、千佛殿、观音殿、水陆殿、释迦殿和三教楼，东西有钟鼓楼、关帝殿、二郎殿、阎王殿、罗汉殿、藏经阁等。三教楼后有正屋9间。寺东西有跨院各两进，西北有塔林，今仅存明嘉靖时覆钵塔1座。

戏楼，位于山门外对面，修建于坡上南边缘，保存一般，坐南面北，演出场地宽敞。台明基础高1.5米，外立面包砌青砖，多有坍塌。戏楼为单檐四檩卷棚顶，面阔三间，梁架结构为三椽四架前后二柱，二根四架梁极为粗直，长达7.42米，爪柱两侧角背呈鹰嘴式，前脊檩上彩绘《八卦图》。前檐为外挑檐檩，仅正心檩、垫、枋三件，之下为阑额。雀替较小，为抹斜式。明间枋心沥粉贴金腾龙。现今屋脊、屋檐全部坍塌，南墙也有部分坍塌，墀头装饰尚存，戏楼地面为条砖铺墁，前台两山绘木屏风六抹式，后台正南墙壁绘一麒麟。东西墙壁上有隔扇屏风壁画,表面刷涂有白灰浆,东墙壁上还有咸丰元年(1851)、同治五年(1866)题壁。昔日农历三月十五日庙会时此地极为热闹,众多戏班来此演戏。清光绪年间,归化城(即今呼和浩特)的著名演员买卖黑曾登台表演。戏楼西侧原建有供演艺人员住的戏房两间,今已倒塌无存。据光绪二十九年(1903)《重修三老楼神路山门外戏房并重修碑记》[1]记载,该寺戏楼所处荒郊野外,艺人献艺,无处下榻,而要住到寺院内,未免僧、俗混杂,故修建戏房。

山门,面阔三间,硬山顶。山门前原有石狮一对,脸皆微向里侧,神态慈祥中显威严。现已移入县城释迦寺。西院墙上辟有便门,门内墙壁上贴有《捷报》和1919年的考试成绩榜。

天王殿(弥勒殿),面阔三间,硬山顶。殿前原有双狮一对,现已移山门外。殿内的两侧供奉四大天王,分别是:东方执国天王,其塑像身穿白色铠甲,手持碧玉琵琶,能护持国土;南方增长天王,塑像身穿青色铠甲,手持青光宝剑,能令人善根增长;西方广目天王,身穿红色甲胄,手中缠绕一龙,能以净眼观灾护持人民;北方多闻天王,身穿绿色甲胄,右手持宝幡,左手握银鼠,能护持人民财富,相当于中国的财神爷。殿外两侧各有1座钟鼓楼,重檐歇山顶。殿前东南还有一棵大松树。

千佛殿,面阔三间,硬山顶,殿内供奉毗卢佛。毗卢佛的莲座是千叶莲,代表华藏世界,每一莲瓣代表三千大世界,莲瓣上面的每一尊小佛,都是应身的释迦牟尼佛。旧时,殿中曾是四壁悬塑,上、下、左、右置铜色铁罗汉,琳琅满目,共五百尊,金光灼灼,形象逼真,栩栩如生。五百罗汉在1958年的大炼钢铁中,大多化为铁水,仅残留一两尊流落民间。两侧的配殿为面阔三间,悬山顶,出前檐廊建筑。千佛殿东侧小院为碑林,东西廊原有康熙、雍正、乾隆、嘉庆、道光、同治年间所立碑刻13通,现仅存碑座及壁碣1块。此院二短廊,一长廊,布局紧凑。

如同蔚县境内其他观音殿一样,重泰寺中的观音殿亦倒座,在数排面阔三间的大殿中,观音殿仅为单间,硬山顶,出前檐廊,未设门窗,南北通透,坐落于寺中第二排大殿的后面,正对水陆殿。殿宇已经维修,殿内供奉新塑的塑像,殿内壁画在这次修缮中没有重绘,虽壁画表面曾涂刷有白灰浆,但修缮时除去白灰浆,壁画内容依然较清晰。殿中新塑的观音像为送子观音,观音结迦趺坐,怀抱一位童子。两侧壁画中的内容是蔚县观音殿中常见的观音"救八难"题材。排列方式不尽规整,顶部一排为六位观音现身,下部分别错次排列着6幅,有的从顶到底为一幅,有的只到中间部分为一幅。从色彩上看,其应为清末的壁画,此外,山尖壁画亦为彩绘。

---

〔1〕 刘国权:《佛寺与蔚州传统文化》,中国文史出版社,2006年,第86~87页。

或值怨贼绕,各执刀加害 念彼观音力,咸即起慈心	云雷鼓掣电,降雹澍大雨 念彼观音力,应时得消散
或遭王难苦,临刑欲寿终 念彼观音力,刀寻段段坏	蚖蛇及蝮蝎,气毒烟火然 念彼观音力,寻声自回去
或被恶人逐,堕落金刚山 念彼观音力,不能□□□	若恶兽围绕,利牙爪可怖 念彼观音力,疾走无边方
或在须弥峰,为人所推堕 念彼观音力,如日虚空住	或遇恶罗刹,毒龙诸鬼等 念彼观音力,时悉不敢害
或漂流巨海,龙鱼诸鬼难 念彼观音力,波浪不能没	咒诅诸毒药,所欲害身者 念彼观音力,还着于本人
假使兴害意,推落大火坑 念彼观音力,火坑变成池	或囚禁枷锁,手足被杻械 念彼观音力,释然得解脱

　　水陆殿,庙宇建筑已修缮一新,面阔三间,硬山顶。殿内中间塑毗卢遮那佛,左塑卢舍那佛,右为释迦牟尼佛。是为三身佛,即法身毗卢遮那佛,报身卢舍那佛,应身释迦牟尼佛。殿内壁表面虽曾涂刷白灰浆,但清洗后原壁画仍较清晰。北壁两侧次间绘有十大明王。东、西、南壁画有完整的水陆画一堂,计画面122组,包括592位神祇。

组	位次	榜　　题	组成	人数
第2组—天仙神祇—导引	Ze～1～01	南无文殊王菩萨宝幡	一主一从	2
第2组—天仙神祇	Ze～1～02	中央一炁土星君宝幡	七身	7
第2组—天仙神祇	Ze～1～03	北方五炁水星君宝幡	二主五从	7
第2组—天仙神祇	Ze～1～04	南方三炁火星君宝幡	一主二从	3
第2组—天仙神祇	Ze～1～05	西方七炁金星君宝幡	漏拍	
第2组—天仙神祇	Ze～1～06	东方九炁木星君宝幡	七身	7
第2组—天仙神祇	Ze～1～07	北方天闻天王宝幡	一主二从	3
第2组—天仙神祇	Ze～1～08	南方增长天王宝幡	一主二从	3
第2组—天仙神祇	Ze～1～09	西方广目天王宝幡	一主三从	4
第2组—天仙神祇	Ze～1～10	东方持国天王宝幡	一主三从	4
第2组—天仙神祇	Ze～1～11	北极紫微大帝宝幡	一主三从	4
第2组—天仙神祇	Ze～1～12	太一诸神五方五帝宝幡	五主三从	4
第2组—天仙神祇	Ze～1～13	日宫炎光太阳天子宝幡	一主二从	2
第2组—天仙神祇	Ze～1～14	月宫素曜太阴天子宝幡	一主二从	2
第2组—天仙神祇	Ze～1～15	天蓬忉利王印宝幡	四身	4

组	位次	榜　　题	组成	人数
第2组—天仙神祇	Ze～1～16	大罗刹女众宝幡	七身	7
第2组—天仙神祇	Ze～2～01	文臣四妇真君宝幡	六身	6
第2组—天仙神祇	Ze～2～02	人马天蝎天秤双女狮子巨蟹神宫宝幡	七身	7
第2组—天仙神祇	Ze～2～03	阴阳金牛白羊双鱼宝瓶磨羯神宫宝幡	六身	6
第2组—天仙神祇	Ze～2～04	寅卯辰巳午未元辰星相宝幡	六身	6
第2组—天仙神祇	Ze～2～05	申酉戌亥子丑元辰星相宝幡	六身	6
第2组—天仙神祇	Ze～2～06	井鬼柳星张翼轸星君宝幡	七身	7
第2组—天仙神祇	Ze～2～07	斗牛女虚危室壁星君宝幡	七身	7
第2组—天仙神祇	Ze～2～08	奎娄胃昴毕觜参星君宝幡	七身	7
第2组—天仙神祇	Ze～2～09	角亢氐房心尾箕星君宝幡	七身	7
第2组—天仙神祇	Ze～2～10	玄门七真人宝幡	七身	7
第2组—天仙神祇	Ze～2～11	上天六甲真君宝幡	六身	6
第2组—天仙神祇	Ze～2～12	四面八方真君宝幡	八身	8
第2组—天仙神祇	Ze～2～13	天蓬天猷翊圣玄武真君宝幡	六身	6
第2组—天仙神祇	Ze～2～14	榜题缺失	六身	6
第2组—天仙神祇	Ze～2～15	天曹□拿禄筹判官宝幡	三身	3
第2组—天仙神祇	Ze～2～16	天曹诸司判官宝幡	六身	6
第2组—天仙神祇	Zse～1～01	天蓬帝释天主王宝幡	一主二从	3
第2组—天仙神祇	Zse～1～02	欲界上四天并诸天众宝幡	五身	5
第2组—天仙神祇	Zse～1～03	欲界上莲花四天主众宝幡	四身	4
第2组—天仙神祇	Zse～1～04	无色界四禅天众宝幡	四身	4
第2组—天仙神祇	Zse～1～05	天蓬大梵天王宝幡	三身	3
第2组—天仙神祇	Zse～1～06	运年命五福天真宝幡	五身	5
第2组—天仙神祇	Ze～3～01	年月日时功曹使者宝幡	四身	4
第5组—往古人伦～导引	Ze～3～02	南无□藏王菩萨宝幡	一主一从	2
第5组—往古人伦	Ze～3～03	往古大药叉众宝幡	八身	8
第5组—往古人伦	Ze～3～04	往古诃利地母众宝幡	五身	5
第5组—往古人伦	Ze～3～05	榜题缺失	六身	6
第5组—往古人伦	Ze～3～06	往古般支迦大将众宝幡	五身	5

组	位次	榜　题	组成	人数
第5组—往古人伦	Ze～3～07	敕封洪恩真君宝幡	三主一人	4
第5组—往古人伦	Ze～3～08	普天烈妇女子众宝幡	五身一童	6
第5组—往古人伦	Ze～3～09	往古旷野大将众宝幡	六身	6
第5组—往古人伦	Ze～3～10	往古帝王一切王子众宝幡	六身	6
第5组—往古人伦	Ze～3～11	往古妃后宫嫔婇女众宝幡	七身	7
第5组—往古人伦	Ze～3～12	往古文武官僚众宝幡	五身	5
第5组—往古人伦	Ze～3～13	往古□□□□□众宝幡	六身	6
第5组—往古人伦	Ze～3～14	往古比丘众宝幡	六身	6
第5组—往古人伦	Ze～3～15	往古大罗刹众宝幡	六身	6
第5组—往古人伦	Ze～3～16	往古阿修罗众宝幡	七身	7
第5组—往古人伦	Zse～2～01	往古优婆塞众宝幡	五身	5
第5组—往古人伦	Zse～2～02	锺离纯阳真君众宝幡	六身	6
第5组—往古人伦	Zse～2～03	往古女冠众宝幡	六身	6
第5组—往古人伦	Zse～2～04	往古儒流贤士众宝幡	五身	5
第5组—往古人伦	Zse～2～05	往古孝子顺孙众宝幡	十身	10
第5组—往古人伦	Zse～2～06	往古孝妇烈女众宝幡	五身	5
第3组—下界神祇～导引	Zw～1～01	普贤菩萨宝幡	一身	1
第3组—下界神祇	Zw～1～02	后土圣母宝幡	一主三从	4
第3组—下界神祇	Zw～1～03	东岳天齐仁圣帝宝幡	一主二从	3
第3组—下界神祇	Zw～1～04	南岳司天昭圣帝宝幡	一主三从	4
第3组—下界神祇	Zw～1～05	西岳金天顺圣帝宝幡	一主二从	3
第3组—下界神祇	Zw～1～06	北岳安天元圣帝宝幡	一主二从	3
第3组—下界神祇	Zw～1～07	中岳中天崇圣帝宝幡	一主三从	4
第3组—下界神祇	Zw～1～08	东海龙王宝幡	一主二从	3
第3组—下界神祇	Zw～1～09	南海龙王宝幡	一主二从	3
第3组—下界神祇	Zw～1～10	西海龙王宝幡	一主五从	6
第3组—下界神祇	Zw～1～11	北海龙王宝幡	一主四从	5
第3组—下界神祇	Zw～1～12	江河淮济四渎诸龙神众宝幡	四身	4
第3组—下界神祇	Zw～1～13	五湖百川诸龙神众宝幡	六身	6

组	位次	榜　题	组成	人数
第3组—下界神祇	Zw～1～14	陂池井泉龙神宝幡	四身	4
第3组—下界神祇	Zw～1～15	主风主雨主雷主电诸龙神众宝幡	四身	4
第3组—下界神祇	Zw～1～16	地府三曹将使诸狱宝幡	三身	3
第3组—下界神祇	Zw～2～01	主苗主稼主病主药诸龙神众宝幡	六身	6
第3组—下界神祇	Zw～2～02	□□水□大帝□□宝幡	一主五从	6
第3组—下界神祇	Zw～2～03	往古顺济龙王宝幡	二身	2
第3组—下界神祇	Zw～2～04	往古□□夫人宝幡	一主一人	2
第3组—下界神祇	Zw～2～05	太岁□□□□□□□游神众宝幡	四身	4
第3组—下界神祇	Zw～2～06	大将军黄幡白虎蚕官五鬼众宝幡	八身	8
第3组—下界神祇	Zw～2～07	金神□廉豹尾上朔日畜众宝幡	六身	6
第3组—下界神祇	Zw～2～08	阴官奏书归忌九□伏兵力士诸众宝幡	六身	6
第3组—下界神祇	Zw～2～09	吊客丧门大耗小耗宅龙神众宝幡	四身	4
第3组—下界神祇	Zw～2～10	护国裕民城隍社庙土地神祇宝幡	八身	8
第4组—冥府神祇～引导	Zw～2～11	南无地藏王菩萨宝幡	一主二从	3
第4组—冥府神祇	Zw～2～12	一殿秦广大王宝幡	一主二从	3
第4组—冥府神祇	Zw～2～13	二殿初江大王宝幡	一主二从	3
第4组—冥府神祇	Zw～2～14	三殿宋帝大王宝幡	一主二从	3
第4组—冥府神祇	Zw～2～15	四殿五官大王宝幡	一主二从	3
第4组—冥府神祇	Zw～2～16	五殿阎罗大王宝幡	一主二从	3
第4组—冥府神祇	Zsw～1～01	六殿□□大王宝幡	一主二从	3
第4组—冥府神祇	Zsw～1～02	七殿泰山大王宝幡	一主二从	3
第4组—冥府神祇	Zsw～1～03	八殿平等大王宝幡	一主二从	3
第4组—冥府神祇	Zsw～1～04	九殿都司大王宝幡	一主二从	3
第4组—冥府神祇	Zsw～1～05	十殿转轮大王宝幡	一主二从	3
第4组—冥府神祇	Zsw～1～06	地府六曹判官众宝幡	五身	5
第4组—冥府神祇	Zw～3～01	□□□□判官宝幡	三身	3
第4组—冥府神祇	Zw～3～02	地府都□判官宝幡	三身	3
第4组—冥府神祇	Zw～3～03	缺失榜题	五身	5
第4组—冥府神祇	Zw～3～04	善恶二部牛头阿傍诸官曹□众宝幡	四身	4

组	位次	榜　　题	组成	人数
第4组—冥府神祇	Zw～3～05	八寒地狱宝幡	五身	5
第4组—冥府神祇	Zw～3～06	八热地狱宝幡	五身	5
第4组—冥府神祇	Zw～3～07	近□地狱宝幡	四身	4
第4组—冥府神祇	Zw～3～08	孤独地狱宝幡	四身	4
第6组—孤魂～导引	Zw～3～09	起教大士面然鬼王宝幡	四身	4
第6组—孤魂	Zw～3～10	主病鬼王五瘟使者宝幡	六身	6
第6组—孤魂	Zw～3～11	口吐火炎□烧身众宝幡	七身	7
第6组—孤魂	Zw～3～12	水陆空居依草附木□魂滞魄诸鬼众宝幡	九身	9
第6组—孤魂	Zw～3～13	枉滥无辜衔冤抱恨诸鬼众宝幡	六身	6
第6组—孤魂	Zw～3～14	投崖赴火自刑自缢鬼众宝幡	七身	7
第6组—孤魂	Zw～3～15	赴刑都市幽魂狴牢诸鬼众宝幡	六身	6
第6组—孤魂	Zw～3～16	饥荒殍饿病疾缠绵诸鬼众宝幡	七身	7
第6组—孤魂	Zsw～2～01	大腹臭毛针咽巨口饮啖不净饥火炽然众宝幡	九身	9
第6组—孤魂	Zsw～2～02	树折崖催诸鬼众宝幡	七身	7
第6组—孤魂	Zsw～2～03	严寒大暑兽咬虫伤诸鬼众宝幡	六身	6
第6组—孤魂	Zsw～2～04	堕胎产亡仇冤报恨诸鬼众宝幡	八身	8
第6组—孤魂	Zsw～2～05	□死钺□横遭毒药诸鬼众宝幡	八身	8
第6组—孤魂	Zsw～2～06	车碾马踏诸鬼众宝幡	五身	5
合计				592

注：Ze代表东壁；Zw代表西壁；Zse代表南壁东次间；Zsw代表南壁西次间。

绘画时代当在清中晚期，人物极具戏曲形式，属于民间画法。绘画技法采用沥粉贴金。每组人物以幡引领，环绕在彩云之中，分别朝向北方佛祖之处。此堂壁画与浑源永安寺水陆壁画极为接近，可称一脉相承。

释迦殿，即大雄宝殿，是寺中规模最大的1座殿堂。庙宇建筑已经修缮一新。前卷棚后歇山顶，面阔三间。前卷棚部分，东、西两壁各绘五尊菩萨的坐像，即为十大圆觉，绘十大圆觉在蔚县其他佛寺中是比较少见的。后殿殿中正中供奉为释迦牟尼佛像，左右立有二位侍者，即佛祖的大弟子与小弟子，左老侍者为迦叶，右少侍者为阿难。塑像的背后是南海观音及善财与童子，观音像两侧是十八罗汉。两侧山墙壁画为连环画形式，表现的是太子出家、修行成佛与弘法显圣等《佛本生经》的故事。所有壁画皆是本次修缮时重绘的，技法上生硬了许多。大雄宝殿前建有东西配殿。

三教楼，居重泰寺最北端的高台上，释迦殿后。三教楼又称太子楼，据说，起初供奉的是曾到该寺出家的辽太子。后来，才改奉儒、释、道三教祖师。庙宇建筑已修缮一新。三教楼为二层楼结构，从下拾级而上，经过22个砖砌台阶，才能登楼。大殿面阔三间，硬山顶。楼内正壁彩绘佛、儒、道三教祖师坐像，佛祖释迦牟尼像居中、孔子像居左、老子像居右。壁画为清末民国时期所绘，本次修缮没有重绘。明清时期，三教共奉一堂已十分流行，尤其在民间，有时不分教派，乡民从实用主义角度出发，精神上需要者便可供奉。在这里儒、释、道三教和合、荟萃一堂，共同构建着中国人的精神家园和心灵境界。

殿内东、西两壁绘有连环画形式壁画，各3排4列，内容从太子降生、悟道出家、修行成佛到传法普度众生。从画风来看，壁画是在早期残画基础上于本次修缮重描的。

重泰寺内共建有4座配殿，即二郎庙、关帝庙、罗汉殿、阎王殿，皆为悬塑造像，此乃该寺的一大特色。

二郎庙，千佛殿东配殿，面阔三间，进深一间，出前檐廊建筑。

关帝庙，千佛殿西配殿，面阔三间，进深一间，出前檐廊建筑。关帝庙中，除关羽塑像外，统为悬塑。悬塑上尽塑三国故事，如南壁"虎牢关三英战吕布"，北壁"罾罡川水淹七军"，极为生动、传神。

罗汉殿，为观音殿东配殿，殿宇尚未维修，殿内佛像仅存旧基座，前廊下有石碑2通，1通为布施功德碑，另外1通为光绪二十五年(1899)《重修太佛寺碑记》[1]。

地藏殿，为观音殿西配殿，原有悬塑造像，已修缮。殿内正面塑地藏菩萨与闵公、道明像，环绕两侧塑有十殿阎王、牛头、马面等塑像，内壁绘有十殿阎王壁画。十殿阎王不是传统的按各殿去描述，而是连成一体，以内容代表各殿阎王。前廊下有道光二十九年(1849)《创修三教寺楼神路山门外戏房并重修碑记》[2]。

佛塔，位于北墙马面内侧，青砖修建，为覆钵形墓塔。八角形须弥座，单层束腰。基座八面雕有八卦，束腰每面为二座壶门，壶门内雕像已毁。须弥上设一圈双层莲瓣，上托覆钵式塔身，塔身上部为十一层相轮。塔身上设宝珠塔刹。

现为全国重点文物保护单位。

龙神庙　位于东墙外，几年前毁于火灾。

五道庙　位于堡内中心街路口，3～4年前坍塌。

---

〔1〕 邓庆平：《蔚县碑铭辑录》，广西师范大学出版社，2009年，第564～565页。
〔2〕 邓庆平：《蔚县碑铭辑录》，广西师范大学出版社，2009年，第544～545页。

第三十三节 麦子坡村

一、自然环境与人文历史

麦子坡村,位于原白草窑乡(今属南留庄镇)西南偏南 6.9 公里处,属丘陵区。村庄选地修建在一道山梁上,村西、南临沙河。这条沙河的西侧便是白草窑乡的烟墩坡与高庄子村。村庄附近为沙土质,辟有大片耕地。1980 年前后有 274 人,耕地 1 489 亩,曾为麦子坡大队驻地。

相传,明弘治五年(1492)有一梁姓卖纸生意人在这里定居,建村后即取名卖纸坡,后讹传为麦子坡。村名可考的历史最早见于《(乾隆)蔚州志补》,作"麦子坡",《(民国)察哈尔省通志》沿用。

如今,村庄规模大,居民较多,新旧房屋混合在一起,一条东西街横贯全村。总体来说南面为新村,北面为旧村,新旧村交接处为一小片空场,空场上有新建的水房。村中的房屋以新房为主,土旧房较少。旧村亦以新房为主,土旧房较少。村内道路局部为自然石铺成的路面,村民以王姓为主,大多外迁居住。

二、寺庙

据村中长者回忆,村中原修建有龙神庙、关帝庙/观音殿、五道庙、真武庙。

龙神庙　位于村口东侧台地上,重建于 10 多年前。正殿坐北面南,面阔单间,硬山顶,进深五架梁。梁架跨度大,殿内幽深,前檐额枋上有残存的彩绘,重修时并未安装门窗,殿内亦未施壁画,只是在三面壁上分别写一个"龙"字。北墙前建有供台,但供台上并没有供品。龙神庙东山墙上方设有 1 座小龛。

关帝庙/观音殿、五道庙　位于村西台地上,其背后为观音殿,东山墙外建有 1 座五道庙。3 座庙连接在一起,庙基础高约 2 米,外立面包石,东面为坡道。寺庙南侧的空地上有 1 座废弃的磨坊,寺庙的西面为村委会。

关帝庙,坐北面南,正殿面阔单间,硬山顶,进深五架梁。前檐额枋尚残存彩绘痕迹,门窗仅存框架,殿后脊顶已坍塌,只剩下一根孤零零的檩条。殿内堆放柴草,由于脊顶坍塌,内壁布满了泥水,壁画已毁。

观音殿,与关帝庙背靠背,2 座寺庙的隔墙已经坍塌,殿内空无一物。

五道庙,位于村西台地上,贴着关帝庙东山墙而建,坐西面东,面阔单间,单坡顶,进深二椽。屋顶坍塌,五道庙东檐下的庙门已封堵,从关帝庙东山墙辟门进入五道庙内。殿内还残存有壁画,但画面漫漶不清。

真武庙　位于村北台地上,拆毁于"文革"期间。

第三十四节　汤庄子村

一、自然环境与人文历史

汤庄子村,位于原白草窑乡(今属南留庄镇)西南偏南 5.4 公里处,属丘陵区。村庄选址修建在台地上,海拔相对位置较高,东临大沙河,西靠沟,地势北高南低,为沙土质。1980 年前后有 318 人,耕地 2 059 亩,曾为汤庄子大队驻地。

相传,五百年前汤姓人在此定居建庄,故取名汤庄子。村名可考的历史最早见于《(乾隆)蔚州志补》,作"汤家庄子",《(光绪)蔚州志》作"汤家庄",《(民国)察哈尔省通志》作"汤庄子"。

如今,该村为 223 乡道的尽头。村庄规模较大,但居民较少,南面为新村,北面为旧村,村庄东面的山谷里及山谷东面的山坡上有许多煤矿。因附近煤矿关闭,村内人口有所下降,现只有三四十人居住,村民以段、汤两姓为主。据当地 61 岁的汤姓长者回忆,传说本地汤姓原姓唐,曾出过将军,后因为遭诬陷而隐居,改姓为汤(图 3.43)。

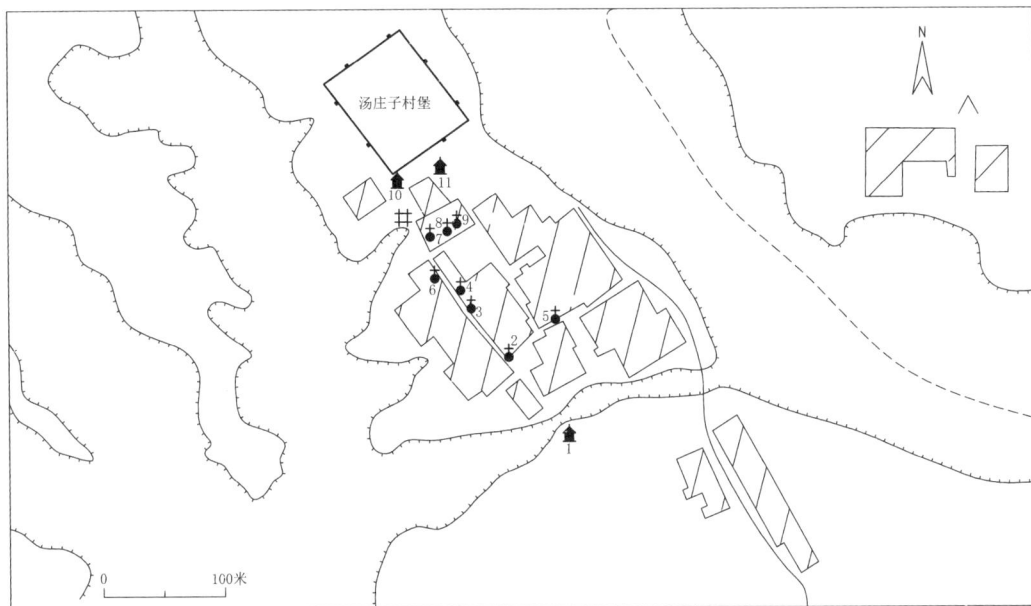

图 3.43　汤庄子村古建筑分布图

1. 马神庙/观音殿　2. 老宅院 1　3. 老宅院 2　4. 老宅院 3　5. 老宅院 5　6. 老宅院 4　7. 老宅院 6
8. 老宅院 7　9. 老宅院 8　10. 戏楼、五道庙　11. 龙神庙/观音殿

二、庄堡与寺庙

（一）汤庄子村堡

1. 城堡

汤庄子村堡，位于村庄北面旧村中，堡东临沙河，西靠冲沟，北面不远处亦为冲沟。城堡平面呈矩形，周长约342米，城堡规模较小，开南门。堡内平面布局为南北主街结构（图3.44）。

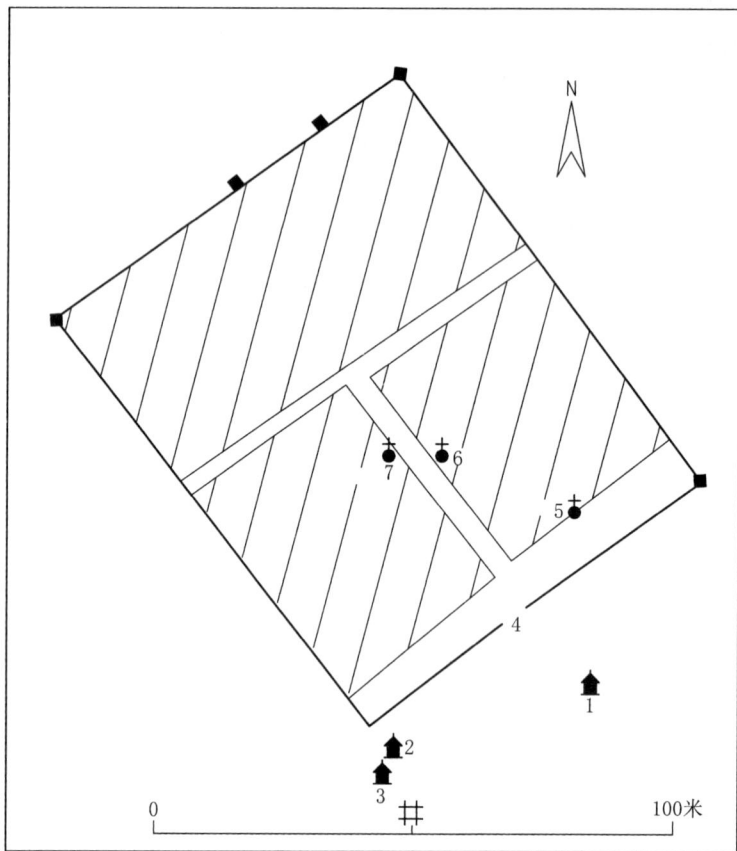

图3.44　汤庄子村堡平面图

1. 龙神庙/观音殿　2. 戏楼　3. 五道庙　4. 南门　5. 老宅院1　6. 老宅院2　7. 老宅院3

城堡南门建筑于20世纪60~70年代时自然坍塌，现存为缺口，南门内为主街，南门外有一段自然石铺成的路面。门外西侧为戏楼，南侧为观音殿和龙神庙。

堡墙均为黄土夯筑，坍塌严重，保存较差。东墙长约94米，保存较好，墙体建在台地上，总高6~7米，但墙体自身并不高。墙体内侧为民宅，外侧为荒地，墙外侧不远处为冲沟。南墙长约 78 米,全部坍塌,现存土垄状基础。西墙长约 94 米,保存较差。城堡位于山坡上,地势自南而北逐渐增高。西墙南部在平地,北部逐渐升高,墙体高薄,高 5～6 米,内侧较直,墙体内为民宅,外侧为顺墙道路。北墙长约 76 米,保存较好,墙体修建在台地上,墙体内侧高于外侧,外高 4～5 米,内高 6～7 米。墙体内侧为民宅,外侧为山坡、荒地和煤场。北墙中部设有 2 座方形马面。西马面正对中心街,东马面高 3～4 米,马面整体保存较差。

东南角设 135°斜出角台,高 2 米,保存较差。西南角未设角台,仅存转角,高约 3 米。西北角设 135°斜出角台,保存较好。东北角台设 135°斜出角台,保存较差。

堡内的民宅以土旧房为主,老宅院较少,居民少,仅有 2 户。南墙内顺城街东街尚存老宅院 1,中心街东西两侧有老宅院 2、3。

城堡南面为新村和旧庄子的混合体,东面为新村,西面为庄子。

2. 寺庙

据当地 61 岁的汤姓长者回忆,汤庄子村原修建有戏楼、关帝庙、五道庙(2 座)、龙神庙/观音殿、真武庙、大庙。

戏楼 位于南堡门外西侧,西南角外,清代建筑,保存较好,对面原建有关帝庙,已毁。戏楼坐西面东,东为小广场。戏楼台明外立面包砌条石,戏楼面阔三间,进深六架梁,四梁架上承三架梁,后脊外椽中间后添一道细檩,外观顶为卷棚顶,但内构为硬山顶。前檐额枋残存彩绘和清式雀替,楼内正脊檩彩绘《八卦图》,无撩檐檩。前台口残存有八字墙遗迹,北山墙为土坯墙,南山墙迎外为砖墙,后墙为土坯墙芯,砖裹檐。戏楼内残存有壁画,为民国时期的作品,墙体上还题有毛主席语录。台内前后隔扇残存,隔扇上的彩绘已毁。戏楼内堆满了柴草。戏台南侧有一口废弃的水井。

关帝庙 位于堡南门外东侧,对面为戏楼,正殿内内供奉关帝泥像,庙宇建筑坍毁于"文革"期间。

五道庙 2 座,1 座位于堡西南角外戏楼背后高台上,基础高近 2 米,几乎与戏楼台面同高,紧贴着戏楼后墙。五道庙高台前原有台阶。正殿坐北面南,面阔单间,小卷棚顶,进深三架梁。门窗无存,用土坯封堵,殿内北、东、西墙壁残存有民国时期的壁画,表面抹有较厚的白灰,破坏严重。1 座位于真武庙下方,现已无存。

龙神庙/观音殿 位于堡南门外对面高台上,庙基础高 2.5 米,台明外侧包毛石,原为一座庙院,但是围墙已经无存,殿西侧有坡道可以登上台地。台明北侧边缘存 1 座山门,随墙门,硬山顶,平顶门洞。门西侧有排水沟。正殿坐落在北门的南侧,面阔单间,硬山顶,中间隔墙分为南北两殿,南殿为龙神庙,北殿为观音殿。

龙神庙,坐北面南,五架梁,与观音殿背对。前檐下门窗尚存,今人亦用泥土封堵,殿内墙壁曾抹过白灰,白灰下的壁画隐约可见。

正壁绘有《龙母龙王坐堂议事图》,正中为龙母,两侧分坐五龙王与雨师,上部被厚厚的白灰浆覆盖。从构图来看,应是背靠条屏类型,众行雨之神分列于条屏之顶。

两侧山墙白灰浆较厚,露出壁画较少,但也能看出分别是《出宫行雨图》与《雨毕回宫图》。东壁南侧边缘有一排竖字,题有"大清光绪七年□上旬工程告竣伍月贰拾陆日开光鸿禧青山道人题书"。从壁画的色彩来看,其亦为清末风格。

此外山尖壁画亦为彩色,比较少见。脊顶下平檩上绘有彩绘《八卦图》,而不是正脊上。村民回忆,龙神庙内原有木塑像,"文革"中被毁。如今殿内堆放着四口棺材。

观音殿,坐南面北,三架梁,与龙神庙背对。屋檐多有损坏,前檐额枋上残存有彩绘。殿正面大部分为土墙封堵,殿内梁架上残存有彩绘,墙壁白灰浆抹得较厚,壁画难以拜读。仅可见东墙部分壁画,为民国时期的作品。正面残存供台,供台前壁贴有方形砖雕,有三层,内容主体为人物,每块皆有不同。观音殿内堆放着农具,已废弃。

真武庙 位于堡北墙庙台上,正对南门,现已无存。

大庙 位于堡外西南方,现已无存。

(二)庄

1. 庄

庄位于城堡南侧,庄南侧有斜坡道路进入庄内的南北主街,地势逐渐增高,坡道上为自然石铺成的路面。庄主街南口外面是一小片空地,空地的南坡上有马神庙/观音殿。

庄子内主街两侧分布有老宅院 1~4,3 座在东侧,1 座在西侧。从门楼风格看,其应为民国时期的建筑。此外,主街东侧和北尽头分布有老宅院 5~8。这座庄应是堡内人丁兴旺后,村民移居而形成的。主街的北尽头即为城堡西南角外的戏楼。

2. 寺庙

马神庙/观音殿 位于堡外旧村庄子主街南口,整个村子的东南角。仅存正殿,面阔单间,卷棚顶,用隔墙隔为两殿,面南为马神庙,面北为观音殿。

马神庙,坐北面南,门窗尚存,但门扇保存较差,前檐额枋上残存彩绘。殿内堆积柴草和杂物,墙壁上的壁画也为白灰浆所破坏,东壁北侧留有题字,为"中华民国十一年"。这个小庙应该是民国时期的建筑,庄子繁荣后,庄内居民组织修庙,所以才出现 1 座村庄有 2 座观音殿的情况。

观音殿,坐南面北,三架梁,与马神庙背对。观音殿前面有砖铺地面,门窗保存较差,仅存一扇窗户,前檐额枋尚存部分彩绘。殿内堆积柴草,殿内壁抹有较厚的白灰浆。壁画大多覆盖于下,斑驳不清。正壁正中可见观音影像,西壁可见罗汉影像。

第三十五节　古今梁村

古今梁村,位于原白草窑乡(今属南留庄镇)西南 5 公里处,属丘陵区。村庄北、东、西三面临沟,南靠坡,为沙土质。1980 年前后有 82 人,耕地 574 亩,曾为古今梁大队驻地。

相传,清乾隆三十六年(1771)建村于一道有旧村遗址的山梁上,故取名古今梁。村名可考的历史最早见于《(民国)察哈尔省通志》,作"古今梁"。

如今,村庄规模十分小,十几户居民居住在窑洞建筑中,民居全部废弃,大部分坍塌。村庄北面尚存 1 座面阔五间的房屋,房前用木栅栏围成一院,院内遍布羊粪。此房曾作为牧羊人的避风港,推测夏季时节还有羊倌居住。村头有一口废井,应是当年支撑古今梁村民的生命水源。

第三十六节　辛　庄　村

一、自然环境与人文历史

辛庄村,位于涌泉庄乡南偏西 4.5 公里处,属丘陵区。村南紧靠沙河边缘,村东、北有小冲沟,地势北高南低。村周围地势平坦,大部为壤土质,辟有大面积的耕地。X418 县道从村东南经过。1980 年前后有 784 人,耕地 1 976 亩,曾为辛庄大队驻地。

相传,清康熙四年(1665)陈家涧人为种地方便,在此新建小庄,取名新庄,后误传为辛庄。村名可考的历史最早见于《(光绪)蔚州志》,作"辛庄瓦盆窑",《(民国)察哈尔省通志》作"辛庄村"。

如今,村庄规模较大,民宅排布整齐划一,以新房为主,居住条件比较好,村中建有幼儿园。居民较多,以刘姓为主,村内现在有 1 000 余人,300 多户。村子东南部为城堡所在地(图 3.45)。

二、城堡

《(民国)察哈尔省通志》记载:"辛庄堡,在县城西北五里,清康熙四年土筑,高一丈,底厚四尺,面积二十亩,有门一,现尚完整。"[1]辛庄村堡今位于村庄东南部旧村中。堡平面

---

〔1〕　宋哲元:《(民国)察哈尔省通志》,国家图书馆藏 1935 年铅印本,第 11 页。

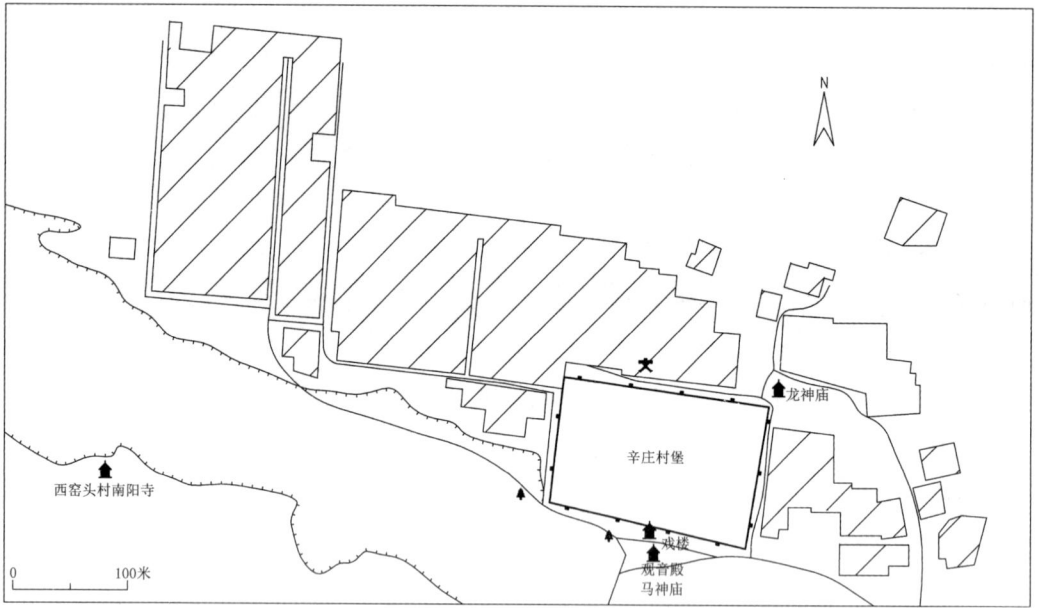

图 3.45　辛庄村古建筑分布图

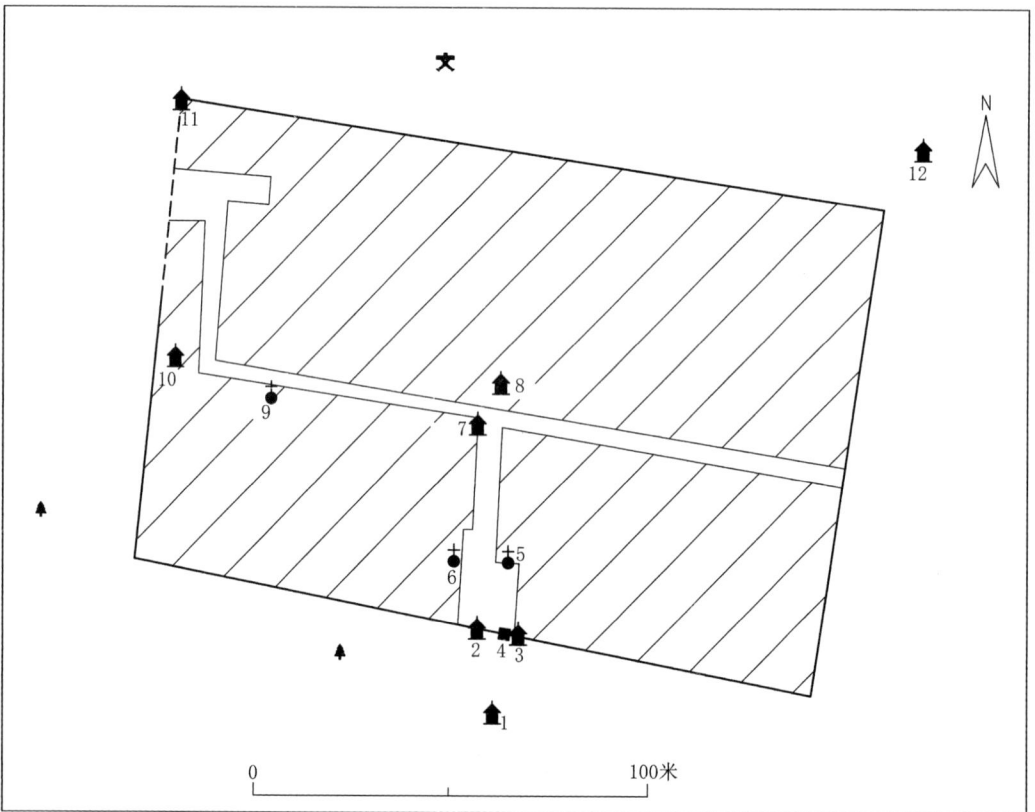

图 3.46　辛庄村堡平面图

1. 马神庙/观音殿　2. 戏楼（剧场）　3. 魁星楼/梓潼阁　4. 南门　5. 影壁　6. 供销社　7. 五道庙
8. 关帝庙　9. 老宅院 1　10. 财神庙　11. 小关帝庙　12. 龙神庙

呈矩形,周长约589米,开南门。堡内为丁字街结构。水泥路直通堡南门外,堡内主街道亦硬化为水泥路(图3.46)。

城堡南门为砖石拱券结构,基础为条石,上面青砖起券,门券很高。外侧门券为三伏三券,门券拱顶上方原镶嵌有三枚门簪,现仅存痕迹。门簪上方镶嵌砖制阳文门匾,正题"辛庄堡"。南门内侧亦为三伏三券,门券拱顶上方原镶嵌有三枚门簪,现仅存痕迹。门簪上方镶嵌砖制阳文门匾,正题"永盛门"。堡门顶有魁星楼、梓潼阁,20世纪70年代遭焚毁,近年村民集资重新修复。堡门尚存木板门两扇,外包铁皮无存。堡门东、西、南三面地势较低,堡门前两侧为进堡坡道,门道为水泥地面。堡门内迎面10米处新建有砖雕影壁1座。南门内为一条南北主街,门内有一小片空地。空地西侧为废弃的供销社。主街的尽头是丁字路口。门外正对马神庙/观音殿。南门外西南有一株大柳树。南门外东侧修建有亭子和小花园。堡门东侧南墙坍塌,形成一处缺口。门内东侧新修一条梯道可登顶;西侧为近代剧场,现已改建为戏楼。

堡墙均为黄土夯筑,保存较差。东墙长约124米,保存一般,墙体低薄,高1~4米。其中东墙南段仅存基础,上面修建民宅。南墙仅存1~2米高的基础,复原长约173米,墙上、内侧为民宅,外侧为水泥路。西墙长约109米,破坏严重,仅存基础,高0~4米,上面修建房屋,外侧为水泥路。西墙北段靠近西北角处墙体无存,现为民宅和道路。北墙长约183米,保存较差,墙体大体连贯、高薄,多坍塌,现存为基础,高1~4米,内侧为民宅,外侧为水泥路。北墙、西墙外侧为新村,北墙中部外侧上有新建的排水槽。

东南角无存,仅存1米高的基础。西南角未设角台,为转角,高3~4米,上面修建房屋。西北角、东北角保存一般,高约4米,内侧及上面为民宅,外侧为道路。东北角外有独立高台,上面建有龙神庙。

堡内民宅以旧房为主,老宅院比较少,屋顶多已翻修。丁字街西街南侧有一座简易的老宅院,墀头装饰保存较好。门内有一条通道,内有分成两个独立随墙门的院子。西北角附近也有老宅院。

三、寺庙

据当地文化人、70岁的张建宏老人回忆,辛庄堡内外寺庙众多,曾修建有马神庙/观音殿、五道庙(2座)、关帝庙、小关帝庙、戏楼、财神庙、龙神庙、魁星楼/梓潼阁、窑神庙。

马神庙/观音殿　位于南门外,为一座庙院,基础高大。庙院有一座大型的台明,以南面为最,南侧外高4~5米,台明外立面为新修,包砌红砖和毛石基础。院墙全部为新修。山门为随墙门,主体为旧构,局部有修补。院内正殿面阔三间,硬山顶,出前后廊,面南为马神庙,面北为倒座观音殿。根据观音殿悬挂的匾额记载,小庙始建于清初,2009年重修。院内立 1 通碑,碑文漫漶不清。

马神庙,坐北面南,殿内外为水泥方砖地面。正殿门外上方悬匾,正题"骒牝三千"。

殿内有新绘壁画,正壁正中绘有《马神坐堂议事图》。正中为马神,三头六臂,正面右手向上持剑,左手握铜钟;其他四臂从肩部向上伸出,分别持有弓、箭、刀与符咒。身两侧各有一位随从,东侧的双手捧印,西侧的双手端盘,盘中有一匹马。身外侧各有一位道士。

东壁为《出征图》。马神策马位于中心,两臂高举双刀,两臂拉弓搭箭,两臂持长枪。两位道士左右跟随,前有旗手开道。

西壁为《凯旋图》。马神居中,两位道士跟随左右。马神回首与道士交谈,旗手紧随其后。

观音殿前廊东侧廊墙底部设 1 座面然大士龛,龛内供奉一石刻牌位,上刻"供奉面然大士统领三十六部鬼王及众孤魂之位"。殿内有新塑的观音等塑像,两侧有观音"救八难"题材的壁画,每壁有 4 幅。壁画下面的众罗汉中,东壁有一位扒开肚皮罗汉,西壁有一位扒开脸皮罗汉。当地长者解释说,这反映了人的两面性。从画中人物着装看,东壁的是唐宋时期的服装,西壁的是明代服装。

五道庙 共 2 座,1 座位于堡内关帝庙西南侧。五道庙为新建建筑,贴着宅屋墙基而建,坐西面东,半坡顶,殿内有新绘的壁画。正面正中为五道神,两侧南为土地神,北为山神,脚下为趴着的狼与虎。两侧山墙壁画表现的是镇邪扶正,北侧小神正在捉拿狐精与柳树精;南侧狐精与柳树精拴于一起,被小神带回归案。另外 1 座位于南门外,也为新建建筑。

关帝庙 位于堡正中南北街北尽头,为一座庙院。院墙与正殿皆于 2006 年重建。正殿悬挂门匾,正题"忠义千秋"。院内西侧立有 1 通道光三年(1823)《重修关帝庙并置禅房碑记》,碑文为:"关帝庙创自大明隆庆年间,百年以来烟雾剥蚀、风雨摧残,庙貌已无华矣,迨道光元年,里人咸思葺治,不数月而金碧辉煌、丹青照耀,之后又于癸未春置庙东傍侧建房院一所,正房三间、东西配殿陆间、砖门楼一座,以作为禅房之用。"从碑文得知,关帝庙于隆庆年间已创建,说明辛庄此时已有人居住。

正殿坐北面南,面阔三间,硬山顶,出前檐廊,前廊西墙下设面然大士龛。殿内新塑了关公、周仓与关平的塑像,两侧山墙壁画为新绘,连环画式,各为 3 排 5 列,一共 30 幅。关帝庙遥对南门西侧的剧场。这座剧场原址应为戏楼。

小关帝庙 位于城堡西北角上,坐南面北,硬山顶,面阔单间。殿宇低矮,门窗无存。这座关帝庙的功能较为特殊,堡西北角一里之外原有一片汉墓群,此庙主要起镇邪作用,以防汉墓破坏村堡风水。此关帝庙中供奉的关帝被当地村民称为"立马关公"。它是目前蔚县遗存的有壁画的关帝庙中最小的一座,也是功能特殊的一座。殿内残存有清末民国时期的壁画,正壁绘有一顶帷帐,帷帐撩开露出后面的一条腾龙。正面没有画像,只有背景,推测原有塑像。两侧各绘 2 排 3 列连环画,表现的是关公故事。画中原有榜题,惜已毁损。山墙第 1 排壁画基本保存,下部的第 2 排因殿内堆着杂物而损坏。这其中比较好辨认的是东壁第 1 排内里的刮骨疗伤。

戏楼　原为剧场(推测为近代时拆毁戏楼而修建了剧场),位于南门内西侧,骑南墙而建,近年恢复成戏楼,完全按照蔚县传统风格修建,为全新建筑,正对北面的关帝庙。

财神庙　位于堡内东西街西端。正殿坐西面东,面阔单间,硬山顶,出前廊。墀头装饰保存较好。殿内堆放柴草,顶部脊檩上保存有彩绘《八卦图》。殿宇曾被维修过,前檐柱间砌起一道砖墙,殿内山墙下端新贴方砖,破坏了旧殿的风貌。殿内以前有供台,现已无存。殿内壁画整体保存较好,表面曾涂有白灰浆,如今已被当地村民清洗。从风格上来看,壁画为清中期作品,画有《百工图》。

正壁绘有《财神坐堂议事图》。正中为武财神,脸部墨绿色,怒目圆瞪,头戴官帽,两缕八字胡,右手捧金元宝,左手持一宝物,身着绿色蟒袍,足蹬元宝。推测其是武财神赵公明。南北两侧有随从,南侧 2 位手持宝物,最外侧 1 位手持账簿;北侧 1 位手持书卷,1 位手持"招财进宝"银元宝,最外侧 1 位因损毁无法看清手中之物。

两侧山墙壁画主题为《百工图》,每面 3 排 9 列,共有 54 幅。上部 2 排完整,底部 1 排画面有一半已被新贴的方砖损坏。维修时,对原画进行了补绘,并将方砖去除,在下部又增加了 1 排,变成 4 排 9 列。新添的内容是还原了原画,还是画匠按自己的想法去补充的,无法确定,故暂不将补充的内容作为研究对象。

南壁

煤行	盐□□	高炮铺	丹青匠	锤金铺	茶庄	绌缎局	书笔铺	响器铺
□□□	豆付铺	油画匠	□灯铺	染房	税司厅	凉帽铺	架妆铺	铜匠铺
(被遮挡)	(被遮挡)	□□匠	醋酱房	胶皮房	换线铺	瓷器居	铁匠楼	锡匠铺
哑医堂	砂锅作坊	卦铺	戏法行	打席铺	剃头房	杂货担	养蚕行	(被遮挡)

北壁

士	杂货铺	面铺	估衣铺	铁器铺	镀金楼	裁缝铺	春帽铺	竹帘铺
农	钱行	货行	木匠铺	砖瓦匠	饼面铺	生药店	靴鞋铺	白纸房
锭盘碗	当行	缸行	石匠铺	泥匠行	酒饭铺	牙行	鞍□铺	麻绳匠
粮店	改换缨帽	磨剪亮镜	青菜店	漂布店	毡帽铺	行医堂	弓箭铺	杂货铺

龙神庙　位于堡东北角外的台明上。台明外侧曾包砖,现多坍塌;台明南侧原设有进庙踏步,亦无存。台明南墙上尚存石雕水嘴。原有院墙,但已完全倒塌。正殿坐北面南,

面阔单间,硬山顶。屋顶毁于雷劈火烧,全部坍塌,如今只剩两侧的山墙。脊顶与原墙、前檐下门窗也都已坍塌。殿内壁画也无存。

魁星楼/梓潼阁 位于堡楼内,门楼为新建建筑,单檐歇山顶,面阔一间,三架梁四角置抹角梁,四面围廊周匝。门楼里旧神台尚存,旧时供奉有四位神,但村民只能回忆起北面的魁星与南面的梓潼。

窑神庙 位于干渠涵洞东侧,现已无存。

第三十七节 西 窑 头 村

一、自然环境与人文历史

西窑头村位于涌泉庄乡南偏西 4.5 公里处,属丘陵区。村庄居于西北至东南走向冲沟的西坡处,地势西北高东南低,大部分壤土质,辟有大片耕地。1980 年前后全村有 211 人,耕地 517 亩,曾为西窑头大队驻地。

相传,元至元年间建村于 1 座砖窑西侧,村名可考的历史最早仅见于《(光绪)蔚州志》,作"辛庄瓦盆窑"。瓦盆窑这个地名与砖窑有关。

如今,西窑头村在辛庄村西南方,两村庄的民居几乎连接在一起。西窑头村分为新旧两部分,旧村在冲沟南北侧的台地上,新村在冲沟南侧顶部。新村规模不大,民房排列整齐有序。村庄未曾修建堡墙,现有 270~280 户。

旧村也分为两部分。一部分在冲沟中,一部分在冲沟的南坡上。冲沟中有小溪,并有 1 座简易桥梁连接两部分旧村。旧村选址在冲沟中,受地形影响而分布散乱。民居以土旧房为主。居民较少。旧村的村委会在旧村的东部,主街北侧,开东门,门前有一片空地。冲沟南坡上的旧村平面布局为东西主街结构,东村口为石板路,路边有水井。村庄规模不大,老宅院较多。村口有几座老宅院。老宅院以随墙门为主,保存较好。

二、寺庙

南阳寺 位于村东侧耕地中,寺庙已废弃(彩版 3-27)。寺庙原为一座庙院,如今院墙已毁塌,仅存一字排开的 7 座殿宇。正中最为高大者为龙神庙,其东侧最东端为关帝庙,两者中间夹着药王庙;龙神庙西侧为三官庙,三官庙西墙外连着梓潼庙,再西端为佛殿,佛殿后面为倒座观音殿。

关帝庙,位于最东面,正殿面阔单间,硬山顶,屋顶坍塌无存,殿内壁画、供台损毁无存。庙对面曾有一座钟鼓楼，已塌毁。

药王庙，位于关帝庙西侧，正殿面阔单间，硬山顶，出前檐廊，屋顶有部分坍塌，屋檐、门窗无存。前廊东、西墙上尚存壁画，殿内壁画、神台损毁无存。

龙神庙，位于药王庙西侧，处于居中位置，殿宇规模最大。正殿面阔单间，硬山顶，出前檐廊，前檐额枋有残存的彩绘，破坏较为严重，门窗仅存框架，屋顶保存较好。殿内堆满柴草，墙壁残存有壁画，但全部氧化成黑色，应是民国时期的作品。庙东墙残存有壁画，满墙云雾缭绕，看不清为何方神仙。

三官庙，位于龙神庙西侧，正殿面阔单间，硬山顶，门窗仅存框架。殿内堆满柴草，墀头装饰无存，窗下槛墙上以前镶嵌有六块方砖砖雕装饰，屋顶保存较好，屋檐有部分坍塌。殿内墙壁原有壁画，表面涂刷有白灰浆，且颜色多氧化成黑色，应是民国时期的作品。

梓潼庙，位于三官庙西侧，正殿面阔单间，硬山顶，屋顶坍塌无存，门窗倾斜，破坏严重，殿内没有壁画和彩绘遗存。

佛殿，位于梓潼庙的西侧，正殿面阔三间，硬山顶，门窗尚存框架，殿内堆满柴草，无法进入，殿内壁画和彩绘无存。

倒座观音殿，已毁，只剩残墙。

井神庙　现已无存，位于村口北侧冲沟中的大柳树下，水井四周为用石碑修砌的井口。

五道庙　位于南部旧村的主街北侧。正殿坐西面东，条石基础较高，面阔单间，硬山顶，出前廊。前檐额枋上残存有彩绘，前廊的墙壁上有毛主席语录。门窗仅存框架。殿内挂满了铁灯笼，堆放杂物。正壁壁画损毁无存，两壁残存有壁画。壁画为清代中期的作品，表面多涂抹白灰浆，保存较差，漫漶不清。

正壁损毁严重，只能从残画中隐约辨出五道神、土地神与山神。北、南两侧山墙壁画稍完整。

北壁为《出征捉妖图》，画中山神、五道神、土地神列队出征，后上方判官手中拿着生死簿，前上方为官员形象的奸夫淫妇。南壁为《得胜凯旋图图》，画中山神、五道神、土地神悠闲回归，随后的判官打开生死簿，土地神正在核实审判情况，其上方为链条拴着的一众奸夫淫妇与恶人。庙前有 3 通石碑，漫漶不清。

第三十八节　卜南堡村

一、自然环境与人文历史

卜南堡村位于涌泉庄乡南偏西 5.7 公里处，属河川区。村庄东南临壶流河，地势平坦,为黏土质,周围辟有大片耕地。1980 年前后有 485 人,耕地 1 376 亩,曾为卜南堡大队驻地。

据《(光绪)蔚州志》记载,村庄原名薄家村。该书载:"《北齐书·张保洛传》:保洛,代人,高祖启减国邑,分授将士,保洛随例封昌平县薄家庄城乡男一百户,当是一地。盖村名之最古者。若附会薄太后失之远矣。"[1]这说明汉初此地已成村庄,后分南北堡,简称为卜南堡。村名可考的历史最早见于《(崇祯)蔚州志》,作"薄家庄南北二堡",《(顺治)云中郡志》作"薄家庄东西二堡",《(顺治)蔚州志》作"薄家庄堡",《(乾隆)蔚州志补》作"卜家庄南堡",《(光绪)蔚州志》作"薄家庄南堡",《(民国)察哈尔省通志》作"卜家庄"。

如今,卜南堡与卜北堡隔一冲沟。从地势上看,北高于南,因此在卜北堡南墙上可以看到卜南堡的全景(图 3.47)。

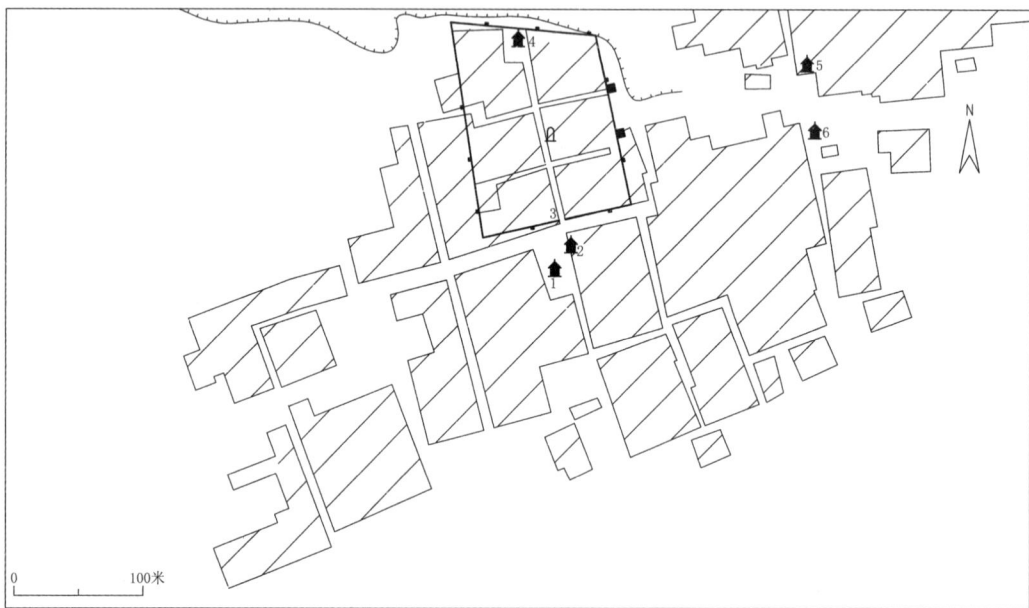

图 3.47　卜南堡村古建筑分布图

1. 戏楼　2. 关帝庙/观音殿　3. 南门　4. 真武庙　5. 戏楼　6. 观音殿/马神庙

二、城堡

(一)城防设施

卜南堡村堡,位于旧村中。城堡规模小,南北长、东西窄,平面呈矩形,复原周长约523 米,开南门。堡内平面布局为双十字中心街结构。

---

[1]　河北省蔚县地名办公室:《蔚县地名资料汇编》,张家口地区印刷厂,1983 年,第 236 页。

城堡南门建筑无存,现为缺口。南门外曾修有戏楼,近年损毁。南门外不远处为新建的学校。

城堡墙体黄土夯筑,保存较差。东墙仅存部分墙体,残长约 73 米,墙体高薄,多有坍塌形成的缺口。墙体内侧为民宅,外侧为坡地和荒地。东墙设 2 座马面,马面呈矩形,高于墙体,体量大,保存较好。东墙南部墙体无存。南墙墙体无存,现为房屋和道路所占据。西墙仅存北段 37 米长的墙体,内侧为民宅,外侧为道路。北墙长约 117 米,墙体高薄,多坍塌成为斜坡状,保存较差。墙体内侧为民宅,外侧为耕地。北墙设有 1 座马面,仅向内突出。马面内侧包砖,中部有登顶梯道,为真武庙庙台(彩版 3-28)。

东北角未设角台,仅为转角。东南、西南角无存。西北角仅存转角,外侧为冲沟,内有民宅。

(二)街巷与古宅院

堡内中心街硬化为水泥路面。堡内民宅新旧房全有,土旧房少,新房多。中心街路东存有一通嘉靖六年(1527)的石碑。石碑表面风化严重,内容无法辨认,但由此推测卜南堡有可能建于嘉靖六年(1527)前后。

三、寺庙

据当地长者回忆,卜南堡内外原修建有关帝庙/观音殿、戏楼、真武庙、五道庙、龙神庙。除尚存者外,上述庙宇大多拆毁于"文革"期间。

关帝庙/观音殿　位于中心街南段路东的高大台明上,台明外立面包砖。正殿面阔单间,硬山顶,面南为关帝庙,面北为观音殿,檐下门窗无存,现为砖墙封堵,无法进入。殿内正壁倒塌,东墙壁画被盗割,西墙壁涂刷有白灰浆,无壁画。

关帝庙西侧堡内空地有"文革"后期修建的剧场,已经坍塌,仅存三面墙体,周围为垃圾堆。

戏楼　位于关帝庙西南侧不远处,南门外侧。戏楼正对北墙上的真武庙。戏楼严重受损,后台部分从梁顶起已经坍塌,后墙完全倒塌,山墙倒塌近半。前台部分的檐顶及山墙尚存,但前台的四根檐柱摇摇欲坠。戏楼的前后隔扇尚存过半,但也只剩下了主体框架。残存的山墙内壁还可见到模糊的壁画,梁间尚有精美的木雕,前台檐下也有简洁的木雕。如今戏楼全部坍塌,仅存南面墙体,台明上有修建戏楼时挪用为建材的嘉庆时期的墓碑、布施功德碑等。

真武庙　位于北墙墩台上,现已无存。

五道庙　位于中心街路口北偏东,现已无存。

龙神庙　位于堡外西南侧,现已无存。

第三十九节　卜北堡村

一、自然环境与人文历史

卜北堡村,位于涌泉庄乡南偏西5.5公里处,属河川区。村庄北靠X418县道,东南临壶流河,地势平坦,多为壤土质,周围辟有大片耕地。1980年前后有1 159人,耕地3 050亩,曾为卜北堡大队驻地。明司礼监王振生于此村。

村名得名与卜南堡村相同,因位于北侧,称卜北堡村。村名可考的历史最早见于《(崇祯)蔚州志》,作"薄家庄南北二堡",《(顺治)云中郡志》作"薄家庄东西二堡",《(顺治)蔚州志》作"薄家庄堡",《(乾隆)蔚州志补》作"卜家庄北堡",《(光绪)蔚州志》作"薄家庄北堡",《(民国)察哈尔省通志》作"卜家庄"。

据当地长者回忆,村民原以王、魏姓为主,现为杂姓(图3.48)。

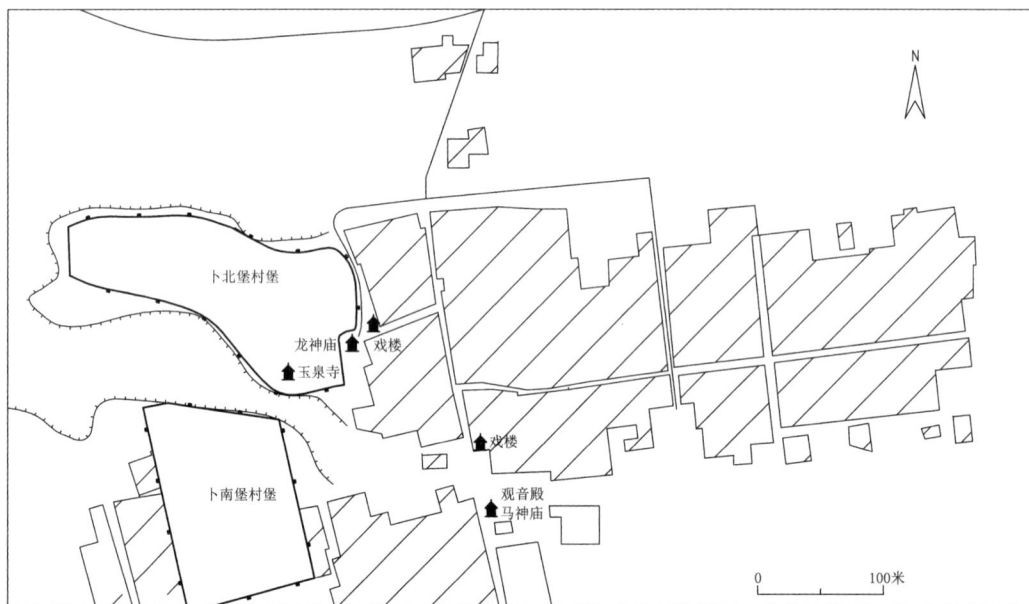

图3.48　卜北堡村古建筑分布图

二、城堡

(一)城防设施

据《(民国)察哈尔省通志》记载:"卜家庄北堡,在县城西三里,明嘉靖二十六年土筑,高一丈一尺,底厚五尺,面积十八亩,有门一,现尚完整。"[1]卜北堡村堡选址在台地上,依台地边缘而建,平面呈不规则形,周长约 662 米,东西向长、南北窄,开东门。堡内平面布局为丁字街结构(图 3.49)。

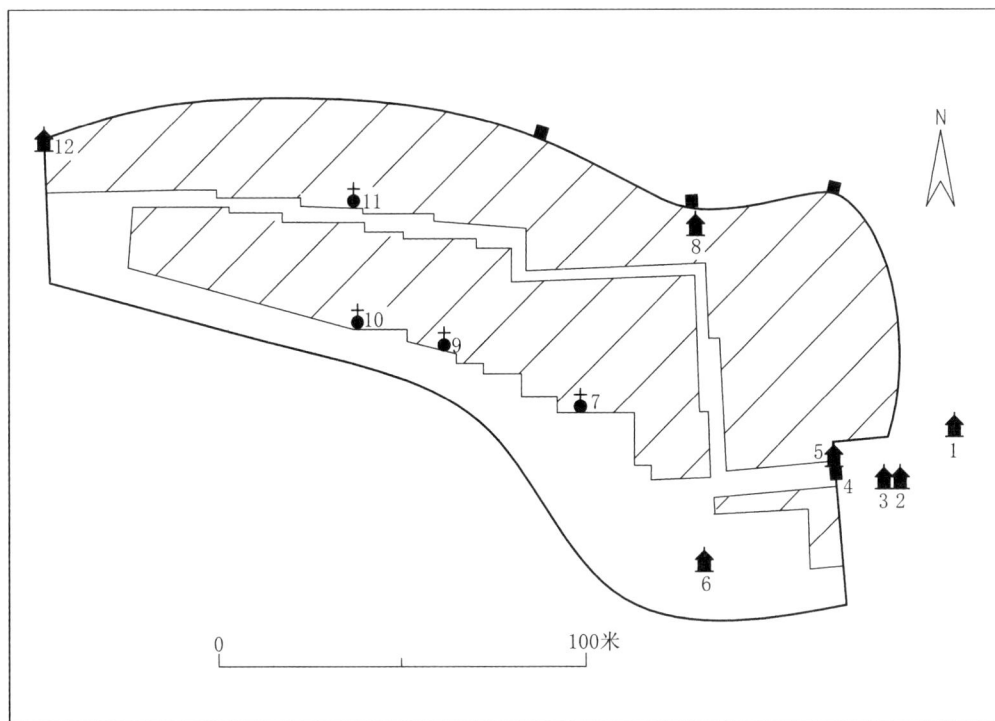

图 3.49　卜北堡村堡平面图

1. 戏楼　2. 龙亭　3. 龙神庙　4. 东门　5. 梓潼楼/文昌阁　6. 玉泉寺　7. 老宅院 4　8. 真武庙
9. 老宅院 3　10. 老宅院 2　11. 老宅院 1　12. 玉皇阁

城堡东门坐西面东,正对该村戏楼(彩版 3-29)。堡门为砖石拱券结构,基础为条石砌筑,上面青砖起券,内外门券均为三伏三券,门顶内为券顶结构。外侧门券拱顶上方镶嵌有三枚门簪,门簪上方镶嵌有砖制阳文门匾,正题行书"卜庄北堡"。门匾上有仿木构砖雕垂花门,出垂花柱,挂檐砖楣子,檩、枋两侧悬垂花柱,柱间施以裙板。垂花门罩平板枋之下的垫板上有一排小字"大清道光乙未年重修立"。道光乙未年即道光十五(1835)年。门匾两侧门颊分别镶嵌砖刻圆形"迎""祥"。内侧门券拱顶上方镶嵌三枚门簪,门簪上方镶嵌有石质门匾(拓 3.10),正题"卜家庄堡",左侧前款为"正德十一年十月吉日立嘉靖三十七年十月吉日重修",右侧后款为"大明国大清康熙岁次癸未七月吉旦重修立"。"康

〔1〕　宋哲元:《(民国)察哈尔省通志》,国家图书馆藏 1935 年铅印本,第 11 页。

熙岁次癸未"即康熙四十二年(1703)。门匾两侧门颊分别饰有"天马行空""犀牛望月"砖雕。堡门置铁皮包木板门二扇。门道为硬化的水泥路面。门外有戏楼,正对堡门。门内南侧有新修的登顶台阶,顶部四周置花勾栏,并立有村委会广播喇叭。堡门楼新建,楼内东为梓潼楼,西为文昌阁。由此可知,卜北堡创立于明正德十一年(1516),分别重修于嘉靖三十七年(1558)、康熙四十二年(1703)、道光十五年(1835)。一般来说,堡门装饰普遍在清中晚期修缮时所为,那时的蔚县安定平和,商业发达。

拓3.10　涌泉庄乡卜北堡村堡东门内侧门额拓片(蔚县博物馆　李新威　提供)

堡墙均为黄土夯筑,保存较差。东墙无存,墙体复原长约134米。南墙长约270米,修建在台地边缘,仅剩下低薄、断续的墙体,仅有几段墙体高约3~4米。墙体内侧为顺墙道路和民宅,外侧为台地和冲沟。西墙长约36米,仅存北半段。墙体内侧为民宅,外侧为耕地。北墙长约222米,墙体低矮,多坍塌,破坏严重,基本无存。墙体内侧为民宅,外侧为台地边缘,现为耕地和荒地。北墙中部、真武庙台的西侧设有1座马面,方形,向外突出墙体,保存较好。

东南、西南角无存。西北角未设角台,仅为转角。东北角设135°斜出角台,保存较好。

(二)街巷与古宅院

堡内居民少,民宅以土旧房为主,老宅院较少。

老宅院1　位于东西主街路北,倚北墙而建,一进院,宅门已坍塌,门内建有山影壁,院内砖铺地面。正房面阔五间,卷棚顶;东西厢房面阔三间,单坡顶。宅院已废弃。

里头新街　即南墙内侧顺城路,路北保存有3座老宅院,分别为老宅院2~4。老宅院2,一进四合院布局,东南角辟门,广亮门,硬山顶,门内设门厅。二道门面南,硬山顶,随墙门,平顶门洞,门洞上方尚存砖雕装饰。老宅院3,两进院,广亮门,硬山顶,檐下木雕装饰精美,保存较好。门内设门厅,门内正对山影壁,表面门砖多脱落。二道门面东,随墙门,平顶门洞,硬山顶。前院面积狭小,两侧各为面阔三间的单坡顶厢房。三道门为随墙门,平顶门洞,硬山顶,正房面阔三间,卷棚顶,两侧厢房面阔三间,单坡顶。老宅院4,一进院,南墙中间辟门,随墙门,平顶门洞,硬山顶。

三、寺庙

据当地 74 岁魏姓老人回忆,卜北堡曾建有玉泉寺、戏楼、龙神庙、真武庙、玉皇阁、观音殿/马神庙、戏楼、梓潼楼/文昌阁、五道庙、观音殿、河神庙。真武庙、五道庙毁于"文革"期间,观音殿、河神庙拆毁时间更早,有的寺庙进行了重修。

玉泉寺　曾为明代太监王振的家庙,位于卜北堡村堡南墙外侧,卜北堡南古官道之北的一块高台地上。寺西、南临沟,沟内现为农田,西侧有泉眼一口。

寺院坐北面南,由前后二进院落和东西跨院组成。主体建筑分布在一条南北向中轴线上,庙宇建筑层层增高,由南至北依次为山门(重修)、天王殿、大雄宝殿。东跨院正殿为地藏殿,西跨院为禅院(彩版 3-30)。

山门为随墙门,已经复建。门前设砖砌高大台阶。

天王殿(前殿),坐北面南,面阔三间,硬山顶,进深五架梁。殿内摆有新塑的四大天王像与一尊接引佛,其后为韦驮。东西配殿存东配殿,西配殿坍塌。

大雄宝殿(正殿),坐北面南,面阔三间,单檐庑殿顶,是蔚县现存的 4 座庑殿顶大殿之一,也是佐证卜北堡为王振故乡的有力证据。大殿门窗无存,屋顶也有部分损坏。殿外东西两侧有耳房,正殿前檐额枋上尚残存彩绘。殿内梁架分为前、后两部分。前抱厦为卷棚顶,四架梁;后殿五架梁,上承三架梁,侧面丁乳栿插于五架梁内。四角置递角梁,平梁上置方形抹角蜀柱及人字叉手。清乾隆年间香火旺盛,故在大殿前增建加檩卷棚顶抱厦供庭 1 座。殿内后金柱明间尚存佛像的背墙。殿内曾塑三身佛像,中间为毗卢遮那佛,左为卢舍那佛,右为释迦牟尼佛。殿内东、西两壁均涂抹过白灰浆,墙上绘水陆画。从画风来看,其应是清中晚期的作品。壁画中每组人物前均有一童子执宝幡作前导引领众神,幡上写有榜题。

正壁墙面潮湿酥碱,多已脱落,残存部分可辨认出"十大明王"像,胯上各骑一只瑞兽,人物比例适中。

东壁中间开出一方洞,现有青砖封堵,其余残存部分表面涂刷有厚厚的白灰浆,东壁下部的壁画露出较多,可辨认出:泰山眼光送子神幡、东□师神位、地府六阴等众、三教遗留尊师、聪明二圣等位、文昌帝君朱元神位、九曜星官神位、□□神施州卫神位、河治萧宴二公等位、临江报部神位。

西壁损毁严重,只有南侧底部还有隐约可见的壁画,能释读的榜题有:□□□□土神青龙白虎等。

整个壁画是当时社会真实的写照,如鬼母或仗剑,或手拿宝葫芦,秀发数尺飘逸飞动,是上层贵妇人的写照;河治萧晏二公头戴圆角幞头,俨然士大夫的形象。殿内梁架上也有彩绘装饰,顶部脊檩上有彩绘《八卦图》。

东跨院正殿为地藏殿,坐北面南,面阔三间,硬山顶,前檐额枋上残存清末民国时期的彩绘,前廊西墙下设面然大士龛。殿内有新建的塑像和壁画,正面是地藏王与两胁士,两侧各有六尊像。

寺院最盛时养廉地有本村水地 80 亩,东半县一带 100 余亩,南山银王寺森林数顷。该寺在历史上和银王寺还有一段不解之缘。据传,明末时一位匪徒闯入银王寺,占寺为巢,将寺内财物洗劫一空,驱赶僧人。时任主持的牛老禅师落难而逃,准备西去大五台山,行至卜庄玉泉寺挂单投宿后,与玉泉寺方丈谈经说法,十分投缘,决意留在该寺弘扬佛法。牛老禅师这次落难,下山时将银王寺的森林地契全部带来,并归属了玉泉寺。玉泉寺从此既有了川下近 200 亩土地,又有南山数顷森林,成为远近闻名的富寺。后来村内建造众多寺庙所需木材,全部从南山砍伐。

清同治年间,方丈善缘及成慧禅师二人借众人 95 钱有奇,将西合营镇任家庄村圆通寺修葺一新,使其成为玉泉寺的一个下设寺院。成慧禅师入圆通寺任主持。

20 世纪 30 年代主持僧申义经土匪恐吓得了恐惧症,将寺院衣钵传于弟子果圣。果圣堕落腐化,将寺内经书、法器等大量珍贵物品挥霍一空。1949 年后,玉泉寺为村大队所占用,寺内 6 位僧人全部移到河神庙居住。后玉泉寺因无人管理,遂逐年破败。

现为全国重点文物保护单位。

戏楼 位于东堡门外,保存一般,坐东面西,正对东堡门。戏楼为单檐卷棚顶,进深六架梁,面阔三间。砖石台明,前台明高 1.2 米,后台明高 1.9 米。台明外立面有水泥重修的痕迹。前擎檐小柱 2 根,前檐柱 4 根,后金柱 2 根,鼓形柱础。前檐额枋上残存有彩绘痕迹。戏楼内曾堆放很多柴草,现在已经清理干净,并做护栏保护,隔扇保存较好。戏楼山墙、隔扇上绘鲜艳的《封神演义》题材壁画,应为清末、民国年间所绘,保存较好(彩版 24-1、2)。

龙神庙 位于城堡东门外南侧,为一组建筑,保存较好,坐北面南,占地面积 210 平方米。庙台砖砌台明,高 1 米。台明东侧有 1 座影壁。现存主要建筑为前过殿、正殿(后殿)2 座建筑。

前过殿面阔三间,单檐卷棚顶,进深六架梁,现为村委会办公用房。后殿坐北面南,面阔单间,单檐悬山顶,进深五架梁出前檐廊。正殿两侧还各建有 1 座耳房。正殿门窗残破,殿内堆杂物。殿内保存有色彩鲜艳的壁画。顶部脊檩上有彩绘《八卦图》。殿内正面壁画已毁,两侧山墙上的保存尚好,为清代中期作品。

东山墙绘《出宫行雨图》,画面主体是五龙王与雨师行雨。左侧为水晶宫,龙母立于其中,两侧各立一位随从。右侧从上至下为电母、雷公、四目神、两位风婆。画中部下方还有一辆水车,是雨水的来源。四值功曹、虹童、商羊等分布其中,伴随着龙王。

西山墙绘《雨毕回宫图》,左上角两位小鬼用铁链拴龙,以防其未听指令擅自降雨。左下方为判官与龙王相视而对,判官手中打开圣旨,好像在与龙王交流雨量是否符合要求。再向南侧,雷公与电母坐于水车中,这是比较少见的雷公坐于水车中。画的右上角为传旨官飞奔向玉帝交旨回令。右侧绘有小院,未见龙母,院外站立的为土地神,土地神的前方有一位倒立顶香炉的小鬼。画中还有两处生动之处,一是一位倒立双脚夹瓶倒水的小鬼,一是手持瓶向人间倒水的小童。画的底部一多半被杂物遮挡,可见的为村民吹奏庆祝丰收的场景

庙的东侧有 1 座单坡顶告示亭,面东,原为龙亭,现为村务公开栏。

真武庙 位于南北主街尽头的北墙上,北墙内外侧修建高大雄伟的庙台,外包青砖,南侧设踏步通往顶部。虽然庙宇已毁,但从墩台上可见当年的真武庙规模。

玉皇阁 位于城堡西北角顶部,西北角城墙墙体高 8~10 米,内侧原有砖砌的台阶登顶,现台阶多有坍塌,保存较差(彩版 3-31)。玉皇阁仅存正殿,坐北面南,面阔单间,硬山顶,进深四架梁。殿前檐的门窗已毁,殿内正面供台亦被破坏。殿内壁绘有壁画,虽未抹过白灰浆,但因脊顶漏雨,内壁挂满泥水,壁画受损严重,人物的眼睛也多被挖走。正壁绘有《玉皇大帝坐堂议事图》,中间为玉皇大帝,身后两侧各立一位持扇玉女;外侧各立有二位天将。两侧山墙各绘有六元帅与天君,神像皆面向外而侧立,手中分别持有大刀、钢鞭、宝剑等。在西壁外侧壁画边缘,尚存题记,内容为"民国廿伍年五月十八日开光何利画工"。如此,玉皇阁壁画绘于 1936 年。

马神庙/观音殿 位于堡外东南,为一座新建的独立的庙院。庙院位于砖砌台明上,坐南面北,基础很高,开南北门,北山门为 1 座三架梁砖砌小门楼,南门为随墙门,北门内两侧有钟、鼓楼。正殿面阔三间,硬山顶,进深五架梁,南侧为马神庙,北侧为倒座的观音殿。东侧为跨院,跨院北有正房三间。

戏楼 位于观音殿对面路边,保存一般。观音殿面对戏楼在蔚县并不多见。戏楼坐北面南,砖砌台明高 1 米,外立面包砖,顶部四周铺条石。戏楼面阔三间,卷棚顶,进深六架梁,前檐柱 4 根,后金柱 2 根,鼓形柱础。前檐额枋上残有清末民初时期的彩绘,明间象首撑拱,雀替雕牡丹,次间雕草龙雀替。戏楼内部墙体和结构已经改造,墙体上有残存的壁画,并有"文革"时期的标语,顶部脊檩上有彩绘《八卦图》。戏楼内明间置隔扇分隔前后台,左右两侧设出将、入相两门。

梓潼楼/文昌阁 位于堡门门顶上。新建堡门楼,门楼面阔三间,单檐硬山顶,进深五架梁前后各出单步廊,前后中墙分心鸳鸯式,东为梓潼楼,西为文昌阁。从朝向上值得商榷,一般来说文昌为正座,梓潼为倒座,推测重修时出现失误。梓潼楼匾与文昌阁匾皆悬于 2004 年,由郭小龙题写。

五道庙 位于堡内,真武庙正对的路口处,现已无存。

观音殿、河神庙 位于东墙外,拆毁时间更早,现已无存。

第四章 代 王 城 镇

第一节 概   述

代王城镇地处蔚县中部壶流河南岸,因驻地代王城而命名。北与西合营镇为邻,东与南杨庄交界,南与宋家庄镇、蔚州镇接壤,西与涌泉庄乡、杨庄窠乡相望。全镇面积58.7平方公里,有30座村庄,其中行政村30座(代王城镇区包含5座村庄)(图4.1)。

全镇地形属河川,境内南高北低,地下水资源较丰富,土质肥沃。经济以农业为主,兼工副业。1980年前后有耕地56 733亩,占总面积的64.4%,其中粮食作物47 000亩,占耕地面积的83%;经济作物9 733亩,占耕地面积的17%。1948年粮食总产762万斤,平均亩产166斤。1980年粮食总产1 909万斤,平均亩产405斤。主要粮食作物有谷、黍、水稻、玉米。

代王城镇现存古建筑丰富。历史上有庄堡28座,现存24座;观音殿19座,现存13座;龙神庙20座,现存13座;关帝庙18座,现存13座;真武庙13座,现存8座;戏楼21座,现存14座;五道庙22座,现存10座;泰山庙3座,现存1座;阎王殿2座,现存2座;财神庙6座,现存6座;文昌阁4座,现存3座;魁星阁1座,无存;玉皇庙4座,现存2座;火神庙1座,无存;井神庙2座,无存;山神庙1座,无存;三官庙7座,现存4座;马神庙7座,现存4座;佛殿1座,现存1座;地藏殿1座,现存1座;三教寺2座,现存2座;福神庙1座,无存;河神庙1座,无存;其他寺庙5座,现存3座。

第二节 代王城镇中心区

一、自然环境与人文历史

代王城镇中心区位于蔚州古城东北10.8公里处,系蔚县"八大镇"之一,属河川区。

图 4.1　代王城镇全图

村庄周围地势平坦开阔,东南高,西北低,大部分为黏土质,辟有大面积的耕地。1980 年前后有 4 803 人,耕地 9 626 亩,曾为代王城公社及代王城一村、二村、三村、四村、五村大队驻地。

相传,约建村于周朝时期,到春秋时,为代国国都。战国时期属赵国,为代郡的郡治。因代王曾居于此,故得名代王城。村名可考的历史最早见于《(崇祯)蔚州志》,作"代王城堡",《(顺治)云中郡志》《(顺治)蔚州志》沿用,《(乾隆)蔚州志补》作"代王城东堡、代王城北堡、代王城西堡、代王城南堡",《(光绪)蔚州志》作"代东堡、代北堡、代西堡、代南堡",《(民国)察哈尔省通志》作"代王城镇"。

如今,代王城镇中心区绝大部分位于代王城城墙内,主要分布于中东部,镇区规模大,分为一、二、三、四、五共五座村庄，旧时为"四堡四庄"，即西堡、东堡、南堡、大堡，及东庄、西庄、南庄、王八庄。一村为西堡、西庄，西庄在西堡西；二村为大堡；三村为东堡、东庄；四村为王八庄，因水坑里常出有王八，故名王八庄，因名称不雅，现改称新庄，在四村西南；五村为南堡、南庄。村庄规模大，民宅以新房为主，老宅院多，土旧房少。229、221、236乡道穿村而过。

镇区居民众多，商业繁华。镇邮局东侧的主街（236乡道）南北各有1座小学。北面为代王城完全小学，南面为代王城镇中心小学。这条街北面的东西街有服装厂、玻璃厂和中心卫生院。镇政府位于三村，处于镇区最繁华的东西主街即商业大街北侧，现为1座大院。

据当地长者回忆，代王城旧时有37座庙，9座戏楼，水晶宫1座，火神庙1座（图4.2）。9座戏楼中，南堡1座，大堡2座（1座对三官庙、1座对关帝庙），西堡1座，东堡3座（即三面戏楼，3面戏楼算3座），南庄1座（对龙亭）。

二、城堡与寺庙

（一）西堡

1. 城堡

（1）城防设施

据《（民国）察哈尔省通志》记载："代西堡，在县城东二十里，明嘉靖十二年四月土筑，清乾隆二十四年重修。高一丈五尺，底厚六尺，面积二十九亩一分，有门一，现尚完整。"[1]西堡今位于镇区的西北部，属一村管辖。城堡选址修建在平地上，周围地势平坦，一马平川，为大面积的居民区。城堡平面呈矩形，周长约477米，开南门，堡内平面布局为双十字街北丁字街结构（图4.3）。

城堡开设南门，南门建筑无存，现为缺口（彩版4-1）。据当地长者回忆，南堡门为砖券结构，堡门系年久失修自然坍塌，当地70岁的老人未见过堡门。南门外西侧为水井房，原有水井。

堡墙均为黄土夯筑，保存较差，堡内外地面同高。东墙长约116米，墙体高薄、断续，高0～7米，大部分墙体无存，内外侧为房屋。南墙长约126米，东段墙体无存，现为平地，西段墙体无存，外侧为斜坡，且堡内高于堡外约2米。南墙西段近西南角处倚墙新建有观音堂。南墙东段内侧为民宅，外侧为顺城水泥路。南墙西段内侧为顺城道路，外侧为民宅。西墙长约110米，墙体高薄，坍塌严重，墙体高7～8米，内侧为倚墙修建的民宅，外侧为顺城水泥路。北墙长约125米，西段墙体保存一般，墙体高薄，高5～6米，外侧为顺

---

〔1〕 宋哲元：《（民国）察哈尔省通志》，国家图书馆藏1935年铅印本，第6页。

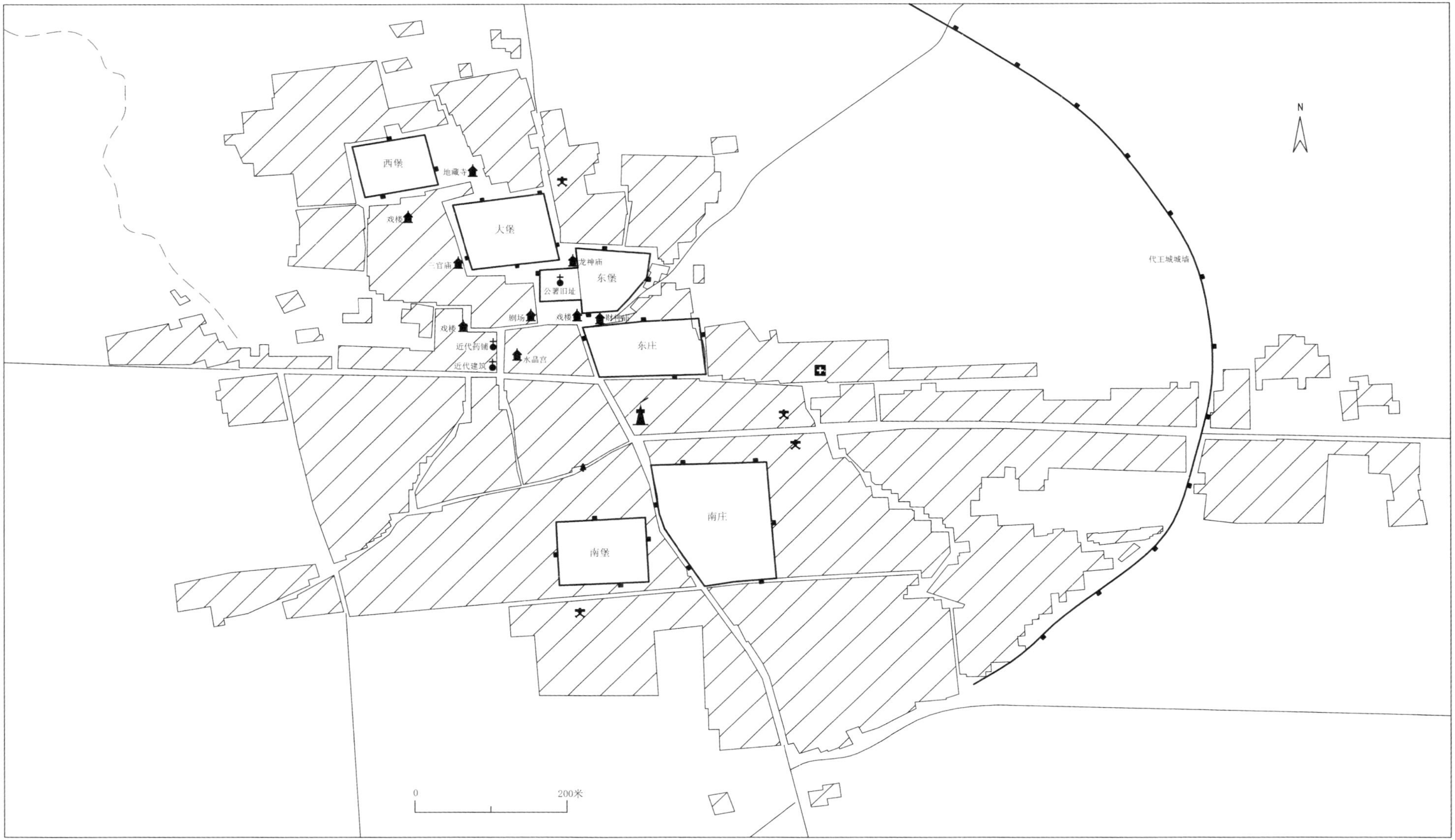

图 4.2 代王城镇中心区古建筑分布图

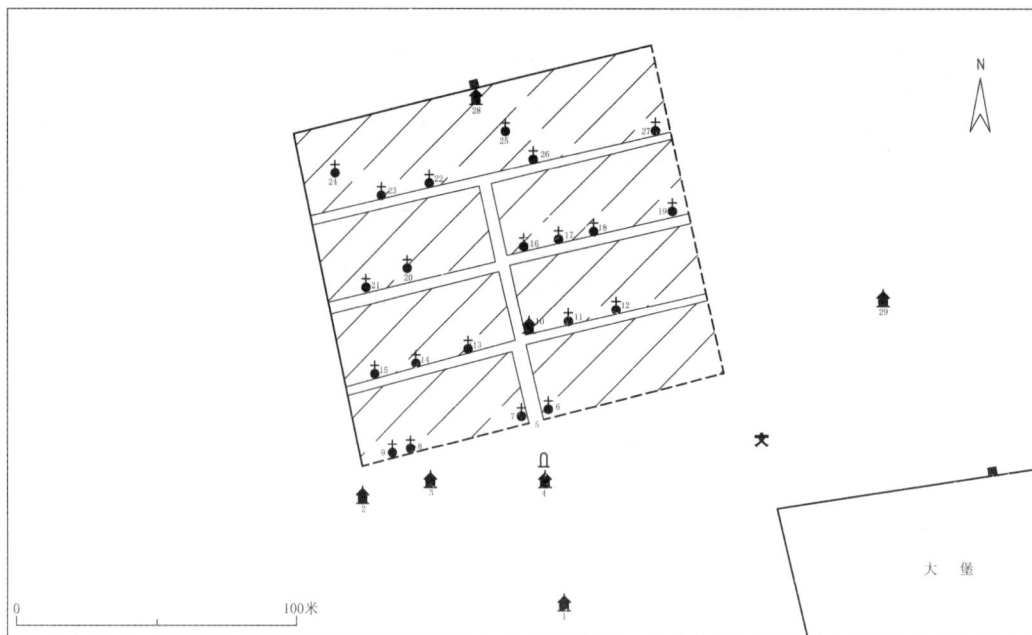

图 4.3　代王城西堡平面图

1. 戏楼　2. 观音堂　3. 五观堂　4. 龙神庙/观音殿　5. 南门　6. 老宅院 1　7. 老宅院 2
8. 老宅院 3　9. 老宅院 4　10. 五道庙　11. 老宅院 5　12. 老宅院 6　13. 老宅院 7
14. 老宅院 8　15. 老宅院 9　16. 老宅院 10　17. 老宅院 11　18. 老宅院 12　19. 老宅院 13
20. 老宅院 14　21. 老宅院 15　22. 老宅院 16　23. 老宅院 17　24. 老宅院 18　25. 老宅院 19
26. 老宅院 20　27. 老宅院 21　28. 真武庙　29. 地藏寺

城道路和民宅,内侧为民宅。北墙中部设有 1 座马面,被改造为真武庙庙台,马面高 5～6 米,外侧为斜坡荒地。

西南角无存,为斜坡转角。西北角仅为转角,高 6～7 米,内侧为民宅,外侧为道路。东北角为转角,高 5～6 米。东南角无存,为房屋占据。

(2) 街巷与古宅院

堡内民宅以老宅院为主,居民较多,以张姓为主。

南墙顺城街　位于南墙内侧,分为东、西两段。东段有 1 座老宅院。老宅院 1,随墙门,木平顶门洞。西段有 2 座老宅院,即老宅院 3 和 4,均为随墙门,木平顶门洞。老宅院 4 内有砖砌影壁。

西堡街　当地将堡内南北主街(正街)称为西堡街。老宅院 2(西堡街 4 号院),位于南门内主街西侧,广亮门,门外两侧各有一个上马石,前面有三步石砌台阶。宅院十分气派。

前街　即南十字路口东西街。东段共有 2 座老宅院。老宅院 5(西堡街 4 号),随墙门,木平顶门洞。老宅院 6 与老宅院 5 结构相同。西段共有 4 座院子,包括 3 座老宅院。老宅院 7,随墙门,平顶结构,已经倾斜,门内东厢房的南山墙上修建 1 座简易的影壁。门内为东西 2 座院子,西侧院保存较好,砖铺地面,正房面阔五间硬山顶,两侧为厢房,厢房面阔三间半坡顶。东侧院子则保存较差,多已改造,正房面阔五间卷棚顶,两侧为面阔三间半坡顶的厢房。老宅院 8(西堡街 2 号),随墙门,平顶门洞,前面有 2 个抱鼓石。老宅院 9,随墙门,平顶门洞,保存较好。

中街 即中十字街口东西街。东段有 4 座老宅院,分别为老宅院 10~13。老宅院 10(西堡街二排 7 号),随墙门,平顶门洞。老宅院 11(西堡街二排 8 号),其结构与老宅院 10 相同。院内正房已翻修,面阔三间,卷棚顶。老宅院 12(西堡街二排 9 号),随墙门,平顶门洞。老宅院 13(西堡街二排 10 号),广亮门,硬山顶,前后出挑檐木,门内东侧有门房,坍塌一半,仅存砖券门和一个圆形的窗户。门内院子很大,但已荒废,正房大部分拆除,修建新房,仅存一间。正房东侧有 1 座便门,砖券,上面有仿木结构影作装饰。西段地名为西堡二排,共有 2 座老宅院,即老宅院 14 和 15。老宅院 14(西堡街二排 2 号),随墙门,平顶门洞。老宅院 15(二排 1 号),广亮门,硬山顶,保存较差,东山墙部分坍塌,北侧屋顶坍塌。门内西侧墙壁上保存有砖砌影壁。

后街 即北丁字街东西街。西段有 3 座老宅院,即老宅院 16、17、18。老宅院 16(西堡街三排 3 号),近代风格大门,保存较好。老宅院 17,随墙门,平顶门洞。老宅院 18(西堡街 3 排 1 号),随墙门,券形门洞,门内正房面阔五间,硬山顶。东段有 3 座老宅院,分别为老宅院 19、20、21。老宅院 19(西堡街三排 5 号),原为前后院,现前院坍塌无存,大门尚存过门石,后院的二门保存较好,随墙门,平顶门洞,院内正房面阔五间硬山顶,两侧厢房面阔三间单坡顶。老宅院 20(西堡街三排 8 号),随墙门,平顶门洞,门内墙壁上有爱国卫生运动的标语。老宅院 21(西堡街三排 9 号),广亮门,硬山顶,悬鱼尚存,门内墙壁上有毛笔书写的爱国卫生公约。门内院子较大,大部分荒废,辟为耕地。

2. 寺庙

龙神庙/观音殿 位于堡南门外侧,正对堡门。龙神庙,原为 1 座庙院,现仅存正殿。正殿坐北面南,面阔三间,硬山顶出前檐廊,前廊为土坯和砖封堵,挑檐木出挑较长,并用立柱支撑。前檐墙壁嵌有 2 通石碑。西次间为乾隆五十一年(1786)《重修碑记》,东次间为康熙六十年(1721)《代王城西堡庙碑记》[1]。正殿已经修缮,梁架重新刷了油漆。正殿内墙壁有清末民国时期的壁画,保存较差。正殿前两侧原有配殿,现西配殿尚存基础,

---

〔1〕 邓庆平:《蔚县碑铭辑录》,广西师范大学出版社,2009 年,第 628~631 页。

东配殿无存。观音殿为龙神庙正殿后墙外接一殿,面阔三间,新建建筑,殿内有全新的塑像和壁画,殿前路边立有一圆形石柱,上刻有字,面积很小,漫漶不清。该大石柱旧时在龙神庙殿内,20 世纪 60～70 年代时搬出。

戏楼 位于龙神庙对面 30 米处(彩版 4-2)。戏楼保存较好,整体坐落在砖石台明上,台明外立面包砖,顶部四周铺条石。戏楼面阔三间,单檐卷棚顶,六架梁,挑檐木出挑较长。前檐额枋尚存部分清末民国时期的彩绘,大部分脱落。前檐柱 4 根,古镜柱础,后金柱 2 根。戏楼正面早年砌土坯墙封堵,改造为库房,并置木门一扇。戏楼内前台两侧墙壁画有屏风画,每侧皆为六条屏风,绘有书法作品。后台墙上残有题壁,有光绪二十四年(1898)题写的文字。

五道庙 位于堡内南十字路口的东北角,新建建筑。正殿坐北面南,面阔单间,单坡顶。2009 年旧殿尚存,殿内墙壁残存有壁画。根据殿前新立《重修碑记》,五道庙重修于 2013 年,殿内新绘壁画。殿前有 1 通残碑,字迹漫漶。

真武庙 位于南北主街尽头的北墙上。庙宇建筑在抗战时期遭炸毁,现仅存骑墙的夯土台明(马面),顶部立有一面水泥墙,原绘制有毛主席像,现已坍塌。

观音堂 位于南墙西段墙体外侧,倚墙修建。现为 1 座狭长的庙院,新建建筑,重修于 2017 年,由 1 排 3 座建筑组成,最东侧为五观堂,中间为客厅,西侧为观音堂。观音堂坐北面南,殿内正中供有南海观音塑像,两侧分别为普贤与文殊。两侧的壁画下部为哼哈二将和十八罗汉,上部绘有观音"救八难"内容。观音堂正对一条南北主街,该主街为一村的主街,尽头修建有铁质牌坊。观音堂东南侧、主街东侧为一村村委会大院。

(二)西庄

西庄位于西堡西侧,属一村管辖,街道两侧基本上是新建的红砖瓦房与院墙,偶尔可见散落在路边的上马石与青砖。

(三)大堡

1. 城堡

(1)城防设施

据《(民国)察哈尔省通志》记载:"代北堡,在县城东二十里,东汉时土筑,明嘉靖三十三年重修。高一丈六尺,底厚六尺,面积四十四亩三分,有门一,现尚完整。"[1]大堡今位于整个镇区的北部,属二村管辖,城堡选址修建在一高台地上,周围地势平坦,一马平川,为大面积的居民区。城堡平面呈矩形,周长约 583 米,开南门,堡内平面布局为十字街结构(图 4.4)。

---

〔1〕 宋哲元:《(民国)察哈尔省通志》,国家图书馆藏 1935 年铅印本,第 6～14 页。

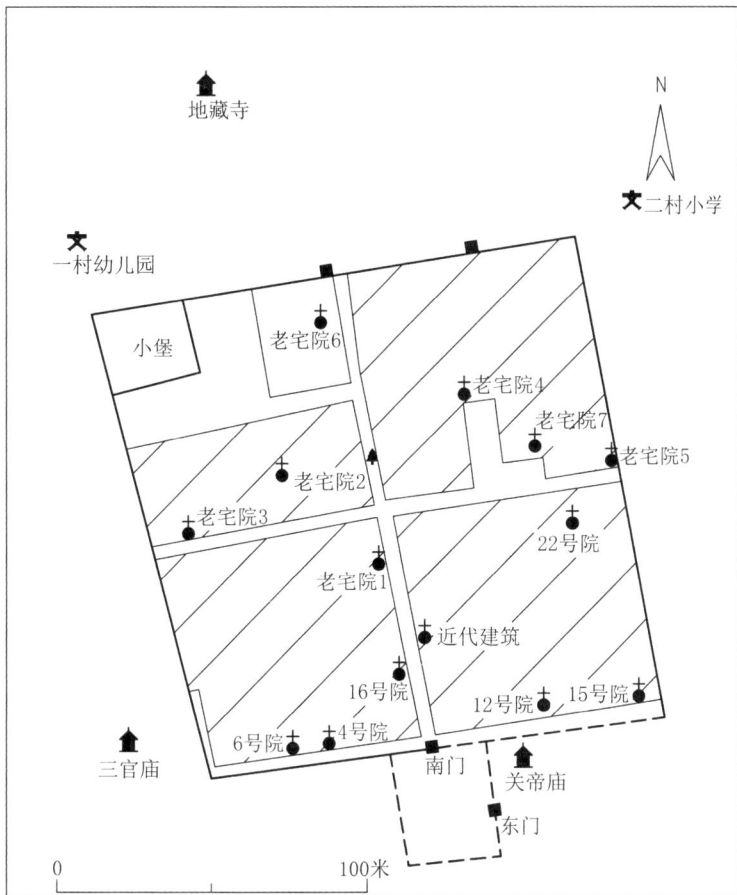

图 4.4　代王城大堡平面图

城堡开设南门,南门外设瓮城(彩版 4-3)。瓮城呈矩形,大部分墙体无存,仅存少部分南墙。瓮城开东门,门仅存南半部,基础为条石砌筑,上面青砖砌筑,高 4～5 米,门顶结构未知。门道铺自然石,尚存一小部分门道。残存的瓮城墙断口上镶嵌 1 通石碑,为"雍正十三年"所立,碑文中有"太子少保兵部尚书""钦奉"等字样。南门为砖石拱券结构,基础为条石砌筑,上面青砖起券,内外侧门券均为三伏三券,一层伏楣砖檐,外侧门券拱顶上方镶嵌有 2 枚门簪,门簪仅存痕迹,门簪上镶嵌石质门匾(拓 4.1),正题阴刻双勾"古代",右侧有两排竖字,分别为"正德十年原修""嘉靖三十一年重修",下面为人名小字,以张姓为主。左侧亦为两排竖字,分别为"雍正十三年秋七月阖堡重修""光绪二十五年五月合堡重修"。门内顶为内外同高的券顶,呈弧形。外侧门顶立有村委会广播喇叭。门内侧门券拱顶上方亦镶嵌有砖制阳文门匾和门簪,门簪仅存痕迹,门匾共由 2 块方砖拼成,阳刻"醇朴"。南门内为南北主街,正北 200 米处有一株古槐树,堡内皆为古民宅。堡门外东为关帝庙,东南约 20 米处原为代王城二村圣谕碑,碑前原有证果寺,今已毁。

拓 4.1　代王城镇代王城二村大堡门额拓片(蔚县博物馆　李新威　提供)

堡墙均为黄土夯筑,保存较差,堡内地面高于堡外。东墙长约 142 米,墙体高薄,外侧高 4～10 米,内侧为民宅,外侧为荒地和道路。南墙长约 144 米,墙体大部分无存,现为平地及房屋,局部可见墙基,高 1～2 米,但内侧为平地。西段仅存基础,外侧高 2～3 米,墙体坍塌成斜坡。内侧较平,南墙内侧为顺城道路。南墙东段墙体为民宅占据,墙体无存,墙体内侧为顺城道路。西墙长约 144 米,墙体高薄,高 0～6 米,局部有坍塌形成的豁口。墙体内侧较低,高 0～3 米,内侧为民宅,外侧为顺城水泥路。西墙近西南角处也为斜坡,高 3 米。北墙长约 153 米,墙体高薄,外高 0～10 米,北墙内侧较低,高 6 米。北墙外为荒地和顺城道路,并建有地藏寺,内侧为民宅和荒地,中间设有 1 座方形马面,高 8～10 米,坍塌一半。此外,北墙中间的马面东侧还设有 1 座马面,高 7～8 米,保存一般。北墙东段外侧为一片新村,地名"后寺一排"。后寺即为地藏寺(阎王殿)。

东南角仅为转角,高 5～6 米。西南角为转角,高 3 米。西南角外有二队大队部大院,为三官庙旧址,西南角及西墙外是一片新村,地名"西湾子""施家巷"。西北角仅为转角,高 8 米。西北角外为一村,地名"龙王庙巷",并建有一村幼儿园。东北角仅为转角,高 5 米,外侧为荒地和道路,内侧为民宅。东北角外为二村小学。

堡西北角内有 1 座小城堡,平面呈矩形,周长约 109 米,开南门,通体黄土夯筑,现为门洞,高 5～6 米,未见包砖痕迹。堡墙均为黄土夯筑,保存一般,其中小堡的西、北墙长约26、30 米,与大堡共用。东、南墙长 24、29 米,高 7～8 米。堡内地面高于大堡约 2 米,地势高。当地传说该小堡曾作为监狱使用,或称为代王住所。

(2) 街巷与古宅院

堡内民宅以土旧房为主,居民少,为杂姓,老宅院众多。

南墙顺城街　当地称为大堡前街。西段内有 2 座老宅院。大堡前街 6 号院,随墙门,前有砖砌坡道。大堡前街 4 号院,广亮大门,前有三步条石砌台阶,门内有影壁,砖雕装饰多已破坏,院子已经废弃,长满荒草。东段有 2 座老宅院,即 12 和 15 号。12 号院原为前后院,现前院大门无存,仅存门外两个上马石,前院为石子方格地面,已经荒芜,并有私搭乱建的房屋。后院二门为随墙门,木平顶门洞。院内较深,正房面阔三间硬山顶。15 号院位于东南角内,广亮门,卷棚顶,保存较好。

正街　即南门内主街,分为南、北 2 段。南段尚存 3 座老宅院。前街 16 号院,位于西侧,广亮门,硬山顶,前檐额枋上有斑驳的彩绘,门内墙壁上有标语,已漫漶不清。近代大门,位于南街东侧,为 1 座近代风格建筑的大门。老宅院 1,位于南街西侧,随墙门。北段尚存有一株 200 年左右树龄的大槐树,现为二级保护对象。街的尽头为真武庙,前路西为老宅院 6,已经荒芜,正房面阔三间,硬山顶。

后街　即十字街东西街,分为东、西两段。西段街内北侧有 2 座老宅院。老宅院 2(后街 6 号院),原为前后两进院,现前院损毁荒芜,后院二门为随墙门,木平顶门洞。老宅院 3(后街 1 号院)位于西尽头,随墙门,木平顶门洞,门内有影壁,外侧为房屋封堵,作为房屋的后墙使用。东段北侧原为九连环大院,由 3 个 3 进院组成,现在无存,多为荒地,一片破败的景象,仅存 1 座二道门,即老宅院 4。二道门为五架梁,十分气派,尚存有雀替装饰,门内为面阔五间的正房。老宅院 4 的东侧还有一间正房,现为 1 座独立的院子,正房面阔三间,门厅退金廊。大堡前街 22 号院,位于街南侧,现为 1 座独立的大院,大门无存,仅存二门,随墙门,平顶门洞。老宅院 5 位于东段尽头,东墙下,广亮门,卷棚顶,门内院子很深,也为三进院,如今仅存后院正房,面阔三间,卷棚顶。

2. 寺庙

据当地 64 岁的郝姓长者回忆,旧时大堡内外曾修建有证果寺、五道庙、三官庙、观音殿、关帝庙、剧场、真武庙、戏楼、地藏寺,上述寺庙除尚存者,以及真武庙在"文革"前拆除外,其余在"文革"后期拆除。

证果寺　位于大堡堡门外东南,现已无存。

五道庙　位于堡内十字街口西北角,现已无存。

三官庙　位于堡西南角外旧大队部,现已无存。

观音殿　位于堡门外瓮城内,现已无存。

关帝庙　位于大堡南门瓮城东门外侧。紧邻堡南墙东段外侧墙下而建,整体坐北面南,现为 1 座新建的庙院。山门为随墙门,共设 3 座门洞。院内红砖铺地。正殿面阔三间,四架梁,出前檐廊,前廊西墙下有面然大士龛,内有新塑像,前廊两侧墙壁上也有人物壁画,其中西墙上绘廖化。殿内全部是新塑的塑像和新施的壁画、彩绘,其中东、西山墙上的壁画为连环画式,每面墙 4 行 7 列,题材选自《三国演义》中的关羽故事。正面新建供台,供奉三尊新塑像,西面为马神,中间为关帝,东面为冰雹湖都大将。庙前有 2 通石碑,其中1块为道光年间的《重修三官庙碑记》,碑文漫漶。

剧场 位于大堡(东堡)西南角外,关帝庙南侧,坐南面北,正对关帝庙。剧场又称代王城剧场,现为1座长满杂草的大院。剧场前新立有重修石碑,据碑文记载,剧场始建于20世纪70年代末,2011年重修。

真武庙 位于北墙中部的马面上,正对南门,现仅存骑墙而建的夯土庙台(马面)。

戏楼 位于堡西南角外原三官庙(旧二队大队部)对面,主街西侧。戏楼坐南面北,整体坐落在砖石台明上,基础较低,高0.6米,外立面包砌青砖,台明未出四檐。戏楼为单檐六檩卷棚顶,面阔三间,挑檐木出挑较长,前檐擎檐柱2根,古镜柱础,额枋雕卷草雀替。前檐的阑额上尚存有毛笔字,中间为"太公在此",西侧次间为"诸神退位",东侧"□□回避"。如此题字,在蔚县其他戏楼内遗存较少。屋檐多有坍塌。前台口为土坯封堵,明间设一小门,改造为二村村委会库房。戏楼东南角处有一木材加工厂。

地藏寺 俗称后寺,位于堡北墙外侧,属二村管辖(彩版4-4)。现为1座庙院,坐北面南,占地面积约630平方米,原由山门、戏楼、供佛厅、正殿、东西禅房组成,现由山门、供佛厅(献殿)、正殿组成。"文革"时期该寺遭到破坏。1999年由本村女居士圣慈及广大善男信女募集资金对寺院进行了重修。新建了小山门,校正了供佛厅梁架,油饰、彩绘了大殿,装修了隔扇门窗,配齐脊饰吻兽等残缺构件。近年的重修使该寺的原始风貌有一定改变,寺院布局比以前略有缩小。新修的砖砌庙院南墙上镶嵌有碑亭,内镶嵌有乾隆五十四年(1789)《重修碑记》[1]。据《重修碑记》记载,该寺始建于明嘉靖三十二年(1553),顺治四年(1647)村人张文范重修,筑其亭台,增建穿廊,扩其庙东禅房三间,西边建斋堂三间,藏碑于内。

现为蔚县重点文物保护单位。

山门为随墙门,硬山顶,平顶门洞,前面设有台阶。门内为献殿。门外原有戏楼,已毁。

供佛厅,卷棚歇山顶,面阔、进深各三间,石鼓柱础,五架梁,四角置抹角梁,扒梁及垂花柱,整个供佛厅无山墙。屋顶由12根檐柱承载。山尖保存有水墨壁画。

正殿,单檐硬山顶,面阔三间,五架梁出前檐廊,前廊西墙下设有面然大士龛。殿内装修并吊顶,供有新塑的塑像。殿内壁壁画保存完好,色彩艳丽,但十殿阎王下部的地狱毁损较严重,为清末民国时期的作品。

正壁正中为新塑的地藏王菩萨及闵公、道明塑像。两侧次间开始起绘十殿阎王。东次间为一殿秦广大王,两侧为捧印的男胁侍与女胁侍。西次间为二殿楚江大王,两侧为捧印的男胁侍与女胁侍。

---

〔1〕 邓庆平:《蔚县碑铭辑录》,广西师范大学出版社,2009年,第632~633页。

东壁自北向南依次为三殿宋帝大王、五殿阎罗大王、七殿泰山大王、九殿都市大王,以及南侧的显应尊神。显应尊神,身披长袍,头戴长翅的官帽。两侧各有一胁侍,北侧的胁者手捧一颗印,南侧的侍者持笔与卷宗。这位显应尊神不知道是何神的显应。

西壁自北向南依次为四殿伍官大王、六殿变成大王、八殿平等大王、十殿转轮大王,以及南侧的酆都大帝。酆都大帝,是地狱的主宰,位居冥司神灵之最高位,主管冥司,为天下鬼魂之宗。凡生生之类,死后均入地狱,其魂无不隶属于酆都大帝管辖,以生前所犯之罪孽,生杀鬼魂,处治鬼魂。旧时奉祀酆都大帝的庙内,多设有七十五司(一说七十二司),各司分别承担收捕、追逮鬼魂,关告鬼魂出入之职能。阳司亲属如有为阴间鬼魂超度赎罪者,亦由酆都大帝决断赦免,发送鬼魂受炼升天。

该寺和西堡观音堂现由一位叫圣慈的女居士管理。每天早晚 2 次上香,早上时间不定,晚上是 6 点。每年阴历七月三十念经。

(四)东堡

1. 城堡

(1)城防设施

据《(民国)察哈尔省通志》记载:"代东堡,在县城东二十里,明嘉靖十三年土筑,清乾隆三十三年、光绪七年重修,高一丈六尺,底厚六尺,面积十二亩七分,有门一,现尚完整。"[1]东堡位于镇区的中北部,属三村管辖。城堡周围地势平坦,一马平川,为密集的居民区。东堡北侧为大堡,南侧为东庄。城堡平面呈不规则形,周长约 582 米,开南门,堡内平面布局为南北主街结构,主街两侧多为巷子(图 4.5)。民国时期,东堡为代王城中心。

城堡开设南门,南门位于东南角附近,而非南墙正中。南堡门原为砖券门,"文革"时期拆毁,现为缺口。门外坡道尚存,门外西侧为供销社,现为豆腐坊。门外对面为财神庙。

堡墙均为黄土夯筑,保存较差。堡内地面高于外侧地面。东墙长约 135 米,墙体不直,呈弧形,北段墙体高 4~6 米,墙体高薄,南段墙体多为坍塌形成的斜坡,高 3~6 米。墙体北段内外侧均为民宅,南段内侧为民宅,外侧为道路。南墙长约 154 米,墙体不直。有曲折,仅存基础,高 0~3 米,外侧为斜坡,内侧为平地,破坏严重。南墙西段外侧的街道称为"北街"。西墙长约 169 米,墙体不直,有曲折,墙体高大,高 0~7 米。内侧为民宅,外侧为顺城道路。西墙外原为供销社、大队驻地,民国时期为公署大院,现为一座大院,内有 3 排房屋。此外院中还有龙神庙。北墙长约 124 米,墙体保存一般,墙体高薄,高 6~7 米,内侧为民宅,外侧为道路。

---

〔1〕 宋哲元:《(民国)察哈尔省通志》,国家图书馆藏 1935 年铅印本,第 6~14 页。

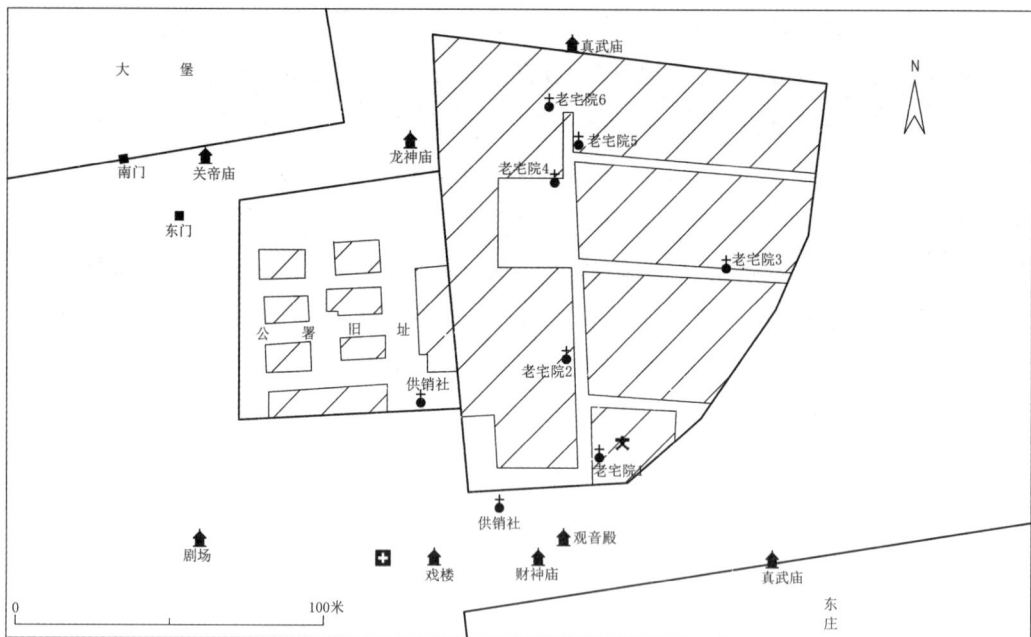

图 4.5　代王城东堡平面图

西南角无存,为民宅占据,西南角外为大堡关帝庙对面的剧场。西北角仅为转角,高6~7米,西北角外有健身园。东北角仅存转角,高6米。东南角无存,为圆弧,高3米。

(2) 街巷与古宅院

堡内民宅以新房为主,老宅院较多,居民较少,村民以张、郭姓为主,其中张姓为"七甲张"。

正街　即南门内南北主街。老宅院1,位于东侧,广亮门,硬山顶,原为代三村小学旧址。老宅院2(东堡街9号),位于西侧,广亮门,门前有2个方形的上马石。老宅院3(东堡街24号),位于主街东侧一条巷子内尽头,随墙门,平顶门洞。老宅院4,位于西侧,随墙门,平顶,正房面阔三间,硬山顶。老宅院5(东堡街13号),位于东侧,随墙门,平顶。老宅院6,位于西侧,平顶,正房面阔五间,硬山顶,明间和东西次间均退金廊,形成前廊,十分气派。

堡西墙外为民国时期的镇公所,原为1座大院,开东门(成为公社后改为南门),堡墙上及外侧修建有岗楼。堡墙的四个角亦修建4个岗楼。如今,镇公所南墙上的岗楼仅存夯土基础。

2. 寺庙

据当地长者回忆,旧时城堡内外曾修建有五道庙、戏楼、财神庙、观音殿、关帝庙、真武庙、龙神庙。庙宇除尚存者外均于"文革"时期拆毁。

五道庙 位于堡内,现已无存。

戏楼 位于东堡南门外,财神庙对面,戏楼南面为镇区的南北主街,当地称为东街。戏楼的西面为三村卫生室。戏楼东面为广场。该戏楼为三面戏楼,主台口坐西面东,隔街与财神庙相对峙,北台口对龙神庙,南台口对火神庙(已毁)。戏楼坐落在砖石台明上,台明宽大,大部分埋于地下,现高 0.7 米,戏楼相对较小,与台明不成比例。戏楼为单檐卷棚歇山顶,高 5.5 米,面积 49.6 平方米,三面台口,檐柱共 12 根,石鼓柱础。戏楼内为正五架梁,两侧山墙施前后丁栿,内置垂花柱,抹角梁。戏楼内地面为方砖铺墁。戏楼内西墙上贴有一份有关阶级成分划分的"第三榜"。

现为河北省重点文物保护单位,已重修。

财神庙 位于东堡南门外,坐东面西,正对代王城三面戏楼。寺庙占地 280 平方米,现为一进院落。近年镇内民众筹资重修,并设专人管理维护。

山门,单檐硬山顶,面阔三间,金柱木板门,三架梁。两侧墀头戗檐砖雕尚存,墙角石石雕亦存。东北部院墙开角门,正对堡门,随墙门,硬山顶,拱券门洞,门外拱顶上方镶嵌有砖制匾额,刻"吉祥"阳文二字。

正殿,坐落在高 0.8 米的砖石台明上,单檐硬山顶,面阔三间,进深二间,六架梁出前檐廊。殿内供奉 3 尊新塑塑像,中间财神手持如意,西侧财神手托元宝,东侧财神手持钢鞭。内壁壁画表面涂刷白灰浆,画面破坏严重,仅存上部,为清代中晚期的作品。两侧山墙壁画绘《百工图》,连环画式,3 行 9 列。东壁白灰浆较厚,旧画露出少,墙面贴满了祝福的彩条。西壁第 1 排露出,可以看清画面,每一幅皆有榜题,但已无法看清内容。山尖壁画保存较好,顶部脊檩梁上有彩绘《八卦图》。正殿外南一间耳房,南北厢房各三间。东堡财神庙是蔚县仅次于故城财神庙的第二大财神庙。

现为蔚县重点文物保护单位。

观音殿 位于财神庙后坡,东堡南门外。正殿坐北面南,面阔单间,半坡顶,进深四架梁。脊顶漏雨,东墙皮垮塌严重。殿内壁尚存部分壁画。正壁受雨水泥浆侵蚀,殿西东壁保存尚好,东壁壁画受损严重。正壁壁画模糊,画正中为观音,头部周边是巨大的项光,两侧人物已无法辨认。殿内两侧壁画,各画有六位乐女,手中持各式不同的吹打等乐器,体态飘逸,神态自然。两壁的内侧分别为文殊与普贤。此类主题在蔚县罕见。

关帝庙 位于财神庙东侧,寺庙建筑无存,尚存 1 通石碑《重修关帝庙碑记》。

真武庙 庙宇建筑无存,仅存夯土庙台(马面),庙台南侧有登北极宫的坡道。

龙神庙 俗称老龙亭,位于东堡西墙外侧,龙神庙南面 100 米处正对三面戏楼,院内东侧有古树一株(彩版 4-5)。正殿坐北面南,整体坐落在高 2 米的夯土台明上,仅存正殿,单檐悬山顶,面阔三间,五架梁出前檐廊,土坯山墙。前檐下置三踩隔架科斗拱,一斗三升;五架梁上置驼峰,呈梯形无雕饰。前檐额枋尚存清末民国时期的彩绘。正面为土坯墙封堵,西墙已坍塌。庙内地面为方砖铺墁,已改为仓库,殿内改造。墙壁涂刷白灰浆,壁画无存。山尖尚存壁画,水墨画。殿内大梁上也有彩绘,为清末民国时期的作品。殿内顶部脊檩上尚存彩绘《八卦图》。该庙院为东堡张家(财主)私庙,供张家的一位长工,传为五谷神下凡。

现为河北省重点文物保护单位。

(五)东庄

1. 庄

位于东堡的东南侧,属三村管辖,位于镇区中部,东西、南北大街的交汇口的东北角,西面为南北主街,南面为东西主街,北侧与东堡间隔一条马路。东庄选址在平地之上,周围地势平坦,一马平川,为大面积的居民区。

东庄平面大致呈矩形,周长约607米,开南门,庄内平面布局为南北主街结构,南北主街为土路,较窄(图4.6)。据当地长者回忆,东庄未曾修建有庄墙,南口仅为缺口,未曾修建庄门。庄内地名"小东庄街"。全部是新建的房屋,无古建筑。居民以郭、张姓为主。东墙外镇中心南北主街(东街)西侧有1座老宅院,大门内有影壁,保存较好。

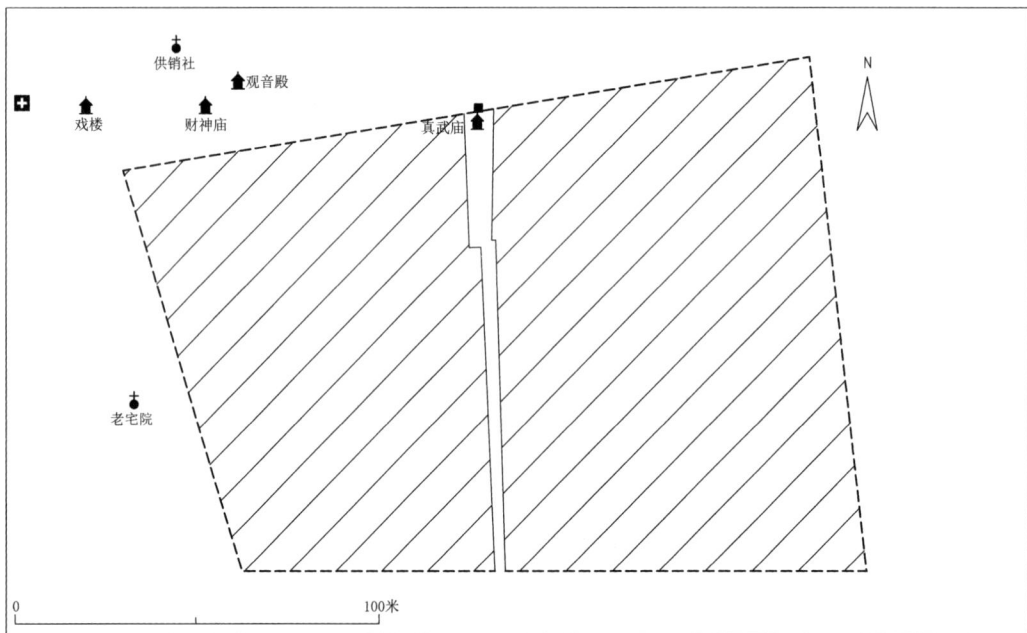

图4.6 代王城东庄平面图

近代药铺 位于镇派出所西侧,属二村管辖。药铺面阔六间,每三间开设一门,门与窗皆为券拱形,门柱高矗,顶有装饰,从风格上看应是民国时期建筑,现为"代王城镇中心卫生院第三门诊"。

2. 寺庙

五道庙　位于东庄南门外侧,现已无存。

真武庙　位于庄内主街的北尽头,整体坐落在一方形夯土台明上,坐北面南,正殿面阔单间,硬山顶,五架梁出前檐廊,门窗无存,正脊坍塌,前屋檐、后屋顶坍塌,殿内改造为猪圈。殿内正壁表面涂抹白灰浆,白灰浆部分脱落露出底下的壁画,壁画为清末民国时期的作品。壁画内容漫漶,尚可辨认出有人物立像,为护法神像。东墙可见5位护法神,南侧两位依次为手执玉环的温元帅温琼与手持金枪的马天君马元帅;西墙可见五位护法神,南侧两位依次为手持青龙偃月刀的关元帅关圣帝君与手持铁鞭的赵元帅赵公明。两侧5位神像的内侧因泥浆覆盖而无法看清,但从壁画整体布局来看,泥浆下还有一位护法神,也即两侧分别有2位护法元帅、4位护法天君,护法元帅与天君的数量与北方城真武庙内东、西次间北壁所绘的是一致的。顶部脊檩有彩绘《八卦图》。前廊东墙下有碑座,但石碑无存。

水晶宫　位于镇派出所南侧。原为1座庙院,由山门、正殿、南北配殿组成。山门为过殿式,面阔三间,硬山顶,如今山门改造为卖驴肉的店铺。正殿,坐东面西,保存较好,单檐硬山顶,面阔三间,五架梁出前檐廊,前檐额枋尚存斑驳的彩绘,为清末民国时期的作品。殿内已装修改造成驴肉加工车间。南北配殿仅存南配殿,面阔三间单坡顶,北配殿无存。

(六)王八庄

王八庄,因水坑里常出有王八,故名,因名称不雅,现称新庄,位于南堡西侧,整个镇区的西南角,属四村管辖,民宅全部为新建的房屋,无古建筑遗存。

(七)南堡

1. 城堡

(1)城防设施

《(民国)察哈尔省通志》记载:"代南堡,在县城东二十里,明嘉靖十四年七月土筑,十七年重修。高一丈六尺,底厚六尺,面积二十八亩,有门一,现尚完整。"[1]南堡位于镇区的中南部,属五村管辖。城堡周围地势平坦,一马平川,为大面积的居民区。城堡平面呈矩形,周长约555米,开北门,堡内平面布局为3条十字街结构,形成"丰"字街布局(图4.7)。

城堡开设北门,为砖石拱券平顶结构,基础为三层条石砌筑,上面青砖起券,内外侧为拱券,中间门顶为木梁架结构,如今外侧拱券坍塌,内侧拱券尚存(彩版4-6)。内侧拱券东半部坍塌,西半部已经修缮,中间拱顶部分为旧构,三伏三券。门道为水泥路面,门内为南北主街,尽头为观音殿。

---

〔1〕 宋哲元:《(民国)察哈尔省通志》,国家图书馆藏1935年铅印本,第6页。

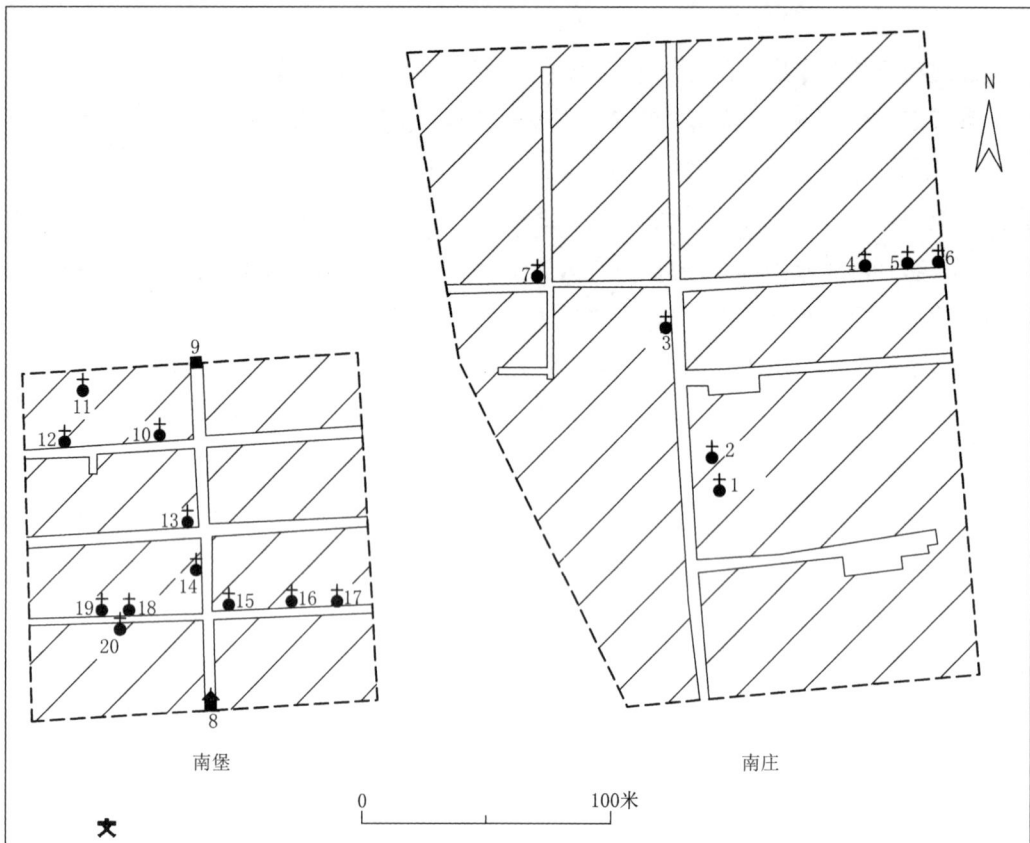

图 4.7　代王城南庄、南堡平面图

南庄　1. 老宅院 1　2. 老宅院 2　3. 老宅院 3　4. 老宅院 4　5. 老宅院 5　6. 老宅院 6　7. 老宅院 7
8. 观音殿　9. 北门　南堡　10. 老宅院 1　11. 老宅院 2　12. 老宅院 3　13. 老宅院 4　14. 老宅院 5
15. 老宅院 6　16. 老宅院 7　17. 老宅院 8　18. 老宅院 9　19. 老宅院 10　20. 老宅院 11

　　堡墙均为黄土夯筑,保存较差,堡墙在改革开放后陆续拆毁,如今墙体几乎无存。东、西、南墙无存,为民宅占据。北墙大部分墙体无存,为民宅所占据,个别地段还有残存段落,高 0～3 米,墙体保存差,低薄。墙体内侧为民宅,外侧为民宅或荒地。东南角尚存部分墙体,高 7～8 米,旧时曾修建有魁星阁和玉皇阁。南堡南墙外为代王城中学,与南堡间隔 1 条东西向大街,地名"南堡街",而堡北门外称为"堡外街"。

　　(2) 街巷与古宅院

　　堡内民宅以新房和老宅院为主,居民较多,居民以王、李、张姓为主。

　　前街　又称一排东西街,西街内有 3 座老宅院。老宅院 1(一排 2 号院),广亮门,硬山顶,门内现为 1 座大院子,原应为前后两进院。老宅院 2,宅门无存,正房保存较好。老宅院 3(一排 5 号院),随墙门,门前有一石碑座。

中街 又称二排东西街,西街有 1 座老宅院 4,广亮大门,卷棚顶,保存较差。十字街口路边有两个石雕供桌。

正街 又称南堡街,即北门内南北主街。老宅院 5(三排 17 号),位于西侧,随墙门,券形门洞,上面有两枚门簪装饰。

后街 又称三排东西街。东街保存有 3 座老宅院。老宅院 6(三排 18 号),广亮门,硬山顶。老宅院 7(三排 22 号),随墙门,平顶。老宅院 8(三排 28 号),广亮门,硬山顶,正房面阔三间,硬山顶,明间退金廊,廊内尚存寿字天花板,窗户上尚存木雕装饰。西街尚存 3 座老宅院。老宅院 9(三排 4 号),随墙门,平顶,门前有一残经幢。老宅院 10(三排 1 号),在街道南侧,随墙门,平顶。老宅院 11(三排 5 号),随墙门,平顶。

柳树坑巷 位于南堡北墙外,代王城镇南北主街东侧的邮局西南方,为一条西南—东北走向的街道。街道里路边有一株大柳树,树龄 200 年,现为二级古树,故名为柳树坑巷,属四村管辖。

2. 寺庙

据当地长者回忆,南堡曾修建有五道庙、文昌阁、山神庙、井神庙、龙神庙、戏楼、观音殿。

五道庙 位于堡内南十字街口东侧,现已无存。

文昌阁 位于北门顶,坐北面南,现已无存。

山神庙 位于北门外影壁边,坐北面南,现已无存。

井神庙 位于北门外东侧,坐东面西,为村民汲水之地,现已无存。

龙神庙 位于山神庙北侧,坐西面东,现已无存。

戏楼 位于北门外东侧,面北,正对龙神庙,现已无存。

观音殿 位于堡南墙内侧,倚墙修建,院墙与正殿皆为新建。整体坐南面北,正对北门。现为 1 座庙院,位于 1 米多高的台明上。

山门为随墙门,硬山顶,平顶门洞,门前设有台阶,部分为石碑铺设。共有 2 通石碑,1 块为墓碑,1 块为乾隆五十四年(1789)碑。字迹漫漶。

正殿面阔三间,硬山顶,新建建筑。观音堂殿内有全新的塑像和壁画,旧时殿内为悬塑,共有 1 000 多个人物。

(八) 南庄

南庄位于镇区的东南部,南北主街东侧,南堡东侧,东庄南侧,属五村管辖。

1. 城防设施

庄子平面大致呈矩形,复原周长约 880 米,庄内为十字街布局,庄墙无存,旧时有南门,现为缺口。南门外有粮库大院。门内主街为水泥路面,旧时在十字路口东侧修建有五道庙(图4.7)。

2. 街巷与古宅院

庄内民宅以新房为主,老宅院较少。居民杂姓。

正街 即庄内十字街。南街路东有老宅院1和2。老宅院1,宅门无存,仅存门内影壁,影壁面阔单间,硬山顶。影壁的北侧为老宅院2,随墙门,平顶门洞,硬山顶。街西侧有老宅院3(南庄34号院),广亮门,硬山顶,门外有2块方形的上马石,门内山尖尚存有水墨壁画。

东街尽头有老宅院4、5、6,均为随墙门。

西街有老宅院7(3号院),随墙门,平顶门洞,硬山顶,门内有影壁,保存较好。

3. 寺庙

火神庙 位于镇区南北大街(东街)的南端,坐南面北,正对三面戏楼,现已无存。因南面属火,故修建火神庙。火神庙于每年六月初六举办庙会,火神庙北侧亦有1座戏楼,坐南面北,对有龙亭。

第三节 张南堡村

一、自然环境与人文历史

张南堡村位于代王城镇西南偏南4.8公里处,属河川区。村庄选址修建在S342省道北侧,217乡道穿村而过,周围地势平坦,一马平川,为黏土质,辟有大面积的耕地。1980年前后有778人,耕地2701亩,曾为张南堡大队驻地。如今,村庄规模较大,分为新、旧两部分。新村位于主路边,南北主街结构,并有四条东西向主街。民宅以新房为主,居民较多。旧村位于新村的西北角外,为独立的区域。旧村为城堡所在地(图4.8)。

相传,明嘉靖九年(1530)张姓建堡,称张家庄。后分为北、中、南三堡,该村居南,故取名张家南堡。1939年更名为张南堡。村名可考的历史最早见于《(正德)宣府镇志》,作"张家庄堡",《(嘉靖)宣府镇志》作"张家",《(崇祯)蔚州志》作"张家庄堡",《(顺治)云中郡志》《(顺治)蔚州志》沿用,《(乾隆)蔚县志》作"东张家庄南堡",《(光绪)蔚州志》作"张家南堡",《(乾隆)蔚州志补》作"东张家庄",《(民国)察哈尔省通志》作"张南堡"。

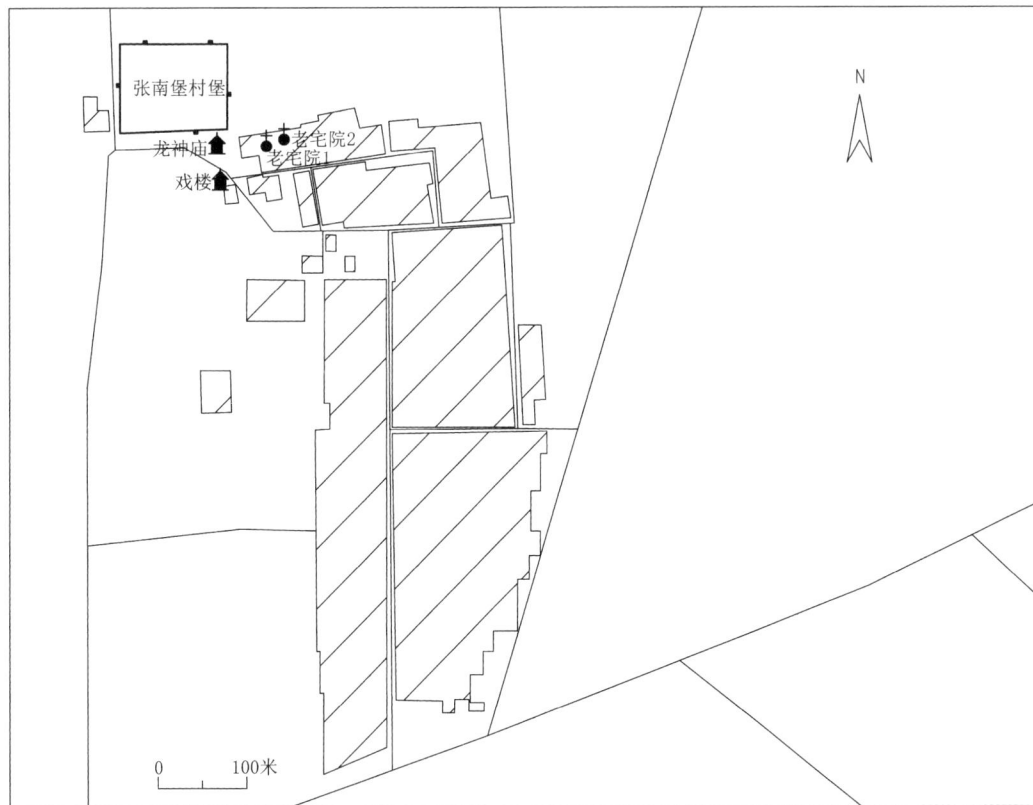

图 4.8 张南堡村古建筑分布图

二、城堡

（一）城防设施

张南堡村堡，位于旧村中。城堡规模较小，平面呈矩形，周长约 432 米，开南门，堡内平面布局为十字中心街结构（图 4.9）。

城堡开设南门，拆毁于 20 世纪 60～70 年代，现已无存。门匾仅存拓片（拓 4.2），正题:张家庄堡，左侧落款:嘉靖十九年八月吉日创立。正题下方刻有众多人名，有"管工堡长周贵""总甲杜□""小甲杜锦、张现、史经、王官、王思佑、贾仲宗""泥匠贺富""石匠柴海、柴臣"。

堡墙均为黄土夯筑，墙体破坏严重，保存较差，现存为不足 1 米高的基础。东、南墙长约 94、115 米。西墙长约 99 米。北墙长约 124 米，上面修建有民宅。北墙中部设有 1 座马面，保存较好，体量很大，几乎为原高，高 6～7 米。据当地长者回忆，此台上原建有三官庙。北墙内修建有真武庙，正对南门。

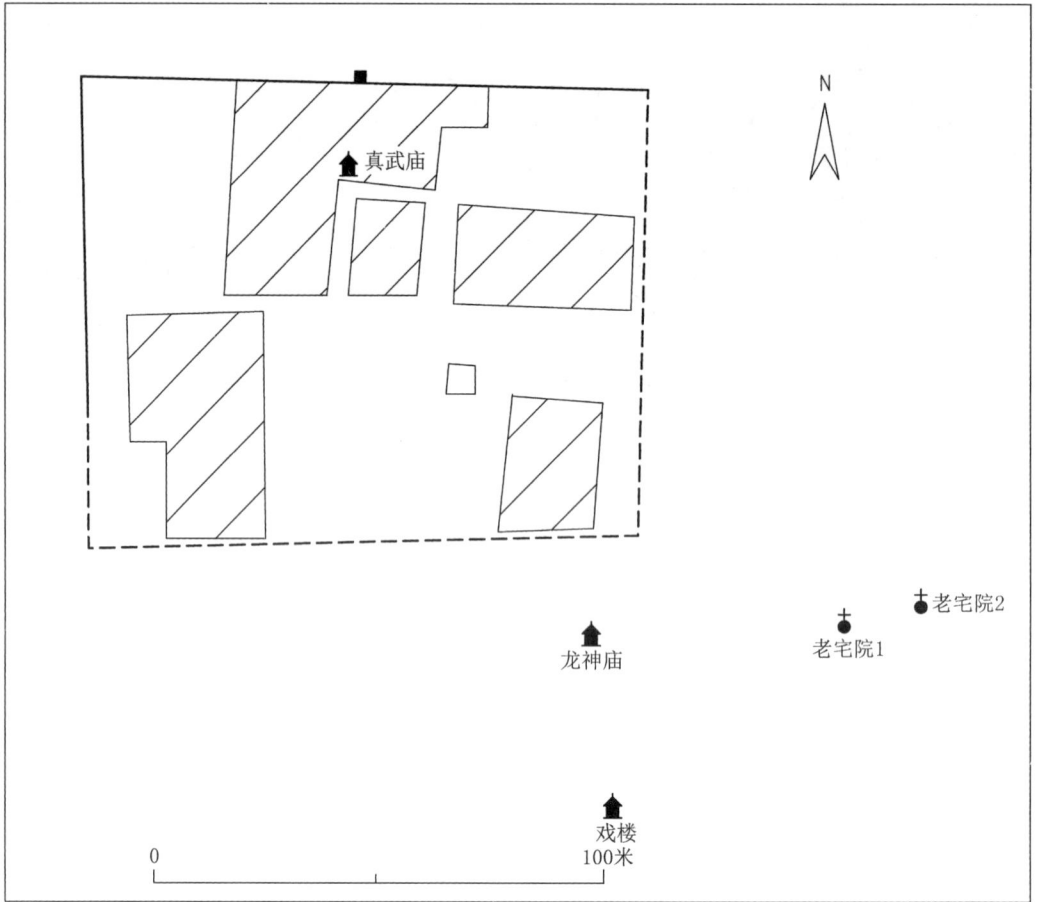

图 4.9　张南堡村堡平面图

拓 4.2　代王城镇张南堡村堡门额拓片(蔚县博物馆　李新威　提供)

（二）街巷与古宅院

堡内多辟为耕地，仅不到10户居民在此居住。堡外东南侧尚存老宅院1、2。这排老宅是张南堡村仅存的老宅院，也是一精美的窗格木雕艺术世界。

老宅院1正房面阔九间，如今分割为三户居民使用，其中一户主人叫郭银。老宅院的原主人未知，但门牌上的街道名却留下线索："张南堡村陈家大门"，由此推断，这里曾居有一户陈姓富豪，老宅院均为陈家大院，如今尚存的这座九间正房也仅是陈家大院的部分建筑。正房以精美的窗格木雕著称。两扇木门之上，雕有连绵的"万"字符与众多的"蝙蝠"及两朵牡丹，寓意了"万福连绵""富贵连绵"。比起一般宅门之上雕有单只的倒挂"蝙蝠"，寓意"福到"，这个门楣之雕更显气势。此外，门框上侧还饰有花草木雕。

三、寺庙

龙神庙　位于城堡东南角外侧，仅存1座正殿（彩版4-7）。正殿坐北面南，面阔三间，悬山顶，五架梁出前檐廊。前后通体用四柱，金柱八根，置古镜柱础。五架梁上承三架梁，三架梁上施人字叉手。前檐额枋尚存有彩绘。殿保存较差，南、北、西三面墙体无存，东山墙部分残存。屋顶部分坍塌，正脊大部分坍塌，屋檐无存，破坏严重，仅存立柱，摇摇欲坠。残存的土坯东山墙上，还保存有部分壁画，虽然表面已沾满灰浆，风化脱落严重，但画中雄伟的宫殿与人物仍依稀可辨，如电母、功曹等。正殿前尚存有半块石碑，碑文漫漶，仅可看出"同治六年迄今"字样。

戏楼　位于龙神庙南侧，坐南面北，正对龙神庙（彩版4-8）。戏楼保存较好，下部砖石台明高0.6米，正面有包砖，多已坍塌，其余三面基础外立面包砖无存，坍塌成斜坡，台明之上修建戏楼。戏楼为单檐卷棚顶，面阔三间，六架梁，前檐柱4根，柱下鼓形柱础，后金柱两根。戏楼地面为夯土地面。山墙为砖基土坯墙。屋檐部分坍塌，后墙坍塌一半。戏楼内东墙壁表面涂刷白灰浆，并写有"文革"时期的口号与标语，南、西墙表面无存，隔扇仅存框架，挑檐木出挑较长。戏楼东北侧有两处老宅院，保存较好。

真武庙　位于北墙内侧，原为1座庙院，占地约30平方米，砖石庙台高1.1米。庙院由山门与正殿组成，规模不大。如今院墙无存，山门尚存。山门为随墙门，门楼上有砖雕装饰，保存较好。

正殿坐北面南，面阔单间，硬山顶，四架梁出前檐廊。正殿主体保存较好，前檐额枋有清末民国时期的彩绘，墀头上的圆形砖雕已毁，山墙上的悬鱼尚存，门窗封堵。殿内改造为仓库使用，地面及墙壁上堆放、挂满杂物。殿内墙壁表面曾涂刷白灰浆，但壁画尚可见，从色彩来看壁画为清末民国时期作品。正面绘有《真武大帝坐堂议事图》，真武帝居中，右手持剑；身后侧有两位武将，各持宝剑；两侧为桃花女（东）与周公（西），最外侧为七星旗

（东）与剑童（西）。

两侧山墙各绘有六位护法神像，由于护法神像列于两侧山墙，所以正壁并未出现护法四元帅。东壁的六位护法神，能明确身份的是：南侧依次而列的手执玉环的温元帅温琼与手持宝剑的马天君马元帅以及北侧的雷部之神辛环；西壁的六位护法神，能明确身份的为手持青龙偃月刀的关元帅关圣帝君与手持铁鞭的赵元帅赵公明，最北侧留下有一个题榜，内容为"□阳雷公邓□，由此可以判定此为邓忠。

三官庙 据当地长者回忆，三官庙位于北墙中部的马面上，庙宇建筑于 1947 年在战争中破坏。

第四节 张 中 堡 村

一、自然环境与人文历史

张中堡村位于代王城镇西南偏南 4 公里处，属河川区，217 乡道穿村而过（图 4.10）。村庄周围地势平坦，为黏土质，辟有耕地。1980 年前后有 1 393 人，耕地 3 921 亩。曾为张中堡大队驻地。如今，本村保存有完整的明清格局，最早的蔚县发电厂即在该村所建。

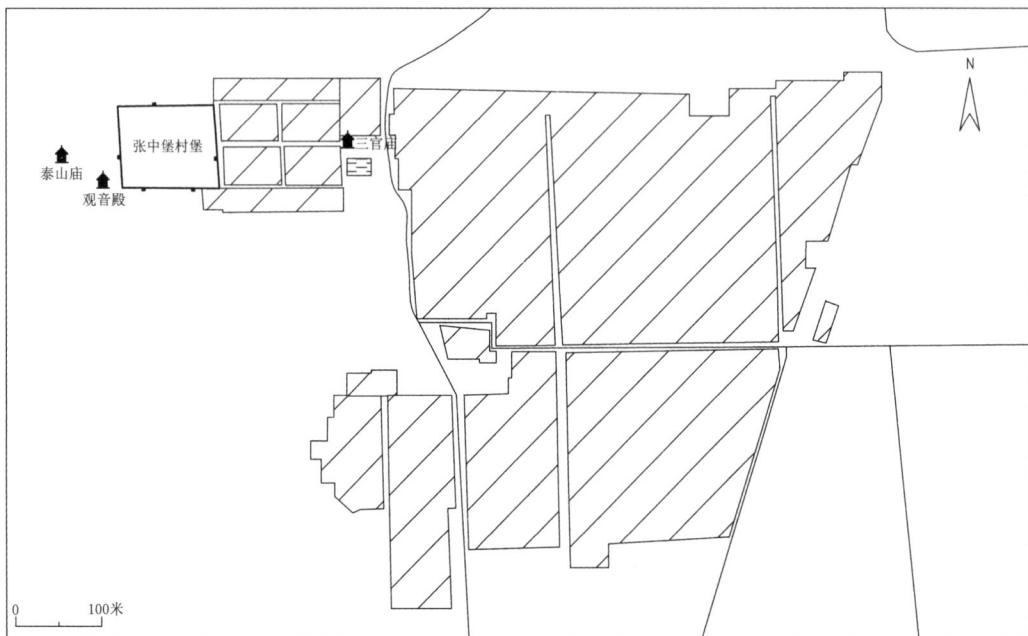

图 4.10 张中堡村古建筑分布图

相传,明嘉靖九年(1530)张姓建堡,称张家庄。后分北、中、南三堡,该村居中,故名张家中堡。1939年更名为张中堡。村名可考的历史最早见于《(正德)宣府镇志》,作"张家庄堡",《(嘉靖)宣府镇志》作"张家",《(崇祯)蔚州志》作"张家庄堡",《(顺治)云中郡志》《(顺治)蔚州志》沿用,《(乾隆)蔚县志》作"张家庄中堡",《(光绪)蔚州志》作"张家中堡",《(民国)察哈尔省通志》作"张中堡"。

二、城堡

据《(民国)察哈尔省通志》记载:"张中堡,在县城东十五里,明嘉靖九年土筑,高二丈五尺,底厚六尺,面积十五亩,有门一,现尚完整。"[1]张中堡村堡今位于旧村中,城堡平面呈矩形,周长约408米,开东、西门,堡内平面布局为十字街结构(图4.11)。

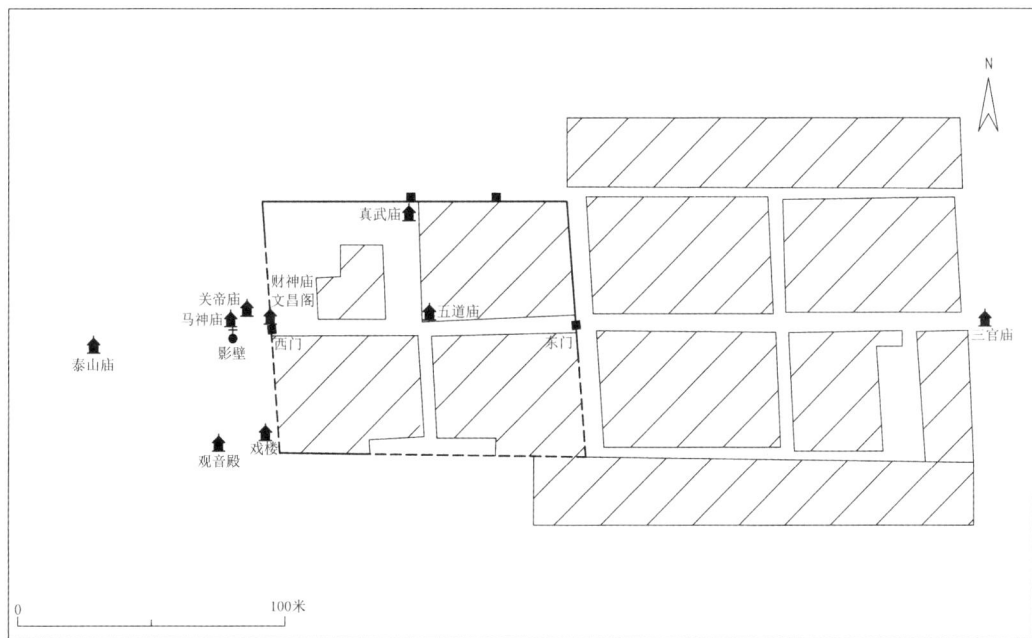

图4.11　张中堡村堡平面图

城堡砖石拱券结构,堡门建筑为中西合璧式样,保存较好(彩版4-9)。东门外侧门券拱顶上方镶嵌有石质门匾,正题"方义"。东门内侧有砖制阴文门匾,正题"仁里",右边前款为"民国十四年",左边落款为"夏五月榖旦"。门外东侧为三官庙(彩版4-10)。

城堡位于西墙正中,保存较好,砖石拱券木梁架结构。基础为条石砌筑,上部青砖起券,外侧门券为五伏五券,内侧及顶部为木梁架结构,顶部修建有财神庙/文昌阁,门道为

---

〔1〕 宋哲元:《(民国)察哈尔省通志》,国家图书馆藏1935年铅印本,第6～14页。

自然石铺成。门内北侧设砖砌登楼梯道。门外正对有砖砌影壁,门外南侧为戏楼,北侧为关帝庙、马神庙。

西门、东门、三官庙位于东西一条中轴线上。相传,西门建于明代,到民国时村内人丁繁盛,逐渐向东扩展,在东墙上开辟一门,门东约100米处迎面建三官庙1座。东门、三官庙为李金从天津拿回图纸所建,故东门为中西合璧式。

堡墙均为黄土夯筑,保存较差。东墙长约92米,墙体低薄,大体连贯,高4米,墙体内侧为民宅,外侧为道路。东墙南段仅存一半,南半部为民宅所破坏。南墙长约113米,仅存西南角附近墙体,其余为民宅占据,破坏严重。西墙长约91米,几乎无存,为民宅占据。北墙长约112米,墙体保存较差,墙体低薄,破坏较重,高3~4米。内侧为民宅,局部有荒地,外侧为耕地。墙体中部设有方形马面,马面体量高大,高10米。

东北角仅为转角,高4米。东南角无存。西北角仅为转角,高5米。

三、寺庙

财神庙/文昌阁　位于城堡西门顶部,面阔单间,单檐硬山顶,五架梁前后各出前檐廊,门窗无存,屋顶有部分坍塌,殿内呈前后中墙、分心鸳鸯式,东为文昌阁,西为财神庙,俗称"过路财神"。殿内墙壁尚存清末民国时期的壁画,表面涂刷白灰浆,斑驳不清。

三官庙　位于城堡东门外侧。整体坐东面西,坐落在高2.7米的石砌庙台之上,正殿面阔单间,单檐硬山顶,四架梁出前檐廊。前檐柱4根,古镜柱础。殿前出歇山翼角抱厦。抱厦坐二破三,如同戏楼的前台,宽敞的前挑檐使得整个主殿显得大气非凡,如此构造的大殿在蔚县较为少见,类似于蔚州古城南门外释迦寺中的天王殿。挑出的前檐下的雀替装饰有精美的木雕组图,前檐下明间雕龙首撑拱,中间为一组盛开的梅花与喜鹊,两侧次间各为硕果累累的葡萄,寓意着抬头见喜与多子多福的美好愿望。在雀替的上方顶檐之下也有数组木雕,中间的一组雕有"琴棋书画",这也是古代文人雅士的一种向往。明间置六抹隔扇,坎墙上置四抹槛窗。庙建于1925年,后因军阀混战,社会动荡不安,庙无油饰彩绘及塑像。

五道庙　位于堡内十字街东北角。正殿坐北面南,面阔单间,硬山顶,进深三架梁。下部基础较高,约0.5米,未设有台阶。正殿门窗无存,屋檐坍塌,屋顶、正脊、垂脊有部分坍塌,殿内顶部脊檩上有彩绘《八卦图》。墙壁上保存有清末民国时期的壁画,表面多涂刷白灰浆,画面漫漶。

正壁损毁严重,残画中可看出绘有两位侧面相视的人物,表现的内容无法读出。东、西两侧山墙壁画为连环画形式,壁画上部第1排为2列,基本保存;下部第2排为3列,每幅均有榜题,从内容看,描绘的是伍子胥的故事。

东壁

临潼会伍员举鼎		出潼关别侯归国
牛展雄夜伏双虎	（榜题糊）	（榜题糊）

西壁

皇甫纳代员过招关		鱼藏剑传诸刺王僚
（榜题糊）	（榜题糊）	（榜题糊）

临潼会伍员举鼎,出自元杂剧《临潼斗宝》。春秋时期,各诸侯国纷纷争夺霸主地位,秦穆公为了威震其他诸侯国,采纳谋士的建议,邀请十七国诸侯王到临潼开展览会,各国把自己的国宝拿来展览,评出最佳传国之宝。楚国大夫伍子胥明白秦穆公的用意,在会上举鼎示威,制服秦穆公。

壁画内容并非五道神出征/凯旋这一常见内容,而是有关伍子胥的故事。推测绘制壁画的画工,已将道教中的五道将军与伍子胥混为一谈,大概因为"五"与"伍"谐音,因此该庙壁画一反五道庙壁画传统,由此可以窥见戏曲文化对民间信仰的影响。

真武庙 位于北墙中部的马面顶部,高台建筑,通高10余米,夯土台明高7米,墩台收分明显。从残址来看,原为一组建筑群,由山门、高台阶及正殿组成,如今山门已毁,墩台南立面接有高耸的台阶,台阶多坍塌破坏,形成坡道。真武庙正殿面阔单间,单檐硬山顶,五架梁出前檐廊。正殿门窗无存,屋顶有部分坍塌。殿内为砖铺地面,墙壁上保存有清末民国时期的壁画,表面多涂刷白灰浆,且多有流水黄泥,保存较差。

正壁绘有《真武大帝坐堂议事图》,但画中人物模糊。经辨认,正中为真武帝,披发跣足,右手持宝剑;后两侧为持扇侍童,外侧为桃花女与周公,最外侧为护法四元帅,即手执玉环的温元帅温琼与手持宝剑的马天君马元帅(东)、手持青龙偃月刀的关元帅关圣帝君与手持铁鞭的赵元帅赵公明(西)。东、西两壁布满了泥浆,从残存的几处壁画人物与一处题榜来看,整体还是以连环画形式展示的真武本生故事。

马神庙 位于城堡西门外北侧。正殿坐东面西,新修的基础较高,高1米,上面为面阔单间,半坡殿宇,殿宇较为低矮,与神龛类似,门窗无存,殿内墙壁有全新的壁画。正面只绘有三头六臂的马神。

关帝庙 位于西门外北侧,坐北面南,正对该村戏楼。原为1座庙院,规模大,占地约240平方米,整体坐落在高1.3米的砖石庙台上。庙是由山门、正殿、东西配殿、钟鼓楼组成的1座四合院落。山门已经维修,门外设有高高的条石台阶,院内地面条砖铺墁,东、西厢房各三间,单坡顶,东厢房为禅房和杂物间,西厢房供财神。

财神殿内供有新塑的财神像与新绘的壁画,像背后的正面绘有山水与松树,两侧绘有

3排5列的连环画,内容为《百工图》,不知《百工图》是否为在原壁画上新描的。

正殿为单檐悬山顶,面阔三间,五架梁出前檐廊。廊心墙砖砌"龟背锦"图案。正殿已维修。殿内墙壁上保存有清晚期壁画,表面涂刷白灰浆。据当地长者回忆,其在1966年遭到破坏。殿内正中设砖式供台木雕隔扇,正壁东西次间为新绘壁画。东次间为关帝夜读《左氏春秋》,书童在桌前昏昏而睡;西次间绘关帝、周仓与关平,关帝着绿色龙袍,周仓持青龙偃月刀,关平肩扛《左氏春秋》。

两侧山墙绘有《三国演义》中以关羽事迹为主线的故事,各为4排6列的连环画,画间用树木与建筑巧妙隔开。壁画细腻传神,颜色古朴。两侧山墙壁画受损,尤其是榜题部分多已无法辨认。东山墙第4排第1列已损毁,其他23幅画面人物形象仍残存,榜题有5幅残字较多,有2幅只有3字,其他皆无法辨认。西山墙受损更加严重,部分画面已脱落,有8幅画已毁,所有榜题已无法辨认。整个连环画从"三结义"开始,但止于何情节已无法得知。

东山墙

□□□□ 三结义	(榜题毁)	□黄巾 英雄□□□	张翼德□ 鞭打督邮	酒尚温时 斩华雄	□□兵三 英战吕布
(榜题毁)	(榜题毁)	(榜题毁)	(榜题毁)	白门楼吕 布□□	曹孟德□□ 许田打□
(榜题毁)	(榜题毁)	(榜题毁)	(榜题毁)	(榜题毁)	(榜题毁)
(画毁)	汉寿亭侯 □□封□	(榜题毁)	(榜题毁)	东岭关	(榜题毁)

西山墙

(榜题毁)	(榜题毁)	(榜题毁)	(榜题毁)	(榜题毁)	(榜题毁)
(榜题毁)	(榜题毁)	(榜题毁)	(榜题毁)	(榜题毁)	(榜题毁)
(画毁)	(榜题毁)	(画毁)	(榜题毁)	(画毁)	(画毁)
(画毁)	(榜题毁)	(榜题毁)	(画毁)	(画毁)	(画毁)

正殿东侧新立有3通水泥碑,从碑文中得知,2003年启动了关帝庙修缮工程,并得到各界人士的鼎力相助。关帝庙创建于明末清初,这次重修主要修缮了彩绘殿堂、重塑了关圣帝君等像五尊、补配了残缺的脊吻瓦件和门窗,并新建钟鼓二楼。

戏楼 位于城堡西堡门外南侧,整体坐南面北,北30米为关帝庙。戏楼面阔三间,单檐卷棚顶,六架梁。砖石台明高1.3米。前檐柱4根,柱下古镜柱础,前檐下明间雕草龙雀替,次间雕麒麟雀替,前后台以金柱隔扇分开,明间置六抹隔扇,次间坎墙槛窗设出将、入相两门,戏楼用材较粗壮。戏楼前尚存石碑1通,字迹漫漶不清。

观音殿 位于堡西门外西南侧,戏楼西侧,新建的庙院,坐南面北,院内正殿面阔单间,硬山顶。殿内壁画为新绘,内容表现了观世音与十八罗汉。

泰山庙 位于堡西门外耕地中。新建庙院,坐北面南,庙院山门对面有影壁。正殿坐北面南,面阔三间,硬山顶,七架梁出前檐廊,前廊西墙下有面然大士龛。两侧山墙壁画新绘,内容为三位娘娘出宫与回宫。殿内正面供 1 尊奶奶像,奶奶像脚下供台上供有众多的泥娃与瓷娃。据当地村民回忆,这些娃娃都是求子后还愿时所供。正殿东侧建有东耳房。据奶奶庙中的记事碑所记,庙始建于 2008 年 2 月 19 日,历时一年,于 2009 年开光落成。

第五节　南门子村

一、自然环境与人文历史

南门子村,位于代王城镇西南偏南 2.4 公里处,属河川区。村庄选址于代王城南墙外侧,周围地势平坦开阔,一马平川,为黏土质,辟有大面积的耕地。1980 年前后有 1 077 人,耕地 2 514 亩,曾为南门子大队驻地。如今,村北与北门子村仅隔一条水泥路。217 乡道穿村而过,将村庄分为新、旧两部分。旧村在整个村庄的东北部,西部也有一些分布。新村在整个村庄的东南部,村庄规模较大,居民较多。新村民宅以新房为主,旧村分为西村和旧堡两部分,多为翻修的土旧房(图 4.12)。

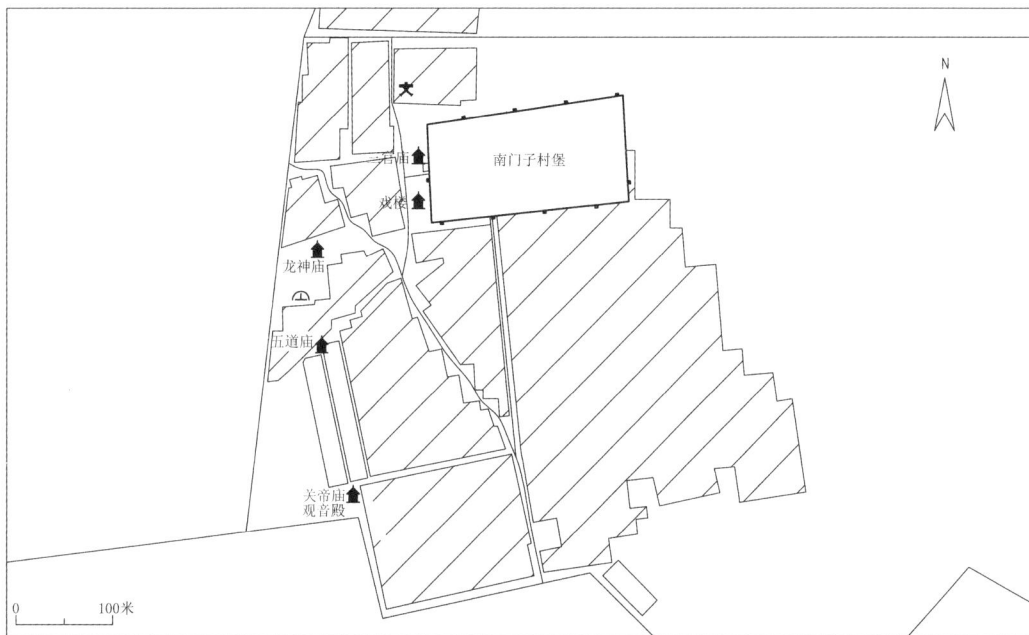

图 4.12　南门子村古建筑分布图

相传，元朝至元二十年建村于代王城旧址南门口以南，故取名南门子。村名可考的历史最早见于《（乾隆）蔚县志》，作"南门子"，《（光绪）蔚州志》《（民国）察哈尔省通志》沿用。

二、城堡

南门子村堡，位于旧村中。城堡平面呈矩形，复原周长 608 米，开南、西门，堡内平面布局为南十字街、北丁字街结构（图 4.13）。

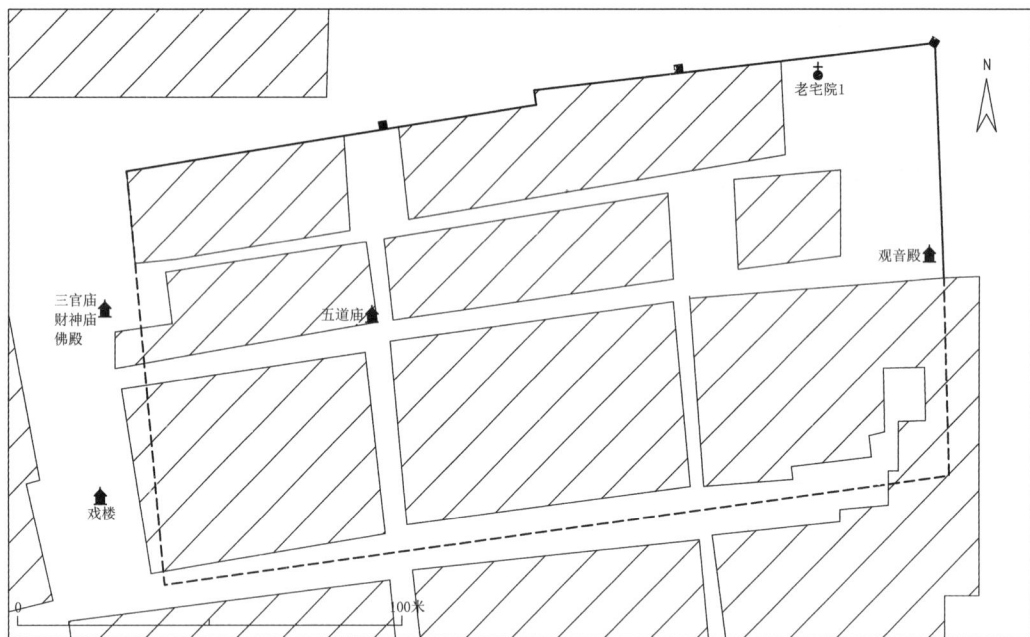

图 4.13　南门子村堡平面图

城堡开设南门，堡门建筑无存，现为缺口，自然石铺成的门道尚存。西门建筑无存。

堡墙均为黄土夯筑，保存较差。东墙残长约 55 米，仅存东北角附近墙体，外侧高 6～7 米，墙体低薄，多坍塌。南墙无存。西墙无存，现为斜坡和平地。三官庙位于堡西墙外侧。北墙长约 206 米，保存有大部分墙体，墙体低薄、断续，多坍塌，墙体高 2～5 米。东部设有 1 座马面，高 5 米，墙体内侧为民宅，外侧为耕地，马面东侧为新修建的民宅，骑墙而建。北墙西部设有 1 座马面，保存状况和东马面相近。

东北角台坍塌。西北角为民宅破坏，仅存 2 米高的基础，西北角外有学校。西南角、东南角损毁无存。

堡内民宅中老宅院较少，北墙下有 1 座老宅院 1（旧堡中街 18 号院），正房面阔五间，门厅退金廊，门窗上尚存木雕装饰。

三、寺庙

南门子村旧村分为西村和旧堡两部分,寺庙亦分为两个片区。

（一）西村

关帝庙/观音殿　位于整个村庄的西南角,西村南村口南侧的高地上,庙北侧为新村,正对一条南北向主街道（彩版4-11、12）。庙宇选址修建在一个高2米、独立的夯土台上。正殿面阔单间,硬山顶,三架梁,南侧为关帝庙,北侧为观音庙。正殿门窗无存,西墙坍塌,屋顶也有部分坍塌。

关帝庙内东墙和北墙尚存壁画,从颜色上看应该是清末民国时期的作品。北墙正中绘有《关帝坐堂议事图》,关帝居中,后两侧为持伞侍女;两侧分别为左丞相陆秀夫,右丞相张世杰,各手持笏板而立;最外侧,西为周仓持青龙偃月刀,东为关平持剑。东墙绘有《三国演义》中以关羽事迹为主线的故事壁画,连环画式,各3排3列,壁画表面涂刷白灰浆和黄泥,保存较差,只剩第1排3幅画还有轮廓。

观音庙殿内,南墙壁画表面整体坍塌于殿内地面上,东墙壁画表面涂刷白灰浆。

五道庙　位于关帝庙/观音殿北侧南北主街的尽头,共2座,1座面南,1座面西,紧邻在一起。

面南的五道庙正殿坐北面南,面阔单间,单坡顶,背靠1座面西的五道庙。五道庙前檐下门窗已毁,殿内壁抹过黄泥浆和白灰浆,山墙壁画已完全不见,正面仅露出一丝影子。屋顶坍塌三分之一,破坏严重。

面西的五道庙正殿坐东面西,面阔单间,硬山顶,屋顶坍塌一半,屋檐坍塌,门窗无存,殿内墙壁上涂抹黄泥,壁画无存,庙宇破坏严重。

龙神庙　位于五道庙北侧的高地上。庙宇选址为全村最高处,仅存正殿,坐北面南,面阔单间,前卷棚接后硬山顶,保存一般,前卷棚正面为土坯墙封堵,改造为仓库,硬山部分东墙为旧墙,西墙为新砌的红砖墙。庙已废弃。庙西南方尚存有汉墓封土。

（二）旧堡

三官庙、财神庙、佛殿　位于南门子村堡西墙外（彩版4-13）。原为1座庙院,院墙仅存基础,整体修建在砖砌台明上。正殿两侧各设有耳殿。据嵌于西耳殿窗台下的《重建三官庙并创建财神庙碑》记载,西侧配殿为财神庙,东侧配殿为佛殿。主殿三官庙与西侧的财神庙主体结构尚好,但东侧的佛殿已坍塌。正殿三官庙内壁画的角落中,尚存1行题字,内容为"乾隆六十年六月十三日吉日立",再据嵌于三官庙东次间窗下的1块刻于"咸丰贰年三月"的地亩碑（拓4.3）,初步推断三官庙建于乾隆六十年（1795）。据《重建三官庙并创建财神庙碑》的碑阴功德榜,"布施肆拾柒万伍千捌佰多,花肆拾柒万陆柒千",即重修三官庙透支了银两。

拓 4.3 代王城镇南门子村三官庙咸丰二年地亩碑拓片(尚珩 拓)

正殿,坐北面南,面阔三间,单檐硬山顶,六架梁出前檐廊,前檐柱 4 根,后金柱 4 根,门窗无存。正脊上还立有《天地三界牌》。前檐额枋彩绘脱落。正殿曾为学校占用,殿内墙壁表面涂刷白灰浆,表面贴有报纸,为 1977 年的《张家口日报》,北墙还有依稀可见的壁画,从颜色上看是清代中期的作品,破坏严重。顶部脊檩上有彩绘《八卦图》。正殿的前檐墙上镶嵌有 1 通咸丰二年(1852)的地亩碑。

西耳殿为财神庙,坐北面南,面阔单间,硬山顶。前檐墙上镶嵌 1 通石碑,内容为《重修三官庙并创建财神庙碑序》:

　　盖闻莫为之前,虽义而不彰。莫为之后,虽盛而不传,是知创建与重修时□□而事则同也。如我南门字堡,旧有三官庙,因历年久远,则向之宏杰诡丽□戏雕龙者,不无墙倾而摧之,□□是众善人等,于乾隆六十年□施财赀,相义重修。其正殿则仍□□三官神祇也,而其东则关帝,西则龙神,其东隅又移修佛殿,是皆因其旧制,其始终本末前人之述备矣。嘉庆元年于西隅创建财神庙,夫斯神也,□天下之财源,掌万民之福,□□□国裕民者也,滋而渭□□也哉,乃或者欲以机巧,□幸获则诬矣。盖凡□之巨富崇高者,□□积德则深也,未有德不厚而财独能久存者也。讵滥兴乎,可委求乎。弗见其廊腰缦回檐牙高砾,庶□□□仰之问因□□以将敬□。

　　□神力以□慈者有以□□于西边,创修禅房三间,重修山门楼□座。□诚后先□美哉,夫□叹创□前者。□今日而美愈彰,创于今□□□因后人而盛,可传□□□□。

蔚州儒学　增庆□,蔚州儒学　　□□□,蔚州儒学　　□□□

经领人……

石,木,泥,画……

东耳殿为佛殿,坐北面南,面阔单间,坍塌殆尽,仅剩下了与主殿东侧相连的那面墙以及脱了墙皮的后墙。残墙之上还有一幅幅佛像残留,这些画像多为穿着袈裟结跏趺坐的出家人。由于整个壁画大面积残损,它们表述的内容无法得知。

戏楼　位于三官庙对面,坐南面北,砖石台明高 0.8 米,外侧包砖,顶部四周铺条石,多坍塌。戏楼建筑面阔三间,单檐卷棚顶,六架梁,戏楼部分屋顶、屋檐坍塌,东山墙已经倒塌,其他三面墙体尚保存较好。戏楼内前后台明间置六抹隔扇,次间设出将、入相两门。隔扇因东墙倒塌,仅剩下中间的一段。隔扇背后上面残留一列漆字,是为"同治三年四月",由此说明此戏楼重建或创建于此时。戏楼内墙面之上还残有壁画痕迹,表面为白灰浆覆盖,为隔扇屏风式壁画,内容漫漶,从颜色上看为清晚期壁画。戏楼西侧墙壁上,残有"光绪十年龙圣(隆盛)班"几个字,这应是当年隆盛班在此演戏所留。

五道庙　位于堡内十字街口的西北角,仅存正殿,基础较低,条石砌筑。正殿坐北面南,面阔单间,硬山顶,进深三架梁出前檐廊。殿内墙壁表面涂刷白灰浆,白灰浆下有壁画遗存,由于屋顶漏雨,因此壁画表面还有流水黄泥,壁画表面斑驳不清,破坏严重。从颜色上看,其是清末民国时期的作品。东山墙已毁,正壁、西山墙残有绘画。正壁绘有《五道神坐堂议事图》,西侧保存较好,可以看到五道神、山神,以及神后各一位随从,东侧覆盖着黄泥。无法判读。西壁绘有《得胜凯旋图》,众神后面可见被拴住的奸夫淫妇。

观音殿　位于堡内十字街东尽头的东墙下,坐东面西,正对城堡西门。观音殿原为 1 座庙院。院墙坍塌严重,仅存山门。山门为过殿式,坐东面西,面阔三间,硬山顶,四周砖墙仅存东面墙体,其余墙体全部坍塌,仅存数根木柱支撑檐顶,山门明间上部还遗留有木栅栏。屋顶、屋檐有部分坍塌,破坏严重,山门基础保存较好,基础包砌条石,门前设有条石台阶。

正殿坐落在高 1.5 米的砖砌台明上,正面设有砖砌台阶。正殿坐东面西,面阔三间,硬山顶,前檐下门窗已毁,采用土坯墙封堵,南墙、屋檐及正脊已坍塌,东墙、屋顶有部分坍塌。殿内改造为仓库使用,殿内墙壁表面涂刷有白灰浆,壁画漫漶,东墙壁画大部分脱落,顶部脊檩上绘有彩绘《八卦图》。东墙下设有神台,保存一般。正殿的前窗下镶嵌有 1 通石碑,为《布施功德碑》,碑中施主多为祈姓。

第六节 北门子村

一、自然环境与人文历史

北门子村位于代王城镇西南 2 公里处，属河川区，地势南高北低。村庄跨过代王城南墙，修建在平地之上，周围地势平坦开阔，一马平川，为黏土质，辟有大面积的耕地。1980 年前后有 1 067 人，耕地 2 375 亩，曾为北门子大队驻地。如今，村庄规模较大，分为新、旧两部分，旧村在整个村庄的西北角，为城堡所在地，其余部分为新村，新村由一条东西主街、三条南北主街组成，规模较大，居民较多，民宅以新房为主。217、229 乡道穿村而过（图 4.14）。

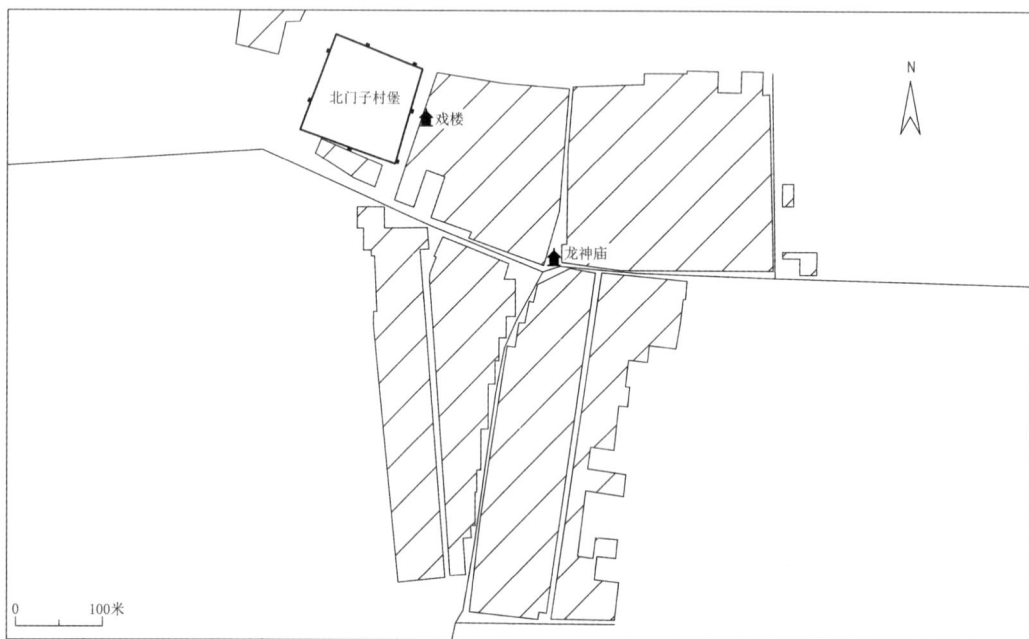

图 4.14 北门子村古建筑分布图

相传，明宣德七年（1432）建村于代王城旧址南门口以北，故取名北门子。村名可考的历史最早见于《（顺治）蔚州志》，作"北门子堡"，《（乾隆）蔚州志补》作"北门子"，《（光绪）蔚州志》《（民国）察哈尔省通志》沿用。

二、城堡

据《（民国）察哈尔省通志》记载："北门子堡，在县城东北十八里，土筑，高二丈六尺，底厚七尺,面积四亩,有门一,现尚完整。"〔1〕北门子村堡今位于旧村中,城堡平面呈矩形,周长约448米,规模小,开东门,堡内平面布局为丁字街结构(图4.15)。

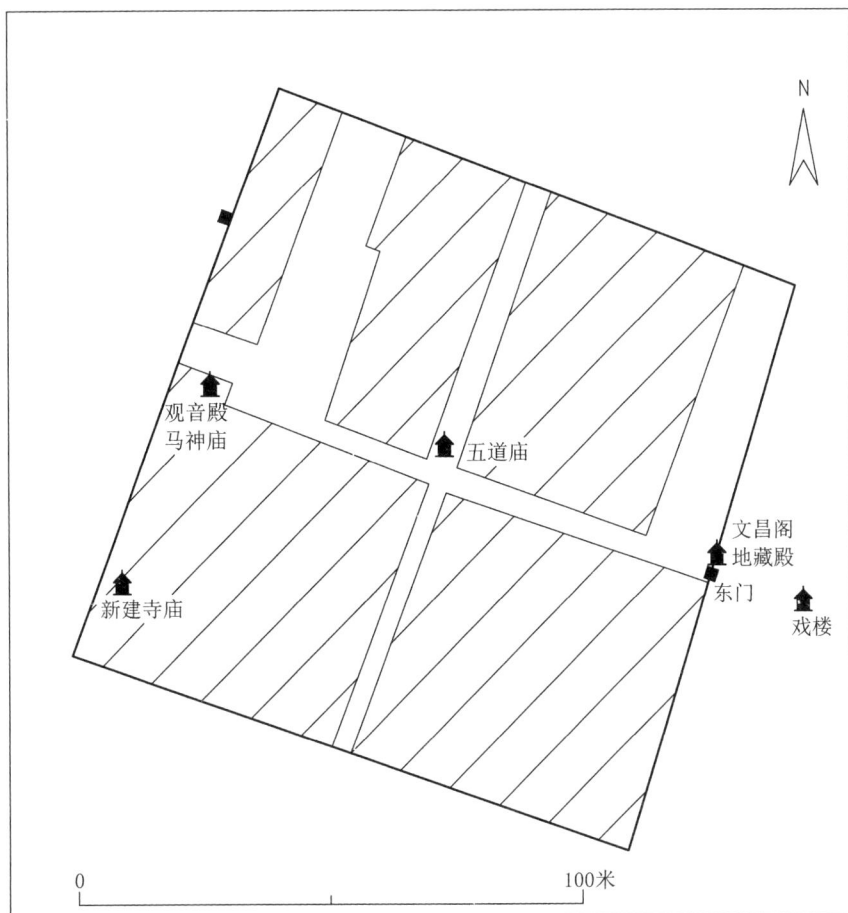

图4.15　北门子村堡平面图

城堡开设东门,保存较好,砖石木梁架结构,基础为五层条石砌筑,上部青砖砌筑门柱(墩),顶部为木梁架平顶,门顶修建门楼1座,顶部四周砖砌花勾栏。门道为自然石铺成的路面。南侧门颊上镶嵌有石质匾额(拓4.4),正题"清泉门",右边前款为"直隶宣化府蔚州东乡门字堡补修门楼",左边落款为"大清光绪元年季春月穀旦立"。北侧门颊上亦镶嵌石质门匾(拓4.5),正题"门字堡",右侧前款为"山西大同府蔚州城东乡门字堡",左侧落款为"大明嘉靖十五年孟夏月赵景林重修"。堡门内北侧塌毁,采用红机砖重新修缮。门内南侧设有登顶梯道,亦已维修。门外对面有新修的戏楼。

堡墙均为黄土夯筑,保存较差。东、南墙体现为1～2米高的斜坡基础,东墙复原长度

〔1〕 宋哲元:《(民国)察哈尔省通志》,国家图书馆藏1935年铅印本,第6页。

约 111 米,南墙复原长度约 116 米,破坏严重,东墙外为顺墙道路。西墙长约 114 米,仅存北半部,外侧高 1~4 米,墙体低薄、断续,邻近西北角的位置上设有 1 座马面,保存较好,高 5~6 米。西墙南半部坍塌,仅存基础,高 2 米。北墙长约 107 米,墙体内侧高 3~5 米。内侧为民宅,多废弃坍塌。北墙外侧高 5~6 米,外下为道路和耕地。

西南角无存。西北角仅为转角,高 3~4 米,由于堡墙修建在台地上,故外侧总高 6~7 米。东北角高 3~4 米,外侧总高 5~6 米。

拓 4.4 代王城镇北门子村堡东门南侧门颊门额拓片(蔚县博物馆 李新威 提供)

拓 4.5 代王城镇北门子村堡东门北侧门颊门额拓片(蔚县博物馆 李新威 提供)

堡内民宅以土旧房为主,大部分废弃坍塌,形成荒地,少部分尚有人居住者翻修了屋顶。堡内北部较荒凉,多为荒地,南部居民相对多,在街口的北侧有新建的五道庙,单间硬山顶建筑。

三、寺庙

文昌阁/地藏殿　位于堡门顶部,面阔单间,单檐硬山顶,五架梁出前后廊。东为文昌阁,西为地藏殿,地藏殿东侧置砖砌石基登楼台阶。

戏楼　位于堡门外,坐东面西,正对堡门。戏楼已修缮,坐落在高 0.8 米的砖石台明上,台明外侧包砌青砖,顶部四周铺条石、砖。戏楼为单檐卷棚顶,面阔三间,五架梁,前檐额枋尚存彩绘,雕草龙雀替,前檐柱 4 根,柱下古镜柱础。后金柱 2 根,隔扇分开前后台,设出将、入相二门,土坯山墙,戏楼内墙壁表面涂刷白灰浆,没有壁画和彩绘、题记遗存。

马神庙/观音殿　位于堡内丁字街西街尽头西墙下,新建庙院,院门面东,为旧门楼,院内正殿坐西面东,为观音殿。配殿坐北面南,为马神庙。

五道庙　位于堡内丁字路口北侧,新建庙宇。

龙神庙　位于北门子堡外东南,新村正中十字路口的高台上,基础高 2.5 米,外侧包砌毛石,水泥勾缝,台上正殿坐北面南,面阔单间,硬山顶。墀头、戗檐有砖雕,两侧山墙有山花。殿内新绘壁画。

第七节　马家寨村

一、自然环境与人文历史

马家寨村位于代王城镇西偏南 1.3 公里处,属河川区,地势东北高、西南低。村庄选址修建在平地之上,周围地势平坦开阔,一马平川,为黏土质,辟为耕地。1980 年前后有 648 人,耕地 1 292 亩,曾为马家寨大队驻地。如今,马家寨村位于代王城古城内西部,217 乡道穿村而过。村庄规模不大,城堡位于村中,堡外东、西及东南角为新村,堡所在地为旧村,占整个村庄约三分之一的面积。马家寨现还有 670～680 位村民居住,堡内仍有约 100 人居住,村民多姓杜(图 4.16)。

相传,该村为明代马姓建村,取名马家寨。村名可考的历史最早见于《(崇祯)蔚州志》,作"马家寨堡",《(顺治)云中郡志》《(顺治)蔚州志》沿用,《(乾隆)蔚州志补》作"马家寨",《(光绪)蔚州志》《(民国)察哈尔省通志》沿用。

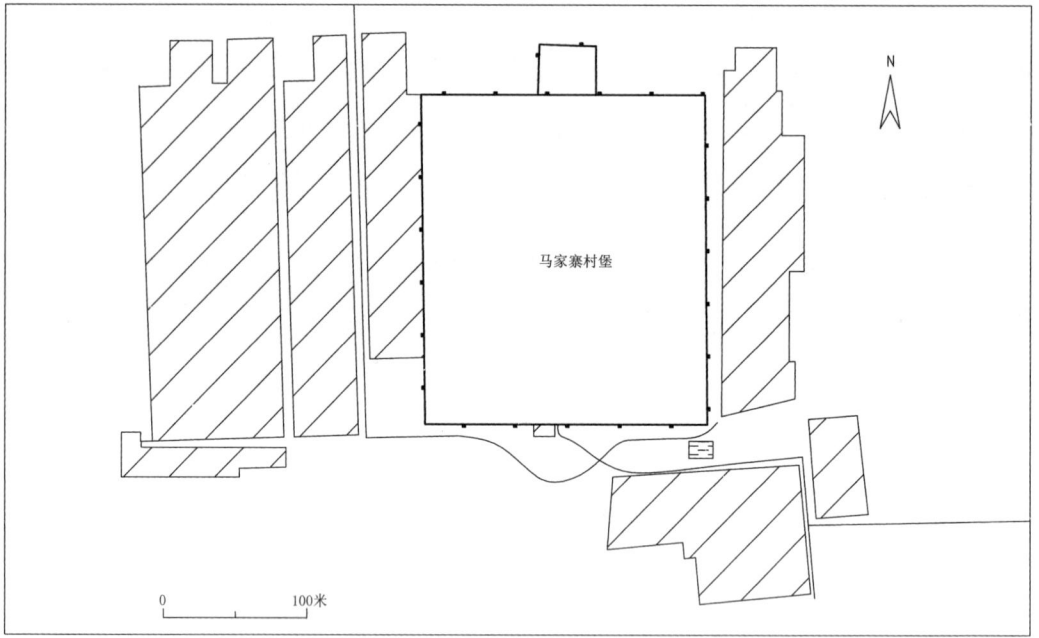

图 4.16　马家寨村古建筑分布图

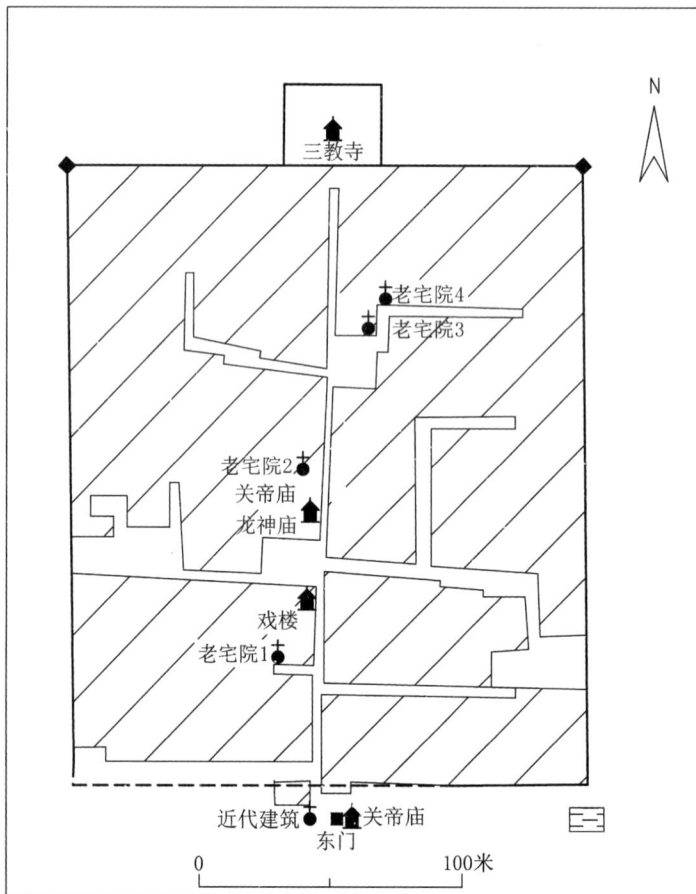

图 4.17　马家寨村堡平面图

二、城堡

（一）城防设施

马家寨村堡位于村中。城堡平面呈矩形，开南门，周长约825米，堡内平面布局为南北主街结构，两侧为巷。城堡面积较大，居民多（图4.17）。

据当地长者回忆，马家寨村堡平面布局为一龟形，堡南墙出一瓮城为龟首，瓮城门向东歪斜，所对一海子（水坑）为龟前戏水，城堡四角各向外凸出土筑马面，为龟的四足，正北凸出1座小堡，堡内建三教寺，为龟尾，堡中心的三元宫为龟的心脏。

城堡开设南门，堡门建筑拆毁于20世纪80年代，现仅存缺口。门内为中心街，门外正对有砖砌影壁。

南门外设有瓮城。瓮城墙体仅存不足1米高的基础。瓮城开东南门，城门保存较好，砖石木梁架结构。基础为条石砌筑，上面青砖砌筑门颊，顶部为木梁架结构。门道为自然石铺成的路面。门闩孔为石头雕凿而成，呈圆形。门顶修建有关帝庙，门洞与庙的方向不一致。门略偏向东南，关帝庙面正东，于是便形成了门斜庙正的奇特形象。如今，门已重新修缮。瓮城内有旧时的合作社大门，门上悬挂木匾，上书"蔚县代王城镇马家寨村经济联合社"，字迹多脱落，门内房屋尚存，但已经成为民宅。如今，门内为新建的村委会大院，门外修建有蔬菜交易市场。

堡墙均为黄土夯筑，保存一般。堡内的地面高于堡外地面近2米。东墙长约217米，保存较差，墙体低薄，多坍塌，断断续续，高0~6米，内侧为民宅，外侧为道路，东墙外为新村。南墙长约194米，墙体几乎无存，现为平地，仅东南角附近还有残存，大部分为不足1米高的基础，墙体内侧为道路和民宅，外侧为顺墙路。西墙长约219米，西南角附近的墙体保存较差，仅存2米高的基础，北部保存较好，墙体连续、高厚，高7~8米，西墙内、外侧均为临墙修建的民宅。北墙长约195米，墙体高薄，高5~6米，保存较好，内侧为民宅，外侧为顺城路和耕地，墙体中部向外突出，为三教寺范围。

东南角仅保存有0~2米高的墙体，破坏严重。西南角仅存基础，高3~4米，台体破坏严重，上面长有树木。西南角外新修建有街心公园。西北角设135°斜出角台，保存较好，高6~7米，体量大。东北角设135°斜出角台，保存较差，多坍塌，高6~7米，附近的东墙保存较好，高6~7米，墙体高薄。

（二）街巷与古宅院

堡内民宅以土旧房为主，居民少，老宅院少。老宅院1，位于主街西侧巷子内，保存较好，雀替等木雕装饰尚存。老宅院2，位于关帝庙、龙神庙北侧。老宅院3和4位于主街东侧，保存一般。

三、寺庙

据当地长者回忆,马家寨村曾修建有五道庙、福神庙、关帝庙(2座)、龙神庙、戏楼、三教寺。五道庙、五神庙于"文革"时期拆毁,其余尚存。

五道庙 位于南门内,现已无存。

福神庙 位于堡北侧,现已无存。

关帝庙 位于堡瓮城东门顶,整体保存较好。正殿坐西面东,面阔单间,硬山顶,三架梁,门窗无存,殿内墙壁表面涂刷白灰浆,无壁画和彩绘遗存。

关帝庙、龙神庙 位于堡内南北主街西侧,庙院坐落于高1.4米的砖砌台明之上,整体坐北面南,台明南侧中间设四级踏步(彩版4-14)。庙院四周院墙残存,山门仅存砖砌门框,门顶等已塌毁。院内北侧为正殿,东配殿已毁,西配殿残存。西配殿面阔三间,南次间已垮塌。西耳房尚存,面阔三间。正殿门前卧2通石碑,均为《布施功德碑》,字迹漫漶。

正殿坐北面南,面阔三间,单檐悬山顶,五架梁出前檐廊。前廊西廊墙下方设有面然大士龛。前廊檐下柱头施额枋,上置平板枋,平板枋上施斗拱,斗拱为一斗三升式,柱头四攒,明间两攒,补间一攒。斗拱上承挑檐檩。檐柱柱头施挑尖梁与金柱相勾搭。金柱柱头施一枋一垫板与一檩。正殿明间门扇板,三枚门簪,次间置直棂窗。殿内梁架为五架梁,上施蜀柱承三架梁,三架梁上再施蜀柱与人字叉手。山墙梁架为分心造。置通天柱,古镜柱础。前檐额枋上残存有民国时期的彩绘。

殿内墙壁涂抹有白灰浆,白灰浆局部脱落后依稀可见底下的壁画。从后墙残存的壁画来看,此殿可能为三神祇共享一殿。东次间可辨认为关帝庙,西次间应为龙神庙。明间残存的壁画的色彩与两侧次间明显不同,但因一半以上后墙已塌,且露出的部分模糊不清,无法判定为何神。

西次间正壁仅隐约可见人物轮廓,绘有《龙母龙王坐堂议事图》,龙母居中,两侧为五龙王与雨神。西山墙可见龙神庙题材的壁画,西墙北侧有水晶宫,龙母与云神在宫中恭候。水晶宫台明边缘有一位头顶香炉的小鬼。小鬼头顶香炉的题材与卜北堡龙神庙壁画中的类似。

东次间正壁壁画无法辨认,但东墙依稀可见关帝庙题材的壁画,为连环画式。东墙右上角露出一角没有被白灰浆覆盖的原画,楼阁之上一位留胡须者正在向外张望,案几边上是一本书。外面树丛上露出的是大刀与剑。东墙还有露出的残画,多处有大刀。

北墙下有残存的供台。殿内存放两口寿材并堆放杂物。据当地长者回忆,旧时天旱祭龙神行雨,如今已不再行雨,因行雨不如打井。民间信仰在此中已逐渐弱化。

戏楼 位于堡内南北主街西侧,坐南面北,正对三元宫。戏楼高8米,面积68.4平方米,整体坐落于高1.3米的砖石台明上,台明外立面包砖,顶部四周铺条石。单檐六檩卷棚顶,面阔三间,前擎柱2根,檐柱4根,古镜柱础。后金柱2根分隔前后台,明间置六抹隔扇,次间左右设出相、入将二门,槛墙上置四抹槛窗。戏楼内前台东西山墙有残存的壁画,屏风画,一侧各为六条屏风。戏楼前折檐,西脊顶垮塌,东山墙有二道裂缝,前檐土坯堵砌。戏楼前为一片空地。

三教寺 位于堡内南北主街北端,北墙外凸部分的内侧。类似于这样的布局,在宋家庄镇王良庄堡还有一例,其内所建为真武庙。

三教寺现为1座独立的庙院,整体坐北面南。现存二进庙院,主体建筑分布在南北向的中轴线上,从南至北依次为山门、天王殿、正殿,正殿两侧各有两间耳房,院内东、西各有1座配殿。庙院曾作学校使用。整个寺庙建筑为旧构,殿内装修一新。寺院的老主持普印和尚在七八年前圆寂,当年是他募捐集资重修了庙宇。现有专人看管并进行日常维护。

山门,单檐硬山顶,五檩广亮式,上面悬挂有"三教寺"匾额,匾额曾经更换,旧时落款日期为2002年,现为2011年9月。木板门二扇,门外新立二尊石狮。两侧各有1座砖式小门,随墙门,券形门洞。山门内庙院为砖铺地面,新修。

过殿,即天王殿,单檐硬山顶,面阔三间,五架梁,内供佛/眼光,没有壁画遗存,塑像新塑,前檐额枋尚存清末民国时期的彩绘,明间悬挂匾额"极乐世界"。顶部脊檩上彩绘《八卦图》。天王殿东山墙外侧立有3通石碑,全部是《布施功德碑》,字迹清晰。

正殿,单檐硬山顶,面阔三间,进深二间,山墙置通天中柱,六架梁出前檐廊,六抹隔扇,山墙砌砖厚0.45米,砖规格为0.32×0.7×0.05米。前额枋双檩双垫一枋五件,其余檩、垫、枋三件,前檐额枋尚存清末民国时期的彩绘。墀头戗檐尚存砖雕装饰。殿内梁架上置人字叉手,脊檩彩绘《八卦图》。殿内供奉3尊汉白玉像,全部是新塑的塑像,正中为释迦佛,东为太上老君,西为孔子。山尖壁画为水墨画,表面涂刷白灰浆。殿内两侧有十大明王壁画,为清末民国时期的作品,保存较好。前面悬挂喷绘作品,墙壁上为真迹。正殿两侧设东西配殿。东配殿尚存,面阔三间,单坡顶,三椽,为观音殿,内有3尊石像,两壁悬挂"救八难"题材的喷绘壁画,没有旧壁画。西配殿的建筑形制与东配殿相同,为地藏殿,内供奉1尊石像,两壁悬挂十殿阎君题材的壁画,墙壁上有旧画,保存较差。

第八节　城墙碾村

一、自然环境与人文历史

城墙碾村位于代王城镇西偏北1.9公里处,属河川区,村西有小河。村庄修建在平地之上,周围地势平坦开阔,一马平川,为黏土质,辟有大面积的耕地。1980年前后有1 332人,耕地2 117亩,曾为城墙碾大队驻地。如今,村庄位于代王城西墙内侧,紧邻西墙,村庄规模大,民宅以新房为主,几乎没有土旧房屋和老宅院。居民较多,村内有1 600~1 700人,以张、宋、蔡姓为主。227乡道为村中主街,东西向穿过村庄。村西口的主街北侧有1座坑塘。

相传,明隆庆五年(1571),代王城西城墙墙基上曾有1座碾坊。建村时据此取名城墙碾。村名可考的历史最早见于《(光绪)蔚州志》,作"城墙碾",《(民国)察哈尔省通志》沿用。另据当地长者回忆,城墙碾仅200多年历史。这一带叫"碾"的地名,皆未建堡墙,且历史短,多是由水边的碾坊扩建成村。

二、庄

位于村庄的西南部,龙神庙/观音殿东南侧,原有1座庄园,四周皆以宅院围成,庄园开设1座西门,门外有1座影壁。西门为广亮门,卷棚顶,五架梁,门体宽大,未设门槛,曾是车辆进入口。据当地长者回忆,庄园内原有20多户居住,现只剩2座面阔三间的老宅院,其他已是新宅,有几座新房修建于2010年8月。

三、寺庙

姑子寺 位于村中东部,东西主街北侧。姑子寺四周的围墙尚存,院墙低薄,多坍塌。院门残存,二进院,院内存有前殿与正殿。

山门保存较好,广亮门楼,硬山顶,两侧山墙砖雕垂花柱保存较好。

前殿,面阔三间(坐二破三),单檐硬山顶,五架梁出后廊,前脊顶一架,后脊顶三架。后廊檐柱顶端施大额坊、小额坊,小额坊上承檩挑椽子,大、小额坊前施垫木,檐柱与金柱间施以抱头梁勾搭。前殿门窗尚存,前后皆辟门,为过殿式。殿内堆满杂物,无彩绘和壁画遗存。

后殿,坐北面南,面阔三间(坐二破三),硬山顶,五架梁出前檐廊。殿前设台阶,门窗尚存,保存较好,屋檐多坍塌,后殿前脊顶中部垮塌,殿内堆满杂物。殿内没有壁画和彩绘。后殿尚有东、西耳房,均已坍塌。

龙神庙/观音殿 位于村西口,村中东西街西端影壁南侧,寺庙紧邻民宅的院墙而建,其西北侧是1座大水坑,庙院前有一株高大的柳树(彩版4-15)。本村龙神庙与观音殿的布局与蔚县其他村庄不同,并非共用一殿,而是各自独立的背靠背关系,南面为龙神庙,北面为观音殿。庙院分开南门、北门。

龙神庙,坐北面南,院开南门,拱形门洞。正殿面阔单间,硬山顶,进深五架梁出前檐廊,前檐额坊无彩绘遗存,门窗尚存,前廊楣板上有"水晶宫"三个大字。前檐柱上端施大额坊与小额坊,额坊之间置垫木。梁架出檐柱成为柁头,柁头上再施悬檩承椽子。殿内北墙坍塌,墙壁被抹过灰浆后,还被刻划过,壁画破坏殆尽。从残存画面来看,其应是民国时期的作品。殿内北墙下有包砖供台。正殿西侧尚存西耳房,屋顶坍塌。

观音殿,坐南面北,院开北门,随墙门。正殿面阔单间,半坡顶,是1座后砌的殿宇,正殿仅存三面墙体,前槛墙、脊顶已完全坍塌。院内东北角残有1座六棱经幢,表面刻梵文,仅有几个汉字。这座经幢印证了城墙碾悠久的历史。

第九节 大水门头村

一、自然环境与人文历史

大水门头村,位于代王城镇西北偏北2.4公里处,坐落于壶流河南岸,属河川区,地势南高北低。村庄选址修建在平地之上,周围地势平坦开阔,一马平川,为黏土质,辟有大面积的耕地。1980年前后有1 491人,耕地2 394亩,曾为大水门头大队驻地。如今,村北不远处为运煤铁路,穿过城墙的河道将村庄分为东西两部分,河道内尚有水,但水量不大。村庄规模较大,居民较多,民宅以新房为主。村内有东、中、西3座城堡。217乡道穿村而过(图4.18)。

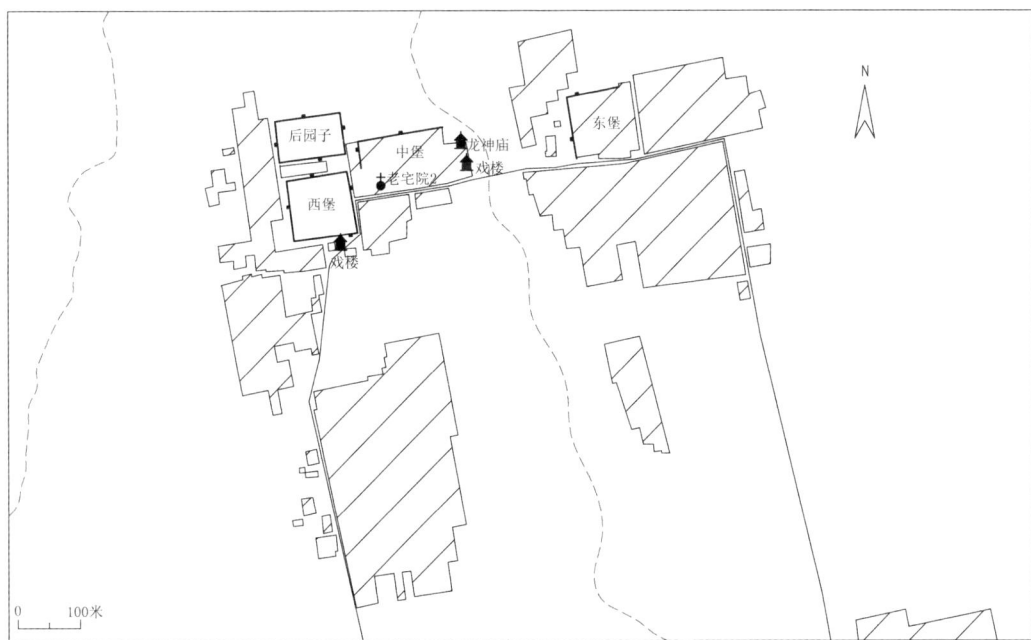

图 4.18 大水门头村古建筑分布图

相传,昔日代王城曾有九门,北为水门。明嘉靖年间,曾称平安堡(俗称水门头堡)。1941年分为三个自然村,因该村位于水门口,即取名大水门头。村名可考的历史最早见于

《(嘉靖)宣府镇志》,作"水头",《(崇祯)蔚州志》作"水门头堡",《(顺治)云中郡志》《(顺治)蔚州志》沿用,《(乾隆)蔚州志补》作"水门头",《(光绪)蔚州志》《(民国)察哈尔省通志》沿用。

二、城堡与寺庙

(一)西堡

1. 城堡

(1)城防设施

据《(民国)察哈尔省通志》记载:"水门头西堡,在县城东北二十里,土筑,高一丈五尺,底厚五尺,面积十亩,有门一,现尚完整。"[1]西堡今位于河道西侧的村庄中部,堡西侧不远处为河道,尚有流水。城堡规模较小,平面呈矩形,周长约 397 米,开南门,堡内平面布局为丁字街结构(图 4.19)。

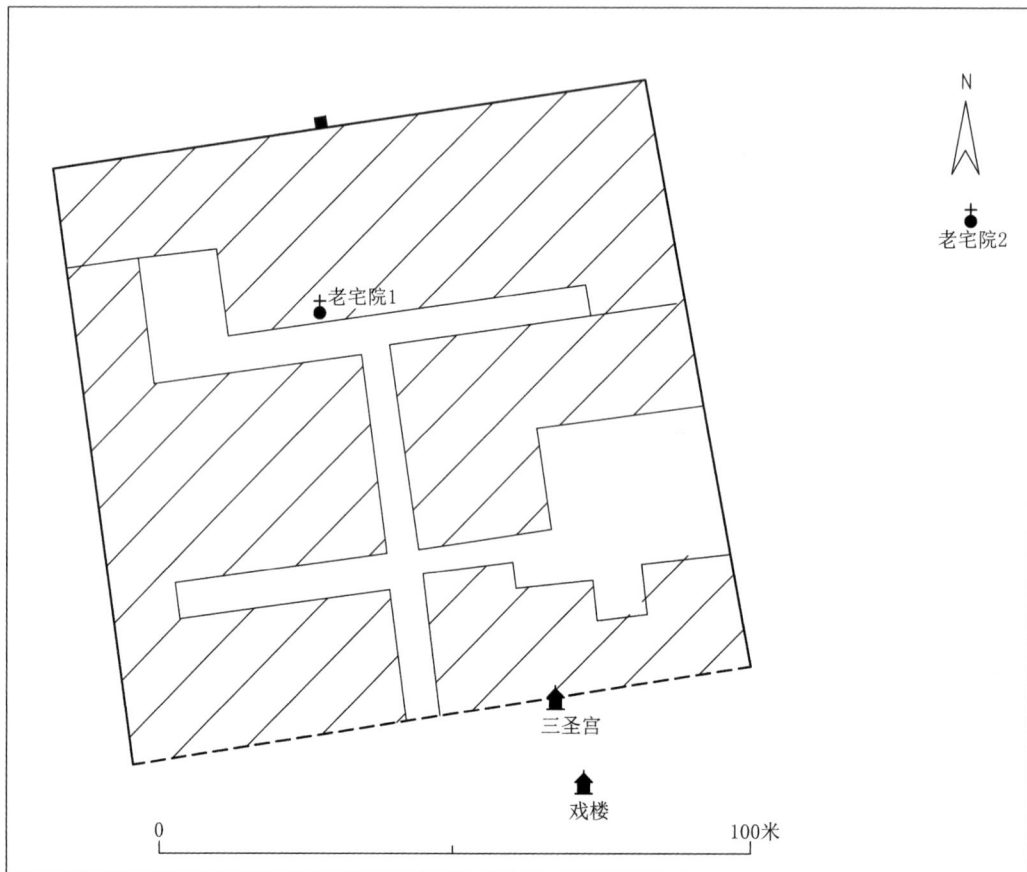

图 4.19 大水门头村西堡平面图

---

〔1〕 宋哲元:《(民国)察哈尔省通志》,国家图书馆藏 1935 年铅印本,第 6 页。

城堡开设南门,现为缺口,堡门建筑无存。

堡墙均为黄土夯筑,保存较差,破坏严重。东墙长约 98 米,墙体保存较好,墙体高薄、连贯,高 3～6 米,内侧为民宅,外侧为顺墙道路和民宅,东墙仅存北半部,南半部无存,为民宅占据。南墙长约 104 米,墙体无存,为民宅占据。西墙长约 95 米,墙体保存较差,墙体坍塌破坏严重,高 1～4 米,墙体内侧为民宅,外侧为道路。北墙长约 100 米,保存相对较好,北墙西段墙体高薄、连贯,高 3～4 米,北墙东段墙体高薄、连贯,高 4～5 米。墙体内侧为民宅,外侧为顺墙道路和民宅,墙体中部设有马面,保存较好,高 6～7 米。

东南、西南角无存,为民宅。西北角仅存转角,高 3 米,多倾斜坍塌。东北角仅为转角,保存较好,高 5 米。

(2) 街巷与古宅院

堡内民宅以土旧房为主,老宅院较少。丁字街西北侧有老宅院 1(后园子 38 号),保存较好,二道门尚存。

后园子,位于堡外北侧,修建在台地上,地势较高,外观类似于庄,平面呈矩形,周长约 340 米,开南门,南门内为南北主街。后园子内的民宅以土旧房为主,多翻修了屋顶,其外面为新村所包围。

2. 寺庙

据当地长者回忆,旧时村庄曾修建有 20 多座庙宇,大部分于“文革”时期拆毁。

戏楼 位于南门外东侧。戏楼坐南面北,砖石台明基础低,高 0.6 米,且已修缮,外立面红砖包砌,由于地面淤积涨高,台明大部掩埋于地下。戏楼为单檐卷棚顶,六架梁,面阔三间,保存较好,前檐额枋上残存有民国时期的彩绘,木雕雀替尚存。戏楼内明间置六抹隔扇分隔前后台,次间设出将、入相两门。后台正壁绘一只麒麟,为民国时期的作品。戏楼内堆满谷物壳。

三圣宫 已毁。原位于戏楼对面,正殿坐北面南,单檐硬山顶,五架梁,面阔三间(坐二破三式),殿内绘关羽、龙神、财神题材壁画。殿内现作为磨坊使用,损坏较严重,屋顶无瓦,长满杂草。

(二) 中堡

1. 城堡

据《(民国)察哈尔省通志》记载:“水门头中堡,在县城东北二十里,土筑,高一丈五尺,底厚五尺,面积十七亩三分,有门一,现尚完整。”[1] 中堡今位于西堡东侧,城堡平面呈矩形,周长未知,开南门,堡门建筑无存,堡内平面布局为南北主街结构(图 4.20)。

---

〔1〕 宋哲元:《(民国)察哈尔省通志》,国家图书馆藏 1935 年铅印本,第 7 页。

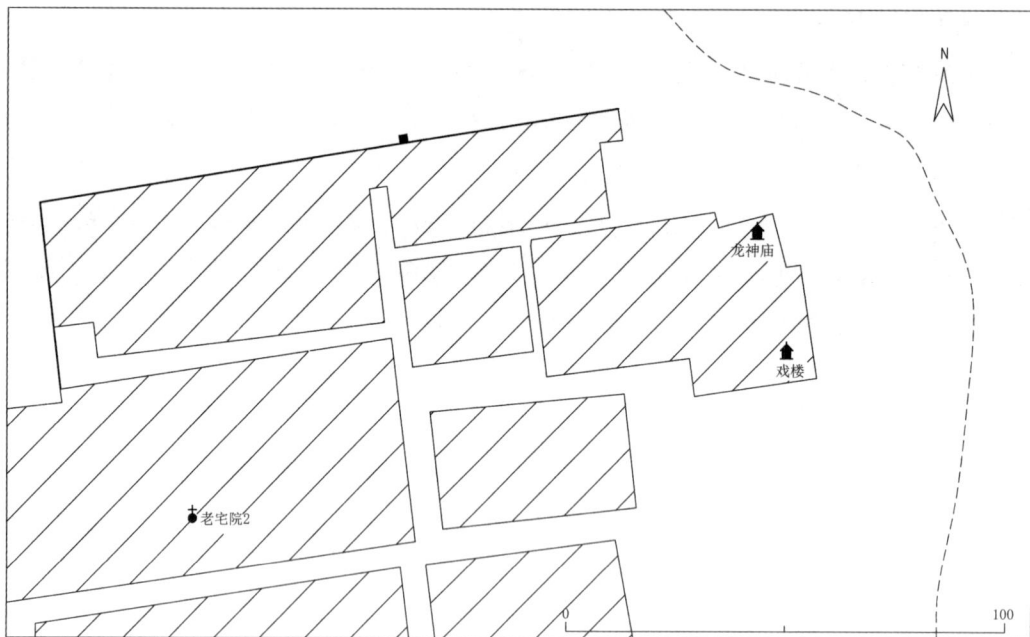

图 4.20　大水门头村中堡平面图

堡墙均为黄土夯筑,保存较差。东、西、南墙墙体大部分无存,只有断断续续的残留,高 0～3 米,破坏严重,为民宅所占据。西墙残长约 40 米。北墙残长约 136 米,大部分墙体尚存,修建在台地上,外侧高 3～7 米,自身高 0～4 米,中部设有 1 座马面,破坏严重。墙体内侧为民宅,外侧为耕地。

2. 寺庙

龙神庙　位于中堡东南角外侧,被围于原大队部院内,院南门外两侧为健身园(彩版4-16)。龙神庙坐落在 2.5 高的庙台之上,正殿保存较好。正殿坐北面南,面阔三间,单檐悬山顶,进深六架梁出前檐廊,置人字叉手。阑额、普板枋呈丁字形,南侧屋顶长于北侧屋顶。前檐下施斗拱,一斗三升,明间二攒,次间一攒,柱头科四攒。殿门窗无存,仅存框架,殿内墙壁上贴有许多 1951 年的《察哈尔日报》,保存较好。报纸上竟然出现了招生广告与有奖储蓄的广告等,如此看来当时的广告业还是很繁荣的。正面表面为报纸和白灰浆覆盖,报纸破损处露出原先的壁画。从残存的局部壁画来看,其粉本与其他的龙神庙有所不同,尤其是东壁右侧持剑的神,在他处未见。从颜色上看,它应该是清代中后期的作品。

戏楼　位于龙神庙南侧,保存较好。戏楼坐南面北,砖石基础保存较好,高 1 米,外立面包砖,顶部铺砖,戏楼为单檐六檩卷棚顶,面阔三间,前檐额枋上残存有清末民国时期的彩绘,雕草龙雀替。挑檐木出挑较长,擎檐小柱 2 根,古镜柱础。前台口已经用土坯封堵并设门,戏楼内改造成库房使用,堆放杂物。后台有清末梨园名伶"盖七省""一千红"的舞台题壁。

（三）东堡

据《（民国）察哈尔省通志》记载："水门头东堡，在县城东北二十里，土筑，高一丈五尺，底厚五尺，面积八亩三分，有门一，现尚完整。"[1]东堡今位于东部村庄的中北部，河道的东侧，城堡规模小，平面呈矩形，周长未知，开南、北门，堡内平面布局为十字街结构（图4.21）。

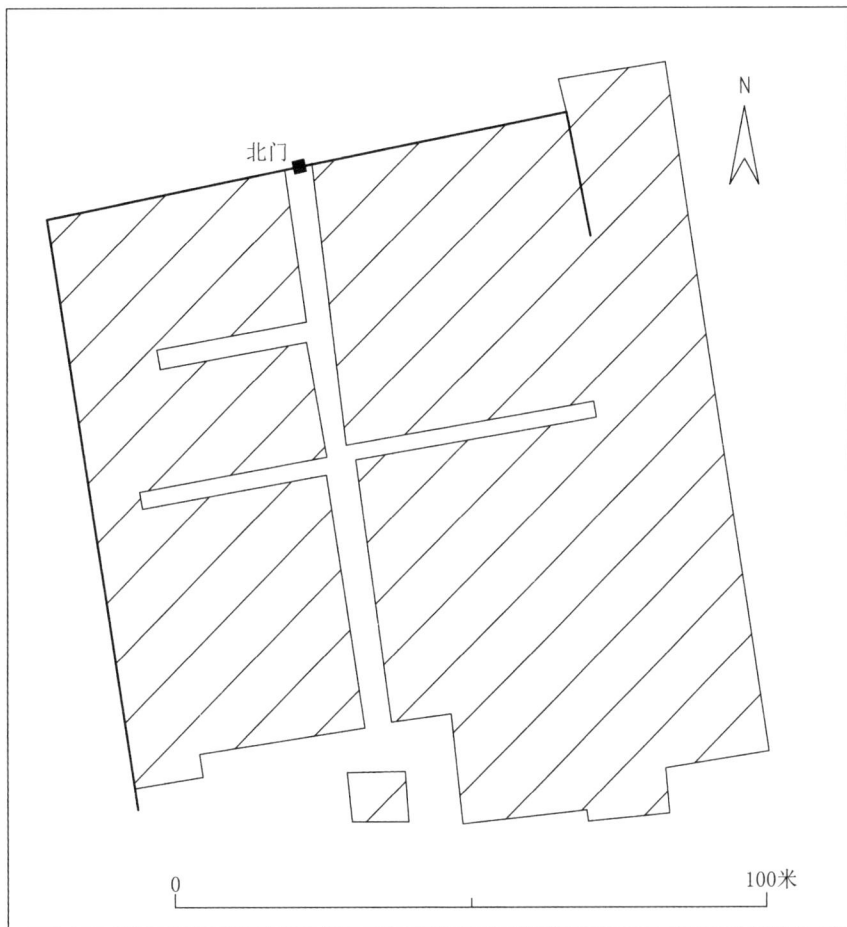

图4.21　大水门头村东堡平面图

城堡开设南门，堡门建筑无存。

城堡开设北门，北门位于北墙正中，砖石拱券木梁架结构，基础为石条砌筑，共8层。外侧为砖石拱券结构，五伏五券，门券拱顶上方镶嵌3枚方形门簪，门簪顶端雕菊花。其

〔1〕 宋哲元:《（民国）察哈尔省通志》,国家图书馆藏1935年铅印本,第6～14页。

上镶嵌石质门匾(拓 4.6)。正题"榆林堡永泰门",正题下方小字部分可辨有"小甲""泥匠"等人名,右侧前款为"堡长李孟阳",左侧落款共两列,"嘉靖三十四年岁次□□□五月初二日立""乾隆伍拾八年三月重修……"。门匾两侧有砖雕装饰,内侧为平梁二道,上架椽。顶部翻修。门外两侧设有方形护门墩。

拓4.6　代王城镇大水门头村东堡北门门额拓片(蔚县博物馆　李新威　提供)

堡墙均为黄土夯筑,保存较差。东墙无存,为民宅占据。南墙无存,为平地和民宅。西墙长约95米,保存较差,墙体低薄、断续,墙体自身高0~4米,多坍塌,由于修建在台地上,外侧总高6~7米。西墙外为顺城道路,西北角附近墙体无存,为民宅占据。北墙长约87米,保存一般,墙体高薄,高5~6米,内侧为民宅,外侧为荒地。

西南角保存一般,由于修建在台地上,外侧总高8~9米,转角自身高4~5米。东北角仅为转角。西北角与东南角已毁。

堡内尚有村民居住,堡内民宅以新房为主,土旧房多翻修屋顶,尚有数座老宅院残存。

第十节　小水门头村

一、自然环境与人文历史

小水门头村,位于代王城镇西北偏北1.3公里处,属河川区。村庄选址修建在平川之上,周围地势平坦开阔,一马平川,附近为黏土质,辟有大面积的耕地。村西南为西北—东南流向的河道,尚有流水。1980年前后有582人,耕地871亩,曾为小水门头大队驻地。如今,小水门头村位于代王城北墙内侧,紧邻北墙,村庄规模不大,为一条东西、南北主街结构。旧村在整个村庄的西北部，为城堡所在地，其余为新村，民宅以新房为主，规划整齐，居民较多（图4.22）。

图4.22　小水门头村古建筑分布图

小水门头村得名与大水门头村相似，只是较小，故取名小水门头。村名可考的历史最早见于《（嘉靖）宣府镇志》，作"水头"，《（崇祯）蔚州志》作"水门头堡"，《（顺治）云中郡志》《（顺治）蔚州志》沿用，《（乾隆）蔚县志》作"小水门头"，《（乾隆）蔚州志补》作"水门头"，《（光绪）蔚州志》《（民国）察哈尔省通志》沿用。

二、城堡

（一）城防设施

据《（民国）察哈尔省通志》记载："水门头南堡，在县城东北二十里，土筑，高一丈五尺，底厚五尺，面积二十亩，有门一，现尚完整。"[1]小水门头村堡今位于旧村中，西临河道，城堡平面呈矩形，周长复原约376米，开南门，堡内平面布局为南十字街、北丁字街结构（图4.23）。

城堡开设南门，堡门建筑保存较好，砖石拱券结构，基础为条石砌筑，上面包砖起券，外侧门券五伏五券，上出二层伏楣檐，西侧门券和门颊交汇处墙体开裂（彩版4-17）。门券拱顶上方有两个门簪痕迹，门簪上镶嵌有石质门匾（拓4.7），正题"水门头堡/平安门"，右

---

〔1〕宋哲元:《（民国）察哈尔省通志》，国家图书馆藏1935年铅印本，第6页。

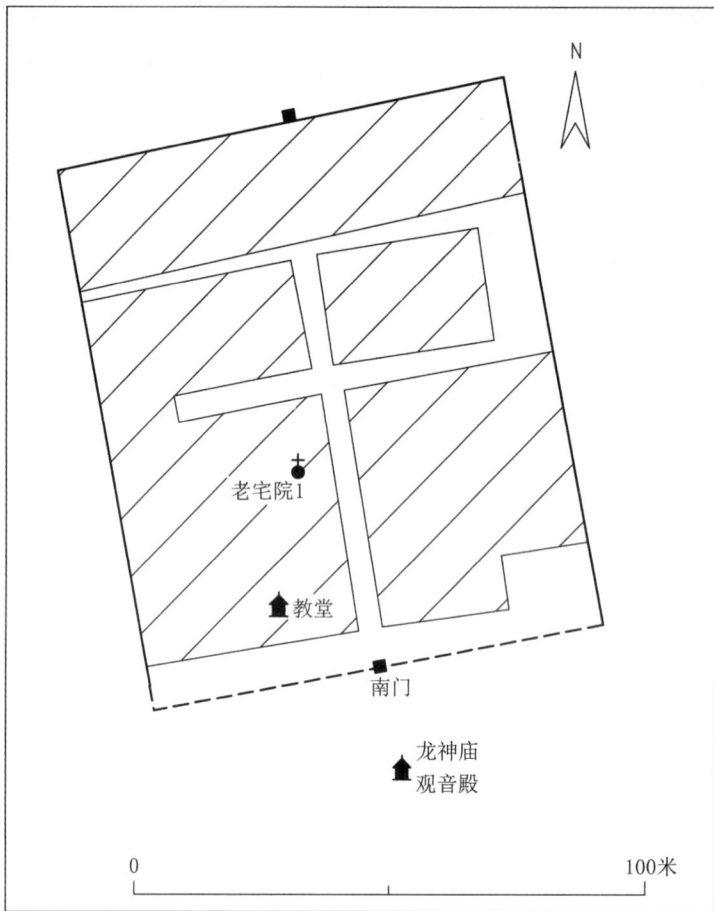

图 4.23　小水门头村堡平面图

拓 4.7　代王城镇小水门头村堡南门门额拓片(蔚县博物馆　李新威　提供)

侧前款为"大明嘉靖十九年九月初三",左侧落款为"嘉靖三十八年四月",正题下方为人名。人名之中大多为"郭"姓,"尚"字辈。顶上出一层错缝牙子砖。堡门内侧没有门券,为平梁二道,上架檐。两侧设有护门墩台,破坏严重,现存体量小,高度与门同高。门道为自然石铺成,南门内为主街。门外正对倒座的观音殿/龙神庙。

堡墙均为黄土夯筑,保存较差。东墙长约 103 米,墙体低薄、断续,高 2~6 米,墙体内外均为民宅。南墙长约 87 米,破坏严重,东段为民宅占据,墙体内侧为宽阔的顺城街,南墙西段为荒地,墙体为不足 1 米高的坡地。西墙长约 100 米,墙体破坏严重,多低薄、坍塌,墙体修建在台地上,外侧总高 1~7 米,但墙体自身高 3 米,多利用台地而建。墙体内外侧均为倚墙修建的民宅。北墙长约 86 米,利用台地修建,墙体外侧总高 6~7 米,外侧为顺城道路和民宅,局部还有民宅破坏墙体。北墙中部设有 1 座马面,正对南门,外侧高 5 米,破坏严重,仅存小部分。

东南角无存,为民宅占据。西南角仅存 2 米高的基础,破坏严重。西北角为转角,上面修建房屋。东北角为转角,高 5~6 米,保存较差。

(二) 街巷与古宅院

堡内民宅以土旧房为主,多翻修屋顶,老宅院少。老宅院 1 位于主街西侧,一进院,保存较好。

三、寺庙

龙神庙/观音殿　位于堡门外对面,正对堡门。正殿基础较高,前面有新修的台阶,基础也做了局部的维修。正殿面阔单间,硬山顶。殿内分南北两殿,南侧为龙神庙,北侧为倒座观音殿。两殿内壁壁画皆是新绘,塑像也为新塑。

龙神庙,殿内壁画题材杂乱,虽两侧山墙分别为《出宫行雨图》与《雨毕回宫图》,但正壁的题材却不像是龙神庙主题。

正壁内容分为上、下两排,下排正中着蓝袍披红披肩者占了三分之一的画面,头戴冠冕,双手捧笏板于胸前。两侧各有一位神像,面略向内侧;外侧各立两位武将,手持兵器;周边簇拥众多的随从。正壁上部绘有三位神像坐于莲花座中,头上有项光,东侧手持如意,西侧手持团扇。从构图上来看,下部似为《关帝坐堂议事图》,上部似为三位财神。两侧山墙的内容也随之变化,没有了水晶宫,也没有了龙母;两侧降雨之神也有缩减,行雨龙王为蓝、绿、红三位。从画风来看,明显感到旧画损毁后,在旧画的基础上加入现代人的眼光去描绘神的世界,但今人的理解已经远不如古人,尤其是四眼神,在绘画中竟然变成了正常的双眼。

如此混杂的龙神庙壁画在蔚县遗留的龙神庙中仅此一例。不知是现代人改变了原有壁画内容,还是原先便是如此。此堂壁画的表现形式,还需要进一步研究。

前檐廊墙两侧还有壁画,东侧廊墙墙上绘四眼神,西侧廊墙上绘青苗神。这在其他龙神庙中也是少见的。

观音殿,于"乙酉年秋季月"重新修缮,乙酉年即 2005 年。殿内正壁绘观音坐像,两侧绘观音"救八难"题材壁画。从绘画手法看,正壁是按现代人的粉本新绘的。两侧的画风则比较古朴,说明是在旧画上重描的。正壁为《观音坐堂说法图》,正中为观音,背后为善财童子与龙女,两侧分别为武财神与周仓、文财神与武将,外侧偏上分别为伽蓝、韦驮两位护法。

教堂 位于南门内主街西侧,新建建筑,哥特式风格。

第十一节 水 北 村

一、自然环境与人文历史

水北村,位于代王城镇东北偏北 1.8 公里处,属河川区,地势东南高西北低。村庄选址修建在河道东北侧,村西、南两面均为宽阔平缓的河道,尚有水,辟有水田。村庄周围地势平坦,一马平川,为沙、黏土质,辟有大面积的耕地。1980 年前后有 2 034 人,耕地6 288 亩,曾为水北一、二、三大队驻地。

相传,明成化十八年(1482)建村时,因村南多有溪流,故取名水北。村名可考的历史最早见于《(正德)大同府志》,作"水北堡",《(顺治)蔚州志》《(乾隆)蔚县志》《(乾隆)蔚州志补》《(光绪)蔚州志》沿用,《(民国)察哈尔省通志》作"水北村"。

如今,村庄规模大,分为一、二、三共 3 座村庄,水北一村、水北二村与水北三村呈三足鼎立之势,三村居西,一村与二村居东。三村间互联,排列为自东而西分别为一村、二村与三村,规模较大,村庄内民宅新旧房均有分布,以新房为主,居民较多。村北有高压线塔。221、229 乡道穿村而过。

据当地长者回忆,旧时的水北村主要集中在西部,这里紧邻台地和河道,生活汲水方便,村庄的规划、道路较乱。以二村的水北堡东墙外的南北主路为界,主路以东属于新村,新村有两条东西主街,一条南北主街,规划相对整齐(图 4.24)。

二、城堡与寺庙

(一) 一村

水北一村位于这一片村庄的东侧,一条南北主干道将这一片分为东西两片区,干道向北直通大德庄,干道的南端是 1 座坑塘,环水塘周边古树参天。水北一村占整个村庄的一半面积,民宅以红砖瓦房为主。

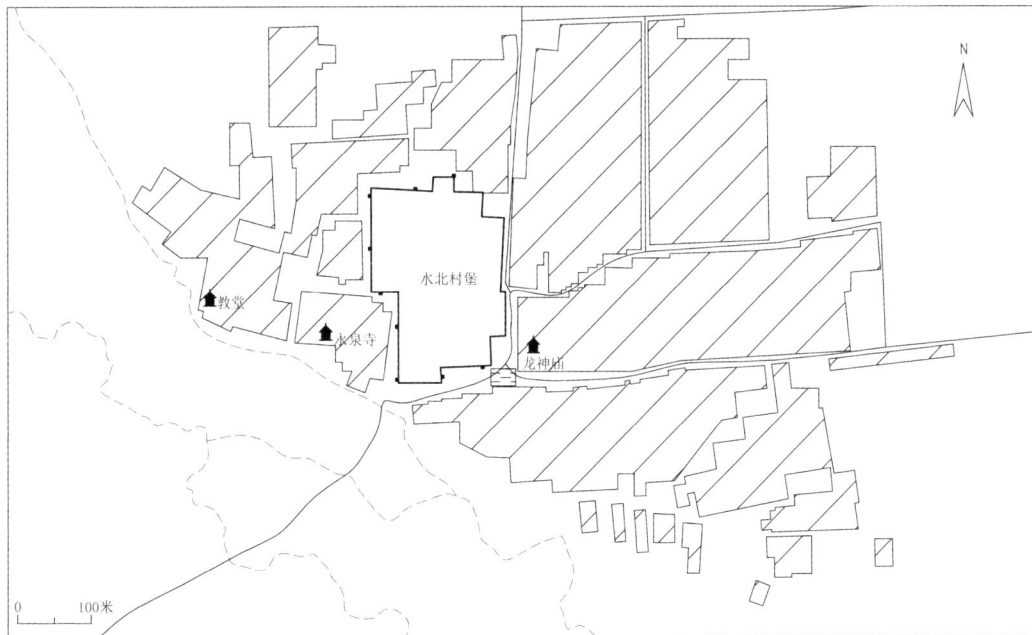

图 4.24 水北一二三村古建筑分布图

（二）二村

二村旧时称水北堡，位于整个村庄的中部偏西，位居一村与三村之间，与三村之间只隔一道堡西墙，是 3 座村庄中唯一修建有城堡者。

1. 城堡

据《（民国）察哈尔省通志》记载："水北村东堡，在县城东二十五里，清康熙六十年土筑，高一丈五尺，底厚六尺，面积十二亩，有门二，现尚完整。"[1]水北堡今位于二村。城堡平面呈刀把形，狭长，周长残长 654 米，开南门，堡内平面布局为双十字街一丁字街结构。堡内地面高于堡外（图 4.25）。

城堡开设南门，堡门建筑无存，现为缺口，门外曾修建有观音殿，现将基础重新包砖，上面修建影壁。

堡墙均为黄土夯筑，保存较差。东墙现存有 2 米高的基础，内侧为民宅和荒地，外侧为顺城道路。东南角附近东墙墙体低薄，墙体高 4～5 米，外侧为道路，内侧为民宅。南墙长约 165 米，南墙东段无存，为平地和斜坡，上面修建民宅；西段保存一般，墙体高薄，高 3～6 米，内侧为民宅，外侧为荒地和树林。西墙长约 302 米，墙体低薄，多坍塌成斜坡状，高 2～5 米，内侧为民宅，外侧为道路和荒地，且西墙不直，中间有曲折。北墙长约 187 米，

―――――――――

〔1〕 宋哲元：《（民国）察哈尔省通志》，国家图书馆藏 1935 年铅印本，第 7 页。

西段与东段类似,墙体高3~4米,低薄,多坍塌为斜坡,墙体内侧为民宅,外侧为耕地、荒地;东段墙体低薄,高3~4米,内外侧均为民宅。

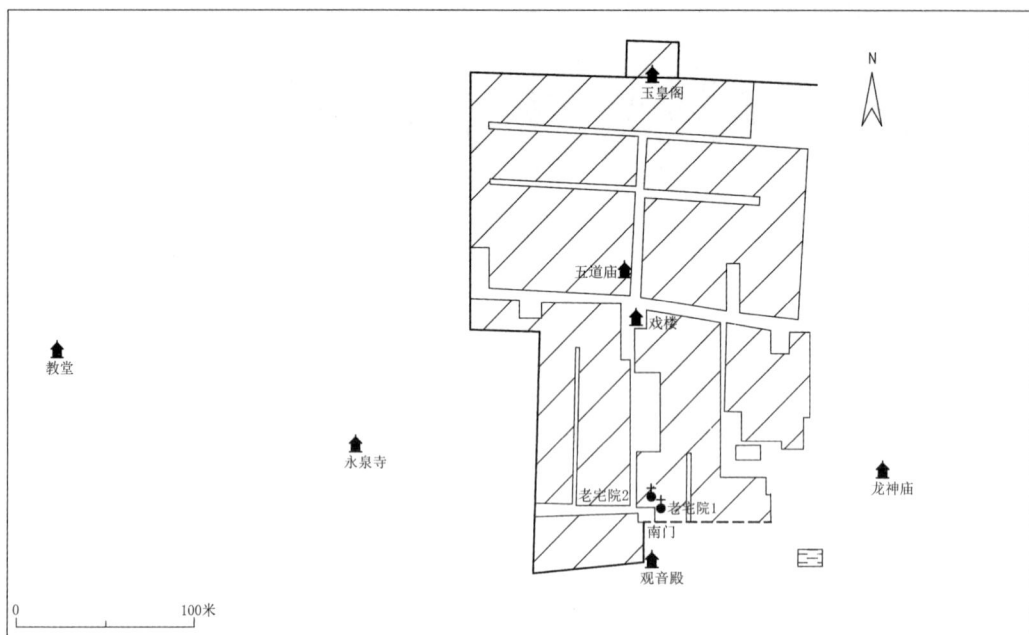

图4.25 水北村堡平面图

东南角为转角,高4~5米,东南角外有坑塘和龙神庙。西南角为转角,高6米,保存较好。西北角无存,为民宅,破坏严重。东北角仅存转角,高3~4米。

堡内民宅以土旧房为主,大部分已翻修屋顶。南门内为主街,街道不直,南端有曲折。南门内主街拐弯处东侧有2座老宅院1、2,保存较好。主街中部建有戏楼。

2. 寺庙

戏楼 位于堡内中心街当中,坐南面北,保存较好,砖石基础高1米,外立面包砌青砖。戏楼为单檐六檩卷棚顶,面阔三间,前檐柱4根,金柱2根,古镜柱础。前檐额枋上的彩绘大部分脱落。前檐下的挑檐木挑出较短,为这一带的风格。戏楼内地面铺砖无存,隔扇仅存框架。东西墙壁上残存有壁画,屏风书法山水画,每面绘6扇屏风,书有"道光二十九年"字样,表面为白灰浆和红油漆覆盖,破坏严重。后台正壁明间绘麒麟瑞兽望日,墙皮多已脱落,从颜色上看为清中后期的作品。后台题壁多处,有"咸丰八年","光绪二十三年"等字样。此外墙上还有贴纸,毛笔字书写,为征收粮食的清单,应该是当地生产队时期所写。

五道庙 位于戏楼北侧南北大街西侧,正殿坐北面南,面阔单间,硬山顶,三架梁。殿内壁为雨水所侵蚀,毁损严重,壁画无存,仅存山尖画。

玉皇阁　位于水北堡北墙上,正南100米为该村戏楼(彩版4-18、19)。玉皇阁坐落在高6.5米的砖砌墩台上。墩台北侧城堡北墙墙体突出城堡,堡墙呈方形,保存一般,墙体与北墙同高,但多坍塌成斜坡,内侧高2～5米。玉皇阁墩台下为砖砌拱券门,外侧两伏两券,门券拱顶上方镶嵌砖制门匾,上雕"水北堡永安门"。由拱券门进入北侧的土堡,门内东侧设台阶可达玉皇阁。

玉皇阁为单檐歇山顶,等级颇高。面阔三间,进深两间,五架梁,上承三架梁,三架梁正中施驼峰承蜀柱和脊顶,蜀柱顶施异形拱。四周檐柱头施额枋与平板枋,平板枋上置单昂三踩斗拱,第二跳跳头施替木承挑檐檩,与其相垂直的是泥道拱。斗拱内转与外同。从形制来看,华拱的尺寸不规范,二跳跳头与替木皆雕饰。屋顶四角置抹角梁,雷公柱。前檐额枋尚存有清末民国时期的彩绘。屋顶有部分坍塌,门窗无存,仅存框架。殿内为土地面,殿内后脊顶垮塌,由于泥水侵蚀,后壁已挂满泥浆,壁画无存。两侧山墙残存壁画,东壁被泥浆布满,上排壁画隐约可见;西壁壁画尚残存3排。壁画风格为清末民国时期。壁画内容为《众神朝拜图》,各为3排6列,每1组神祇皆有幡旗榜题,但因风化脱落严重,榜题内容多难以辨识。东壁仅存第1排6幅与第2排2幅;西壁3排皆残存,第1排与第2排各可见5幅,第3排只剩2幅。

从整体规制上来看,此玉皇阁等级较高。北墙正中建玉皇阁者,除蔚州古城外并不多见,说明此阁建造较早,可能是明代建筑遗存。

龙神庙　位于堡东南角外水坑边。正殿在一户民宅的院中,该院曾作为大队部使用。正殿坐北面南,面阔三间,单檐硬山顶,门窗全部改造。山墙尚存有山花,山花颇为奇特,皆雕双龙戏珠,龙头回首相对。双龙雕于山花,在蔚县还是比较少见的。殿内改造为库房,内壁壁画已全毁。殿顶部立有村委会广播喇叭。正殿两侧各有1座面阔单间的耳房。

观音殿　位于堡南门外,现存遗址。

(三)三村

据《(民国)察哈尔省通志》记载:"水北村西堡,在县城东二十五里,清光绪二十七年土筑,高一丈二尺,底厚四尺,面积八亩,有门一,现尚完整。"[1]三村旧时称杨家堡,今位于整个村庄的西南部,村南有一条小水渠绕村而过,汩汩清水向西流淌,从村西侧的教堂流向田野。

据当地长者回忆,村中旧时有40座庙,如关帝庙、三官庙、玉皇阁等,全部拆毁。现仅存有永泉寺,永泉寺为去往五台山朝拜途中的挂单寺庙。

---

〔1〕 宋哲元:《(民国)察哈尔省通志》,国家图书馆藏1935年铅印本,第7页。

永泉寺 位于村口,南有小溪由东向西流出村外,注入壶流河(彩版 4-20)。原有 3 座大殿。位于南北向的中轴线上,分为前、中、后三殿,现仅存前殿与中殿。寺庙周围一片废墟,房屋多废弃坍塌。

山门,随墙门。

前殿,单檐硬山顶,三架梁,面阔三间。前殿前后折檐,前檐柱根糟朽,前殿前倾,有倒塌的危险。前殿现作为牛棚使用。

中殿,即阎王殿,坐北面南,单檐硬山顶,面阔三间,六架梁出前檐廊。门窗无存,仅存框架,后墙已坍塌,东墙也已垮塌,屋顶有部分坍塌,破坏严重。西山墙保存较好,山墙上的山花尚存。殿内堆满秸秆,内壁覆盖一层旧报纸,脱落的报纸下露出壁画,从风格来看应是清末时期的作品。殿前有一株杨树。

教堂 位于村西口。教堂新近修建,采用青砖砌筑。教堂进深五间,前端 2 座尖塔高耸。

第十二节　大 德 庄 村

一、自然环境与人文历史

大德庄村位于代王城镇北偏东 3.6 公里处,壶流河南岸,属河川区。村庄选址修建在壶流河南侧的台地上,村西、北面不远处为宽阔而浅的河道,地势东南高西北低,为沙土质,辟为耕地。1980 年前后有 1655 人,耕地 4875 亩,曾为大德庄大队驻地。

相传,战国时期建村,因位于代王城北,故取名代北庄。后据传该村人品德高尚,生活富裕,故更名为大德庄。村名可考的历史最早见于《(乾隆)蔚县志》,作"大德庄堡",《(光绪)蔚州志》《(民国)察哈尔省通志》均作"大德庄"。

如今,村庄规模大,受村内冲沟地形的影响,民宅分布较乱,总体来说由 2 条南北主街、2 条东西主街组成。221 乡道穿村而过。南面为新村,北面为旧村。新旧村交接之处的主路边尚存有石碑,为清代的诰命夫人碑,保存较差。大德庄村分为东堡、西堡、小北堡与东庄 4 部分。东堡即玉皇庙那片区域,西堡即观音殿附近的一片村庄,小北堡位于西堡的北侧,东庄即东堡东侧的一片村庄(图 4.26)。

二、城堡与寺庙

据当地长者回忆,村庄先有东堡后有西堡,故寺庙主要集中在西堡。

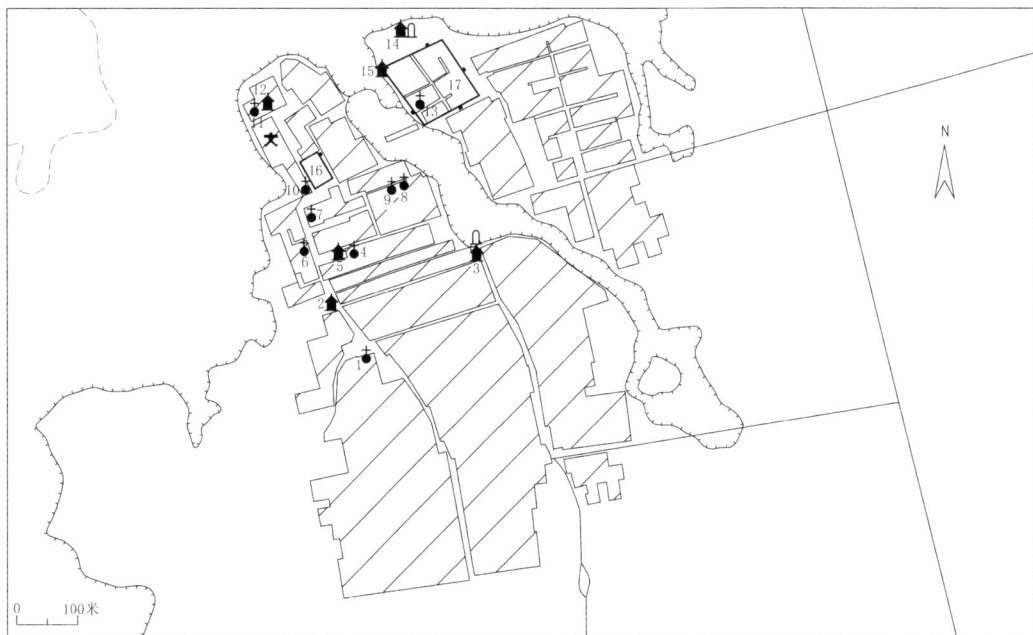

图 4.26　大德庄村古建筑分布图

1. 老宅院 1　2. 马神庙/观音殿　3. 五道庙　4. 老宅院 4　5. 戏楼　6. 老宅院 2　7. 老宅院 3
8. 老宅院 8　9. 老宅院 9　10. 老宅院 5　11. 老宅院 7　12. 阎王殿、关帝庙
13. 老宅院 6　14. 三官庙、龙神庙、关帝庙　15. 玉皇阁　16. 小北堡　17. 大德庄村东堡

（一）西堡

1. 城堡

（1）城防设施

据《（民国）察哈尔省通志》记载："大德庄西堡，在县城东二十五里，土筑，高一丈五尺，底厚六尺，面积十三亩，有门二，现尚完整。"[1]大德庄西堡的堡墙无存，仅存布局。堡内为一条南北主街，但受地形所限并不直，两侧是鱼刺状的横巷，宅院分布在街巷的两侧。从布局上看，西堡应开设南门，堡内平面布局为南北主街结构（图 4.26）。推测西堡破坏较早，当地村民已无人知晓。旧时，本村有东西向的大路，通往县城和桃花堡，为运煤通道。

（2）街巷与古宅院

老宅院 1　位于观音殿南侧，保存较好，已废弃，仅存正房，前面为一个荒芜的院子。正房面阔三间，门厅退金廊，两侧各有一个耳房。

老宅院 2　位于戏楼西北方南北主路的西侧，保存较好。

老宅院 3　位于村委会北侧，主街东侧，保存较好，已废弃，前后两进院，中轴线布局，

---

〔1〕 宋哲元:《（民国）察哈尔省通志》，国家图书馆藏 1935 年铅印本，第 7 页。

门楼为高大的广亮门,硬山顶。二道门为垂花门,保存较好,垂花门为硬山顶,两侧皆存立柱,柱础为鼓形,有石雕装饰。脊顶博风板四角,各有砖雕装饰,图案各不相同。正房面阔三间,五架梁,硬山顶,保存较好。正房东耳房 2 间,西耳房 1 间,西耳房前有废弃的水井,还有东、西厢房。

老宅院 4 位于戏楼东侧,保存较好。

老宅院 7 位于阎王殿西侧,小学北侧,宅门为木匾改造而成。东门扇阴刻双勾"福源进",西侧"□洒□"。

老宅院 8、9 即大巷北 26、27 号院,位于老宅院 3 东侧,街巷南侧,广亮门,坐南面北,门前存有上马石。

2. 寺庙

堡内保存有龙神庙、戏楼、五道庙、马神庙/观音殿、戏楼、阎王殿、关帝庙(彩版 4-21)。

龙神庙、戏楼 西堡北侧有大、小"海子",即坑塘,条石垒砌,边上长有许多树木。"海子"边有戏楼、龙神庙。旧时当地每逢六月初六请龙王。

五道庙 位于公路的西侧,即西堡的东侧,1 座民宅的后墙外,处于一条东西向的巷子东口。正殿坐东面西,基础较低,高 0.4 米,外立面包砌条石,正殿面阔单间,硬山顶,脊顶已完全坍塌,前檐下砖墙倒塌,南墙半塌,仅存北墙与后墙尚立。殿内墙壁表皮坍塌,露出砖坯墙心,破坏严重。

马神庙/观音殿 位于堡内南北主街的西侧,寺庙台明基础体量大,高 0.5～1.3 米,外立面包砌青砖,顶部四周铺条石。正殿面阔单间,单檐硬山顶,其内采用隔墙隔为南北两殿,面南为马神庙,面北为观音殿。马神庙门窗无存,土坯墙封堵,改造为仓库,壁画无存。观音殿的屋檐坍塌,门窗无存,为土坯墙封堵,正脊坍塌,前檐额枋上有清末民国时期的彩绘,墙上尚存有神龛,上书"大德庄",殿内改造为仓库。

戏楼 位于堡内南北主街东侧,坐南面北,为清末民初时期的建筑。整体坐落在高 1.5 米的砖石台明上,台明外立面包砌青砖,西面的包砖坍塌。戏楼为单檐六檩卷棚顶,结构简单,雀替尚存,戏楼内壁画全毁。对面为村委会大院,此院原应有 1 座寺庙与戏楼相对,如今已全毁。

阎王殿、关帝庙 位于西堡西北角外的台地上,1 座废弃的小学校内。寺庙北侧为宽阔的壶流河河川,尚有流水。整个庙宇建筑坐北面南,院内西侧南房为过殿式山门,单檐硬山顶,面阔三间,正五架梁。东侧为一砖式门楼,门楼东为单坡顶、倒座、南房三间。正北正房西为单檐悬山顶大殿 1 座,面阔三间,六架梁出前檐廊。大殿东西耳房各一间,四檩三架卷棚顶。东为关帝殿 1 座,单檐硬山顶,面阔三间,六架梁,出前檐廊。院内东厢房三间,单坡顶。寺后有一进大场院,正房一排为客堂,近年因火焚无存。

（二）小北堡

小北堡，位于西堡的北墙外侧。城堡平面呈矩形，周长约 175 米，开东门。城堡规模十分小，建筑形制类似于庄（图 4.26）。

堡墙均为黄土夯筑，保存较差。东墙全部坍塌，为后建的土坯院墙，中部偏南辟门，现为缺口，墙体复原长度约 52 米。南墙长约 37 米，保存相对较好，高 4～5 米。西墙长约49 米，保存较差，墙体高 3 米，上面修建院墙，高 3 米。北墙长约 37 米，高 4～5 米，内外侧都是民宅，保存较差。

东南角为 135°斜出角台，高 6～7 米。西南角无存，现为 2 米高的土堆，邻近西南角的南墙设有 1 座马面，外侧高 6～7 米。西北角为转角，高 6 米。东北角无存。

堡内有一户民宅。堡西南角外有老宅院 5，保存较好。

（三）东堡

1. 城堡

据《（民国）察哈尔省通志》记载："大德庄东堡，在县城东二十五里，土筑，高一丈四尺，底厚五尺，面积十六亩，有门一，现尚完整。"[1]东堡位于西堡东侧，略偏北，两堡之间有一条宽阔平浅的冲沟，冲沟东侧即为东堡。东堡选址修建在台地上，地势相对较高，平面呈矩形，周长约 460 米。堡内平面布局为南北主街结构，主街两侧有支巷。堡东面为东庄。当地居民以肖、康姓为主（图 4.26）。

城堡开设北门，北门原为砖砌门体，木梁架结构，顶部曾修建有庙宇，40 年前拆除。现堡门建筑无存。

堡墙均为黄土夯筑，保存一般。东墙长约 114 米，保存一般，墙体高 4～5 米，上面修建院墙，外侧为顺墙道路。南墙长约 112 米，已无存，为民宅占据。西墙长约 122 米，和东墙类似，高 3～5 米，充分利用了台地，墙体自身高 0～4 米，墙体低薄。北墙长约 112 米，保存一般，墙体高 4～5 米，高薄、多坍塌，内侧为民宅，外侧为荒地（彩版 4-22）。北墙外台地上修建有三官庙。北墙中部有一缺口，推测为北门遗迹，过门石尚存。门外正对三官庙。

西北角设 90°直出角台，体量高大，总高 10 米以上，角自身高 7～8 米，为全村的制高点。角外立面可见两次包修的痕迹，角台顶部修建玉皇庙。西南角无存，为平地和民宅。东南角无存。

堡内民宅以土旧房为主，老宅院较少。东堡街 25 号院（老宅院 6），位于南北主街西侧巷中，宅门上有彩绘，门内有影壁。

---

[1] 宋哲元：《（民国）察哈尔省通志》，国家图书馆藏 1935 年铅印本，第 7 页。

2. 寺庙

五道庙　位于北门外,三官庙边,现已无存。

观音殿　位丁堡内南北主街的南尽头的南墙下,坐南面北,正对北门。现已无存。

马神庙(北)/五道庙(南)　位于东堡东北角,现已无存。

戏楼　位于三官庙对面,北门外西侧,现已无存。

三官庙、龙神庙、关帝庙　位于东堡北墙外侧、壶流河南岸的台地上。庙院整体坐北面南,坐落在1.8米高的砖砌庙台之上,如今包砖大部分脱落。庙院院墙和山门无存,仅存正殿和2通石碑。东为乾隆二十八年(1763)的《重修三官庙碑记》,西为顺治十三年(1656)的《重修三官庙》(拓4.8),石碑四周罩有砖砌碑亭。石碑为《功德布施碑》,根据碑阴善款人名,大德庄多为康姓居住。

正殿坐北面南,面阔三间,单檐硬山顶,六架梁出前檐廊,前檐柱4根,鼓形柱础(彩版4-23)。前檐额枋尚存彩绘。西山墙开裂,局部有坍塌。屋檐、屋脊有部分坍塌,门窗无存,墀头装饰尚存。殿内为土地面,内壁尚存清末民国时期的壁画,表面涂刷白灰浆,破坏严重,白灰浆脱落处仍可见壁画残留。

正壁,明间绘有《三官坐堂议事图》,东次间为《关帝坐堂议事图》,西次间为《龙母坐堂议事图》。这是1座三官、龙神与关帝共享一殿庙,也是蔚县诸多三神共享一殿庙内不多见的有壁画保存的。

明间所绘《三官坐堂议事图》,正中端坐天官、地官、水官,天官居中,水官位天官之右,地官位天官之左,三官两侧皆有持伞随从。外侧为护法四元帅,东侧为手持金枪的马天君马元帅与手执玉环的温元帅温琼,西侧为手持铁鞭的赵元帅赵公明与手持青龙偃月刀的关元帅关圣帝君。上部还有4位功曹分列两侧。

东次间所绘《关帝坐堂议事图》,正中为关帝,两后侧为持伞侍童,两侧为右侧立一位手持《春秋》的文官,左侧立一位手捧大印的文官;再两侧分别为左丞相陆秀夫,右丞相张世杰,各手持笏板而立;最外侧,东侧为持剑关平,西侧为持刀周仓(彩版24-2)。

东壁采用连环画形式表现关羽的故事,各情节之间虽然没有明显分割,但还是能区分开,共有2排4列,题材选自《三国演义》中有关关羽的故事,为关帝庙中的常见题材,其中第一排相当于其他关帝庙中的一面,第二排相当于其他关帝庙中的另一面。壁画形式虽不是一幅幅方正的连环画,但整个画面协调地分成单个故事,其中可见唯一的榜题为《刘关张破黄巾斩寇立功》。

西次间所绘《龙母坐堂议事图》,中间绘龙母,两侧为五龙王与雨师。龙母身披龙袍,袍上绣"王"字,两侧各立一位持伞胁侍,周边簇拥的是雷公、风婆、四值功曹等诸行雨神。西壁供奉龙神,壁画分为上下两部分,上部绘有《出宫行雨图》,下部绘有《雨毕回宫图》。

拓4.8 代王城镇大德庄村东堡顺治三年《重修三官庙》石碑拓片（李春宇 拓）

壁画表面的白灰浆较厚，但从脱落部露出的人物看，有头顶伞盖的龙王和双手持锣的电母。

临渊寺　位于三官庙东侧，该寺为一进院落，坐北面南，正殿面阔三间，东侧有禅房三间，东廊庑数间。该寺为金代蔚州重要寺院之一，现已无存。西侧为一打谷场，北有一条荒弃的东西向古道，在明清时是一条东西往来的重要通道。路北为农田。清末时该村的康龙、康虎经商成为蔚县境内首富。

玉皇阁　位于堡西北角台顶部。正殿坐北面南，单檐硬山顶，面阔单间，门窗无存，殿内墙壁上残存有壁画，表面多涂刷白灰浆，正面墙上的白灰较薄，露出了底层的壁画，绘有5位神像，其正中为玉皇大帝，左右各有二位天将。两侧墙壁白灰浆较厚，其壁画从颜色上看是清代中期的作品。壁画内容为《众神朝拜图》，东山墙可见为4排4列。每一组画中只立有一位主神与一位随从，主神皆面向北壁的玉皇大帝。

第十三节　赵家碾村

一、自然环境与人文历史

赵家碾村位于代王城镇西偏北3公里处，属河川区。村庄坐落在平地之上，周围地势平坦开阔，黏土质，辟有大面积的耕地。村东不远处为一条南北向的河道，为城墙碾和赵家碾的分界处，向北汇入壶流河，河道内尚有流水。1980年前后有195人，耕地506亩，曾为赵家碾大队驻地。如今，村庄规模不大，南北中心街结构，南面为新村，民宅以新房为主，北面为旧村，新房也较多，新旧村之间为一片空地。西侧为村委会大院，村委会北侧为旧村的村口，尚存影壁和大树。据当地长者回忆，旧村曾修建有城堡，现在已经坍塌成平地。

相传，元末时该村建于一姓赵碾坊附近，故取村名赵家碾。村名可考的历史最早见于《(民国)察哈尔省通志》，作"赵家碾"。

二、城堡

赵家碾村堡，位于旧村中，旧村即为城堡所围。堡墙于20世纪60年代前后拆毁。旧时城堡平面呈矩形，开南门，即现旧村村口处，如今在原南门旧址对面新建1座影壁，影壁边上有一株如伞盖状的大树，只有这些还能看出曾经的南门旧影。堡内平面布局为南北主街结构，主街偏西，此外还有3条东西横街。堡内民宅以新房为主。目前村内有居民200余人，以李姓为主。1917年，在距离东北角300多步的地方有赵家大院，他们和李家、郭家组成了赵家碾村,旧时赵家有"飞毛腿",常承担送信的信使。后来赵姓居民搬走至赵家湾居住,堡西北角外还有赵家坟。

三、寺庙

据村中69岁的李姓老人(曾任村会计)回忆,赵家碾曾有关帝庙、马神庙、观音殿、龙神庙、五道庙、真武庙。除真武庙因当年改作仓库幸存外,其他皆拆毁于"四清"之后。

关帝庙、马神庙 位于南门外,两庙并列面南,西面为马神庙,东面为关帝庙,现已无存。

观音殿 位于南门外,面北,正对堡门,现已无存。

龙神庙 位于堡内东南角,现已无存。

五道庙 位于西南角外,现已无存。

真武庙 位于村北外侧的台地上,一片绿树环抱之中。此处的真武庙没有建于北墙墩台之上,而是位于北侧一片略隆起的台地上。真武庙坐北面南,仅存正殿,正殿单间硬山顶,五架梁出前檐廊,檐下大额枋、小额枋、额垫板与檩皆规整,檐柱与金柱间以抱头梁勾搭。金柱柱头枋、垫板与檩上还残存有彩绘,枋头彩绘无存。门窗无存。殿内堆放杂物,殿内墙壁表面涂刷白灰浆,壁画无存,庙内梁架上亦施有彩绘,为民国时期的作品。殿后墙已坍塌,以土坯封堵。

第十四节 新家庄村

一、自然环境与人文历史

新家庄村,位于代王城镇西偏南3.5公里处,属河川区,东、西有小溪,地势南高北低。村庄选址修建在平地之上,周围地势平坦开阔,一马平川,为黏土质,辟有大面积的耕地。1980年前后有1382人,耕地2783亩,曾为新家庄大队驻地。如今,新家庄村分为新、旧两部分,互不相连。乡道穿过旧村,新村位于乡道北侧,为全新规划的村庄,共有12排房屋,7条主街。旧村在南面,规模很小,居民少。村西有弯曲的河道,河道内植被茂盛,水量大。旧村保存有城堡(图4.27)。

据堡门记载,该村于明正德十五年(1520)建村。因当时为新建庄,故取名新家庄。村名可考的历史最早见于《(正德)宣府镇志》,作"辛家庄堡",《(嘉靖)宣府镇志》作"辛家",《(崇祯)蔚州志》作"辛家庄堡",《(顺治)云中郡志》《(顺治)蔚州志》沿用,《(乾隆)蔚县志》作"辛家庄",《(光绪)蔚州志》沿用,《(民国)察哈尔省通志》作"新家庄"。

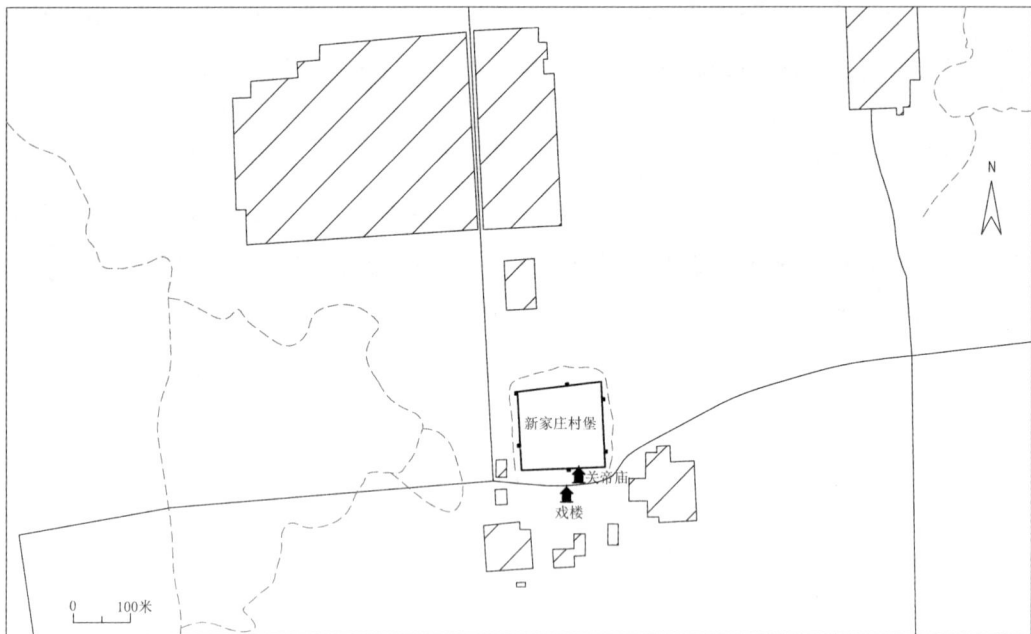

图 4.27　新家庄村古建筑分布图

二、城堡

据《(民国)察哈尔省通志》记载："辛家庄堡,在县城东北十五里,土筑,高一丈四尺,底厚五尺,面积十五亩,有门一,现尚完整。"[1]新家庄村堡今位于旧村北部,乡道北侧,保存一般。城堡平面呈矩形,周长约 565 米,开南门,堡内平面布局为 3 条十字街结构,城堡保存较差,周围为耕地(图 4.28)。

城堡开设南门,保存较好,砖石拱券结构,基础为条石砌筑,上面青砖起券,门洞为通券(彩版 4-24)。两侧门颊有水泥制楹联"一年美景春为首,百载幸福勤当先",表达了新家庄村民的美好愿望。门外侧门券三伏三券,门券拱顶上方镶嵌有水泥制阳文门匾,正题"新家庄"。内侧券为五伏五券,保存较好,门券拱顶上方镶嵌有石质匾额(拓 4.9),正题"永远堡",右侧前款"新家庄",左侧落款为"正德拾伍年孟月"。堡门顶部维修,立有电线杆。门道铺自然石,尚存有车辙印,保存较好。南门外有戏楼及寺庙。20 世纪 80 年代,对南门外侧重新修缮并包砖。

堡墙均为黄土夯筑,保存较差。北、东、西墙外有城壕环绕。东墙长约 143 米,墙体低薄,断断续续,高 1～3 米,内侧为民宅,外侧为耕地。南墙长约 143 米,现为 1 米左右高的基础,内侧为顺墙路和民宅,外侧为民宅或荒地。西墙长约 135 米,仅存 1 米高的基础,上

---

〔1〕 宋哲元:《(民国)察哈尔省通志》,国家图书馆藏 1935 年铅印本,第 6 页。

面修建房屋。北墙长约 144 米,西段墙体低薄,高 1～3 米,内侧为民宅,外侧为耕地,北墙外有东西两排高压电线塔;北墙东段高 1～3 米,内侧为民宅和大面积的荒地,外侧为耕地。北墙上设有 1 座马面,方形,外立面包砖,顶上建有真武庙北极宫。

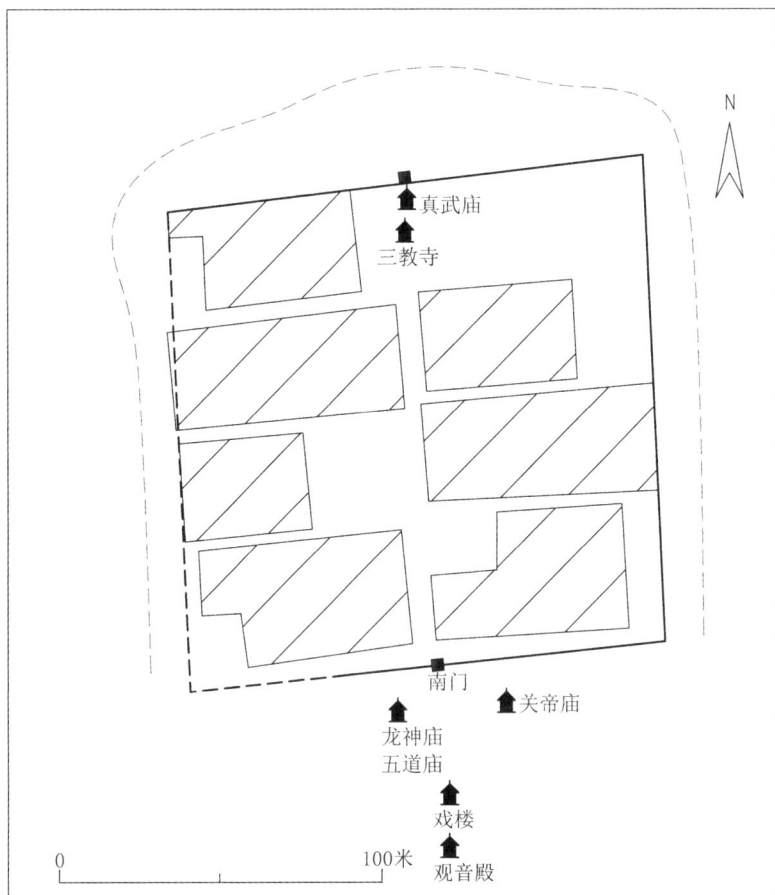

图 4.28　新家庄村堡平面图

拓 4.9　代王城镇新家庄村堡南门内侧门额拓片(蔚县博物馆　李新威　提供)

西北、东北角仅为转角。

堡内的民宅以土旧房和新房为主,多废弃坍塌,形成荒地,无老宅院遗存。

三、寺庙

据当地长者回忆,新家庄曾建有龙神庙、五道庙、观音殿、关帝庙、戏楼(剧场)、真武庙、三教寺。

龙神庙、五道庙　位于南门外西侧,2 座庙相邻,龙神庙在北侧,五道庙在南侧。现已无存。

观音殿　位于现剧场(戏楼)南侧数十米外。现已无存。

关帝庙　位于南门外东侧,占据了部分东墙,庙院院墙无存,现存山门与正殿,整体坐北面南。山门为过殿式,面阔三间,硬山顶,三架梁。山门明间部分是通道,门扇无存,门顶横梁饰有三枚门簪,其上设置叉子。山门前檐下柱头施小额枋、大额枋、檐檩,并于柁头上施悬檐,大、小额枋之间施梁托,梁托雕成卷莲状。前檐额枋上有彩绘,大部分颜色氧化为黑色,从残存的颜色上看应该是民国时期的作品。两侧次间现已空空荡荡,旧时可能应有塑像。山门前墙、两侧山墙皆已塌毁。

正殿,位于砖石台明之上,台明较高,外立面包砖,顶四沿铺石板。正殿坐北面南,面阔三间,硬山顶,进深五架梁出前檐廊。前檐额枋尚存彩绘,但全部氧化成黑色。由于殿深檩少,椽子比一般的要长。正殿曾改作教室使用,门窗也已全部改造。据说 20 世纪 60 年代时殿内尚存有塑像和壁画,内壁在 20 世纪 70 年代抹过白灰浆,改教室时西墙画有黑板,如今白灰浆脱落露出了下面的壁画,残画色彩鲜艳,为民国时期的作品。顶部脊檩上还残存有彩绘《八卦图》。正殿后脊顶中部已垮塌。殿内堆放杂物。

戏楼(剧场)　位于南门外,修建于 20 世纪 70 年代,剧场是在原戏楼的基础上重建的,梁架还是原构。剧场两侧用水泥做成一副楹联,上联为"东江源画川流无限故乡情",下联为"西沥山高水库渊深兄弟谊"。

真武庙、三教寺　位于堡北墙上及内侧,整体坐北面南,为前后二进渐次增高的院落(彩版 4-25)。寺院前有单檐硬山顶、三架梁的门楼 1 座。前院禅房数间已残破。

前殿,即真武庙,位于砖砌台明上,坐北面南,单檐硬山顶,面阔三间,正五架梁出前檐廊,未设有挑檐木,前檐额枋表面原有彩绘,现为白灰浆覆盖。明间龙首撑拱,雕草龙雀替。门窗无存,仅存框架。北墙下供台无存。殿内墙壁表面涂刷白灰浆,北墙壁表面有大面积脱落现象,东、西墙还开有一扇窗户,东、西墙的壁画仅存山尖部分,绘梅雀、古松、博古等组画,由于后脊顶垮塌,画面被泥水严重侵蚀。组画的中间各是一架八宝格,一侧格内摆放着日用的瓷器等,另一侧摆放着书等装饰品,这与筛子绫罗的风格颇有相似之处;

顶尖的两幅各是人物故事，八宝格两边各是一幅花草。西侧山尖画中绘有一本书，书的封面题有"大清乾隆四十四年"字样。

后殿，即三教殿，位于8米高的砖砌马面之上，马面在改作庙台时没有向内扩建，而是仅仅利用了原先马面的面积，南壁设有砖砌台阶，顶部原修建有二道门，门内两侧为钟鼓楼，现全部坍塌无存。后殿单檐硬山顶，面阔三间，五架梁出前檐廊，三架梁上置人字叉手，前檐柱4根，后金柱2根，皆为古镜柱础。前檐额枋尚存彩绘，从颜色上看应是清代中期的作品，殿内东西山墙上尚存清代中期的壁画。壁画表面虽涂刷有白灰浆，总体保存较差。正壁尚存3尊塑像的背光，背光为宝瓶状，呈两圆相交，无供台。两侧山墙上部残存有壁画，下部毁坏严重。每壁壁画皆是2排4列。东壁上排4幅分别为：梦吞日月而受孕、太子出生、五龙沐浴与太子读书；西壁上排4幅分别为：太子出城以及宫门所见的生、老、病等。顶部脊檩上为彩绘《八卦图》。

据当地长者回忆，因当时建寺之时村内多姓，居民不团结，故建三教寺，三教合一，取团结和谐之意。

第十五节　东刘家庄村

一、自然环境与人文历史

东刘家庄村位于代王城镇西偏南4公里处，属河川区，东临河道。村庄选址修建在平地之上，周围地势平坦，一马平川，为黏土质，辟有大面积的耕地。1980年前后有1 381人，耕地3 123亩，曾为东刘家庄大队驻地。如今，村庄分为新、旧两部分，彼此不相连，西面为新村，东面为旧村。229、236乡道穿村而过。新村由两条南北主街、一条东西主街构成，民宅规划整齐划一，村庄规模大，新建房屋，居民多。新村南北主街的南端修建有剧场。新村东面有村委会大院，村中还有供销社建筑。旧村规模小，为城堡所在地（图4.29）。

相传，明洪武十三年（1380）刘姓建村，因位于蔚州古城东，故取名东刘家庄。村名可考的历史最早见于《（崇祯）蔚州志》，作"刘家庄堡"，《（顺治）云中郡志》《（顺治）蔚州志》沿用，《（乾隆）蔚州志补》作"东刘家庄"，《（光绪）蔚州志》沿用，《（民国）察哈尔省通志》作"刘家庄"。

二、城堡

东刘家庄村堡，位于旧村中，城堡平面呈矩形，周长约816米，开南门，堡内平面布局为三条十字街结构，规模较大（图4.30）。

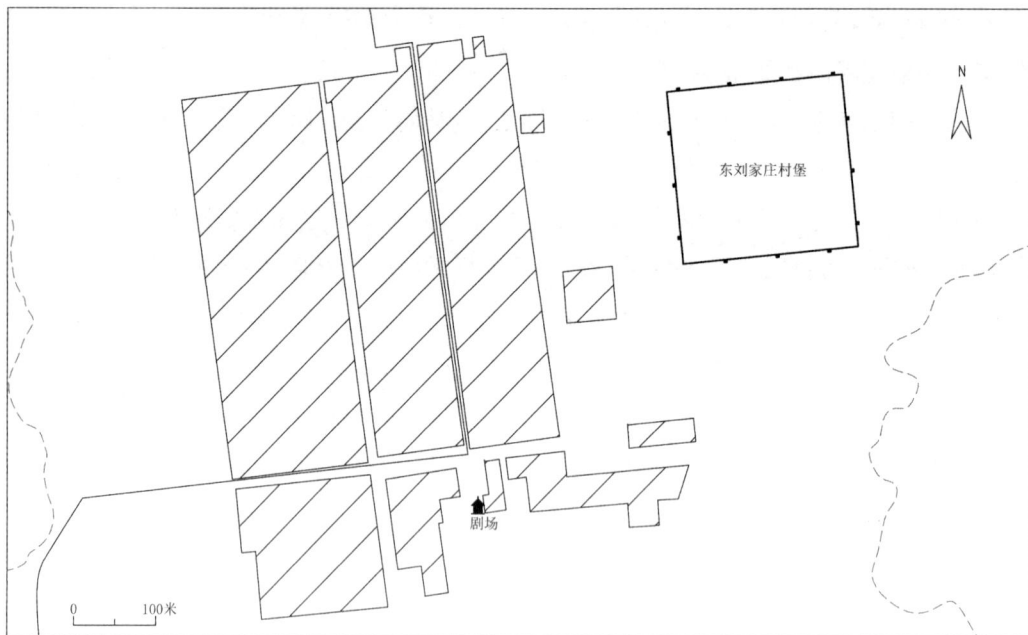

图 4.29 东刘家庄村古建筑分布图

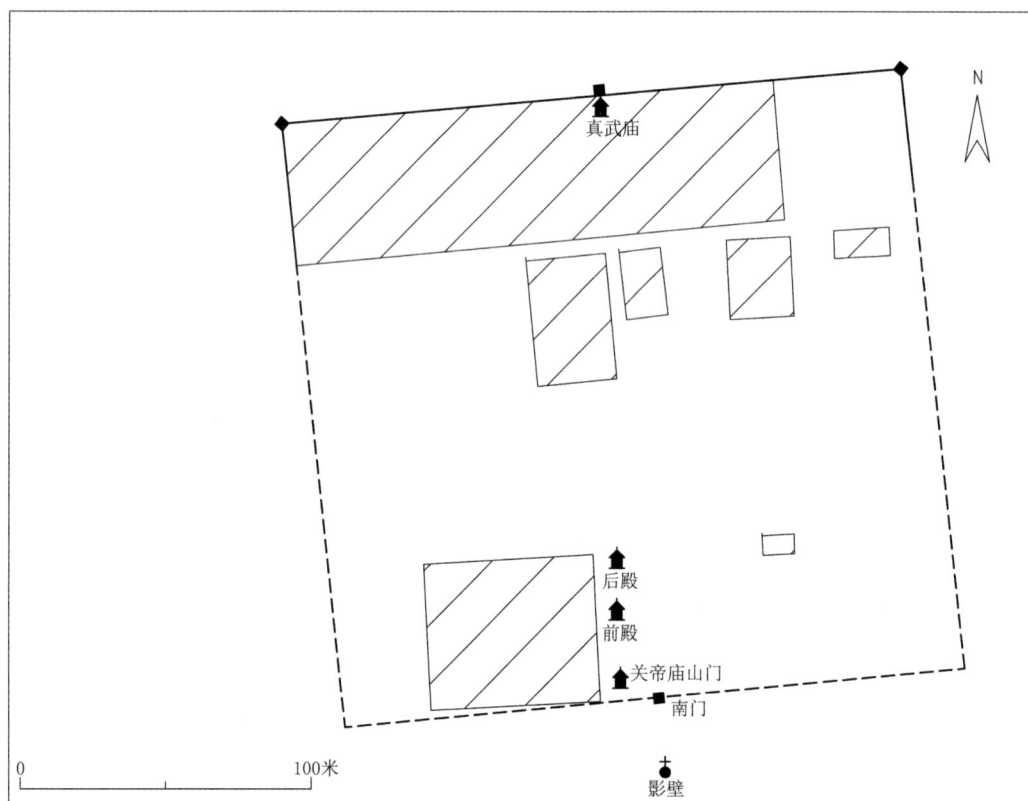

图 4.30 东刘家庄村堡平面图

城堡开设南门，堡门为外砖石拱券内木梁架结构，堡门已修缮。基础为条石砌筑，上部红砖起券，外侧门券五伏五券，门券拱顶上方镶嵌水泥制匾额。堡门顶部坍塌，木梁架式。门闩孔为方形，条石错缝而成。门外对面建有 1 座影壁，影壁四周为砖砌，中间为土坯。

堡墙均为黄土夯筑，保存较差，墙体低薄、坍塌，大部分为平地。东墙长约 199 米，大部分为平地，仅北部保存有墙体，墙体高厚，高 5～6 米，墙体内侧为民宅，外侧为耕地。南墙长约 212 米，已无存，现为平地。西墙长约 199 米，仅存北半部接近西北角的墙体，墙体高厚、宽大，高 3～6 米，其余无存，现为平地，墙体内侧为民宅和荒地，外侧为顺城道路和耕地。北墙长约 206 米，保存较好，墙体高厚，内高 4～6 米，外高 5～6 米，内侧为民宅和荒地、耕地，外侧为斜坡，多长有树木，再外为顺城路和耕地，北墙内多为倚墙修建的民宅，现在多废弃坍塌为平地。北墙中部设 1 座马面，体量高大，上面长有树木并建有真武庙。

东南、西南角无存。西北角设 135°斜出角台，保存一般，高 6 米。东北角设 135°斜出角台，保存较差，高 5～6 米。

堡内以土旧房为主，多废弃、坍塌，形成大面积的荒地，堡内居民少，只有一户居民。

三、寺庙

关帝庙　位于堡内南北主街西侧。庙院四周院墙残塌，山门尚存。山门为广亮门楼，单檐硬山顶，五架梁。门楼整体保存较好，但西山墙残损。前檐额枋尚存民国时期的彩绘和木雕装饰。山门内壁，两侧山尖残存壁画。院内原有 2 座殿，如今前殿已坍塌，仅存东山墙部分墙体。前殿西配殿倾斜坍塌，保存较差，岌岌可危，东配殿已无存。后殿坐北面南，面阔三间，硬山顶，五架梁出前檐廊，前檐额枋上尚存残存的彩绘和木雕装饰，为清末民国时期的作品，多已脱落，保存较差。檐柱与金柱间采用抱头梁勾搭。殿内五架梁上承三架梁，三架梁上施合踏、蜀柱与叉手。后殿残塌严重，门窗无存，前檐下墙体与西山墙塌毁，屋檐也有部分损坏。殿内东墙辟有门。殿内脊檩上有彩绘《八卦图》，东墙下有残碑，字迹无存。殿内壁画全毁，墙壁上还有"文革"时期的标语。关帝庙曾改作过村委会使用。

真武庙　位于北墙马面顶部，庙台前的台阶已毁。正殿坐北面南，面阔五间，单檐硬山顶，五架梁出前檐廊。前檐额枋上残存有民国时期的彩绘，正脊檩上有彩绘《八卦图》。中间三间为真武庙的正殿，东、西各有一间，由于各殿之间的隔墙塌毁，五间已连通，只有从残存的山尖壁画（清末民初作品）推断，原应有 3 座殿，供奉着三位神祇。五开间的真武庙在蔚县十分罕见，东、西两殿各供何方神仙还无法判断。殿内正中三间正壁抹过泥浆层,泥浆脱落后露出壁画,为清末民初的作品。东梢间正壁绘有线条画,似一条腾龙,东山墙内壁墙皮脱落,壁画已毁。西梢间正壁开出一个洞,壁画全毁,西山墙内壁上还有残存的壁画,连环画形式,为4排4列的连环画。各殿的隔墙山尖与东山墙、西山墙山尖绘画保存较多,内容丰富。

第十六节　东李家碾村

一、自然环境与人文历史

东李家碾村位于代王城镇西南5公里处,属河川区,村东、西有小溪。村庄周围地势较平坦,为黏土质,辟有大片耕地。1980年前后有996人,耕地2 026亩,曾为东李家碾大队驻地。如今,东李家碾村距离东刘家庄村较近,几乎连接在一起。村内为南北主街结构,北面为旧村,民宅多为旧房,南面为新村,新旧两部分连接在一起。村庄规模大,居民多,民宅以新房为主,本村未曾修建城堡。村南部主街西侧有新建的学校。

相传,明弘治年间,一家姓李的在这里建立碾坊,建村后即取名为李家碾。1982年5月加方位词更名为东李家碾。村名可考的历史最早见于《(乾隆)蔚州志补》,作"东李家碾",《(光绪)蔚州志》《(民国)察哈尔省通志》沿用。

二、寺庙

戏楼　位于村西南角。戏楼保存较好,坐西面东,整体坐落在高1.2米的砖石台明上。台明外立面包砖,顶部四周铺石板。戏楼为单檐卷棚顶,面阔三间,六架梁。前檐柱4根,古镜柱础。山墙墀头上前、后皆施有挑檐木,前挑檐木出檐略长,前檐额枋上尚残存有民国时期的彩绘,戏楼已经废弃,用土坯墙封堵三分之一。戏楼内为土地,后金柱2根分隔前后台。明间原置六抹隔墙,次间设出将、入相两门,槛墙上置槛窗,现隔扇仅存部分框架。戏楼内西墙已修缮,南北墙壁上有残存的壁画,表面涂刷白灰浆,破坏严重,为民国时期的作品,墙壁上有20世纪60~70年代的毛笔题壁,如"1970年"。戏楼对面旧时为寺庙,现为村委会大院。据当地长者回忆,戏楼上原悬挂木匾,刻"海市蜃楼"四字,为蔚州知州张道渥下乡体察民情时路过该村所书。

戏楼东侧为大队部旧址,现为村委会大院,其前有1座影壁,影壁前曾修建有五道庙,现已无存,为平地。

第十七节　君子疃村

一、自然环境与人文历史

君子疃村位于代王城镇西偏南 5.9 公里处,属河川区,地势低洼,村东有小河。村庄选址修建在平地之上,周围地势平坦,一马平川,为沙土质。1980 年前后有 815 人,耕地 1 660 亩,曾为君子疃大队驻地。如今,村庄位于 215 乡道东侧,分为新、旧两部分,新村在南,由 4 条南北主街组成,村庄规模较大,民宅较多,以新房为主。北面为旧村,即村堡所在地。昔日君子疃所处位置交通便利,有东、西、南、北四面古道相汇,环境优美(图 4.31)。

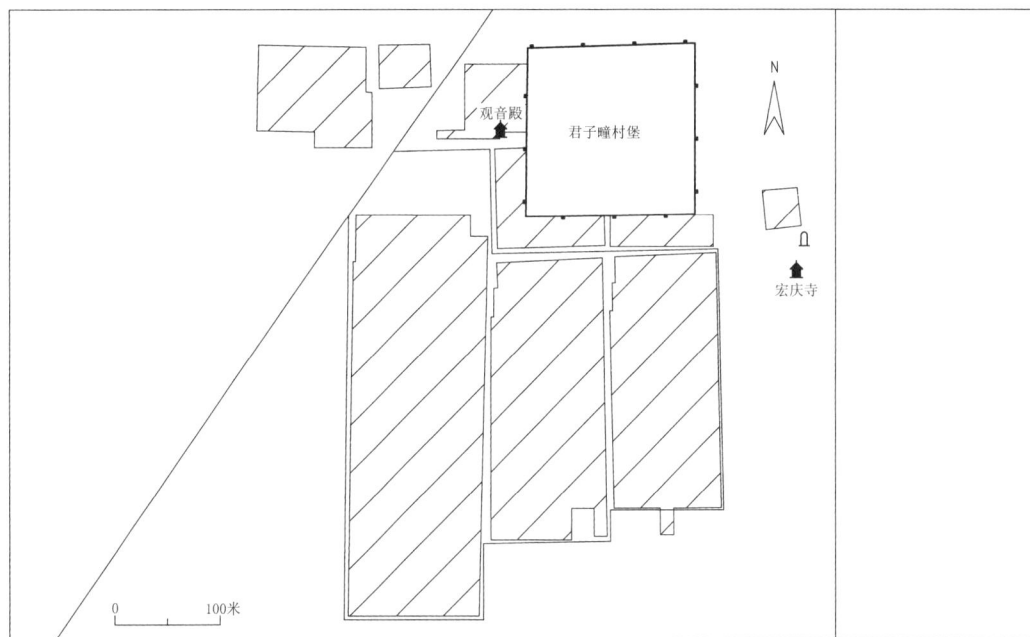

图 4.31　君子疃村古建筑分布图

村名可考的历史最早见于《(正德)大同府志》,作"均子疃堡",《(正德)宣府镇志》作"均子町堡",《(嘉靖)宣府镇志》作"君子",《(崇祯)蔚州志》作"君子疃堡",《(顺治)云中郡志》《(顺治)蔚州志》沿用,《(乾隆)蔚县志》作"君子疃",《(光绪)蔚州志》《(民国)察哈尔省通志》沿用。

二、城堡

君子疃堡，位于旧村中。君子疃堡墙高大雄伟，为蔚县"九皂十八疃"之一。城堡平面呈矩形，周长约 626 米，开东、西、南门，堡内平面布局为南双十字街北丁字街结构（图 4.32）。城堡保存较差，据当地长者回忆，堡墙毁于 20 世纪 50 年代。现仅存一半墙体。城堡开设南门、东门与西门。

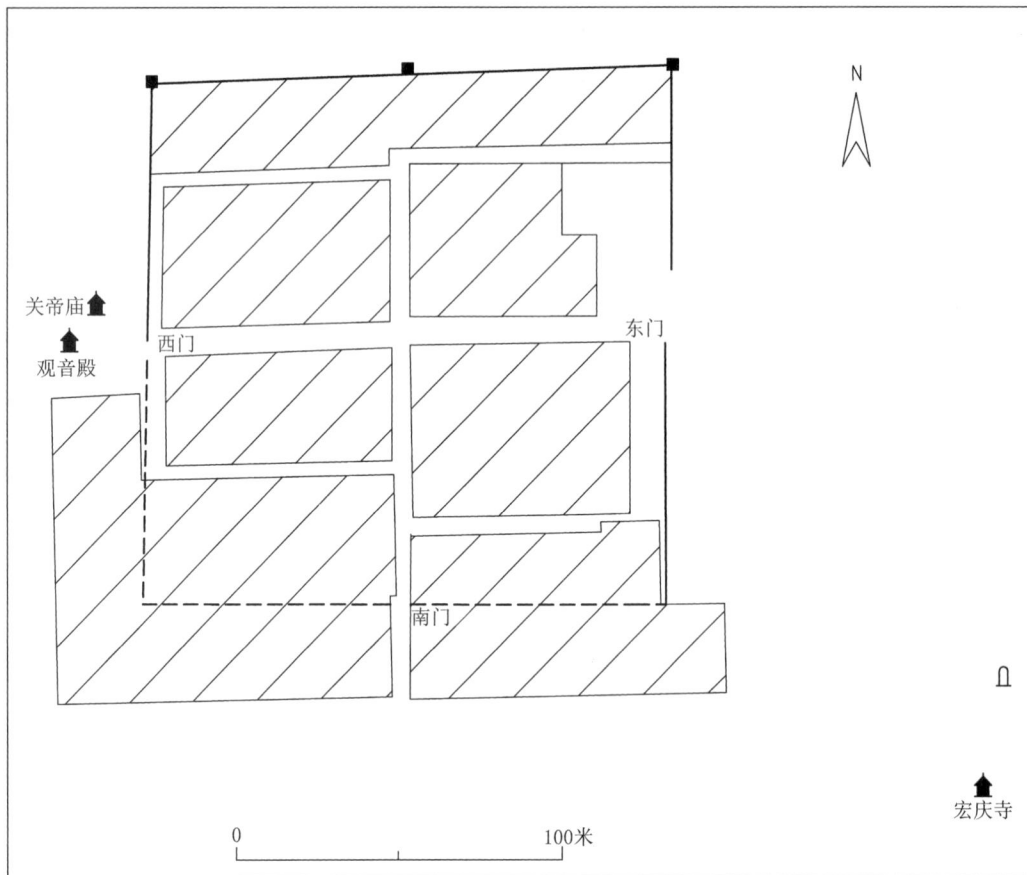

图 4.32　君子疃村堡平面图

南门现已无存，南门外西侧为村委会大院。东门现存为缺口，堡门建筑无存，中间有新修的红砖房。西门仅存北侧门颊，高 7 米，原高，保存较好，西门内为宽阔的东西主街。

堡墙均为黄土夯筑，保存一般。东墙长约 157 米，除北段保存较好外，其余破坏严重，墙体低薄、断续，高 0～4 米。东墙北段墙体高薄，高 6～7 米，基宽 2 米，顶宽 1 米。东墙内侧为民宅和荒地，外侧南段为树林，北段为耕地。南墙复原长约 156 米，墙体无存，为民宅占据。西墙长约155米,墙体内侧为民宅,外侧为新建的厂房。西墙仅存北段墙体,墙体高厚、宽大,壁面多坍塌,基宽4~5米,顶宽3~4米,北段内侧的民宅多废弃、坍塌。北墙长约158米,保存较好,墙体高大、宽厚、连贯,壁面斜直,高7米,为原高,墙体内侧为倚墙修建的民宅,外侧为荒地。北墙内侧的民宅大多数也已经废弃,少有人居住。北墙中部设1座马面,保存较好,外立面包砖,现存与墙体同高,为原高。该堡墙高大、宽厚,在蔚县民堡中比较少见。

东南角仅为转角,高4~5米,保存较差。西南角全部无存,为民宅占据。西北角设90°直出角台,与墙体同高,保存一般,西半部坍塌,外侧为民宅。东北角设90°角台。

堡内民宅或为坍塌废弃的土旧房,或为新房,老宅院少,以东西主街为界。主街以北的民宅大部分废弃,现在的居民主要集中在主街以南。

三、寺庙

据当地长者回忆,村内旧时修建有多座庙宇,城堡和寺庙已拆毁约有50年。

真武庙　位于北墙中部的马面上,现已无存。

观音殿　新建建筑,位于堡西门外,整体坐西面东。正殿面阔单间,单檐硬山顶。

关帝庙　位于观音殿北侧,正殿坐北面南,面阔三间,硬山顶,正脊已经破坏,门窗已改造,殿内堆放杂物,壁画和彩绘无存。

宏庆寺　俗称大寺,位于堡东南角外。整体坐北面南,中轴线上原有戏楼、山门、前、中、后三层大殿,规模宏大,历史悠久。该寺在20世纪70年代曾作学校使用,80年代时作为养牛场使用,并修建有许多土坯烤烟房屋。第二次文物普查时尚存前、中、后3座大殿,90年代时大火焚毁后殿,之后中殿倒塌,山门在2000年坍塌。现仅存前殿1座建筑。前殿坐北面南,单檐悬山顶,面阔三间,进深二间,正五架梁,前檐额枋尚残存有清末民国时期的彩绘,门窗无存,为砖墙和土坯墙封堵。悬山部分、屋檐、正脊均严重破坏。殿内无立柱,宽敞明亮,殿中堆放杂物。殿周边堆放秸秆,东侧悬山博风板及悬山部分曾因秸秆着火被烧焦。殿东北侧有1通清光绪十九年(1893)的《四堡重修碑记》[1]石碑。正面磨损严重,碑文漫漶,背面功德榜较为清晰。施银名单中提到村庄有:马家砘堡合堡、水门头西堡合堡、城里、下平由合堡、小辛留合堡、宿鸭涧合堡、寇家庄合堡、仰庄合堡、太子梁火房、连家寨合堡、甘庄子、南门子、元亨杠房、利元杠房、张家庄合堡、马家砘西堡、苗家庄、东福昌杠房、富家堡、席家嘴合堡、张家庄南堡、陈家涧、上砘头、中石化、张庄中堡、福辛庄、高院墙、西七里河、埚里、龙济川、辛落塔、古家疃、赵家砘、东七里河、吕家庄、邢家庄、樊庄、

---

〔1〕　刘国权:《佛寺与蔚州传统文化》,中国文史出版社,2006年,第181页。

□塄上、南方城、石家庄、李家砧、郭万川厮、刘家庄。寺院周围有成排高大的杨树,院内外松柏成荫,古树参天。据传该寺创建于蔚州古城建城之前,有"未有城已有此寺"之说。

第十八节　马家碾村

一、自然环境与人文历史

马家碾村位于代王城镇西南 5.2 公里处,属河川区。村庄选址修建在平地之上,村西、北有浅河道。村庄周围地势平坦开阔,一马平川,为黏土质,辟有大片耕地。1980 年前后有 588 人,耕地 1 008 亩,曾为马家碾大队驻地。如今,村庄规模不大,现为新村,民宅以新房为主,共 12 排房屋,居民较多,以马姓为主。旧村位于新村北侧的耕地中,旧村已废弃为耕地,曾为城堡所在地。由于堡北面有水渠,附近地下水位高,地湿软,因此当地村民于 20 世纪 80 年代搬出旧村并拆毁房屋、城堡,近年进行复垦。据当地长者回忆,旧时马西庄、马家碾、北洼、史家碾为 1 座村庄,20 世纪 80 年代独立成村(图 4.33)。

相传,本村于元朝至元年间建村,因有一处马姓开的碾坊,故取名马家碾。村名可考的历史最早见于《(光绪)蔚州志》,作"马家碾",《(民国)察哈尔省通志》沿用。

二、城堡

马家碾村堡,位于村北旧村中。城堡平面呈矩形,周长约 372 米,开西门,规模小。堡内为耕地,格局未知。

堡墙位于耕地中,均为黄土夯筑,保存较差。东墙长约 97 米,墙体多为基础,高 1～2 米,保存较差。南墙墙体无存,复原长度约 89 米。西墙墙体无存,复原长度约 95 米。北墙长约 91 米,墙体高薄、连贯,高 3～6 米。

三、寺庙

据当地长者回忆,马家碾村曾修建有多座庙宇。西门外南侧为观音殿(面北),北侧有关帝庙,其中间有五道庙。关帝庙正对为戏楼。五道庙西为井神庙,关帝庙西北方为真武庙,真武庙西南侧为河神庙。堡北为泰山庙。堡内原有龙神庙,后龙神庙搬至君子疃村。村中的庙宇大多拆毁于"文革"时期,1988 年又将幸存的关帝庙与戏楼拆毁。

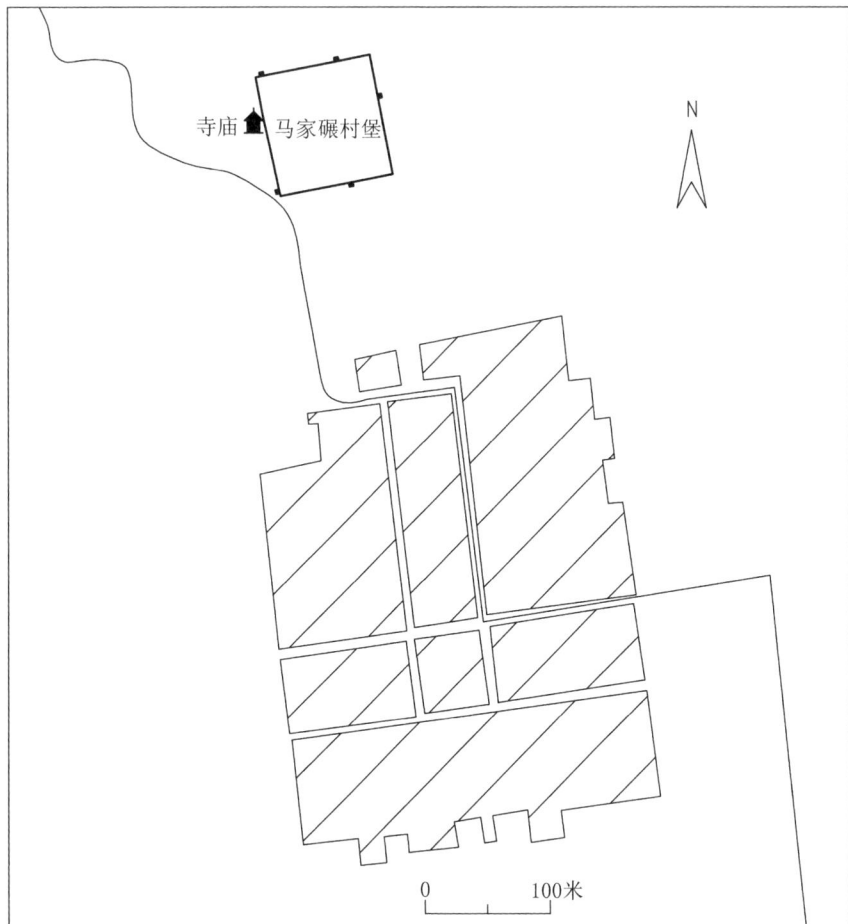

图 4.33　马家碾村古建筑分布图

第十九节　富　家　堡　村

一、自然环境与人文历史

富家堡村位于代王城镇西南偏南 6.2 公里处，S342 省道从村南经过，属河川区，地势略南高北低。村庄周围地势平坦，一马平川，为沙土质，以耕地为主，附近省道南北两侧多为煤场等工业设施，沿街店铺较多，较为繁华。1980 年前后有 470 人，耕地 1 217 亩，曾为富家堡大队驻地。如今，村庄规模不大，由两条南北和东西主干道组成，民宅以新房为主，居民较多，尚存南、北 2 座城堡（图 4.34）。

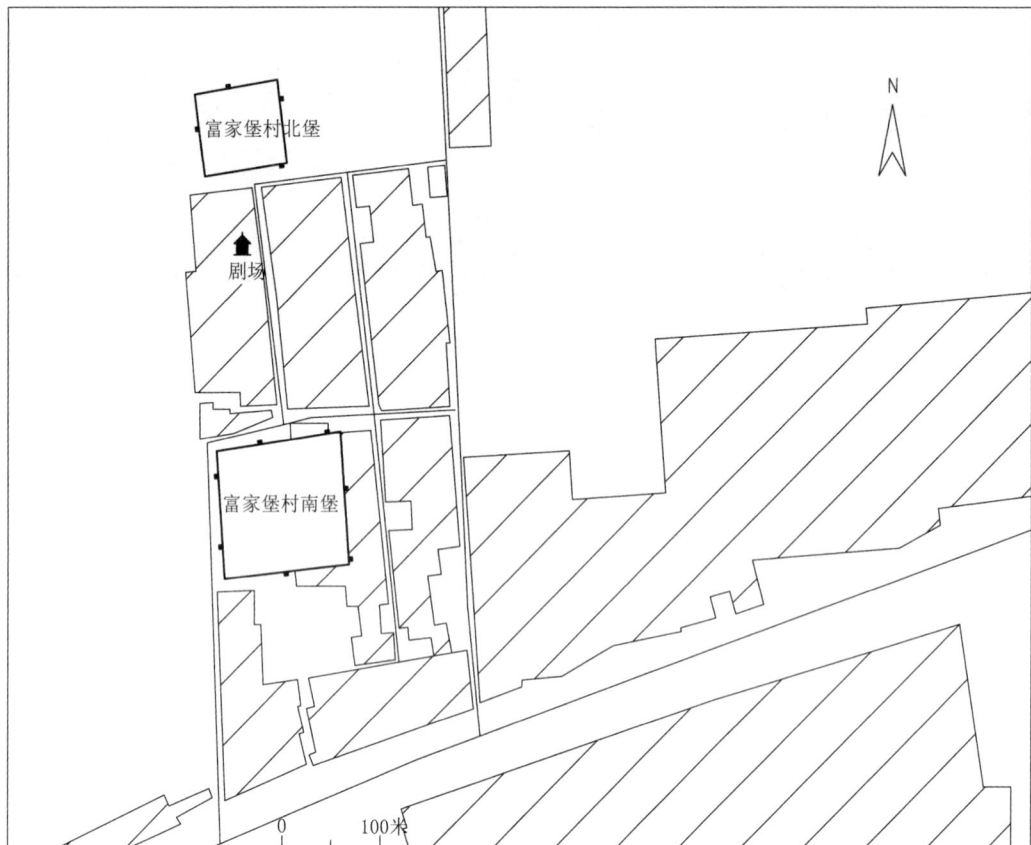

图 4.34 富家堡村古建筑分布图

相传,清乾隆年间建村,因傅姓占多数,故取名傅家堡。后人为求富强,取"傅"谐音,遂成富家堡。村名可考的历史最早见于《(光绪)蔚州志》,作"富家堡",《(民国)察哈尔省通志》沿用。

二、城堡与寺庙

(一) 富家堡南堡

1. 城堡

南堡位于整座村庄的中西部,东西主街南侧。城堡平面呈矩形,周长约 511 米,开设南门、北门,堡内平面布局为十字街结构(图 4.35)。

城堡北门,位于北墙中部(彩版 4-26)。堡门全部为青砖修建,未见条石基础。门顶为木梁架结构,木横梁上镶嵌有砖制门匾,由 3 块砖雕组成,字迹漫漶。两侧门体内外上方均设有排水孔,门扇无存。据当地长者回忆,旧时为马面,清代时将北墙马面改建成堡门以方便堡内外交通。门外旧时修建有泰山庙。如今,北门外有翻修的砖砌影壁,硬山顶,面阔三间,北门外西侧即北墙下为健身广场,有健身器材、雕塑和宣传画。

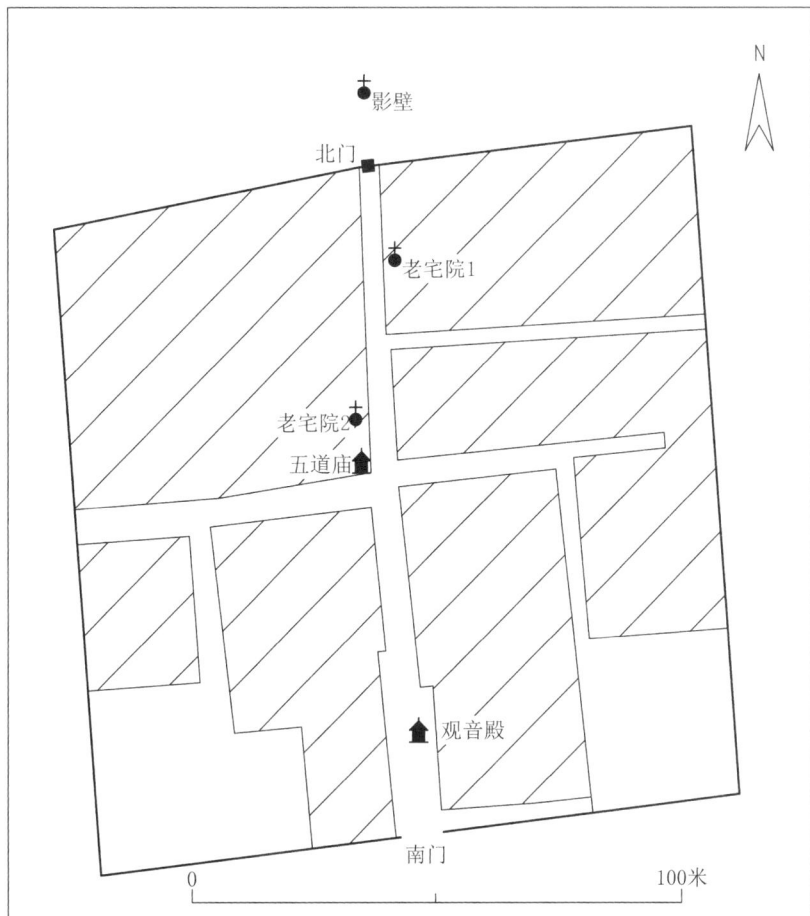

图 4.35　富家堡村南堡平面图

　　城堡南门,建筑无存,现为缺口,有近代风格的砖砌立柱。据当地长者回忆,南墙外原有 1 座石桥,现已无存。

　　堡墙均为黄土夯筑,墙体总体保存一般,壁面斜直,顶部平坦,少有坍塌形成的缺口。东墙长约 129 米,保存一般,墙体高 5 米,壁面斜直,顶部平坦,内外侧均为民宅。南墙长约 128 米,东段保存一般,墙体低薄,高 4～5 米,内侧为顺墙道路和民宅,外侧为民宅;南墙西段墙体低薄,高 4～5 米,壁面斜直,顶部平坦,外侧为荒地(垃圾场),内侧为顺墙道路和民宅、荒地。西墙长约 124 米,南段保存一般,墙体高 4～5 米,壁面斜直,顶部平坦,内侧为民宅,外侧为荒地和顺墙水泥路。西北角附近西墙无存,为民宅所破坏。北墙长约130 米,西段保存较好,墙体高 5～6 米,壁面斜直,内侧为民宅,外侧为健身园;北墙东段墙体保存一般,高 4～5 米,内外侧均为民宅。

东南角保存一般,转角高4米,内外侧均为民宅。西南角未设角台,仅为转角,高5米,保存较好。西北角仅为转角,高4～5米,保存较好。东北角无存,为民宅占据。

堡内为旧村,民宅以土旧房为主,少数翻修屋顶。居民较少,门内南北主街的北街有2座老宅院。堡外为新村。

2. 寺庙

观音殿　位于堡内十字主街南街,即南门内侧。观音殿坐南面北,庙院院墙为新修,院门为随墙门,上有砖仿木装饰。院内地面新修,铺水泥方砖,并长有一株柏树。正殿前的地面上立有一根残经幢,约0.2米高。幢身为《佛顶尊胜陀罗尼经》,经文部分为梵文,落款为汉文,可见"天庆"两字,"天庆"乃辽最后一位皇帝天祚帝耶律延禧的年号,当为公元1111年至1120年间。由此推断,富家堡所在地在辽时即已建有建筑。

正殿保存较好,砖石台明,单檐硬山顶,面阔单间,五架梁出前檐廊,门上挂有"南海大寺"匾。墙为土坯墙。屋顶已修缮。前檐额枋表面新施彩绘,前廊两壁壁画新绘,门窗新修。殿内壁画为旧画,保存较好,表面涂刷一层桐油,壁画上部内容为观音"救八难"题材,东西各有4幅,下部各为9尊罗汉像。上部两壁各为:

假使兴害意,推落大火坑 念彼观音力,火坑变成池	蚖蛇及蝮蝎,气毒烟火然 念彼观音力,寻声自回去
或漂流巨海,龙鱼诸鬼难 念彼观音力,波浪不能没	或被恶人逐,坠落金刚山 念彼观音力,不能损一毛
云雷鼓掣电,降雹澍大雨 念彼观音力,应时得消散	咒咀诸毒药,所欲害身者 念彼观音力,还着于本人
或遭王难苦,临刑欲寿终 念彼观音力,刀寻段段坏	或在须弥峰,为人所推坠 念彼观音力,如日虚空住

五道庙　位于堡内十字街的西北角,坐西面东。正殿面阔单间,单坡顶,门窗无存,殿内墙壁表面涂刷白灰浆,南墙上有1座神龛,龛施有檐顶,龛内用毛笔在墙上写有"供奉五道神、山神与土地神"等字,为村民敬奉三神的场所。

(二) 富家堡北堡

1. 城堡

北堡位于整座村庄的北部,与南面的新村间隔一条水泥路,周围地势平坦,辟为耕地。城堡与村庄并不相连,规模小,平面呈矩形,周长约335米,开南门,南门内为南北主街(图4.36)。

城堡开设南门,保存较好,砖石木梁架结构(彩版4-27)。基础为条石砌筑,上面青砖砌门颊,门顶为木梁架的平顶,横梁上方镶嵌砖制门匾,由有3块方砖组成,正题"富家堡"。南门内为南北主街,南门外西侧建有1座大影壁,东南建有关帝庙。影壁为硬山顶,面阔三间,墙体向东倾斜,形成了向东突的一个弧形,摇摇欲坠。

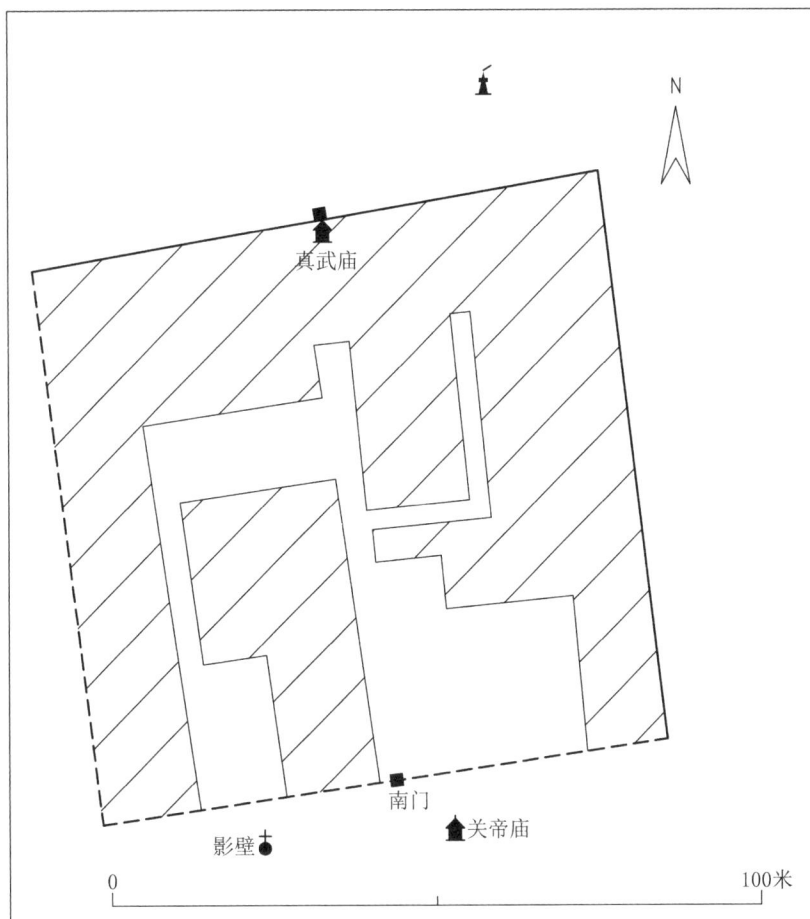

图 4.36 富家堡村北堡平面图

堡墙均为黄土夯筑,保存较差。东墙长约 83 米,墙体破坏严重,断断续续,多为民宅和荒地,残存的墙体低薄,多坍塌。南墙长约 85 米,破坏严重,已无存,现为民宅和荒地占据。西墙长约 82 米,已无存,现为民宅占据。北墙长约 85 米,东段墙体低薄,墙体高 3～5 米,内侧为民宅,外侧为荒地和耕地。北墙西段墙体与东段类似,墙体高 3～4 米,内侧为民宅,外侧为荒地和耕地。北墙中部设有 1 座马面,体量大,呈矩形,马面外立面土坯包砌,顶部铺砖。

东北角为转角,高 5 米。东南、西南、西北角无存,为民宅占据。

堡内民宅以土旧房为主,多废弃坍塌,只有几户翻修屋顶或新建房屋。

2. 寺庙

关帝庙 位于堡南门外东侧,庙院坐北面南,占地 72 平方米。院墙为红砖新砌,院门、正殿、西耳房为旧建筑。山门为随墙门，上面有砖仿木装饰。正殿单檐硬山顶，面阔单间，三架梁出前檐廊，门窗、地面经维修，前廊两侧墙壁上新绘壁画，前檐额枋表面新施彩绘，殿前置水泥制香炉，殿中新塑关帝像，两侧壁画为新绘，连环画式，3排4列，壁画内容选自《三国演义》中的关羽故事。殿前檐窗下嵌有2通石碑，西侧为《创建碑记》，立于1924年；东侧为《蔚州城东乡富家堡关帝庙社稷地亩钱粮开列于左碑》，立于同治十三年(1874)。

剧场(戏楼) 位于堡南门外村委会大院内。剧场建于1986年。从布局看，此旧址应为戏楼，戏楼对面还应有1座庙。剧场两侧有水泥制的楹联，东联为"音里藏调 调里藏音 懂调者听调 不懂调者听音"，西联为"文中有戏 戏中有文 识文者看文 不识文者看戏"。

真武庙 位于南北主街尽头，堡北墙马面上(彩版4-28、29)。主街尽头为真武庙的山门，随墙门，院墙无存，门内前往北极宫的梯道亦无存。北极宫位于北墙庙台之上，坐北面南，面阔单间，单檐硬山顶，四架梁出前檐廊，两侧山墙悬鱼尚存。殿内墙壁壁画尚存，为清代中后期作品，虽日照褪色、尘土玷污、表面涂刷白灰浆，但画面内容尚可辨识。正壁绘有《真武大帝坐堂议事图》，真武帝端坐正中，两侧后为桃花女与周公，其外东侧为左手执玉环的温元帅温琼与手持宝剑的马天君马元帅，西侧为手持青龙偃月刀的关元帅关圣帝君与手持铁鞭的赵元帅赵公明。东、西两山墙内壁为连环画式，两侧各3排4列，一共有24幅，壁画内容讲述了真武出生、修行与显灵的故事。

东山墙

功成鹊飞	磨针点化	剑出七真	二虎惊梦
玉帝赐剑	灵官指路	大帝学射	大帝习文
梦中吞月	大帝降生	五龙戏水	□□朝王

西山墙

五龙捧圣	舍身斩妖	白猿献果	□□前朝真人
玉帝赐袍	云中收服龟蛇	二真点化	描画真像
□□□□	龟蛇出世	洞前遇魔	结梅插柳

第二十节 石家庄村

一、自然环境与人文历史

石家庄村，位于代王城镇西南偏南6.4公里处，属河川区，地势略南高北低。村庄选址在平川之上,周围地势平坦开阔,一马平川,为沙土质,辟有大面积的耕地。村东、西、南三面均有窄而浅的小冲沟,村北有蔬菜大棚,西北有煤场。217乡道穿村而过。1980年前后有577人,耕地2 764亩,曾为石家庄大队驻地。如今,村庄规模不大,由三条南北主街、一条东西主街组成,民宅排列整齐,主街将村庄分成8部分,民宅以新房为主,居民不多,村民90%姓史。该村历史上以史姓为大户,人才辈出,明万历年间进士史东昌、史东载即出生于该村。旧村为城堡所在地(图4.37)。

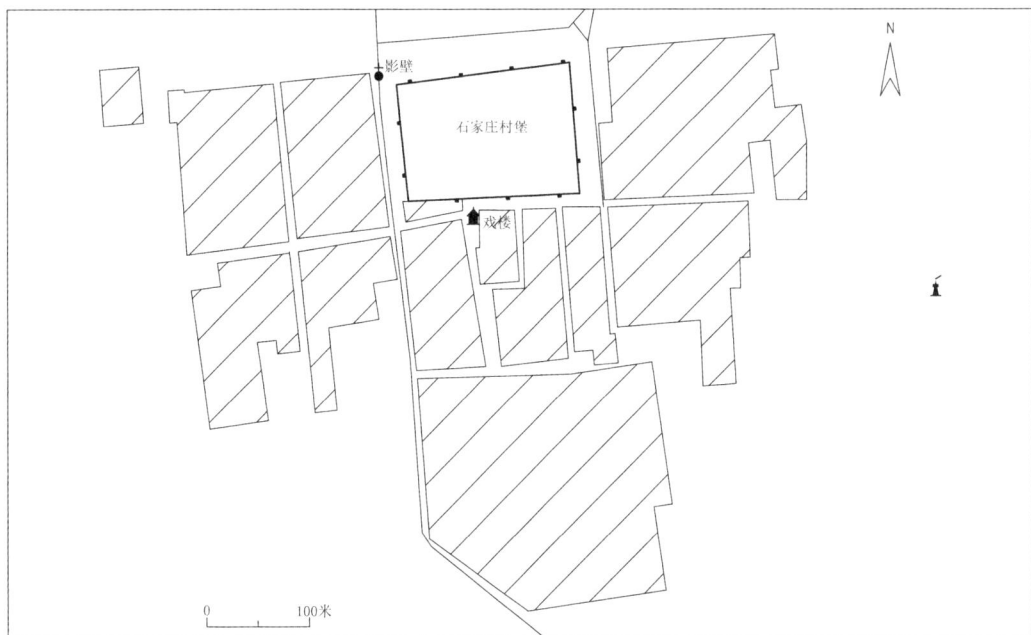

图4.37 石家庄村古建筑分布图

相传,明成化年间史姓建村,取名史家庄。后讹传为石家庄。村名可考的历史最早见于《(崇祯)蔚州志》,作"石家庄堡",《(顺治)蔚州志》沿用,《(乾隆)蔚州志补》作"石家庄",《(光绪)蔚州志》《(民国)察哈尔省通志》沿用。

二、城堡

据《(民国)察哈尔省通志》记载:"石家庄堡,在县城东十五里,土筑,高九尺,底厚五尺,面积五亩,有门一,现尚完整。"[1]石家庄村堡今位于整座村庄中部偏北的旧村中。城堡平面呈矩形,周长约590米,开南门,南门偏西,堡内平面布局为南十字街、北丁字街结构(图4.38)。

---

〔1〕 宋哲元:《(民国)察哈尔省通志》,国家图书馆藏1935年铅印本,第6页。

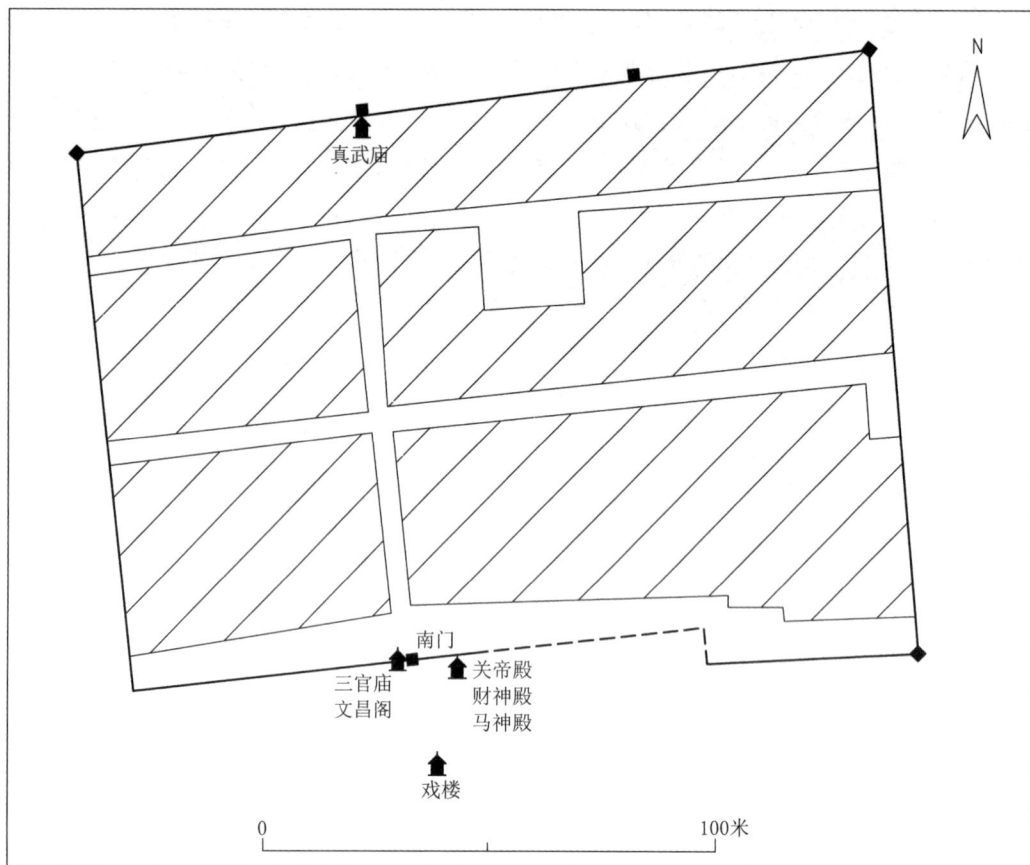

图 4.38　石家庄村堡平面图

　　城堡开设南门，堡门于 2007 年修缮。堡门为砖石拱券结构，基础为条石砌筑，上面青砖砌筑起券，外侧门券为石拱券，一伏一券式，拱顶上方镶嵌有三枚门簪，其上镶嵌石质门匾（拓 4.10），正题"振德门"，阴刻双勾，左侧落款"嘉庆十年孟春吉立。"门匾上方悬挂有"石家庄"三个字，内侧门券为砖砌拱券，三伏三券，有修缮的痕迹。门券拱顶上方镶嵌有砖制阳文门匾，正题"石家庄"，门券两侧门颊上还各镶嵌 1 块砖雕装饰。南门内东侧为登城梯道。顶部修建寺庙。门道为水泥路面。门外两侧有新修的护门墩台，方形，红砖包砌，墩台顶部修建钟鼓亭。门外正对戏楼。南门外东侧新建有 3 座寺庙。门内为南北主街，地名"堡里中街"，已硬化为水泥路面。

　　堡墙均为黄土夯筑，保存较差。东墙长约 127 米，保存一般，墙体高薄，高 0～7 米，墙体多坍塌，高低起伏不平。东墙内侧为民宅，外侧为荒地和顺城水泥路。南墙长约 178 米，东段保存较好，墙体高大，高 0～5 米。南墙东段只保存有约三分之一的墙体，其余为健身园占据。南墙西段墙体无存，为民宅占据，南墙内侧为顺墙道路，路边为民宅，以土旧房为主。西墙长约112米,保存较差,墙体多坍塌,破坏严重,高0～5米,内侧为民宅,外侧为荒地,墙外不远处为顺墙水泥路。北墙长约173米,西段破坏严重,墙体低薄,高3米,内侧为倚墙修建的民宅,外侧墙体坍塌为斜坡,外侧为耕地。北墙共设有2座马面,西马面(真武庙)处于北墙偏西三分之一处,东马面亦位于墙体三分之一处。东侧马面高4～5米,高于墙体,保存较好。北墙中段保存较差,墙体高3米,坍塌严重。墙体内侧为民宅,外侧为耕地。

拓4.10　代王城镇石家庄村堡南门外侧门额拓片(蔚县博物馆　李新威　提供)

东南角设135°斜出角台,高6～7米,保存较好,体量高大。西南角毁。西北角设135°斜出角台,保存较好,高5～6米,体量高大,西北角外建有影壁,上面写有村庄的简介。东北角设135°斜出角台,高5米。堡外的耕地以种植玉米为主。

堡内民宅以土旧房为主,屋顶多翻新。

三、寺庙

关帝殿、财神殿、马神殿　新建建筑,位于堡南门外东侧墙下,仅为正殿,坐北面南,单檐硬山单坡顶,面阔三间,前檐额枋上新施有彩绘,殿内东西依次为马神、财神、关帝,殿门皆悬有匾。

戏楼　位于南门外,正对南门。戏楼已重修,外观介于戏楼和剧场之间,整体坐落在高1.1米的砖石台明上,外立面包砌青砖,顶部铺砖,四周铺条石板,台明正面墙壁上还镶嵌有碑首。戏楼坐南面北,面阔三间,单檐六檩卷棚顶,外侧设有八字墙,梁架结构简单,未施有彩绘,涂刷红色。戏楼内墙壁无壁画遗存,隔扇重修。

三官庙/文昌阁　位于南门顶部,三官庙面南,文昌阁面北,正殿面阔单间,单檐硬山顶,五架梁。2006年重新修缮，殿内壁画新绘。三官庙，前檐下悬匾，匾上写有"三关庙"，殿内壁画为新绘：正面正中为穿红袍者，手持如意，两侧各立手持笏板者，背景为屏风；西侧为独占鳌头，东侧为四幅组画。从内容上看，它应为文昌阁主题壁画。文昌阁，前檐下悬匾，匾上写有"文昌阁"，殿内壁画新绘。正面绘有三位神像，东、西两壁各有七位神像。两侧护门墩上，东建有钟亭，西建有碑亭，四柱悬山顶。碑亭内立有1通2008年立的石碑，记录了2006年重修以及城堡的历史。碑名为《重修文昌阁真武庙碑记》，由"郡人贾晓撰文郭小书丹"。从碑阴来看，史福珍捐了257 000元，村委会捐了43 784元，其他人从560元至20元不等。

真武庙 位于堡北墙马面上，一进院，整体坐北面南，与之南200米的南堡门遥相对峙。庙宇由山门、庙台、钟亭、鼓亭与正殿北极宫组成。真武庙已由村委会集资27万元修缮。

山门，位于南北主街尽头，山门共由3座并排的门组成，中间者为旧构，随墙门，尚保存有砖仿木装饰。门前设台阶。门内为登北极宫的砖砌高台阶，共42步，长19米。

正殿，即北极宫，位于北墙马面上，台高8米，台明已修缮，包砌红砖。北极宫为新建建筑，高4.5米，单檐硬山顶，面阔三间，五架梁出前檐廊，前檐下置三踩斗拱，明间三攒，次间两攒。明间置四扇六抹隔扇，次间置四抹槛窗。殿内新立塑像，壁画皆为新绘。塑像后明间正壁画有屏风，屏风上写有真武故事。屏风两侧东、西次间正壁各绘有六位神像，为六丁六甲。六丁六甲分别为：东次间上排：甲子神将王文卿；甲寅神将明文章；甲辰神将孟非卿。下排：甲午神将卫玉卿；甲申神将扈文长；甲戌神将展子江。西次间上排：丁巳神将崔石卿；丁卯神将司马卿；丁丑神将赵子任。下排：丁亥神将张文通；丁酉神将臧文公；丁未神将石叔通。

两侧山墙壁画并非连环画式，而是大型人物画，各绘有7位护法神将。正脊檩绘《八卦图》。

正殿前的东南、西南角修建单檐悬山顶的钟、鼓亭，东侧为钟亭，内悬挂铁钟，西侧为鼓亭，未置鼓，而是立1通康熙五十八年（1719）的《重修碑记》。

五道庙 位于堡南门外西墙下，东墙与南门西护门墩紧贴。正殿坐北面南，面阔单间，单坡顶。五道庙已修缮，殿门下悬有匾。

第二十一节 其 他 村 庄

一、张北堡村

张北堡村位于代王城镇西南偏南4.2公里处，属河川区。村庄选址修建在平地之上，周围地势平坦开阔,一马平川,为黏土质,辟有大面积的耕地。1980年前后有342人,耕地701亩,曾为张北堡大队驻地。

相传,明嘉靖九年(1530)张姓建堡,称张家庄。后分北、中、南三堡,该村因居北,故名张家北堡。1939年更为张北堡。村名可考的历史最早见于《(正德)宣府镇志》,作"张家庄堡",《(嘉靖)宣府镇志》作"张家",《(崇祯)蔚州志》作"张家庄堡",《(顺治)云中郡志》《(顺治)蔚州志》沿用,《(乾隆)蔚县志》作"张家庄北堡",《(光绪)蔚州志》作"张家北堡",《(民国)察哈尔省通志》作"张北堡"。

如今,村庄规模小,村内为南北主街结构,村南有东西向街道。村内有新建民宅,无老宅院。据当地长者回忆,旧时修建有城堡,位于现今村庄的西侧耕地中,四五十年前全部拆除。

二、四碾村

四碾村位于代王城镇北偏西1.7公里处,属河川区,地势南高北低。村庄选址修建在代王城北墙外,村东北面为宽阔的河道,尚有流水,附近为水田。村庄附近地势平坦,一马平川,为黏土质,辟有大面积的耕地。1980年前后有534人,耕地648亩,曾为四碾大队驻地。

1941年,从水门头堡分出立村,以当地碾坊排列次序取村名为四碾。该村在蔚县诸版方志中均失载。

如今,村北不远处为铁路。村庄规模大,民宅以新房为主,居民较多,新村内有东西主街一条、南北主街四条。旧村在整个村庄的东北部,规模小,民宅房屋多翻修。

据当地长者回忆,旧村中曾修建有泰山庙和马神庙,现已全部拆除。

三、北洼村

北洼村位于代王城镇西南4.9公里处,属河川区,地势较低,四周环有小溪。1980年前后有310人,耕地485亩,曾为北洼大队驻地。

该村原系马家碾的北庄,1957年单独成村,因该村地势低洼,故取名北洼。该村在蔚县诸版方志中均失载。

如今,村庄布局为南北中心街结构,共有9排房屋,规模小,全部为新村,民宅以新房为主,旧房较多,无土旧房和老宅院,居民不多。现今村庄为20世纪70年代前后新建,旧村在新村西侧的耕地中,全部推平,无遗迹可寻。村内没有城堡,旧时曾修建有龙神庙。

四、马西庄村

马西庄村位于代王城镇西南5.3公里处,属河川区,东、西有小溪。村庄选址修建在平地之上，周围为大面积的耕地，地势平坦开阔，一马平川，为黏土质。1980 年前后有 349 人，耕地 552 亩，曾为马西庄大队驻地。

该村原为马家碾的西庄，村旁有郝家坟地，曾俗称郝家坟，1962 年独立成村，命名为马西庄。该村在蔚县各版本方志中均失载。

如今村庄规模不大，民宅以新房为主，居民较多，村内未曾修建过城堡，原有 1 座关帝庙，现已无存。

五、史家碾村

史家碾村位于代王城镇西南 5.8 公里处，属河川区，东、西有小溪，地势平坦。1980 年前后有 212 人，耕地 441 亩，曾为史家碾大队驻地。

相传，明成化十八年(1482)，这里有史家开的碾坊，建村后故取名史家碾。该村在蔚县各版本方志中均失载。

如今，村庄为新村，民宅以新房为主，规模小，居民少。民宅分布不规整，分成一大一小两部分，村内未曾修建城堡和寺庙。